V&R

Die Zeit nach 1945 als Thema kirchlicher Zeitgeschichte

Referate der internationalen Tagung
in Hünigen / Bern (Schweiz) 1985

Mit einer Bibliographie Andreas Lindt

Herausgegeben von
Victor Conzemius, Martin Greschat
und Hermann Kocher

Vandenhoeck & Ruprecht
in Göttingen

CIP-Titelaufnahme der Deutschen Bibliothek

Die Zeit nach 1945 [neunzehnhundertfünfundvierzig] als Thema kirchlicher Zeitgeschichte : Referate d. internat. Tagung in Hünigen/Bern (Schweiz) 1985 ; mit e. Bibliogr. Andreas Lindt / hrsg. von Victor Conzemius... – Göttingen : Vandenhoeck u. Ruprecht, 1988

ISBN 3-525-55409-5
NE: Conzemius, Victor [Hrsg.]

Das Werk einschließlich aller seiner Teile ist urheberrechtlich geschützt.
Jede Verwertung außerhalb der engen Grenzen des
Urheberrechtsgesetzes ist ohne Zustimmung des Verlages unzulässig und
strafbar.
Das gilt insbesondere für Vervielfältigungen, Übersetzungen,
Mikroverfilmungen und die Einspeicherung und Verarbeitung in
elektronischen Systemen.

© 1988 Vandenhoeck & Ruprecht, Göttingen
Printed in Germany
Gesetzt aus Garamond auf Linotron 202, System 4
Satz und Druck: Gulde-Druck GmbH, Tübingen
Bindearbeit: Hubert & Co., Göttingen

Andreas Lindt (1920–1985)

Andreas Lindt zum Gedenken

Inhalt

VORWORT 9

I. Zu Begriff und Methodik zeitgeschichtlicher Arbeit

REINHART KOSELLECK
Begriffsgeschichtliche Anmerkungen zur ‚Zeitgeschichte' 17

II. Vorgaben: Die Jahre 1933–1945

VICTOR CONZEMIUS
Katholische und evangelische Kirchenkampfgeschichtsschreibung im Vergleich: Phasen, Schwerpunkte, Defizite 35

III. Die konfessionelle Landschaft der Schweiz nach Kriegsende

ANDREAS LINDT †
Der schweizerische Protestantismus – Entwicklungslinien nach 1945 . . 61

URS ALTERMATT
Die Stimmungslage im politischen Katholizismus der Schweiz von 1945: „Wir lassen uns nicht ausmanövrieren." 72

IV. Kirchlicher und politischer Neubeginn in Deutschland nach 1945

MARTIN GRESCHAT
Zwischen Aufbruch und Beharrung. Die evangelische Kirche nach dem Zweiten Weltkrieg 99

KONRAD REPGEN
Die Erfahrung des Dritten Reiches und das Selbstverständnis der deutschen Katholiken nach 1945 127

ADOLF M. BIRKE
Katholische Kirche und Politik in der Phase des Neubeginns 1945–1950 180

WERNER JOCHMANN
Evangelische Kirche und Politik in der Phase des Neubeginns
1945–1950 194

KURT MEIER
Volkskirchlicher Neuaufbau in der sowjetischen Besatzungszone 213

KURT NOWAK
Gerhard Ritter als politischer Berater der EKD (1945–1949) 235

GERHARD BESIER
Evangelische Kirche und Entnazifizierung in Hannover. Ein Arbeitsbericht 257

Anhang I: *Voten und Schlußbilanz* 285

DIETHER KOCH
Votum anläßlich des Referats von Victor Conzemius 285

CLEMENS VOLLNHALS
Das Reichskonkordat im Alliierten Kontrollrat. Votum anläßlich des Referats von Adolf M. Birke 286

DIETHER KOCH
Votum anläßlich der Diskussion zum Vortrag von Gerhard Besier 287

ERNST WALTER ZEEDEN
Diskussionsbeitrag zum Vortrag von Kurt Nowak über Gerhard Ritter 287

GÜNTHER VAN NORDEN
Bilanz der Tagung 290

HEINZ HÜRTEN
Bilanz der Tagung 291

JOCHEN-CHRISTOPH KAISER
Tagungsbericht [Herder Korrespondenz, Nr. 12 (1985) 578–581] 292

Verzeichnis weiterer Tagungsberichte 298

Anhang II: *Bibliographie Andreas Lindt* 299

Anhang III: *Verzeichnis der Teilnehmerinnen und Teilnehmer der Tagung* 315

PERSONENREGISTER 317

Vorwort

Kirchliche Zeitgeschichte gehört nicht zu denjenigen Perioden kirchengeschichtlicher Betrachtung, die sich auf eine respektable akademische Tradition abstützen können. Wie ihr Partner Zeitgeschichte ist sie nichtakademischen Ursprungs. Sie mußte sich den Nachweis ihres wissenschaftlichen Charakters und ihrer kirchlichen Relevanz erst mühsam und unter manchem Vorbehalt erkämpfen. Mit Zeitgeschichte tout court hat sie das Problem der Quellenerschließung gemeinsam, und genau wie jene sieht sie sich mit dem stereotypen Einwand ungenügender Distanz konfrontiert. Soweit für diese Zurückhaltung sachspezifische Gründe anzuführen sind, dürften diese mit dem Kontinuitätsbewußtsein christlicher Kirchen zusammenhängen. Wohl besitzt die Kirchengeschichte von der Forschung besonders begünstigte Perioden wie zum Beispiel die Zeit der Anfänge, die der Reformation und die der Herausbildung konfessionsverschiedener Identitäten im 16. Jahrhundert, zeitweise auch die des Mittelalters. Die Verbundenheit mit diesen Epochen, aber auch mit dem Gesamt der Kirchengeschichte, ist intensiver als in analogen Bereichen nationalstaatlicher Geschichte, in der die Diskontinuität staatlicher und gesellschaftlicher Entwicklungen zunächst ins Auge springt und den Bezug zur Vergangenheit relativiert. Zudem hielten die christlichen Kirchen der Moderne gegenüber Distanz: eine Einstellung, die der Beschäftigung mit dieser Periode nicht gerade förderlich war. Im Vergleich zur allgemeinen Geschichte ist zum Beispiel die Kirchengeschichte des 19. Jahrhunderts verhältnismäßig spät wissenschaftlich hoffähig geworden.

Es bedurfte somit eines außerordentlichen äußeren Antriebs, um kirchliche Zeitgeschichte zu legitimieren. Die Katastrophe des Nationalsozialismus als Gegenstand historischer Reflexion schuf hier einen Durchbruch. Einmal stellte sich ganz allgemein die Frage nach dem Anteil der Kirchen und Theologen am Aufkommen des Nationalsozialismus, beziehungsweise ihrer Widerstandskraft, ihrer Kollaborationsbereitschaft oder ihrer Affinitäten. Ganze Theologien waren an ihren eigenen Voraussetzungen gescheitert und zusammengestürzt; andere hatten in den Jahren 1933 bis 1945 eine Katharsis durchgemacht, die sie über den unmittelbaren zeitgeschichtlichen Kontext ihrer Entstehung hinaus als zukunftsträchtig erscheinen ließ.

Die Motivbündel, die zur Beschäftigung mit der jüngsten kirchlichen Vergangenheit führten, waren vielschichtig, ihre Interessenschwerpunkte nach Konfessionen verschieden. So war zum Beispiel die innertheologische Erschütterung, die den deutschen Protestantismus in den Jahren 1933/34 in eine der schwersten Bekenntniskrisen seiner Geschichte geführt hatte, nicht ausdiskutiert und kam nach dem Zusammenbruch des Nationalsozialismus erneut zu Wort. Im katholischen Bereich konzentrierte die Forschung sich auf die Institutionen – Zentrumspartei, Bischofskonferenz, Verbände; eine theologische Auseinandersetzung vollzog sich hier weniger im kritischen Rückblick auf die eigene Theologie der Zeit zwischen den beiden Weltkriegen und zur Zeit des Nationalsozialismus als vielmehr in der Rezeption protestantischer Theologien, die ihren Sitz im Leben in der Auseinandersetzung mit dem Dritten Reich hatten.

Es war zweckmäßig, dieser konfessionsverschiedenen Gewichtung der Interessen und Fragestellungen Rechnung zu tragen, 1955 durch die Gründung einer „Kommission der Evangelischen Kirche in Deutschland für die Geschichte des Kirchenkampfes" (heute: Evangelische Arbeitsgemeinschaft für kirchliche Zeitgeschichte) und 1962 durch eine entsprechende katholische „Kommission für Zeitgeschichte"; die Beschäftigung mit der Geschichte der Kirchen im Dritten Reich wurde so aus der Kontingenz der Erinnerungsliteratur herausgehoben auf die Ebene akademischer Forschung. Was diese Kommissionen bis heute an Editionen und Monographien herausgebracht haben, bildet die Grundlage jeder ernsthaften Beschäftigung mit jenem Zeitraum.

Im Vordergrund der Forschung standen die Kirchen in Deutschland zwischen 1933 und 1945. Es zeigte sich aber bald, daß diese Arbeiten nicht in Beschränkung auf den deutschen Sprach- und Kulturraum geleistet werden konnten. Einmal hatte der nationalsozialistische Expansionsdrang mit unterschiedlicher Härte ins kirchliche Leben anderer, auch nichtbesetzter Länder eingegriffen; zum anderen hatte der deutsche Kirchenkampf als Kampf um die wahre Kirche zu einer internationalen Solidarisierung im protestantischen Raum geführt, die in das theologische und innerkirchliche Leben jener Länder hineinwirkte und zur Feuerprobe der ökumenischen Bewegung wurde. Die supranationale Organisation der römisch-katholischen Kirche ließ den Gedanken an eine Beschränkung auf den landeskirchlichen Raum schon gar nicht aufkommen; der Hl. Stuhl als völkerrechtliches Subjekt und der Vatikan als kirchliches Verwaltungszentrum waren unmittelbar von den Ereignissen in Deutschland mitbetroffen und blieben direkt eingeschaltet.

Interdependenz und Pluridimensionalität kennzeichnen somit auch kirchliche Zeitgeschichte. Ein Desiderat verblieb: die methodisch zunächst gerechtfertigte konfessionelle Isolation aufzubrechen für den Austausch von Forschungsresultaten und Forschungsplänen, zur gemeinsamen Diskussion bestimmter Themenbereiche, vielleicht auch zur Planung langfristiger Zusammenarbeit und zur Durchführung von Gemeinschaftsprojekten. Was in anderen Teilgebieten der Kirchengeschichte, zum Beispiel in Patristik und Reformationsgeschichte, sich längst eingebürgert hat, sollte auch bei kirchlichen Zeithistorikern möglich sein.

Bei den Planungen und Vorgesprächen, die Martin Greschat und der Unterzeichnete seit 1983 im Hause von Andreas Lindt in Ittigen bei Bern führten, kristallisierten sich zwei Schwerpunkte heraus: einmal die grundsätzliche Besinnung auf Zeitgeschichte im allgemeinen und auf kirchliche Zeitgeschichte im besonderen, dann die Kirchen und der politische Neubeginn nach 1945 in Deutschland.

Diese Thematik bildete den Schwerpunkt der Tagung „Die Zeit nach 1945 als Thema kirchlicher Zeitgeschichte", welche vom 25. bis 29. September 1985 auf Schloß Hünigen bei Bern die Mitglieder der „Evangelischen Arbeitsgemeinschaft für kirchliche Zeitgeschichte" und der katholischen „Kommission für Zeitgeschichte" sowie einige Gäste zusammenführte. Auch Forscher aus der DDR waren anwesend. In vollkommenem Einklang mit der Herzlichkeit des Gastgebers Andreas Lindt und seiner Helfer stand das strahlende Herbstwetter. Diese günstigen Rahmenbedingungen förderten den gedanklichen Austausch und die Selbstdarstellung der Positionen, auch und gerade weil die Verschiedenheit der Ausgangslage in den beiden Konfessionen die Divergenzen der Problemstellung deutlich hervortreten ließ. Einhelligkeit herrschte unter den Teilnehmern, daß diese Begegnung, die auf schweizerischem Boden stattfand, von den beiden deutschen Kommissionen weitergeführt werden müßte. Presse und Rundfunk schenkten der Tagung Beachtung.

*

Wenige Tage nach Abschluß des Symposions erfuhren die Teilnehmer, daß Andreas Lindt, der Anreger, Organisator und Gastgeber, gestorben sei. In Sigriswil am Thunersee, wo er an einer Tagung der Schweizerischen Geisteswissenschaftlichen Gesellschaft teilnahm, hatte am späten Abend des 9. Oktober ein Herzversagen seinem Leben ein Ende gesetzt. In einem unerwarteten Sinn war das Symposion in Hünigen Krönung und Abschluß seiner Tätigkeit als wissenschaftlich forschender Theologe geworden: für die kirchlichen Zeithistoriker wurde sie zum Vermächtnis.

Lindt hat seine wissenschaftlichen Interessen und Forschungen nach eigener Formulierung als Brückenbau zwischen „Historie und Theologie" verstanden. Dieses Interesse zeigte sich bereits beim Heranwachsenden, der die Ereignisse in Deutschland, insbesondere den deutschen Kirchenkampf, im schweizerischen Pfarrhaus seines Vaters in wacher Zeitgenossenschaft miterlebte. Als Theologiestudent, später als junger Pfarrer und selbständiger Forscher, hat er sich Themenkreisen zugewandt, die ihn in frühen Jahren als unmittelbares Zeitgeschehen gepackt hatten und die er nun mit der Sonde des Forschers untersuchte und zur Darstellung brachte. Die theologische Dissertation über den religiösen Sozialismus von Leonhard Ragaz (1957), die Ausgabe des Briefwechsels von George Bell und Alphons Koechlin (Zürich 1969) sowie die Synthese „Das Zeitalter des Totalitarismus" (Stuttgart 1981) in der Reihe „Christentum und Gesellschaft" dokumentieren dieses frühe, lebensbegleitende Interesse am Zeitgeschehen.

Dieses war jedoch nicht nur auf die eigene Konfession bezogen. In einem autobiographischen Begrüßungswort, das Lindt anläßlich der Feier seines 65. Geburtstages in Bern an seine Gäste richtete, erwähnte er, daß er zur Zeit seines Theologiestudiums mit der unter sich zerstrittenen Berner Evangelischen Fakultät nicht viel anfangen konnte. Glücklicherweise habe es dort die Christkatholische Fakultät gegeben, die in Arnold Gilg und Ernst Gaugler substantiellere Anregungen vermittelte und den Blick, wenn auch in kritischer Optik, für die Welt des Katholizismus öffnete. Die Begegnung mit katholischer Tradition setzte sich fort während des Pfarramtes in den ökumenischen Gesprächskreisen der 50er Jahre und weitete sich später nach der Eröffnung des zweiten Vatikanischen Konzils zur Begegnung mit der römisch-katholischen Kirche der Schweiz. In der Mitarbeit in ökumenischen Gremien, in den Sondierungen für die großangelegte Umfrage „Der schweizerische Protestantismus in der Sicht schweizerischer Katholiken" der Zeitschrift „Reformatio" sowie in der ungemein dichten Untersuchung „Protestanten – Katholiken – Kulturkampf" (Zürich 1963) kam sein nüchterner ökumenischer Geist zum Zug. In letzterer Arbeit hat er die Beobachtung weiter belegt und erhärtet, daß der Graben zwischen den Konfessionen nicht sosehr durch den theologischen Disput der Reformationszeit, sondern durch den im bürgerlichen Leben aufgewühlten konfessionellen Hader des 19. Jahrhunderts vertieft wurde. Diese Feststellung, die für schweizerische Verhältnisse eine größere Bedeutung als für Deutschland besitzt, ist in ihrer Tragweite für die Verständigung der Kirchen und für das Weiterwirken religiösen Vorurteils in der sogenannten Zivilreligion noch nicht ausgelotet worden.

Die Anliegen der Forschung, die Lindt bewegten – die Fragen, die von den Rändern her auftauchen, von der Begegnung der Kirche mit Politik und gesellschaftlicher Entwicklung, und die der konfessionsübergreifenden Ökumene –, sind zu seinem Vermächtnis geworden. Sie gehen beide Konfessionen an und betreffen konkret die Integration kirchlicher Zeitgeschichte in die allgemeine zeitgeschichtliche Forschung und ihre Bedeutung für die Verständigung christlicher Kirchen. Mit beiden Anliegen steht es heute nicht so gut. Es kann kaum behauptet werden, daß Fragestellungen, die Kirche und Religion betreffen, in der allgemeinen Zeitgeschichte eine angemessene Behandlung erfahren. Die Frage drängt sich auf, was die kirchliche Forschung selber zu dieser teilweisen Gettoisierung beigetragen hat und was geschehen müßte, um dieses Defizit abzubauen. Andererseits könnte kirchliche Zeitgeschichte in vermehrtem Maß zu einer realistischen zwischenkirchlichen Verständigung beitragen, wenn es ihr gelingt darzulegen, wie tief unterschiedliche theologische Sehweisen menschliches Handeln bestimmen oder welche verborgenen Gemeinsamkeiten es quer durch die Konfessionen gibt. Die irrige Auffassung, theologische Konsense müßten auf dem Fuß zu einer neuen ökumenischen Praxis führen, kann nur dann im Interesse einer dauerhaften Ökumene korrigiert werden, wenn Theologen sich bequemen, das Ausmaß konfessionsverschiedener Ausprägung des Lebens zur Kenntnis zu nehmen.

*

Andreas Lindt hatte vorgesehen, die Hüniger Vorträge möglichst bald zum Druck zu befördern, und war zu diesem Zweck mit dem Verlag Vandenhoeck und Ruprecht in Göttingen in Verbindung getreten. Für seine Berater und Mitorganisatoren war es deshalb eine Verpflichtung, diesem Vorhaben nach seinem plötzlichen Tod zur Ausführung zu verhelfen. Die Ablieferung einiger Manuskripte verzögerte sich. Zum Bedauern der Herausgeber konnte Philippe Levillain (Paris), der für den verhinderten René Rémond eingesprungen war, seinen Vortrag „Zeitgeschichte im Rahmen der Kirchengeschichte" nicht mehr termingerecht für diesen Band abliefern.* Ebenso mußte Hartmut Ludwig (Schöneiche/DDR) von einer Drucklegung seines Referates „Zum Geschichtsbild der Stuttgarter Erklärung und des Darmstädter Wortes" absehen.

Die redaktionelle Bearbeitung der einzelnen Beiträge übernahm der frühere Assistent von Andreas Lindt, Hermann Kocher, dem auch für die Zusammenstellung der Bibliographie seines Lehrers und für mannigfaltige Hilfe beim Eintreiben der Manuskripte zu danken ist. Der Dank richtet sich ebenfalls an die folgenden Berner Studierenden der Theologie für ihre Mithilfe bei den Korrekturen: Barbara Schmutz, Langenthal; Barbara Schulthess, Hessigkofen; Hansruedi Spichiger, Bern; Stefan Wälchli, Evilard und Marc van Wijnkoop, Bern.

Einen substantiellen Beitrag zur Drucklegung stellte die Stiftung für historische und ökumenische Theologie an der Universität Bern zur Verfügung, die bereits die Kosten für die Durchführung der Tagung getragen hatte. Weitere Zuschüsse gingen ein: vom Bischöflichen Ordinariat der Diözese Basel in Solothurn, von der Römisch-katholischen Gesamtkirchenverwaltung Bern und vom Synodalrat der Evangelisch-Reformierten Kirche des Kantons Bern. Diesen Institutionen und ihren Vertretern gilt unser geziemender Dank. Frau Ruth Lindt-Koechlin gebührt Dank für mannigfaltige Gastlichkeit zur Zeit der Planung und für ausdauernde Bereitwilligkeit, Informationslücken zu schließen.

Im Namen der Herausgeber: Victor Conzemius

---

* Eine gewisse Orientierung, die sich allerdings auf die Debatte in Frankreich um die Volksreligion beschränkt, bietet der Aufsatz von *Alberich Martin Altermatt*, Die aktuelle Debatte um die „Volksreligion" in Frankreich: Wiederentdeckung der Volksreligiosität, hg. von *Jakob Baumgartner*, Regensburg 1979, 185–209.

I. Zu Begriff und Methodik zeitgeschichtlicher Arbeit

REINHART KOSELLECK

Begriffsgeschichtliche Anmerkungen zur ‚Zeitgeschichte'

1.

Zeitgeschichte ist ein schönes Wort, aber ein schwieriger Begriff. Zunächst scheint der Begriff einfach und klar zu sein. Er zielt auf unsere eigene Geschichte, die der Gegenwart, unserer Zeit, wie man sagt. Dieser Wortgebrauch ist üblich, sein Sinn einsichtig. Sonst gäbe es keine Kommission und keine Arbeitsgemeinschaft für Zeitgeschichte, kein Institut für Zeitgeschichte, dessen Name sich wegen seiner einfachen telefonischen Verwendung und wegen seines höheren Allgemeinheitsanspruches durchgesetzt hatte. Der ursprüngliche Name sollte lauten: Deutsches Institut für Geschichte der nationalsozialistischen Zeit.[1] Dieser sachbezogene Name wich einem formalen Allgemeinbegriff, der sich inhaltlich immer neu auffüllen kann, je nachdem was als Zeitgeschichte neu erfahren und definiert wird, etwa Geschichte der Bundesrepublik oder die des Kalten Krieges.

Mit dieser plausiblen Auffüllung des Allgemeinbegriffes mit je neuen Inhalten taucht die erste Schwierigkeit auf. Wieso ist dies jetzt Zeitgeschichte und jenes nicht oder nicht mehr? Wo ist die Grenze zu ziehen zwischen dem, was dazugehört und dem, was nicht mehr? Hat es nicht jede Geschichte mit Zeit zu tun? Wieso ist unsere eigene Geschichte Zeitgeschichte im ausgezeichneten Sinn, frühere Geschichten dagegen nicht? Hatte Alsted unrecht, als er vor rund dreihundert Jahren die Historie definierte: „Historia omnis chronica est, quoniam in tempora fit?"[2] Alle Historie ist Chronik, Darstellung entlang der Zeitfolge, da sich Geschichte nun einmal in den Zeiten vollzieht. Deshalb wurde früher zwischen älteren und neueren Zeiten unterschieden, von denen berichtet wurde, aber die Zeiten, tempora, bezogen sich auf alle Geschichten, von denen berichtet wurde. Es gibt überhaupt keine Geschichte ohne Zeitbezug. Wieso zeichnet sich die sog. Zeitgeschichte aus? Mit dieser Feststellung, die banal genannt werden mag[3], taucht eine zweite Schwierigkeit auf.

Räumen wir ein, was kein Historiker bestreiten wird, daß alle Geschichte mit Zeit zu tun hat, so ließe sich entsprechend der Sprachkonvention sagen: Wir meinen mit Zeitgeschichte die Geschichte unserer eigenen Zeit, unsere

Gegenwart, die „Gegenwartschronistik", um Fritz Ernst zu zitieren.[4] Damit taucht unser Problem auf scheinbar begrenzter Ebene erneut auf. Denn was heißt ‚Gegenwart'? Zwei extreme Antworten lassen sich finden.

Erstens kann ‚Gegenwart' jenen Schnittpunkt meinen, in dem aus Zukunft Vergangenheit wird, jenen Schnittpunkt der drei Zeitdimensionen, der die Gegenwart immer zum Verschwinden bringt. Dann ist sie ein gedachter Nullpunkt auf der gedachten Zeitachse. Der Mensch ist immer schon vergangen, solange er noch eine Zukunft vor sich hat. Und erst wenn er aufgehört hat, sowohl vergangen wie zukünftig zu sein, ist er tot. Die Gegenwärtigkeit wird zu einem gedachten Nichts, das uns immer darauf verweist, sowohl der Vergangenheit wie der Zukunft anzugehören. Sie wird zu jenem Augenblick, der sich ständig entzieht. „Im Leben ist nichts Gegenwart", wie Goethe einmal sagte.[5]

Aber wer sich auf Goethe beruft, kann auch das Gegenteil bei ihm finden – wie in den Sprichwörtern zur Zeit. So sagt er auch einmal: „Mußt stets die Gegenwart genießen/besonders keinen Menschen hassen/und die Zukunft Gott überlassen."[6] Das führt uns auf die zweite extreme Antwort.

So wie sich die Gegenwart zwischen Vergangenheit und Zukunft zum Verschwinden bringen läßt, so läßt sich das Gedankenextrem auch umkehren: Alle Zeit ist Gegenwart in einem ausgezeichneten Sinne. Denn Zukunft ist noch nicht und Vergangenheit nicht mehr. Zukunft gibt es nur als gegenwärtige Zukunft, Vergangenheit nur als gegenwärtige Vergangenheit. Die drei Zeitdimensionen bündeln sich in der Gegenwärtigkeit des menschlichen Daseins, mit Augustin zu reden in seinem Animus. Nur im steten Entzug ist Zeit präsent: in der expectatio futurorum die Zukunft, in der memoria praeteritorum die Vergangenheit.[7] Das sog. Sein von Zukunft und von Vergangenheit ist also ihre Gegenwart, in der sie präsent sind.

Unser Gedankenexperiment, das auf zwei extreme Antworten zugeführt hat, löst also nicht die Frage, was denn eigentlich ‚Gegenwart' sei, wenn wir von Gegenwartsgeschichte sprechen wollen, statt von Zeitgeschichte. Die Schwierigkeiten verdoppeln sich nur, denn Gegenwart kann so gut alle Zeitdimensionen umfassen – unser zweites Extrem – wie verschwinden zugunsten von Vergangenheit und Zukunft als einer permanenten Spannung, in der jede Gegenwart steht, indem sie sich verflüchtigt – unser erstes Extrem. Die scheinbar präzise Umdefinition von Zeitgeschichte in Gegenwartsgeschichte führt uns also nicht aus dem Dilemma heraus, daß alle Geschichten Zeitgeschichten sind, und daß, auf ihre zeitlichen Dimensionen hin befragt, jede Geschichte auf eine jeweilige Gegenwart bezogen ist, die entweder alle Dimensionen umschließt oder nur auf Vergangenheit und Zukunft hin gedeutet werden kann, in die sich alle Gegenwart auflöst. Der konventionelle Sprachgebrauch ist also theoretisch gesehen unzureichend, um nicht zu sagen, irreführend.

Ein Ausweg läßt sich zeigen, wenn wir unser Gedankenexperiment zu

Ende denken. Wenn alle Zeitdimensionen in einer jeweiligen Gegenwart enthalten sind, daß sie sich von daher ausfalten lassen, ohne auf ein und dieselbe Gegenwart zurückbezogen werden zu können, weil sich diese ständig entzieht, dann müssen die drei Zeitdimensionen selber verzeitlicht werden. Von Heidegger ist dieser Ansatz ermöglicht worden in „Sein und Zeit", Raymond Aron und Reinhard Wittram haben ihn aufgegriffen, und Luhmann hat ihn formal konsequent durchgeführt.[8] Entsprechend den drei Zeitdimensionen gibt es – verzeitlicht – dreimal drei mögliche Kombinationen.

Erstens gibt es, wie unser Gedankenexperiment schon gezeigt hat, eine gegenwärtige Vergangenheit, eine gegenwärtige Zukunft, der eine gegenwärtige Gegenwart entspricht, ob sie nun punktuell verschwindend oder alle Dimensionen umgreifend gedacht wird.

Zweitens gibt es, wenn denn schon jede Gegenwart sich nach vorne und nach rückwärts zugleich ausspannt: eine vergangene Gegenwart mit ihren vergangenen Vergangenheiten und ihren vergangenen Zukünften.

Drittens, konsequenterweise gibt es eine zukünftige Gegenwart samt der zukünftigen Vergangenheit und zukünftiger Zukunft. Mit Hilfe dieser Kategorien lassen sich alle geschichtlichen Zeitbestimmungen formal hinreichend fassen, ohne in die Unklarheit der Begriffe von Zeitgeschichte oder Gegenwartsgeschichte verstrickt zu werden. Dauer, Wechsel und Einmaligkeit der Ereignisse und ihrer Sequenzen lassen sich auf diese Weise bestimmen. Was *Dauer* hat, reicht z.B. von einer vergangenen Gegenwart (nicht von einer vergangenen Vergangenheit) bis in die gegenwärtige Zukunft, vielleicht in die zukünftige Zukunft hinein. *Wechsel* kann ebenso angesiedelt werden, etwa von der vergangenen Vergangenheit in die vergangene Gegenwart führen (man denke etwa an die Institutionen des Lehensrechtes und ihre Auflösung im Zuge der Säkularisation oder der Bauernbefreiung) – oder von der vergangenen Zukunft früherer Lebenswelten in unsere gegenwärtige Vergangenheit führen (man denke etwa an die Utopien der Französischen Revolution, deren Hoffnungen noch präsent sind). Die *Einmaligkeit* schließlich ergibt sich aus der Sukzession jeder nur denkbaren Gegenwarten mit sich ändernden Vergangenheiten und Zukünften, die sich ebenfalls ändern. Es sollen keine weiteren Beispiele angeführt werden, das Kaleidoskop der geschichtlichen Möglichkeiten ist formal hinreichend bestimmbar, um das Verhältnis von Zeit und Geschichte zu reflektieren.

Damit hätten wir ein erstes Ergebnis. Jede Geschichte ist Zeitgeschichte und jede Geschichte war, ist und wird sein: Gegenwartsgeschichte. Dauer, Wechsel und Einmaligkeit lassen sich in die jeweiligen Verhältnisbestimmungen der zeitlichen Dimensionen eintragen. Auf der Ebene unserer theoretischen Formalisierung läßt sich also füglich behaupten: Die sog. Zeitgeschichte unterscheidet sich in keiner Weise von den anderen Geschichten, die sich früher ereignet haben und erzählt oder dargestellt worden sind.

Aber, so könnte ein Einwand lauten, die Zeiten selber ändern sich doch, auch die Zeiten haben ihre Geschichte, sonst könnte man doch gar nicht von Zeitaltern sprechen, die sich eindeutig unterscheiden lassen. Diesen Einwand möchte ich aufgreifen, indem ich in einem zweiten Durchgang historisch vorgehe und nicht formal.

2.

Was zeigt uns die Wort-, Begriffs- und Sachgeschichte dessen, was mit ‚Zeitgeschichte' jeweils gemeint und erfahren wurde? Die Sache selbst ist natürlich alt, die dafür verwendete Bezeichnung ‚Zeitgeschichte' kommt in Deutschland im 17. Jahrhundert auf, greift um 1800 aus, und, das dürften wir vorausnehmen, der Begriff ändert sich seitdem ebenfalls. Unser formales Problem, was Zeitgeschichte sei, hat also seine eigene sprachgeschichtliche Genese, auch wenn die Ergebnisse des Wortaufkommens und der Begriffsabwandlungen und die damit gemeinten Bestimmungen auf die Zeiten vor dem Aufkommen unseres Terminus, also rückwirkend, anwendbar sind.

Die Wortgeschichte beginnt, nach bisheriger Kenntnis, mit der Verwendung bei dem Barockdichter Sigismund von Birken, der sich auch durch theoretische Überlegungen zum Verhältnis von Dichtung, Theologie und Geschichtsschreibung ausgewiesen hat. Die Zeitgeschichte taucht bei ihm beiläufig auf, 1657, in einem Hymnus auf den Kaiser Matthias: „Die Zeitgeschichten bezeugen es / wie klüglich er allen / so wohl seinen / als des Reichs Unglücksfällen / vorgebeuget."[9] Die Bedeutung ist klar. Es handelt sich um Geschichten, in denen der 1612–1619 regierende Kaiser handelnd mitgewirkt hat, von denen der Sänger, der sich als Dichter der Geschichte besonders verpflichtet wußte, berichtet. Speziell wird die vergangene Zukunft beschworen, denn gerade in der Verhütung von drohendem Unglück, also in der Abwehr von etwas, was hätte eintreten können, aber nicht eingetreten ist, liegt hier die eigentliche Leistung des Monarchen. Nun, den mit dem neuen Wort bezeichneten Sachverhalt hat es schon vorher und seitdem in unveränderter Weise gegeben: die Geschichten der zu gleicher Zeit Lebenden und deren Berichterstattung bzw. die Berichterstattung über sie. Es ist immer eine Geschichte der Zeitgenossenschaft. Zeitgeschichte in diesem Sinne ist eine schöne Umschreibung für Historia sui temporis – und dies sind die Historien unseres Kulturraumes seit ihrer wissenschaftlichen Begründung immer schon gewesen. In diesem Sinne hat Herodot ein Drittel seiner Historien dem großen Perserkrieg gewidmet, der eine knappe Generationsspanne zurücklag, in diesem Sinne war Thukydides reiner „Zeithistoriker", Polybios und Tacitus desgleichen. Aber auch die Actus (praxis) Apostolorum und Cäsars Gallischer und sein Bürgerkrieg gehörten dazu so gut wie die Memoiren des Commynes, des Kardinal Retz oder die Denkwürdigkeiten, die Friedrich der Große aus seinen Kriegen niedergelegt hat. Die Linie läßt sich leicht ausziehen bis hin zu Churchills Kriegsgeschichten, für die er den Nobelpreis erhielt oder zu Grossers musterhafter Analyse de „l'Allemagne de Notre Temps" (Paris 1970), die bis in das damalige Vorjahr hinaufreichte. In diesem Sinne, teils wissenschaftlicher, teils literarischer Art, aber das eine schließt das andere bekanntlich nicht aus, hat es „immer" schon Zeitgeschichte gegeben, und man kann nur hoffen, daß es dabei bleiben möge.

Nun mag man einwenden, daß hier von Herodot bis Churchill völlig verschiedene Themen, Interessen, Stillagen, Gattungen und wissenschaftliche Methoden bzw. nichtwissenschaftliche Methoden in einen erzwungenen Zusammenhang gerückt werden. Aber betonen wir zunächst die Gemeinsamkeiten.

Erstens ging es fast immer um Ereignisschübe, die von den Beteiligten als Höhepunkte aller bisherigen Geschichten erfahren wurden, ob sie nun zu den Siegern oder zu den Besiegten gehörten, wobei die Besiegten oft die bessere, klarsichtigere Geschichte zu schreiben genötigt wurden. Das gilt für Thukydides so gut wie für den Marx des 18. Brumaire, den er wie ein Sieger, aber als ein Besiegter geschrieben hat.

Zweitens war das Beteiligtsein, das Interesse als Zeuge, besser noch als Täter ein Kriterium der Authentizität, der Wahrheit der Historie. Und selbst wenn die kritische Historie, spätestens seit der entwickelten philologischen Methode, den Wahrheitsgehalt gerade von Täteraussagen, aber auch von Augenzeugen anzuzweifeln gelernt hat: der „zeitgeschichtlichen" Wahrheitsfindung dienen ehedem zeitgenössische Historien allemal mehr als spätere Kompilationen oder Kompositionen. Das falsche Zeugnis eines Zeitgenossen ist immer noch eine unmittelbarere Quelle, auch wenn es später entlarvt wird.

Drittens: Aber die Hinterfragung von Zeugen auf ihre Interessen oder Verblendungen hin, auf ihre Glaubwürdigkeit oder Lügenhaftigkeit, ja selbst auf ihre unentrinnbare Verlogenheit hin, das gehörte schon zum methodischen Geschäft des Thukydides oder Tacitus, ohne unsere philologisch-kritische Methodik.

Viertens: Ferner gehörte zur genuinen zeitgenössischen Geschichtsschreibung das Abwägen verschiedener Zeugenaussagen, analog zum Gerichtsverfahren, ein Element der antiken Historie seit Herodot, dem Erfinder, wenn man so will, und unübertroffenen Meister der Oral History.

Die wichtige Unterscheidung zwischen unmittelbaren Augenzeugen und nur mittelbaren Ohrenzeugen, um den Grad der Zuverlässigkeit abschätzen zu können, ist schon von Herodot getroffen worden. Selbst die Aufschlüsselung von Mythen, wie sie Hekataios vorgenommen hat, um ihren Wirklichkeitsbezug abzumessen, läßt sich mit Vicos Methode vergleichen oder mit der Aufschlüsselung von Gerüchten, hinter denen sich Realität verbergen mag und die als Gerüchte selbst schon Realität sind. Von Tacitus läßt sich heute noch lernen, daß der politische Realitätsgehalt von Gerüchten in den psychischen Dispositionen der Rezipienten und ihrer Weiterträger liegen kann.

Die Liste läßt sich verlängern, um gemeinsame Zugriffe, methodisch mehr oder weniger gefiltert, in allen Historien der je eigenen Erfahrungswelt von der Antike bis heute wiederzufinden. In diesem Sinne war und ist ‚Zeitgeschichte' immer aktuell, jedenfalls immer denkbar, unbeschadet aller tatsächlichen Schwankungen, Verengungen oder Differenzierungen, denen sie in der Sukzession der Zeiten unterlegen war.

Insoweit ist die bisher geschilderte zeitgenössische Geschichtsschreibung immer auf Erfahrungen und Verarbeitungsmethoden gleichzeitiger, generationsspezifischer Ereignisse ausgerichtet gewesen, also auf Synchronie bezogen. Dieser Befund wurde also im Deutschen erst im 17. Jahrhundert mit dem Ausdruck ‚Zeitgeschichte' auf seinen Begriff gebracht. Mit dem gleichen Wort ‚Zeitgeschichte' wurde aber auch ein zweites Bedeutungsfeld umrissen, nämlich die Diachronie, die auch schon im 17. Jahrhundert als ‚Zeitgeschichte' bezeichnet wurde. Stieler registriert 1691 in seinem Wörterbuch[10] ‚Zeitgeschichte / Chronologica', Zeitgeschichte also in einem spezifisch diachronen Sinne als Lehre von der Zeitabfolge, sei sie nun hilfswissenschaftlich oder realgeschichtlich orientiert, was dem knappen Text nicht zu entnehmen ist.

Dieser Doppelaspekt, daß der Ausdruck sowohl synchron wie diachron verwendet wurde, als er aufkam, ist sicher nicht nur zufällig. Entsprechend unseren anfänglichen Überlegungen ist es klar, daß es überhaupt keine reine Zeitgeschichte im Sinne von bloßer Gegenwartsgeschichte geben kann, daß sie zumindest auf vergangene Gegenwart und deren Vergangenheit rekurrieren muß: erst die Geschichte, dann ihre Erzählung (was nicht ausschließt, daß es auch Geschichten gibt, die nur aus ihrer Erzählung bestehen).

Der Rekurs auf die Zeitenfolge, lebensweltlich gesprochen von heute aus zurück in die Vergangenheit, in der Darbietung aber von früher nach heute, gehört also dem anfänglichen Wortsinn nach gleichberechtigt zum Begriff ‚Zeitgeschichte'. Wie es noch um 1800 im Lexikon von Schwan[11] heißt: Zeitgeschichte = „l'histoire qui rapporte les événemens du temps où l'on est" – also synchronisch, sowie auch: Zeitbuch = „die Zeitgeschichte; la chronique; l'histoire dressée suivant l'ordre des temps" – also diachron begriffen. Die diachrone Sequenz gehörte also seit der Wortbildung zum Begriff der Zeitgeschichte, und es bleibt eine theoretische Lässigkeit, wenn dieser denknotwendige Aspekt in den Hintergrund tritt.

Es geht bei dem diachronen Aspekt nicht nur um das scheinbar nur hilfswissenschaftliche Gebot einer exakten Datierung oder einer Herstellung exakter Zeitfolgen, auch nicht nur um die erzählende Chronik, die nacherzählt wird und der von Tag zu Tag oder von Jahr zu Jahr, wie in der

Annalistik, das jeweils Neue hinzugefügt wird. Diese einfachen Formen, so nötig sie bleiben, sind schon von Herodot und Thukydides weit überboten worden. Herodot hat das damals noch nicht Vorstellbare geleistet, die verschiedenen Reiche und Kulturräume mit ihren jeweiligen Zeitfolgen soweit irgend möglich zu synchronisieren, modern gesprochen, in einen gemeinsamen zeitgeschichtlichen Horizont einzurücken, um die Zusammenhänge aufzuspüren, die zum großen Konflikt zwischen Griechen und Persern geführt hatten. Thukydides schrieb sein diachrones Proömium, um die Machtkonstellation des Peloponnesischen Krieges aus ihrer Genese ableiten zu können.

Synchrone Analyse und diachrone Ableitung gehören also zum Begriff der Zeitgeschichte, wie er seit dem 17. Jahrhundert aussagbar wurde, und der um 1800 beide Aspekte zusammenführte. Es war also noch nicht die eigene Zeitgeschichte, die der Französischen Revolution, die definitorisch einbezogen wurde, sondern in unserem Beispiel das jeweils eigene Zeitgeschehen generell, das auf seinen Begriff gebracht worden ist. Deshalb war es z. B. möglich, daß Gottlieb Jakob Planck 1805 in seiner Geschichte des Papsttums immer darauf abhob, „wie und wo die Geschichte des Pabstthums in jeder Periode in die sonstige Zeitgeschichte hinein – und auch zuweilen aus dieser Zeitgeschichte hinausläuft", wobei dieser Befund auf das späte Mittelalter bezogen wurde. Planck bemüht hier auch den Begriff des Zeitgeistes, der auf das Papsttum eingewirkt, wie umgekehrt dieses auf jenen zurückgewirkt habe.[12]

Zeitgeschichte ist also, gemäß unseren Belegen, als ein systematischer Begriff verwendet worden, dessen Formalität ihn auf alle Zeitalter anwendbar machte, auf die vergangene Gegenwart, vergangene Vergangenheit und vergangene Zukunft, um unsere formale Kategorisierung aufzugreifen. In diesem Sinne untersuchte Goethe „jene Zeitgeschichte", wie er es formulierte, die er im Götz von Berlichingen dramatisiert hatte.[13]

Besonders klar ist nun die Definition von Campe in seinem Wörterbuch.[14] Er hat den systematischen Anspruch, daß Zeitgeschichte zugleich diachron und synchron gemeint ist, auf den Begriff gebracht: Zeitgeschichte ist „erstens die Geschichte überhaupt, der Zeitenfolge nach geordnet (chronologische Geschichte)". Es ist also noch nicht die nur jeweils hinzukommende Fortschreibung der Chronik, sondern die Geschichte überhaupt, also jener theoretische Oberbegriff, der erst damals geprägt wurde und der das Insgesamt aller denkbaren Geschichten reflexiv in sich versammelte. Zweitens fügte Campe den synchronen Aspekt hinzu, nämlich Zeitgeschichte: „die Geschichte einer gewissen Zeit, besonders unserer Zeit, wie auch, eine einzelne Geschichte unserer oder der gegenwärtigen Zeit." Dieser systematische Aspekt, daß Geschichte überhaupt vergangenheits- und gegenwartsbezogen Zeitgeschichte ist, ist nun im Laufe des 19. Jahrhunderts fast ganz verloren gegangen.

Der systematische Anspruch kam um 1800 freilich nicht von ungefähr. Aufklärung und Französische Revolution hatten einen Erfahrungsschub bewirkt, der in den Begriffen ‚Geschichte schlechthin', ‚Prozeß', ‚Revolution' selber, ‚Fortschritt' oder ‚Entwicklung' zur Sprache gebracht worden war. Es waren allesamt neue Leitbegriffe, deren Gemeinsamkeit in der bewußt reflektierten Voraussetzung lag, daß alles Geschehen spezifisch zeitlich strukturiert sei. Wie und auf welche Weise – das zu klären führte zu den großen Systemen des deutschen Idealismus von Kant bis zu Hegel und Schelling. – Aber es gibt auch für den so schwer greifbaren Begriff ‚Zeit' empirische Testfragen, die den historischen Ort beschreiben lassen, an dem die ‚Zeitgeschichte' zur neuen Herausforderung wurde. Alles, was damals Bestand haben sollte oder was verändert wurde, wurde seit rund 1800 in gleicher Weise mit ‚Zeit' legitimiert: Zeit als Dauer oder Zeit als Wechsel galten je nach den verfolgten politischen Interessen als unüberbietbare Legitimationstitel.

Wie sehr ‚Zeit' um 1800 zu einem spezifisch geschichtlichen, wenn auch ambivalenten, Deutungsbegriff aufrückte, zeigt Grimms Wörterbuch. Bei allem Vorbehalt läßt sich aus den Zeitkomposita ein zulässiger Vermutungsschluß ziehen. Grimm registriert[15] 216 Zeitkomposita, die vor 1750 in der deutschen Sprache nachweisbar sind. Sie beziehen sich vorzüglich auf die lebensweltlichen Bereiche der menschlichen Natur, auf deren moralische Ausdeutung oder auf ihre theologische Sinnstiftung. Zwischen 1750 und 1850 kommen 342 neue Komposita hinzu, deren Schwerpunkt in den Bereichen von Politik und Geschichte liegt. ‚Zeitgeist' gehört als markanter Begriff in diese Reihe. Wie sehr unser Sprachbedarf, um Zeiterfahrungen geschichtlicher Art auf den Begriff zu bringen, damit abgedeckt war, zeigt der erstaunliche Befund, daß seit 1850 nur noch 52 Zeitkomposita als neu hinzugekommen registriert werden.

Noch ein weiterer empirischer Befund belehrt uns darüber, warum gerade ‚Zeitgeschichte' als Begriff um 1800 aktuell wurde. Das diachrone Gefüge der Zeitalterlehren änderte sich seit der sog. Renaissance und der sog. Reformation langsam aber fundamental. Es ist hier nicht möglich, die komplizierte Wortgeschichte unserer gebräuchlichen Periodenbegriffe nachzuzeichnen. Aber im Hinblick auf die veränderte Zeiterfahrung, die sich mit der Trias Altertum – Mittelalter – Neuzeit und den beiden Schwellenbegriffen einer Renaissance und einer Reformation ergeben hat, seien einige Hinweise gestattet.

Solange sich die christliche Welt auf das Jüngste Gericht zubewegte, wußte sie sich im letzten Zeitalter, in dem grundsätzlich nichts Neues mehr zu erwarten war. Ob man die Vier-Reiche-Lehre verwendete – so vor allem in Deutschland – oder ob man die drei Phasen der christlichen Geschichte – vor dem Gesetz, unter dem Gesetz, im Zeitalter der Gnade – beschwor, grundsätzlich lebte man im letzten Zeitalter. In diesem theologisch ausgespannten

Erwartungshorizont, in Erwartung also der res novissima, konnte die Chronik von Fall zu Fall das jeweils neu Anfallende einschreiben und fortschreiben. Die chronologische Gliederung ergab sich aus den biologischen Daten der Lebensdauer der herrschenden Fürsten, ihrer Dynastien oder der Päpste, ein Gliederungsschema, das bis heute noch nicht ganz außer Gebrauch gekommen ist. Die genealogische und biologische Neutralität korrespondierte einem in sich selbst gleichen Zeitalter, das mit dem Ende der Geschichte abschließt.

Das theoretisch schwierige Problem ergab sich erst, seitdem es so etwas wie eine Neuzeit gibt, deren Ende oder Ausgang unbekannt ist, seitdem die Zukunft als offen erfahren wird, seitdem Geschichte als Fortschritt oder als Entwicklung, als Prozeß erfahren werden konnte, also seit dem späten 18. Jahrhundert. Nur sehr langsam setzte sich der Begriff einer neuen Zeit, als logischer Anschlußbegriff zum Mittelalter, durch. Und kaum daß er sich, im 17. Jahrhundert, durchzusetzen begann, war man schon genötigt, den Begriff einer neuesten Zeit – im 18. Jahrhundert – hinzuzufügen oder im 19. Jahrhundert die ‚Neuzeit' von der neueren Zeit abzusondern. Die ‚Neuzeit' als Wort wurde erst in der deutschen Sprache des Vormärz geprägt, lexikalisch erst seit dem Ende des 19. Jahrhunderts registriert. Kurzum, die Zeitenfolgen schienen sich in ihrer Sequenz ‚Renaissance, Reformation, Neuere Geschichte, Neueste Geschichte, Neuzeit' zu beschleunigen. Immer neue Zwischenperioden mußten erfunden werden, um die sog. neue Geschichte zu gliedern.[16] Die sog. Zeitgeschichte ist nun auch ein solcher Anschlußbegriff geworden, der sich auf die neueste Zeit, auf unsere Zeit, auf die Tagesgeschichte beziehen ließ, der Aktualität schlechthin versprach.

Seit der Französischen Revolution häufen sich die Titel von Zeitschriften und Buchserien, mit oft mehr als dreißig Bänden, von Jahr zu Jahr erscheinend, die den Leser über das aktuelle Geschehen informieren sollten. Faßt man diese Schriften unter ein gemeinsames Thema, so handelt es sich um die traditionelle Annalistik, bezogen auf die revolutionäre Weltgeschichte, die ihren empirischen Ausgangspunkt mit der Französischen Revolution gewonnen zu haben schien; mit der Französischen Revolution, deren kurze Etappen ein typologisches Gerüst der Verfassungssequenzen für alle weiteren Deutungen bereitstellten, gleich unter welcher parteilicher Perspektive das Zeitgeschehen wahrgenommen wurde.

Der Begriff der Zeitgeschichte wurde seitdem eingeengt auf die synchrone Aktualität der jeweils jüngsten Vergangenheit. Der Begriff wurde beschränkt auf die Modernität der anfallenden Geschichten. Er wurde zum formalen Dauerbegriff, der die neueste Geschichte, eben die sogenannte Zeitgeschichte, fortschrieb. Genannt seien nur „Die Geschichte unserer Zeit" von Karl Strahlheim, ehemaligem Offizier der kaiserlich französischen Armee, 33 Bde., 1826–1830, oder die „Geschichte unserer Tage", bearbeitet von Dr. Mährlen, Band für Band seit der Juli-Revolution erschienen.

Der Begriff der Zeitgeschichte wurde auch ins Journalistische, in die Tagesschriftstellerei verschoben. Aber auch diese hatte ihr großes Format. Ich erinnere an die Linkshegelianer Bruno Bauer oder Karl Marx, an Heine oder an Lorenz von Stein, Michelet und Thiers, deren Schriften zur Zeitgeschichte noch heute zur wiederholbaren Lektüre gehören, wenn das 19. Jahrhundert, wie jetzt zunehmend, neu aufgearbeitet wird. Die professionellen Historiker zeigten sich damals eher skeptisch, ob es schon möglich sei, die Aktualität des Tagesgeschehens wissenschaftlich zu bearbeiten. Perthes hatte große Mühe, Autoren für seine Europäische Staatengeschichte zu finden, nicht nur weil die Quellenbasis zu schmal sei, um die Geschichte mit philologisch-historischer Methode aus den Archiven zu erarbeiten, die nicht oder kaum zugänglich waren, – vor allem weil die Bewegungen der Politik, die Veränderungen der Gesellschaft zu rasant seien, um schon endgültige Aussagen riskieren zu können. Die Unabgeschlossenheit der Geschichte wurde im Gegensatz zur christlichen und humanistischen Geschichtsschreibung zum Einwand gegen ihre „zeitgeschichtliche" historische Verarbeitung.

Die beschleunigte Alltagsgeschichte und der sichere Ort der Archive schienen nicht kompatibel zu sein. Dabei muß daran erinnert werden, daß die Sperrfristen der Archive sich erst im Zuge der beschleunigten Geschichte verkürzten. Noch im Vormärz blieben die preußischen Archive bis zu Luthers Zeiten zurückreichend prinzipiell gesperrt, nur mit besonderer Genehmigung zugänglich, und noch gegen Ende des 19. Jahrhunderts lag die Sperrfrist auf der gesamten Zeitspanne seit 1700. Alles spätere Archivgut einzusehen unterlag ministerieller Genehmigung. Die Aktualität der Geschichte war also noch auf eine jahrhundertelange Dauer eingestellt. Die Archivalien besaßen über zwei Jahrhunderte hinweg politische oder rechtliche oder theologische Sprengkraft. Die heutige Dreißigjahresfrist lag noch jenseits der Hoffnungen professioneller Historiker, um Zugang zum Forschungsmaterial zu erhalten – von den offiziellen Hofhistoriographen abgesehen, und selbst diese konnten ihrer Vorrechte verlustig gehen wie Sybel durch Wilhelm II. Anders gewendet: die aktuelle Brisanz geschichtlicher Themen erstreckte sich für die Politiker im 19. Jahrhundert noch auf die gesamte sogenannte Neuzeit, nicht nur auf die heute sogenannte Zeitgeschichte. Die aktengebundenen Legitimationstitel waren noch nicht einem so schnellen Verfall ausgesetzt wie heute, da nach dreißig Jahren, vom Persönlichkeitsschutz abgesehen, die Archivschätze freigegeben werden, freilich von Wirtschaftsarchiven und von offenen oder geheimen politischen Spezialblockaden abgesehen.[17]

Dennoch muß zur Ehre der zünftigen Historiker gesagt werden, daß sie sich auch im 19. Jahrhundert, trotz schwer- oder unerreichbarer Akten, intensiv mit ‚Zeitgeschichte' abgegeben haben, fast immer in Vorlesungen, gelegentlich auch in Publikationen, wie Ranke, Droysen oder Sybel, um nur deutsche Historiker zu nennen. Und die posthum gedruckten Vorlesungen zur Zeitgeschichte von Niebuhr oder Jacob Burckhardt gehören nicht nur zu den Quellen für damalige Sichtweisen, sondern bleiben ebenso lesenswert, weil sie eine Theorie der geschichtlichen Zeiten entwickelt hatten, die sie befähigte, die eigene Zeit in langfristige Perspektiven zu tauchen und bewußt von der Vergangenheit als einer qualitativ anderen zu unterscheiden lehrten. Niebuhr las über die Geschichte des Zeitalters der Französischen Revolution, um es als ein sich beschleunigendes Zeitalter zu interpretieren. Ähnlich Droysen und ebenso Jacob Burckhardt, die beide die Einmaligkeit der eigenen Zeit in der beschleunigten Abfolge der Ereignisse entdeckt zu haben glaubten. Kein Wunder, daß die Zeit der Geschichte im Hinblick auf ihre Beschleunigung und damit auch die ‚Zeitgeschichte' eine neue Qualität der Fragestellungen hervorrief. Zeitgeschichte begann über ihre ehedem diachrone und synchrone Möglichkeit hinaus und über deren systematische Verschränkung hinaus die Bedeutung einer jeweils neuen und einmaligen Aktualität zu gewinnen, und zwar aufgrund neuer, bisher nie erfahrener, inhaltlicher Bestimmungen.

3.

Bisher wurde behandelt, welche formalen Schwierigkeiten entstehen, wenn Zeitgeschichte nicht auf die ganze Geschichte, sondern nur auf eine jeweils gegenwärtige Periode bezogen wird. Ferner wurde der historische Ort aufgewiesen, an dem Zeitgeschichte auf seinen diachronen und zugleich synchronen Begriff gebracht wurde, obwohl die Sache selbst natürlich so alt wie die Geschichtsschreibung selbst ist. Darauf wurde die Neuartigkeit der Zeitgeschichte im Sinne einer sich ändernden Aktualität gezeigt, wie sie seit der Französischen Revolution begriffen wurde. Die eigene Zeitgeschichte konstituierte seitdem eine Differenz zu allen bisherigen Geschichten. Diese Position soll zum Schluß ausgeführt und in Frage gestellt werden.

Das Axiom des Historismus, daß alles einmalig sei in der Geschichte – jede Epoche unmittelbar zu Gott –, daß sich Geschichte nicht wiederhole, sondern in steter Entwicklung sich befinde, dieses Axiom ist das Epiphänomen einer Primärerfahrung, daß sich die Geschichte seit der Französischen und seit der Industriellen Revolution tatsächlich mit beschleunigter Geschwindigkeit dauernd zu ändern schien: insofern nichts vergleichbar, alles einmalig war.

Diese Erfahrung wirkte zurück auf die gesamte Vergangenheit. Erst seitdem sich die Geschichte in den letzten 20 Jahren beschleunigt verändert habe, so schrieb Humboldt[18] zur Zeit der Französischen Revolution, erst seitdem sei man imstande, aus der gewonnenen Distanz die Eigentümlichkeiten der alten und der mittelalterlichen Geschichte in ihrer Andersartigkeit als Voraussetzung für die eigene Zeit zu erkennen. Seitdem wurde es möglich, die Geschichte nicht nur fortzuschreiben, sondern von dem neu gewonnenen Standpunkt aus auch umzuschreiben. Daß die Geschichte immer umgeschrieben werden müsse, nicht nur weil neue Quellen entdeckt würden, sondern weil die Zeiten selber sich ändern, diese Bemerkung Goethes ist bis heute eingelöst und bestätigt worden. Für Machiavelli, der seinen Livius noch systematisch auswertete und nicht historisch, bedeutete die Geschichtsschreibung kein Umschreiben, sondern die Wiederentdeckung neuer in alten Wahrheiten. Für Friedrich den Großen, der seinen Plutarch in der Tasche trug, wenn er Krieg führte, wäre dieser Zwang zum Umschreiben noch unvorstellbar gewesen, auch wenn er seine eigene Geschichte fortschrieb. Umschreiben, um Falsches zu korrigieren, gibt es immer schon; umschreiben, weil die wandelbare Perspektive der Gegenwart Neues entdecken läßt, das gibt es erst seit dem Ende des 18. Jahrhunderts. Vom Abschreiben und Fortschreiben zum Umschreiben, zum Umschreiben-Müssen – das kennzeichnet die Schwelle, die zwischen 1750 und 1800 überschritten worden ist. Seitdem hat die Zeit der Geschichte, die geschichtliche Qualität der Zeit, ihre Unwiederholbarkeit, ihre Einmaligkeit eine Dominanz gewonnen, die auch die heutige professionelle Zeitgeschichte prägt.

Vieles scheint dafür zu sprechen, daß unsere sogenannte Zeitgeschichte eine Zeitgeschichte sui generis ist. Die technischen und die industriellen Voraussetzungen unserer eigenen Geschichte haben die Qualität und Raffinesse der Herrschaftsmittel unendlich verfeinert, haben die Vernichtungsmittel unendlich vergrößert, haben die Entscheidungsräume enorm eingeengt, haben den sogenannten Zwang der Verhältnisse bis ins Unerkennbare auf den ganzen Globus ausgedehnt, auf dem sich früher noch regional beschränkt leben ließ, haben der begrenzten Aktionskraft von Partisanen, Widerstandskämpfern und Rebellen zunehmend steuerbare Spielräume freigegeben. Das Einmaligkeitsaxiom scheint unserer eigenen Zeitgeschichte mehr als jemals zuvor einen eigenen Erkenntniszwang aufzuerlegen.

Die Wissenschaften der Ökonomie und der Soziologie, teilweise auch der Politologie, haben der Erforschung der modernen, bisher unvergleichbaren Gesellschaft, neue Wege erschließen geholfen. Ich nenne Raymond Aron, Hannah Arendt, Schumpeter oder Keynes, um Zeitdiagnosen von wissenschaftlicher Erschließungskraft in Erinnerung zu rufen, für die bis ins 18. Jahrhundert hinein noch die Historiker zuständig waren. Diese Ausdifferenzierung läßt sich nicht rückgängig machen, aber sie sollte uns davor bewahren, die Zeitgeschichtsschreibung auf die Ereignisgeschichte, speziell die politische Geschichte, zu beschränken. Gewiß gibt es einmalige Situationen, einmalige Handlungen, einmalige Menschen, von denen Zeugnis abzulegen eine unveräußerbare Aufgabe der Historiker bleibt. Bonhoeffer oder Pater Kolbe, um im Bereich der Kirchenhistorie zu bleiben, behalten ihren Zeugnischarakter, als testes indelebiles, um derentwillen die Historiker in Pflicht genommen bleiben. Und niemand wird dem heutigen Zeithistoriker die Aufgabe abnehmen können, die unwiederholbaren Entscheidungszwänge zu rekonstruieren, nach denen alles anders wurde, am 30. Januar 1933 oder nach dem 20. Juli 1944.

Aber der theoretisch anspruchsvollere Begriff der Zeitgeschichte, wie wir ihn um 1800 bei Campe kennengelernt haben, sollte uns daran erinnern, daß er mehr einzulösen beansprucht als nur die aktuelle Ereignissequenz, auf Personen und Handlungen bezogen, wissenschaftlich aufzubereiten. Es gibt Dimensionen, diachroner und synchroner Art, die zeitlich verschieden tief gestaffelt sind, und über die uns auch weit zurückliegende Historiker noch für heute belehren können, weil die Geschichte sich strukturell wiederholt, was bei der Betonung der ‚Einmaligkeit‘ gerne vergessen wird. Ich möchte im folgenden einige Beispiele nennen, die von der gegenwärtigen Vergangenheit als einer vergangenen Gegenwart zeugen.

Der Melier-Dialog des Thukydides über Macht und Recht bleibt mutatis mutandis ein Schlüssel auch für die Situation, in der sich Hácha gegenüber Hitler 1939, Dubček gegenüber Breschnjew 1968 befunden haben. – Die christlichen Quellen oder Anteile im modernen Antisemitismus bleiben aktuelles Thema einer geschichtlich langfristigen Dauer, wie es etwa in der Moraltheologie behandelt werden muß. Selbst wenn Hochhuth in seinem „Stellvertreter" Irrtümer historischer Positivität nachweisbar sind, seine Frage an die Kirchen ist deshalb nicht aus der Welt zu schaffen. Sie ist von Vorläufern und potentieller Wiederholbarkeit umfangen. – Die Kollektivbiographie der bürgerlichen Elite im Frankreich der Französischen Revolution und unter Napoleon, deren Fähigkeit, sich an- und einzupassen in Ereignisse, die sie auslösen half, aber nicht steuern konnte, die sie mitmachte und ermöglichte, aber nicht goutierte, bleibt ein Erfahrungsmodell, das auch die zwölf Jahre unter Hitler, die Zeit davor und danach in Zusammenhang bringen lehrt. Es handelt sich um sozialpsychologische Prozesse, die durch die Ereignisgeschichte hindurchlaufen. Die Dosierung von Feigheit und Übermut läßt sich aus dem Drei-Kaiser-Jahr des Tacitus vielleicht besser erkennen, als wenn man in Rechtfertigungszwängen lebt, wie es die Deutschen seit 1945 tun und wie sie sich in zahlreichen Memoiren niederschlagen. Hier sind Analogieschlüsse aus dem Tacitus in die Gegenwart möglich, die von struktureller Wiederholbarkeit zeugen, um Aktualität sichtbar zu machen. – Oder das literarische Eingeständnis von Ernst Jünger, daß im Ersten Weltkrieg, und zwar in den Grabenkämpfen unter selbstmörderischen Bedingungen, Gefangene umgebracht wurden, was die Alliierten zunächst nur den Deutschen zutrauten, dies Eingeständnis ist von den englischen Zeithistorikern kurz vor dem Aussterben der überlebenden Generation von 1914 jetzt nachgeholt worden[19], nach 1945, nachdem ganz andere Ausmaße an Morden, an geplanten Massenmorden die kleineren spontanen Mordaktionen leichter mitteilungsfähig gemacht haben.

Was zeigen diese Beispiele? Es gibt allenthalben auch Rekurrensphänomene: Die Zeit eilt und die Zeit heilt, sie bringt Neues und holt zurück, was nur aus der Distanz unterscheidbar wird. In unserer Zeitgeschichte sind Strukturen enthalten, die nicht nur unserer eigenen Zeitgeschichte eigentümlich sind. Es gibt wiederholbare Konstellationen, langfristige Wirkungen, Gegenwärtigkeiten archaischer Einstellungen, Regelhaftigkeiten von Ereignissequenzen, über deren Aktualität ein Zeithistoriker sich aus der Geschichte überhaupt informieren kann. Denn, wie gesagt, Zeitgeschichte auf ihren Begriff gebracht, ist mehr als die Geschichte unserer Zeit. Erst wenn wir wissen, was sich jederzeit, wenn auch nicht immer auf einmal, wiederholen kann, können wir ausmessen, was an unserer Zeit wirklich neu ist. Vielleicht weniger als wir uns vorzustellen vermögen. Auf dies Wenige kommt es dann an.

Anmerkungen

1 *Hellmuth Auerbach*, Die Gründung des Instituts für Zeitgeschichte: VZG 18 (1970) 529–554.
2 *Johann Heinrich Alsted*, Scientiarum omnium Encyclopaedia, Lyon ³1649, Bd. 4, 37.65.
3 *Eberhard Jäckel*, Begriff und Funktion der Zeitgeschichte: Die Funktion der Geschichte in unserer Zeit, hg. v. *Eberhard Jäckel* und *Ernst Weymar*, Stuttgart 1975, 162–176.
4 *Fritz Ernst*, Zeitgeschehen und Geschichtsschreibung: Ders., Ges. Schr., hg. v. *G. G. Wolf*, Heidelberg 1985, 289–341.
5 Zit. nach *Franz Freiherr von Lipperheide*, Spruchwörterbuch, Berlin 1907, 8. unveränd. Abdruck, 264, Monolog auf Byrons Manfred.
6 *Goethe*, Lebensregel: Gedichte in zeitlicher Folge, Leipzig o. D., Bd. 2, 87 (1814).
7 *Augustin*, Confessiones, lib. XI, 28 (37).
8 *Raymond Aron*, Introduction à la Philosophie de l'Histoire, Paris 1948, 183. – *Reinhard Wittram*, Zukunft in der Geschichte, Göttingen 1966, 5. – *Niklas Luhmann*, Weltzeit und Systemgeschichte: Soziologie und Sozialgeschichte, hg. v. *Peter Chr. Ludz*, Opladen 1972, 81–115.
9 *Sigismund von Birken*, Ostländischer Lorbeerhaeyn, Nürnberg 1657, 233, zit. nach *E. Jäckel*, a. a. O. 165. Vgl. *Wilhelm Vosskamp*, Zeit- und Geschichtsauffassung bei Gryphius und Lohenstein, Bonn 1967.
10 *Caspar Stieler*, Teutscher Sprachschatz, Nürnberg 1691, Sp. 1747, zit. nach *E. Jäckel*, a. a. O. 165.
11 *Christian Friedrich Schwan*, Nouv. Dict. de la langue allemande et françoise, Ludwigsburg 1800, Bd. 2, 676, zit. nach *E. Jäckel*, a. a. O. 165.
12 *Gottlieb Jakob Planck*, Geschichte des Papsttums in den abendländischen Kirchen, Hannover 1805, Bd. 1, Vorrede, zit. nach *Peter Meinhold*, Geschichte der kirchlichen Historiographie, Freiburg – München 1967, Bd. 2, 106.
13 Zit. bei *E. Jäckel*, a. a. O. 166.
14 *Joachim Heinrich Campe*, Wörterbuch der deutschen Sprache, Braunschweig 1811, Bd. 5, 833, hier zit. nach *E. Jäckel*, ebd., der die erste Definition aus gegenwärtiger Sicht als ‚Mißverständnis' interpretiert.
15 *Jacob und Wilhelm Grimm*, Deutsches Wörterbuch, Leipzig 1956, Bd. 15, bearb. von *Moriz Heyne, Henry Seedorf, Hermann Teuchert*, ND, München 1984, Bd. 31, Sp. 550–583.

16 *Reinhart Koselleck*, ‚Neuzeit'. Zur Semantik moderner Bewegungsbegriffe: *Ders.*, Vergangene Zukunft, Frankfurt am Main 1979, 300–348.
17 Dazu *Reinhart Koselleck*, Archivalien – Quellen – Geschichten: 150 Jahre Staatsarchive in Düsseldorf und Münster, (Veröff. d. staatl. Archive des Landes Nordrhein-Westfalen, Reihe C: Quellen und Forschungen, Bd. 12), Düsseldorf – Münster 1982, 21–36.
18 *Wilhelm v. Humboldt*, Das achtzehnte Jahrhundert: Werke, hg. *Andreas Flitner* u. *Klaus Giel*, Darmstadt 1960, Bd. 1, 376–505. 398.
19 *John Keegan*, Die Schlacht, München 1981, 52. 235. 331. passim.

II. Vorgaben: Die Jahre 1933–1945

VICTOR CONZEMIUS

Katholische und evangelische Kirchenkampfgeschichtsschreibung im Vergleich: Phasen, Schwerpunkte, Defizite

Es ist nicht die Absicht dieses Aufsatzes, die Liste der Forschungsberichte zum Kirchenkampf oder zur kirchlichen Zeitgeschichte durch einen weiteren, chronologisch sich an die vorhergehenden anschließenden zu verlängern. Es gibt bereits eine Reihe solcher Übersichten, die sich teils auf den Bereich der eigenen Konfession beschränken, teils auf beide Konfessionen übergreifen. Für den evangelischen Raum zu erwähnen sind die Berichte von Kurt Meier aus den Jahren 1968 und 1981[1] und von Jürgen Schmidt in „Theologische Existenz heute".[2] Für die katholische Forschung kann verwiesen werden auf Rudolf Lill[3] sowie Ulrich von Hehl mit einem zunächst 1976 veröffentlichten Überblick[4], der 1984 mit einigen Erweiterungen auf Kosten von Kürzungen im Jahrbuch des Geschichtsvereins der Diözese Rottenburg-Stuttgart neu gedruckt wurde.[5] Zu einem Einzelproblem, zur Wirkungsgeschichte von Hochhuths „Stellvertreter", allerdings in ihren wesentlichen Ergebnissen auf den deutschen Sprachraum beschränkt, ist auf die im gleichen Jahrbuch erschienene Tübinger Zulassungsarbeit von Karl Heinz Wiest hinzuweisen.[6]

Einen konfessionsübergreifenden Überblick hat der Verfasser dieses Aufsatzes 1969 in der „Revue d'histoire ecclésiastique" versucht[7], während Andreas Lindt in seinem Loccumer Vortrag von 1984 ebenfalls Parallelen zur Entwicklung der katholischen Historiographie zieht.[8] Erwähnenswert, weil sie an unerwarteter Stelle ein beharrliches Interesse an deutschen Vorgängen in beiden großen Konfessionen manifestieren, sind die Besprechungen, die Mario Bendiscioli vorwiegend in der Zeitschrift „Humanitas" veröffentlichte und in die Neuauflage seines 1936 erschienenen Buches „Germania Religiosa nel Terzo Reich" aufgenommen hat.[9] Daneben gibt es eine Reihe von zusammenfassenden Gelegenheitsbesprechungen, denen der geschlossene Charakter eines Forschungsberichtes abgeht und die hier nicht erfaßt werden können.

Auf eine Kurzformel gebracht, läßt sich die Absicht meines Beitrags dahin formulieren: die bisher allzu zaghaft in Angriff genommenen konfessionsübergreifenden Ansätze unserer Forschung weiterzuführen, Mißverständnisse und Schwierigkeiten zu benennen, vorbei an den Klippen konfessioneller Selbstrechtfertigung, aber auch an diffus ausgesprochenen Schuldbekenntnissen oder Schuldzuweisungen, für die Theologen anfälliger als Historiker sind. Es wird keine Vollständigkeit angestrebt, sondern bloß versucht, Typisches in der bisherigen Forschung beider Konfessionen, aber auch Spezifisches und Atypisches aufzuzeigen.

Zeitgenössische Darstellungen

Wir gehen aus von den Publikationen im Ausland zu den Ereignissen in Deutschland nach 1933. Gewiß handelt es sich hier nicht um zeitgeschichtliche Forschung, sondern um Berichte von Zeitgenossen, Emigranten oder Nichtdeutschen, die Deutschland meist aus eigener Anschauung kannten, in Verbindung zu deutschen Kirchenkreisen standen und das Ziel verfolgten, eine Öffentlichkeit, die an kirchlichen Vorgängen allgemein wenig Interesse zeigte, über das Ausmaß der Auseinandersetzungen zu informieren. „Der Kampf um die Kirche im Dritten Reich" von Waldemar Gurian und Karl Thieme, ein Buch, das 1936 in Luzern erschien[10], behandelt nach Heinz Hürten in ausgewogener Weise die Vorgänge auf evangelischer wie auf katholischer Seite. Es gilt als die erste größere Darstellung des Kirchenkampfes.[11] In ihrer Rezeption blieb sie auf das nichtreichsdeutsche Sprachgebiet beschränkt. Größere Verbreitung im angelsächsischen Raum hatte ein Buch des anglikanischen Dekans von Chichester, A.S. Duncan-Jones[12], das ebenso wie das im folgenden Jahr erscheinende bereits erwähnte Werk von Mario Bendiscioli[13] beide Konfessionen behandelte. Robert d'Harcourt, der bekannte französische Deutschland-Experte, erreichte in seinen Artikeln in der Croix vorwiegend katholische Leser[14]; sein Buch „Catholiques d'Allemagne"[15] wurde ebenso wie dasjenige von Bendiscioli[16] ins Englische übersetzt. Auf die katholische Kirche beschränkt ist die Darstellung von Nathaniel Micklem, des Präsidenten des Mansfield College in Oxford, welche das Royal Institute (Chatham House) herausgab. Er bezieht sich vor allem auf die Aussagen von Rosenberg und Hitler über Christentum und Kirche und registriert die Eskalation der Konflikte. Eine umfängliche Zusammenstellung von Dokumenten, die der deutsche Jesuit Walter Mariaux aufgrund von Unterlagen, die P. Leiber SJ geliefert hatte[17], zunächst in London, dann in New York herausgab, erfaßt ebenfalls nur die katholische Kirche.

Die in Paris in deutscher, französischer, englischer und spanischer Sprache erscheinende Exilzeitschrift „Kulturkampf"[18] beschränkte sich vorwiegend auf Ereignisse, welche die katholische Kirche betrafen. Hingegen umfassen die von Waldemar Gurian und Otto M. Knab in Luzern herausgegebenen „Deutschen Briefe"[19], das wohl bedeutsamste Informationsblatt über die kirchlichen und kirchenpolitischen Vorgänge in Deutschland, beide Konfessionen. Die „Deutschen Briefe" behielten über das Chronikalische des Augenblicks hinaus stets philosophisch-geistesgeschichtliche Zusammenhänge im Auge. Gurian und Knab – beide übten Kritik an der Taktik der deutschen Bischöfe – haben die Auseinandersetzungen im evangelischen Raum nicht nur mit einer erstaunlichen Ausführlichkeit behandelt, sondern auch Wertungen getroffen, die sie als Sympathisanten der Bekennenden Kirche ausweisen. „Die Bedeutung des Kirchenstreites besteht nicht darin, daß das Regime durch ihn irgendwie betroffen wurde, sondern sie besteht darin, daß in seinem Verlauf sich eine Gruppe von Menschen gebildet hat, von denen man bei allen Schwächen und Unzulänglichkeiten den Eindruck hat (...), daß sie zu einem letzten Einsatz für einen Glauben bereit sind, ohne auf sichtbaren, materiellen, politischen, taktischen Erfolg zu sehen."[20]

Eine auf die gemeinsame Bedrohung ausgerichtete Berichterstattung über die Entwicklung in Deutschland, die auch die katholische Kirche erfaßte, ist in der reformierten Schweiz nicht nachweisbar. Der EPD (Schweizerischer Evangelischer Pressedienst) war in einer ausgesprochen antikatholischen Grundhaltung befangen[21]; das Schicksal der unmittelbar betroffenen Glaubensbrüder interessierte die Schweizer Öffentlichkeit stärker als dasjenige der Katholiken, die man hinter den Schutzmauern des Konkordates gesichert wähnte. Alphons Koechlin faßte diese Auffassung, die er in Kontrast zum Treiben der Deutschen Christen setzte, am 30. September 1933 zusammen: „In der römisch-katholischen Kirche kommt eine solche Haltung nicht in Frage. Sie besteht auf ihren Prinzipien, die im Konkordat garantiert wurden. Den Priestern steht es frei, in ihren Kirchen alt und jung zu lehren, was sie immer wollen, ohne daß die Möglichkeit irgendwelcher weltlichen Einmischung bestünde. Die Position der römisch-katholischen Kirche in Deutschland war nie so stark wie jetzt und die Position der evangelischen Kirche war weder theologisch noch sonstwie jemals so zerrüttet wie zur Zeit."[22] Hier war wohl einiges zu optimistisch gesehen; ob die Gemeinsamkeit des Angriffs gegen das Christentum in maßgeblichen protestantischen Kreisen der Schweiz je erfaßt wurde, läßt sich zur Zeit nicht ausmachen. Die Darstellungen von Arthur Frey[23] und Rudolf Grob[24] vom Jahre 1937 sind Broschüren, die sich auf den evangelischen Kirchenkampf beschränken. Auch über die Berichterstattung der katholischen Presse der Schweiz über die kirchenpolitischen Vorgänge in Deutschland sind wir nicht ausreichend informiert.

Die „Schweizerische Kirchenzeitung", die unter der Leitung von Prälat Viktor v. Ernst eine bigotte antiprotestantische Schlagseite hatte, verhielt sich eher reserviert in der Berichterstattung über die Vorgänge in Deutschland.[25] Die konservative katholische Tageszeitung „Vaterland" war viel eher bereit, sich zu exponieren und Stellung zu den kirchlichen Ereignissen in Deutschland zu beziehen.[26] Für Frankreich gilt, daß die große Öffentlichkeit wenig interessiert an den kirchlichen Turbulenzen war – auch im katholischen Raum hatte man trotz Robert d'Harcourt und einiger anderer Deutschlandkenner nur recht ungenaue Vorstellungen über die NS-Kirchenpolitik.[27] Der Informationsvorsprung, den die kirchlich aktiven französischen Protestanten dank ihrer Verbindung zu Karl Barth besaßen, wurde auf katholischer Seite nicht aufgeholt.[28]

Warum wir zuerst auf diese Publikationen eingehen? Weil es nicht gerechtfertigt ist, sie gesamthaft zu übergehen, wie das in deutschen Literaturberichten beider Konfessionen, aber auch in den großen Gesamtdarstellungen meist geschieht. Gemessen an der Nachkriegsforschung ist ihr historisch-dokumentarischer Wert selbstverständlich überholt. In Verbindung mit der Presse, über die noch kaum verläßliche Untersuchungen vorliegen[29], besaßen sie jedoch eine große Bedeutung für die Orientierung der nichtdeutschen Öffentlichkeit. Vielfach tauchen hier bereits Argumentationen, Maßstäbe und Kriterien auf, für die eine revisionistische Geschichtsschreibung nach 1960 zu Unrecht alleinige Urheberrechte anmeldete. Sie relativieren deshalb auch den Vorwurf bewußter apologetischer Zielsetzung, der in jenen Jahren gegen die ersten Publikationen zum Kirchenkampf erhoben wurde.[30] Die vor allem der katholischen Seite unterstellte Absicht, zielstrebig einen Mythos nahtlosen kirchlichen Widerstandes aufgebaut zu haben, läßt sich in dieser Form nicht nachweisen.

1945: Informationsdefizit und Nachholbedürfnis

Beide Kirchen waren trotz propagandistischer Beteuerungen und Konkordat verfolgt worden; sie hatten große organisatorische Verluste und einen verhältnismäßig hohen Blutzoll an Pastoren, Priestern und Laien bezahlt. Die Information der Öffentlichkeit war ihnen versagt worden. Es lag auf der Hand, daß dies nach 1945 nachgeholt wurde, zumal auch andere, nichtchristliche Kräfte ihre Rolle im antifaschistischen Widerstand ausleuchteten. Daß der Dachau entronnene Münchner Domkapitular Johannes Neuhäusler eine erste Dokumentation zusammenstellte, die gerade den Aspekt der Verfolgung und die Unerschütterlichkeit des Felsen Petri betonte, lag in der Konsequenz des Zeitpunktes und der Informationsbedürftigkeit des Publikums, dem gerade diese Informationen vorbehalten worden waren.[31]

Neuhäusler war kein Historiker; doch bereits in einem in der Schweiz bei Walter verlegten Werk, das Ferdinand Strobel SJ zum Verfasser hat, sind differenziertere Töne zu vernehmen. Es ging darum, eine Dokumentensammlung, die Mario von Galli und Karl Stark SJ angelegt hatten, der Öffentlichkeit zugänglich zu machen. Strobel ging auf die Ereignisse des Jahres 1933 ein und bemerkte, kein Katholik werde behaupten, „daß nicht ein Mehr an Widerstand möglich gewesen, ja selbst da und dort sogar erfordert gewesen wäre, kein Mensch wird behaupten wollen, daß auch die deutschen Bischöfe da und dort nicht versagt hätten, da und dort nicht noch klarer und deutlicher, vor allem konkreter hätten reden müssen, nicht noch einheitlicher und schlagfertiger hätten vorgehen können".[32]

Das war auch die Überzeugung der Herausgeber der Reihe „Das christliche Deutschland 1933 bis 1945", die in den Verlagen Herder in Freiburg und Furche in Tübingen in der Form einer evangelischen und katholischen Gemeinschaftsreihe erschien: „nicht um ein Heldenlied dieses Kampfes der jüngsten Vergangenheit zu singen, der ja keineswegs nur Erhebendes, sondern auch unendlich viel Schwäche, Versagen und Schuld bei uns selbst gezeigt hat, vielmehr um die trotz allem ungebrochene Linie aufzuweisen, die es mutig in die Zukunft weiterzuführen gilt."[33] Es ist bemerkenswert, daß dieses Gemeinschaftsunternehmen keine Nachfolger hatte und eine konfessionell getrennte Aufarbeitung jener Periode sich durchsetzte. Die nüchterne Dokumentation von Wilhelm Corsten „Kölner Aktenstücke" bezog sich auf schriftliche Verlautbarungen, die während der Naziherrschaft von der Erzdiözese Köln ausgegangen waren.[34]

Es lag nahe, daß diejenigen, die den schriftlichen Niederschlag ihrer Auseinandersetzungen mit NS-Amtsstellen gesammelt oder ihre Erinnerungen an die Kampfzeit festgehalten hatten, diese veröffentlichten, sobald sich eine Möglichkeit ergab. Schließlich war es eine Ehrensache deutscher Bürger und eine den Christen nicht minder verpflichtende Aufgabe, die Erinnerung an diejenigen wachzuhalten, die sich dem Ungeist entgegengestellt und als Blutzeugen ihr Leben hingegeben hatten. So erschien eine Reihe von Erlebnisberichten von unterschiedlichem dokumentarischem Wert.[35] Diese Publikationen, die nur zum geringsten Teil ausgebildete Historiker zu Verfassern hatten, tendierten dazu, den Aspekt des Widerstandes zu betonen. Manche Lebensbilder nahmen hagiographisch-verklärende Züge an. Das ist kein spezifisches Merkmal christlicher Hagiographie, sondern trifft auch auf andere Biographen zu, denen die Distanz zu ihrem Gegenstand fehlt und denen die Einbettung in die Zeitgeschichte abgeht.

Die Annahme eines absichtlichen Verschleierns komplexer historischer Sachverhalte oder einer bewußten Emporstilisierung einer selbstgefälligen Selbstdarstellung durch kirchliche Amtsstellen, um nach 1945 einen Führungsanspruch zu legitimieren, ist auszuschließen.

Weit eher hat zu solcher Literatur das Bemühen beigetragen, den Alliierten ein anderes, besseres Deutschland vorzuführen, um den Vorwurf der Kollektivschuld zu entkräften. Die vom deutschen Episkopat bereits im August 1945 angeregte Umfrage zu Konflikten des Klerus mit den NS-Machthabern, deren Veröffentlichung dann doch unterblieb und die Ulrich von Hehl 1984 unter günstigeren Bedingungen vorlegen konnte, ist auf solche pastoralpolitische Erwägungen zurückzuführen.[36] Daß freilich unter dem Schutzmantel des Widerstandes und des Kredits, den Glaubenszeugen gesammelt hatten, auch solche sich bargen, die die Kunst des Taktierens, der Anpassung, ja der

Preisgabe überstrapaziert hatten, war ein Ärgernis. Es hat in den sechziger Jahren den Eifer der Revisionisten stark mitangefeuert.

Forschungsauslöser: Konkordatsprozeß

Eine zweite Phase, die zu einer neuen Beschäftigung mit der Zeit von 1933–1945 hinüberleitet, beginnt mit dem Konkordatsprozeß und der Erforschung der Geschichte der Zentrumspartei in der Weimarer Republik.[37] Im Konkordatsprozeß, der vom 12. März 1955 bis zum 26. März 1956 vor dem Bundesverfassungsgericht in Karlsruhe ausgetragen wurde, standen nichtkognitive Interessen und Ziele im Vordergrund. Während Ernst Deuerlein das Konkordat als Abschluß von Überlegungen verstand, die bis in die Anfänge der Weimarer Republik zurückreichten, also eine überspitzte Kontinuitätsthese der Verhandlungen entwickelte[38], war Karl Dietrich Bracher bestrebt, den Nachweis der Diskontinuität zu erbringen und den Vertrag als gezieltes Instrument der Strategie der NS-Machtergreifung erscheinen zu lassen.[39] Eine Diskussion größeren Stils in der Öffentlichkeit entzündete sich daran nicht; weit eher regten das Interesse der Öffentlichkeit die Forschungen von Rudolf Morsey an, der neben Tagebuchaufzeichnungen von Prälat Kaas eine fundierte Studie zum Ende der Zentrumspartei in der Weimarer Republik vorlegte.[40] Weil aber entscheidende Phasen der Konkordatsverhandlungen im Dunkeln blieben, dokumentarisch nicht erhellt werden konnten, blieb ein weiter Spielraum für Konjekturen und Unterstellungen. Sie reichten bis hin zum Verrat des Zentrums durch seinen Vorsitzenden Prälat Kaas, dem als Kleriker eine besondere Kompromißbereitschaft für staatliche Zusicherungen auf dem Gebiet der Schule und der Seelsorge unterstellt wurde.

Hypothesen und Vermutungen wurden aufgestellt, die die Rolle des Vatikans bei der Auflösung des Zentrums und beim Konkordatsabschluß in ein wenig vorteilhaftes Licht tauchten. Die Versicherung von Pater Robert Leiber SJ, das Ja des Zentrums zum Ermächtigungsgesetz und die Erklärung der Fuldaer Bischofskonferenz vom 28. März 1933 – an beiden hatte der Vatikan keinen Anteil –, hätten die Opposition des politischen Katholizismus unmöglich gemacht, erschienen wie eine matte vatikanische Selbstrechtfertigung.[41]

Revisionismus als Programm

Bewegte die Diskussion sich bisher in einem vorwiegend politischen Rahmen, so erhob ein Aufsatz des Göttinger Juristen Ernst Wolfgang Böckenförde im „Hochland" 1961 sie auf eine grundsätzliche, d. h. institutionskritische Ebene.[42] Er stellte die Frage nach der Haltung der Kirche gegenüber der modernen Demokratie und schrieb ihr eine Affinität zu autoritären Systemen zu. Seine These untermauerte er mit einem auf das Jahr 1933 bezogenen Fakten- und Dokumententeil, der die Auffassung eines ungebrochenen Widerstandes der Kirche gegenüber dem NS-Regime ins Reich der Fabel verwies. Schlüsselpunkte seiner Argumentation bildeten die Naturrechtslehre der Kirche und ihre Neutralität gegenüber den Staatsformen, der Antiliberalismus und die Befürwortung einer organisch-ständischen Ordnung mit starker Autorität. Von daher ergebe sich eine Bündnisbereitschaft mit dem Faschismus, mit dem die Kirche bereits durch die Gegnerschaft zum Bolschewismus verbunden war. Eigenartigerweise – von Hehl hat darauf hingewiesen – war es jedoch nicht die Affinitätsthese, sondern die im Faktenteil in Erinnerung gerufenen kirchlichen Erklärungen und Sympathiebekundungen des Jahres 1933, die in der Öffentlichkeit eine unvorhergesehene Resonanz fanden. Diese regte die Überprüfung eines bisher unreflektiert tradierten Geschichtsbildes an, zunächst in einer üppigen Publizistik mit Repliken, Gegendarstellungen, Leserbriefen, dann in einer Reihe von Büchern und Aufsätzen.[43]

Der Dokumentensammlung von Hans Müller[44] liegen als Auswahlprinzip die „Fehler" der Führungskräfte nach 1933 zugrunde, während der amerikanische Soziologe Gordon Zahn[45] in der Stellungnahme des deutschen Episkopats zu Hitlers Kriegen ein erdrückendes Beweismaterial für die moralische Unterstützung eines Angriffskrieges sah und daraus die Notwendigkeit eines christlichen Pazifismus ableitete. In Verbindung mit Hochhuths „Stellvertreter" verbreitete sich die Diskussion dann über den deutschen Raum hinaus und verlagerte sich teilweise auf Papst und Kurie. Kirchliche Zeitgeschichte in Verbindung mit der Verantwortung der Christen in der Frage des Massenmords an den Juden – unglücklicherweise auf die Person Pius' XII. zentriert – wurde für kurze Zeit ein allgemeines Konversationsthema.[46]

Gründe und Hintergründe

Was waren die Gründe für die Eskalation der Diskussion über das Verhältnis von Kirche und Nationalsozialismus in den 60er Jahren und wie ist der mitunter scharfe und anklägerische Ton einer bisher eher zahm verlaufenen Diskussion zu erklären?

1. Natürlich war es eine Gegenreaktion, die nicht auf eine bewußte Täuschung der Öffentlichkeit, sondern auf ein mangelndes Gespür kirchlicher Kreise für kirchliche Zeitgeschichte zurückging.[47] Daß sich nach 1945 eine Auffassung kirchlich-katholischer Immunität gegenüber dem Nationalsozialismus und einer entsprechend geschlossenen Widerstandshaltung herausgebildet hatte, war kaum zu verhindern gewesen. Weniger verständlich war, daß man es hierbei beließ und nicht zur Kenntnis nahm, wie gerade in

Deutschland sich unter dem Druck der Frage „Wie konnte es soweit kommen?" eine hochspezialisierte zeitgeschichtliche Forschung entwickelte, die den vielfältigen Aspekten des Übergangs zum NS-Staat, seinen politischen, wirtschaftlichen, sozialen und ideellen Ursachen mit großem Elan und öffentlicher Resonanz nachging.[48] Die 1960 neu aufgebrochenen Fragen im kirchlichen Raum reichten über den Kreis der Zeithistoriker hinaus. Ihre publizistische Brisanz war bedeutsamer als der etwas formalistische Streit um das Reichskonkordat. Sie legten eine Reihe von Problemkomplexen bloß, die im Eifer der Dokumentierung kirchlichen Widerstandes übersehen und ausgeklammert worden waren. Es gab manches, das in den groben Raster des Widerstandes nicht hineinpaßte und Fragen aufwarf: Wie verhielt es sich mit den katholischen Avant-Gardisten, die 1933 den Anschluß an die neue Zeit nicht verpassen wollten und in Broschüren dafür warben, dem eigenartigen Umkippen der Bischöfe im März 1933, dem fehlenden Protest der Kirchenführer, als die Synagogen brannten und Menschen ihrer Grundrechte beraubt wurden, der mitunter servil-devoten Haltung einzelner Kirchenführer gegenüber einem, wie sie meinten, ehrenhaften, von minderwertigen Beratern unter Kontrolle gehaltenen Führer (Faulhaber-Bertram), oder der Frage, warum die Drohung mit der Auflösung des Konkordates nicht wahrgemacht wurde? Diesen Fragen standen kirchliche Instanzen beschwichtigend gegenüber; jetzt schlugen ihre Stellungnahmen ins vordergründig Apologetische um.

2. Ein weiterer auslösender Faktor war die enge Verbindung von Kirche und Politik in der Adenauer-Zeit und die Beflissenheit, gemäßigt nach links tendierende Katholiken als Abweichler abzustempeln. Das Unbehagen, das diese Marginalisierung durchaus kirchlich gesinnter Laien hervorrief, wird dadurch belegt, daß die ersten revisionistischen Stellungnahmen und Affinitätstheorien der katholischen Kirche mit autoritären Regimen seit Ende der fünfziger Jahre in den Werkheften katholischer Laien auftauchen.[49] Der unmittelbare Durchbruch in die Öffentlichkeit blieb ihnen versagt; doch der brillante Essay von Carl Amery, der in diesen Jahren entstand, artikulierte Kritik und Erwartung dieser Kreise für ein größeres Publikum.[50]

3. Noch wichtiger für den moralischen und moralisierenden Tenor dieser Periode war die Aufbruchstimmung, welche die Ankündigung und Durchführung des Zweiten Vatikanischen Konzils hervorrief. Wohl hatte es in der Vorkriegszeit in Deutschland eine lebendige innerkirchliche Kritik gegeben; auch in der unmittelbaren Nachkriegszeit plädieren Max Pribilla[51], Reinhold Schneider und Ida Friederike Görres – auch die nachgelassenen Schriften von Alfred Delp – aufgrund der Erfahrungen des Dritten Reiches für eine kirchliche Neubesinnung, gegen kirchlich-klerikales Managertum, gegen eine zu enge Verbindung von Kirche und Partei, gegen atomare Bewaffnung.[52] Aber sie wurden in den fünfziger Jahren kaum gehört. Erst im Pontifikat Johannes' XXIII. brach die gestaute Kirchenkritik neu auf, geschärft durch öku-

menische Zielsetzungen. Diese Kirchenkritik richtete sich auch auf die jüngste Vergangenheit. Sie wurde unbekümmert mit a posteriori gewonnenen Maßstäben beurteilt. Dazu gehörte die Ausweitung kirchlicher Verantwortung auf die gesamte humanitäre Ebene und des Rechtes auf Gewissensentscheid des einzelnen gegen den Weisungsanspruch der Hierarchie. Daß eine liberalistische Staats- und Gesellschaftsauffassung diesbezügliche Ansprüche der Kirche seinerzeit aufs schärfste zurückgewiesen, sie in innerkirchliche Räume zurückgedrängt hatte, blieb außer Betracht.

Nicht alles an dieser kritischen Durchleuchtung der Vergangenheit war ressentimentfrei; der Pontifikat Pius' XII., in seinen letzten Jahren starr und unbeweglich, verfiel gesamthaft einem negativen Verdikt. Konkordat, Haltung des Papstes gegenüber dem Judenmord, zu Polen, ja sogar die Sympathie des Pacelli-Papstes für deutsche Kultur und Geistigkeit gerieten in schlimmen Verdacht. Die Kritiker der sechziger Jahre knüpften an Stimmungsäußerungen großer Geister wie Mauriac und Camus an, welche zwanzig Jahre zuvor an der auf den Nenner des Schweigens gebrachten Haltung des Pacelli-Papstes Anstoß genommen hatten. Nichtchristen oder solche, die sich von der Kirche abgewandt hatten, gaben den Katholiken kräftige Nachhilfe bei der unterbliebenen Gewissenserforschung. Saul Friedländer legte seinem Pius XII. Beweismaterial aus zweiter Hand zugrunde, das seine These einer lähmenden Bolschewismusangst bei Pius XII. belegen sollte[53], Carlo Falconi, der bereits manche weltanschauliche Pirouetten gedreht hatte und noch drehen sollte, ließ sich Material geben von einer Seite, die im allgemeinen im Herausrücken von Dokumenten zumindest so zurückhaltend ist wie der Vatikan, um dessen Mitschuld an den Morden der Ustascha zu beweisen.[54] Günther Lewy schließlich ging aufs Ganze: Die Anpassungspolitik des deutschen Episkopats, der mit dem Nationalsozialismus nur zu gerne seinen Frieden gemacht hätte, falls er in Ruhe gelassen worden wäre, ist für ihn nur das jüngste schlagende Beispiel für das Unvermögen der römischen Kirche, ihre institutionellen Interessen zugunsten ihres moralischen Wächteramtes hintanzustellen.[55] Lewy zielt auf den Nachweis genereller moralischer Unglaubwürdigkeit katholischen Christentums, weil dasjenige, um das es hier ging, sich nicht in seinen Kategorien erfassen ließ.[56] Die überlegene Besprechung, welche Ludwig Volk diesem Entlarvungsbuch gewidmet hat, legt sachliche und gedankliche Schwachstellen bloß.[57] Der protestantische Kirchenkampf bleibt bei Lewy völlig außer acht; doch diese erste Gesamtdarstellung der katholischen Kirche in Deutschland hat durch Übersetzungen in die Hauptsprachen wohl die weiteste Verbreitung – in Deutschland kam der Vorabdruck im „Spiegel" hinzu – unter den vorhin genannten Büchern gefunden.

Versachlichung und Forschungsaufschwung

Das Buch von Lewy erschien im Jahre 1964; zwei Jahre vorher, während der im deutschen Katholizismus neu aufgebrochenen Diskussion, hatte der Verfasser Deutschland bereist und etwas aufs Geratewohl mit mehr oder weniger Glück in Archiven seine Dokumentation eingesammelt. Unter dem Druck dieser Diskussion, aber noch vor Hochhuths Papststück, entstand 1962 die „Kommission für Zeitgeschichte". Sie war zunächst der Katholischen Akademie in Bayern zugeordnet, deren Leiter, Karl Forster, Fragen zur kirchlichen Zeitgeschichte nicht ausgewichen war. Seit 1969 befindet sich die Kommission in Bonn. In seinem programmatischen Vorwort zum ersten Band[58] betont ihr Vorsitzender, Konrad Repgen, daß die Münchener Kommission, im Gegensatz zur 1955 gegründeten Hamburger Kommission für die Geschichte des Kirchenkampfes mit ihrer vorwiegend theologisch-kirchenhistorischen Orientierung[59], besonders nachdrücklich die politische und soziale Seite dieser Auseinandersetzungen behandeln wolle. Von Anfang an sollten die Arbeiten der Kommission auch die Wurzeln kirchlicher Zeitgeschichte im 19. Jahrhundert einbeziehen; die Zeit nach 1945 wurde von den Arbeiten der Kommission nicht ausgeschlossen. Seit ihrem Bestehen hat die Kommission 41 Quellen- und 45 Forschungsbände vorgelegt, deren Schwerpunkt auf den Jahren 1933 bis 1945 liegt.

Folgende Themenbereiche zeichnen sich ab: Der Notenwechsel zwischen dem Hl. Stuhl und der deutschen Reichsregierung, staatliche und kirchliche Akten zu den Reichskonkordatsverhandlungen, Akten deutscher Bischöfe, zusätzlich 2 Bände Akten Kardinal Faulhaber, Emigrationsliteratur, Memoirenbände, vereinzelt Biographien, Monographien zur Verbands- und Organisationsgeschichte und dann die 7 Bände der Situations- und Lageberichte aus Bayern nach Polizei- und Regierungspräsidentenberichten. Ludwig Volk hat die Mitarbeit an dieser Publikationsreihe zu seiner Lebensaufgabe gemacht; er verstand es aber auch, vor allem in seinen Aufsätzen in den „Stimmen der Zeit" die Verbindung zur Öffentlichkeit nicht abreißen zu lassen.[60] Diese Veröffentlichungen stellen die gewichtigste wissenschaftliche Publikationsreihe dar, die von katholischer Seite lanciert wurde; daneben gab es noch eine Vielzahl von Veröffentlichungen in anderen Verlagen, die Erinnerungen von Zeitgenossen, regionale, diözesane und lokale Entwicklungen und ergänzende Themen behandeln.

Konfessionsverschiedene Forschungsinteressen

Was an diesem reichen Ertrag katholischer Publikationen auffällt, ist die Zurückhaltung gegenüber Themen, welche die evangelische Kirche berühren. Zwar kamen die katholischen Zeithistoriker nicht an flüchtigen Hinweisen auf Parallelentwicklungen im evangelischen Raum vorbei; eine etwas eingehendere Behandlung des evangelischen Kirchenkampfes von katholischer Seite liegt allerdings bis jetzt nicht vor. Das steht in ausgesprochenem Gegensatz zum Interesse, welches die aus den Auseinandersetzungen mit dem Dritten Reich hervorgegangenen Theologien, etwa von Karl Barth und Dietrich Bonhoeffer, bei katholischen Theologen gefunden haben.

Die Beschränkung der Katholiken auf den eigenen Konfessionsraum bildet auch einen Gegensatz zur Bereitschaft evangelischer Autoren, Themen und Entwicklungen im katholischen Konfessionsbereich 1933–45 zu behandeln. Ist etwa die deutliche Zurückhaltung der Katholiken ein Ausfluß ihrer größeren Bescheidenheit, die sich in rücksichtsvoller Selbstbeschränkung äußert, oder ist die Beherztheit der Evangelischen, das konfessionelle Gegenüber mit ins Visier zu nehmen, auf jene geheimnisvoll-unheimliche Faszination des Römischen zurückzuführen, der auch Evangelische von Zeit zu Zeit erliegen?

Die evangelischen Kirchenhistoriker stehen in einer Tradition, sich mit katholischer Vergangenheit zu befassen, und haben historische Werke hervorgebracht, in denen geschichtliche Methode und verständnisvolle Einfühlung eine bisweilen glänzende Synthese eingegangen sind.[61] Bei den Katholiken fehlt das entsprechende Eingehen auf die Gegenseite. Unter den neueren katholischen Kirchengeschichten gibt es keine – in der „Ökumenischen Kirchengeschichte" haben die Verfasser gegenseitig ihre Texte gelesen[62] –, welche auf Entwicklungen im Protestantismus eingeht. Das ist darauf zurückzuführen, daß das Bild der Geschlossenheit, welches der Katholizismus in seiner pyramidal-hierarchischen Struktur hat, eingängiger ist und eher zur Darstellung verlockt als die für Außenstehende schwieriger zu fassende, leicht verwirrende theologische und organisatorische Vielfalt protestantischer Landeskirchen, von ihren Richtungen ganz zu schweigen. Insbesondere trifft das auf die tiefen Spaltungen zu, die das Jahr 1933 im deutschen Protestantismus aufriß: zerstörte und intakte Kirchen, Bekennende Kirche, Deutsche Christen in zahlreichen Schattierungen. Hingegen waren katholische Theologen fasziniert von den Geistern, die dem Einbruch des Neuheidentums in den Raum der Kirche widerstanden, das trinitarische Bekenntnis neu entdeckten oder grundlegend neue Einsichten über die Befindlichkeit des Christentums in einer mündigen und religionslosen Welt aussprachen. Die katholische Theologie des Jahres 1933 war nie vor solche radikale Aporien wie die evangelische gestellt; sie hat auch keine theologischen Geister hervorgebracht wie die Bekennende Kirche, deren Nachwirkung eine wahrhaft ökumenische im eigentlichen Wortsinn geworden ist. So kann Gerhard Krause über Bonhoeffer sagen: „Quantitativ ist im englischen Raum mehr über ihn geschrieben worden als im deutschen. Gründliche Arbeiten katholischer Theologen über Hauptprobleme seiner Theologie zählen zu den überzeugendsten Beweisen seiner ökumenischen Ausstrahlung; sie sind im ganzen bisher einer gleichgewichtigen Rezeption seines spirituellen Charismas wie seines politischen Einsatzes am nächsten gekommen."[63]

Das ist eine wichtige Feststellung. Doch bevor wir näher auf diesen Sachverhalt eingehen, ist eine Skizzierung der wichtigsten Etappen und Inhalte des evangelischen Kirchenkampfes geboten. Schließlich hat er ja diesem Zeitabschnitt den Namen gegeben als Kampf um die wahre Kirche; für gleichzeitige Abläufe im katholischen Raum gilt dies nicht, wohl aber für den staatlich inszenierten Kampf gegen die Kirche, von dem auch die katholische Kirche betroffen wurde. Der Umstand, daß der evangelische Kirchenkampf in seiner frühesten Phase der Abwehrkampf gegen das Kirchenregiment der Deutschen Christen war, ein Kampf zwischen wahrer und falscher Kirche, gibt diesem innerkirchlichen Ringen von vornherein eine stärkere theologische Gewichtung. Diese ursprüngliche Bestimmung des Begriffs[64] bleibt auch dann bestehen, wenn sich etwa seit 1935 eine Verschiebung auf den Abwehrkampf gegen staatliche Eingriffe abzeichnet. In dieser verallgemeinerten Form des Kampfes des Dritten Reiches gegen die Kirchen, also unter dem Aspekt der Kirchenverfolgung, ist eine Gemeinsamkeit des Kirchenkampfes mit der Situation der katholischen Kirche nach 1933 gegeben. Diese Unterschiede sind im Auge zu behalten, wenn auf Parallelen in der Historiographie hingewiesen wird.

Bekennende Kirche. Protestantischer Forschungsschwerpunkt

Auszugehen ist auch im evangelischen Raum von dem Umstand, daß nach 1945 die Vertreter der Bekennenden Kirche für sich das ihnen zum Teil vorenthaltene Recht der Information der Öffentlichkeit in Anspruch nahmen, daß die Gegenspieler des radikalen Flügels der Bekennenden Kirche, die lutherischen Landesbischöfe, die Vermittler und die Neutralen ebenfalls die Gelegenheit zur Aufklärung über ihre Motive wahrnahmen. Hingegen ist zu vermuten, daß in den ersten zehn Jahren weniger Bedürfnis auf seiten der Deutschen Christen bestand, ihren Standpunkt zu rechtfertigen. Im Gegensatz zur katholischen Kirche, deren organisatorisches Gefüge, wenn man von personellen und materiellen Verlusten absieht, die Jahre des Kampfes verhältnismäßig intakt überstanden hatte und nie ernsthaft mit der Gefahr eines Schismas konfrontiert worden war, rang der deutsche Protestantismus auch in der Nachkriegszeit um seine Identität und sein Bekenntnis. Die inneren Auseinandersetzungen der Jahre 1933–1935 wirkten nach 1945 unmittelbar gerade in den Raum jener Kirchen hinein, die als zerstört galten und die es nun in der Treue zum Bekenntnis wieder aufzubauen galt. Es ging also darum, eine teilweise abgebrochene Diskussion wieder aufzunehmen, die Voraussetzungen der Optionen der Bekennenden Kirche sichtbar zu machen, schuldhafte Verstrickung und theologische Irrwege zu benennen. Ähnliches läßt sich von der katholischen Kirche nicht sagen.

Eine erste umfassende und in der Folge vielbenützte Dokumentation bot das von Joachim Beckmann herausgegebene „Kirchliche Jahrbuch" 1933–1944.[65] Zu den frühesten und produktivsten Geschichtsschreibern des Kirchenkampfes gehört der westfälische Pfarrer Wilhelm Niemöller[66], ein Bruder Martin Niemöllers. Er hatte sich schon in der Kampfzeit ein privates Archiv angelegt und ließ in unermüdlicher Folge Publikation auf Publikation folgen: chronologische Überblicke, Monographien, Biographien, Synodenprotokolle, Lebensbilder. Seine Bücher sind „von der Überzeugung getragen, daß nur der harte Kern der Bekennenden Kirche, die allen Vermittlungs- und Einschüchterungsversuchen gegenüber Unbeugsamen, deren Hauptrepräsentant eben Martin Niemöller war, die große Bewährungsprobe bestanden hatten".[67] Eine gegenteilige Sicht vertrat Heinrich Hermelink in seiner 1950 herausgegebenen Dokumentation „Kirche im Kampf".[68] Ihr lag die Tendenz zugrunde, die lutherischen Landesbischöfe, vor allem Bischof Wurm in Württemberg und Bischof Meiser in Bayern, als die eigentlichen Träger des kirchlichen Widerstandes gegen Hitler herauszustellen.

Forschungsvorsprung und revisionistischer Einspruch

Doch der Umbruchcharakter des Kirchenkampfes im evangelischen Raum und die intern weitergeführten Auseinandersetzungen schärften hier, früher als auf katholischer Seite, den Sinn für eine koordinierende offizielle Stelle, die sowohl Dokumentensammlungen wie monographische Abhandlungen veröffentlichen sollte. So regte der Rat der Evangelischen Kirche in Deutschland 1955 die Schaffung einer „Kommission für die Geschichte des Kirchenkampfes in der nationalsozialistischen Zeit" an. Ihre Leitung übernahm Kurt Dietrich Schmidt, assistiert von Heinz Brunotte und Ernst Wolf. Nachfolger von K. D. Schmidt wurde Ernst Wolf. Nach dessen Tod ging der Vorsitz auf Georg Kretschmar über. Bis zu dem 1984 erschienenen Registerband umfaßt die von der Kommission herausgegebene Reihe 30 Bände; eine Ergänzungsreihe, die es auf 12 Bände brachte, war vor allem Regionalstudien gewidmet. In der Hauptserie überwiegen Studien zu Bekenntnissynoden, aber auch Untersuchungen zu Sachfragen wie der Eidesfrage, Volksnomostheologie und Schöpfungsglaube, jungreformatorische Bewegung und evangelische Laienpredigt tauchen auf. 1970 änderte die Kommission ihren Namen in „Evangelische Arbeitsgemeinschaft für Kirchliche Zeitgeschichte"; sie setzt ihre Publikationsreihe unter diesem Titel fort.[69]

Ein Vergleich mit den Publikationen der katholischen Reihe, die offener nach vorn als auch zurück in die Vergangenheit war, ergibt eine weitgehende Parallelität der Themen – die Protokolle der Bekenntnissynoden lassen sich in etwa vergleichen mit den Akten deutscher Bischöfe – mit einem wichtigen, ja fundamentalen Unterschied: Auf katholischer Seite fehlt sozusagen völlig, entsprechend dem Charakter der damaligen Auseinandersetzungen, die Behandlung theologisch-systematischer Sachprobleme.

Die Konzentration dieser frühen Studien auf die Bekennende Kirche und die theologische Rechtfertigung ihrer Entscheidungen führte zu Widerspruch. Dieser äußerte sich am entschiedensten in einer Schrift von Friedrich Baumgärtel „Wider die Kirchenkampf-Legenden".[70] Baumgärtel wies darauf hin, daß die Bekennende Kirche sich 1933 von der Begeisterung der nationalen Erhebung hatte anstecken lassen, daß führende Repräsentanten wie die Brüder Niemöller 1933 Hitler ihre Stimme gaben und jeglicher Widerstand auf den innerkirchlichen Bereich beschränkt war. Kurt Meier bedauert, daß diese Broschüre wegen ihrer polemischen Diktion als persönlicher Angriff auf Wilhelm und Martin Niemöller interpretiert wurde und vielfach nur Solidaritätsbekundungen, nicht aber eigentliche Sacherörterungen hervorrief.[71] Darunter versteht Meier die Anfälligkeit auch des Bekenntnisbereiches gegenüber dem Nationalsozialismus. Er betont die Notwendigkeit eingehender Differenzierungen vor allem in den Anfängen der Auseinandersetzungen.

Die großen Synthesen

Meier selber hat in seinem von 1976–83 erschienenen großen dreibändigen Werk wohl am entschiedensten die Einseitigkeit einer früheren Kirchenkampfgeschichtsschreibung wettgemacht, indem er den Neutralen und den Deutschen Christen ebensoviel Aufmerksamkeit widerfahren ließ wie andere der Bekennenden Kirche, und vor einer Überstilisierung der politischen Rolle letzterer warnte.[72] Das war neben einem geduldigen Aktenstudium nur möglich, weil inzwischen seit den sechziger Jahren eine Fülle von Monographien und vor allem von biographischen und autobiographischen Aufzeichnungen sowie Regionalstudien erschienen waren.[73] Vor allem waren die Ziele nationalsozialistischer Kirchenpolitik – ein Aspekt, der bisher im Eifer der Selbstrechtfertigung und der Selbstbezichtigung übersehen worden war – eingehender erforscht worden. Es gab auch Wortmeldungen von Deutschen Christen und zugewandten Orten, die jetzt ihren Standpunkt darlegten. Die Beziehungen zum Ökumenischen Rat fanden ebenfalls ihre Historiographen.[74] Die Forschung griff nunmehr über das Jahr 1933 hinaus mit Untersuchungen über den deutschen Pfarrerstand in der Weimarer Republik, den Protestantismus im Ersten Weltkrieg und im wilhelminischen Deutschland.[75]

Obwohl zahlenmäßig die literarische Produktion zu unserer Thematik im protestantischen Raum diejenige der Katholiken übertraf, hat die revisionistische Phase – hier weniger deutlich markiert – weit weniger Aufmerksamkeit in der Öffentlichkeit gefunden als ihr katholisches Gegenstück. Es fehlte die Rückkoppelung an ein nicht nur die deutsche Öffentlichkeit aufwühlendes Theaterstück, das die Schuld am Versagen der Christenheit in der Judenfrage dem höchsten „unfehlbaren" Repräsentanten der katholischen Kirche sowohl symbolisch als auch mit historischem Anspruch aufbürdete. Im Raum einer fachlich nicht unterrichteten Öffentlichkeit, die gerne unreflektiert die eigenen kirchlichen Voraussetzungen in den anderen Konfessionsbereich hineinprojiziert, konnte es vorkommen, daß die Bekennende Kirche als maßgeblich für die Haltung des deutschen Protestantismus angesehen wurde.

Zu dieser mythologischen Verzerrung trug nicht wenig das Echo bei, das Barmen[76] und seine theologischen Repräsentanten wie Karl Barth[77] und Bonhoeffer[78] international und überkonfessionell fanden. So pflanzten sich in der christlichen Ökumene jene Anstöße fort, die in der Konfrontation mit dem totalitären Staat zu einer theologischen Neubesinnung geführt hatten. Von Bethges Bonhoeffer-Biographie, die in etwa 10 Sprachen erschien und in zahlreichen Zusammenfassungen ausgebeutet wurde[79], ging eine große und starke Wirkung in dieser Hinsicht aus. Vornehmlich erreichten diese Publikationen theologisch Interessierte; in seltenen Fällen fanden sie Beachtung im Raum der allgemeinen Geschichtsforschung. Erst Klaus Scholders monumentale Synthese „Die Kirchen und das Dritte Reich"[80] durchbrach diese Schallmauern und fand eine ungewöhnliche Resonanz in der Öffentlichkeit, wurde in Radio und Fernsehen diskutiert. Wohl war es nicht mehr der erste Überblick über den Kirchenkampf in beiden Konfessionen. Doch in der Analyse der Vorgeschichte von 1933, im Erschließen neuer Quellen und in ihrer Gewichtung, in der Einbettung der kirchlichen Vorgänge ins allgemeine Zeitgeschehen und in der Kunst lebendiger Darstellung hatte niemand bisher es verstanden, diese verschiedenen Elemente in ein leserfreundliches Gleichgewicht zu bringen.

Auf die innerprotestantische Kritik an Scholders Werk soll hier nicht eingegangen werden, sondern auf Scholders Behandlung der katholischen Kirche. Sicherlich bildet der parallelisierende Einbezug beider Konfessionen einen besonderen Reiz des Buches. Der Mut zur Grenzüberschreitung, den bisher nur wenige wagten, ist zu begrüßen, auch wenn das dem Buch zugrunde liegende Kirchenbild streckenweise eher klischeehaften Vorstellungen entspricht als dem theologischen Selbstverständnis und der geschichtlichen Realität der katholischen Kirche in Deutschland. Bereits zu Eingang des Kapitels, das zur katholischen Kirche überleitet[81], wird erklärt, daß die Konkordatsfrage die „entscheidende" gewesen sei. Diese Behauptung erlaubt es dann, das kirchliche Leben des deutschen Katholizismus in seiner Eigenart und Vielgestalt völlig auszuklammern – Romano Guardini erscheint nur in einem Nebensatz –, und den deutschen Katholizismus als ein ad nutum von Rom beherrschtes Gebilde darzustellen. Diese Reduktion mag ebensosehr Wunschvorstellungen naiver kurialer Kreise entsprechen wie einer veräußerlichten Sicht des Katholizismus, die von einem Rechtsbuch wie dem Codex Juris Canonici auf die realen Verhältnisse schließt: Die Wirklichkeit wird dadurch nicht berührt. Weder der Theologe noch der Historiker kann einer solchen Einengung zustimmen: der Theologe nicht, weil er hier ein Kirchenbild findet, das in seiner klerikal-hierarchischen Bezogenheit karikaturistische Züge aufweist. Der Historiker kann damit noch viel weniger einverstanden sein, weil die gesellschaftliche, kulturelle, organisatorische und politische Vielfalt des katholischen Sozialgebildes völlig außer acht bleibt.

In seiner Engführung der katholischen Problematik von 1933 auf den Konkordatsabschluß, näherhin auf einen Zusammenhang von Konkordat und Ermächtigungsgesetz, wurde das Konkordat zu einer Art Barmener Erklärung mit umgekehrten Vorzeichen und Inhalten emporstilisiert, die das Verhalten des deutschen Katholizismus nach 1933 schicksalhaft festlegte. Die Beweisführung, die diese These stützen sollte, war von spekulativem Eifer beflügelt, bei dem einem Aufsatz von Kaas über die Lateranverträge – „ein Paradigma von säkularer Bedeutung" (Kaas) – eine Schlüsselfunktion eingeräumt wurde.[82] Die Fakten wurden mit einer Alternativmöglichkeiten ausschließenden Schlüssigkeit interpretiert, die Historikern etwas gewalttätig erschien. Konrad Repgen, der die Stringenz von Scholders Argumentation in einer Reihe von Aufsätzen bestritt[83], rief vergessene Grundsätze historischer Quellenkritik wieder in Erinnerung. Walter Bußmann kam ebenfalls in einer eingehenden Besprechung des Werkes zur Schlußfolgerung, daß der Beweis eines Zusammenhangs zwischen Ermächtigungsgesetz und Reichskonkordat nicht erbracht werden konnte.[84]

These und Thesenbestreitung trugen ihrerseits zur Aufblähung der Rolle des Konkordates im zeitgenössischen Geschehen bei. Innerkirchlich war diese These besonders denjenigen willkommen, die der zu Preisgabe und Kompromiß neigenden Hierarchie den Mythos einer intakten, widerstandsfähigen und von den Bischöfen im Stich gelassenen Basis gegenüberstellten. Wenn nämlich Rom die Verantwortung für die Blockierung der Widerstandskraft des deutschen Katholizismus nachgewiesen werden konnte, so lieferte das zusätzliche Munition in den nach dem 2. Vatikanum ausgebrochenen innerkirchlichen Auseinandersetzungen in der deutschen Ortskirche.

In der Bilanz erscheint der konfessionsübergreifende Versuch von Scholder nicht als besonders gelungen[85]; seine Konzentration auf „sensationelle" Ereignisse wie Konkordat und Ermächtigungsgesetz fixierte die Diskussion auf Faktoren, die eingewurzelte Vorurteile und klischeehafte Sehweisen gegenüber der römisch-katholischen Kirche bestätigten. Die bleibende Leistung des Werkes von Scholder – Analyse und Beschreibung des deutschen

Protestantismus im Jahre 1933, meisterhaft in der Erschließung der Quellen wie auch in der Transparenz der Darstellung – wird von dieser Feststellung nicht berührt.

Zusammenfassung und wünschenswerte Konsequenzen

Spricht diese Kritik an Scholder nun für eine Beschränkung auf den eigenen Konfessionsraum? Eine solche Schlußfolgerung wäre ein Rückfall in engen Konfessionalismus, den es zu überwinden gilt. Die Kritik spricht aber sehr dafür, bessere Voraussetzungen für das Gelingen konfessionsübergreifender Darstellungen zu schaffen. Eine der wichtigsten Voraussetzungen hierfür wäre ein adäquates Erfassen des konfessionellen Gegenübers in seinem Selbstverständnis. Es genügt nicht, diesem einige paratliegende recht abgenützte Kategorien aufzustülpen, die nicht über eine veräußerlichte Sicht der anderen Konfession hinausgehen.

Zu bedauern bleibt, daß die beiden Konfessionen bisher die Möglichkeiten zu einem eindringlicheren Verständnis über ihre gegenseitige theologische und organisatorische Situation 1933 und später in der Kirchenkampfzeit so wenig genutzt haben. Eine der wichtigsten Ursachen hierfür ist die in beiden Konfessionen völlig anders gelagerte Situation des Jahres 1933, welche die Protestanten zu einer radikalen theologischen Neubesinnung trieb, die Katholiken jedoch in eine Verschanzung in institutionellen Bastionen. Beide Positionen sind von Defiziten nicht freizusprechen: der Bekennenden Kirche gelang es wohl, gewisse schützende Dämme gegen einen weiteren Zerfall des Bekenntnisses aufzurichten, jedoch nicht, „zerstörte" Kirchen wiederzugewinnen. Der Stellungskrieg der katholischen Kirche bewirkte die Erhaltung bedeutsamer Freiräume der Verweigerung gegenüber dem Regime, führte jedoch kaum und wenn überhaupt viel weniger faßbar zu einer theologischen Neureflexion ihrer Staatslehre im Blick auf den totalitären Staat.

Diese Verschiedenheit der Ausgangslage und des Zusammenstoßes mit dem NS-Regime kennzeichnet auch die Kirchenkampfgeschichtsschreibung: Überwiegen von theologisch und theologiegeschichtlich orientierten Arbeiten auf der evangelischen Seite, Konzentration auf institutionelle und organisationsmäßige Aspekte in der katholischen Forschung. Wenn nun die andere Seite jeweils mit den Erfahrungen des eigenen Lagers gemessen wird und an diese die so gewonnenen Erwartungen gestellt werden, so trägt das nicht zur Versachlichung der Diskussion bei. Bei aller gutgemeinten, allzu leichtflüssigen und stereotypen Rede von Schuld und Versagen wird so ein latenter konfessioneller Triumphalismus bestätigt.[86] Die katholische Seite gerät in Gefahr, die Jahre 1933–45 gewissermaßen unter Ausklammerung der theologischen Problematik aufzuarbeiten, die auch auf katholischer Seite vorhanden war, obwohl sie nicht so eindeutig ins Blickfeld trat. Leicht kann dann von der evangelischen Forschung der Vorwurf erhoben werden, die katholische Seite reiße in unzulässiger Weise Theologie und Geschichte auseinander und exponiere sich einem historischen Positivismus. Dieser Eindruck ist bei aller Anerkennung der Redlichkeit und der beachtlichen Leistung der katholischen Forschung nicht von der Hand zu weisen.

Den Beleg dafür, daß gewisse Einseitigkeiten der Forschung in beiden Konfessionen sozusagen institutionalisiert sind, bietet die Zusammensetzung der Kommissionen. Der katholischen Kommission für Zeitgeschichte, fast gänzlich mit Historikern besetzt, täte frische Blutzufuhr von Theologen gut, die nach dem Tode von Ludwig Volk kaum mehr in ihr vertreten sind; vermehrte Heranziehung von Historikern würde der evangelischen Kommission zu einem Ausgleich verhelfen, der sich sowohl positiv auf die Forschung auswirken wie auch eine Annäherung an die Problemfelder der katholischen Forschung bewirken könnte.

Eine nicht zu unterschätzende Nebenfrucht dieser Ausweitung der Perspektiven wäre eine stärkere Verbindung mit der allgemeinen Zeitgeschichte. Nicht nur im interkonfessionellen Raum ist die Isolation zu überwinden; es müßten vermehrt Anstrengungen unternommen werden, um aus einer Situation der Marginalität gegenüber der allgemeinen zeitgeschichtlichen Forschung herauszukommen. Dem Kenner kann nicht entgehen, wie wenig die Arbeiten der beiden Kommissionen „ad extra" zur Kenntnis genommen werden. Das sollte ein weiterer Ansporn sein, in Zukunft stärker als bisher miteinander zusammenzuarbeiten.

Anmerkungen

1 *Kurt Meier*, Der Kirchenkampf im Dritten Reich und seine Erforschung: ThR 33 (1968) 120–173. 237–275. – *Ders.*, Kirchenkampfgeschichtsschreibung, ebd. 46 (1981) 19–57. 101–148. 237–275. 389.
2 *Jürgen Schmidt*, Die Erforschung des Kirchenkampfes. Die Entwicklung der Literatur und der gegenwärtige Stand der Erkenntnis: TEH, Nr. 149, München 1968.
3 *Rudolf Lill*, Die Kirchen und das Dritte Reich. Ein Forschungsbericht: Judenhaß – Schuld der Christen? Hg. v. *Willehad P. Eckert*, Ergänzungsheft, Essen 1966, 47–94.
4 *Ulrich v. Hehl*, Kirche, Katholizismus und das nationalsozialistische Deutschland: Katholische Kirche im Dritten Reich. Eine Aufsatzsammlung, hg. v. *Dieter Albrecht*, Mainz 1976, 219–251.
5 *Ders.*, Kirche und Nationalsozialismus. Ein Forschungsbericht: Kirche im Nationalsozialismus, hg. v. Geschichtsverein der Diözese Rottenburg-Stuttgart, Sigmaringen 1984, 1–30.
6 *Karl Heinz Wiest*, „Der Stellvertreter". Ein Stück und seine Wirkung, ebd. 203–247. – Zu berücksichtigen ist allerdings, daß der Verfasser Germanist ist.
7 *Victor Conzemius*, Églises chrétiennes et totalitarisme nationalsocialiste: RHE 63 (1968) 437–503. 868–948; auch als Bd. 48 der Bibliothèque de la Revue d'histoire ecclésiastique.
8 *Andreas Lindt*, Kirchenkampf und Widerstand als Thema der Kirchlichen Zeitgeschichte: *Gerhard Besier/Gerhard Ringshausen* (Hg.), Bekenntnis, Widerstand, Martyrium. Von Barmen 1934 bis Plötzensee 1944, Göttingen 1986, 75–89.

9 *Mario Bendiscioli*, Germania religiosa nel terzo Reich. Conflitti religiosi e culturali nella Germania nazista. Seconda edizione riveduta e aumentata. Dalla testimonianza (1933–1945) alla storiografia (1946–1976), Brescia 1977; engl. Übersetzung der Erstausgabe: Nazism versus Christianity, London 1939.
10 Zur Mitarbeit von Karl Thieme vgl. *Heinz Hürten*, Waldemar Gurian. Ein Zeuge der Krise unserer Welt in der ersten Hälfte des 20. Jahrhunderts, VKZG.F, Bd. XI, Mainz 1972, 129 ff. Zum Vita-Nova-Verlag, der vom Exilschriftsteller Rudolf Roessler begründet worden war und eine betont weltanschauliche Linie verfolgte, vgl. *Victor Conzemius*, Die eigentliche Passion des Meisterspions. Rudolf Roessler und der Vita-Nova-Verlag: Neue Zürcher Zeitung v. 24.–25. Januar 1987, 70.
11 Hinzuweisen ist auch auf die Broschüre des Philosophen *Alois Dempf*, die der Bonner Philosophieprofessor (Alois Dempf) 1934 in einem ad hoc gegründeten Roland-Verlag in Zürich-Altstetten unter dem Pseudonym Michael Schaeffler veröffentlichte: Die Glaubensnot der deutschen Katholiken. Zur Verfasserschaft von Dempf vgl. *Wolfgang Marcus*, Antlitz im Werk: PhJ 68 (1960) 26.
12 *Arthur Stuart Duncan-Jones*, The struggle for religious freedom in Germany, London 1938. Große Beachtung fand auch das Buch des amerikanischen Kirchenvertreters *Charles Macfarland*, The New Church and the New Germany. A study of Church and State, New York 1934. Der Verfasser hatte im Herbst 1933 Deutschland besucht und war von Hitler empfangen worden. vgl. *Scholder*, I (Anm. 80) 689.
13 Vgl. Anm. 9.
14 Zur Berichterstattung von Robert d'Harcourt über Deutschland vgl. die Bibliographie von *Michel Lemercier* in dem ihm gewidmeten Sonderband Nouvelles de l'Institut Catholique, Paris 1981, 110–141. – Zur Croix vgl. den Beitrag von *Alain Fleury* zum Symposion „Cent ans d'histoire de la Croix" in Paris v. 5.–7. März 1987.
15 *Robert d'Harcourt*, Catholiques d'Allemagne, Paris 1938, Neuaufl. 1946; engl. Übersetzung London 1939.
16 National-Socialism and the Roman Catholic Church. Being an account of the conflict between the National-Socialist Government of Germany and the Roman Catholic Church 1933–1938, London – New York – Toronto 1939; zur Entstehung dieses Werkes vgl. die Autobiographie des Autors: The box and the puppets (1888–1953), London 1957.
17 *[Walter Mariaux]*, The persecution of the Catholic Church in the Third Reich. Facts and documents. Translated from the German. London 1940. Amerikan. Ausgabe 1942. – Über den Verf. vgl. *Ludwig Volk*, Anonymous no longer. Author of a famous standard work: The Wiener Library Bulletin, 18 (1964) 17.
18 *Heinz Hürten*, Kulturkampf. Skizze einer katholischen Exilzeitschrift: Internationales Archiv für Sozialgeschichte der deutschen Literatur, 9 (1984) 108–129.
19 Deutsche Briefe 1934–1938. Ein Blatt der katholischen Emigration. Bearbeitet v. *Heinz Hürten*, VKZG.Q, Bde. 6 + 7, Mainz 1969.
20 Ebd. II, 582.
21 Vgl. *Victor Conzemius*, Christliche Widerstandsliteratur in der Schweiz 1933–1945: Christliches Exil und christlicher Widerstand. Ein Symposion an der Katholischen Universität Eichstätt 1985, hg. v. *Wolfgang Frühwald/Heinz Hürten*, Regensburg 1987, 225–262, bes. 228f.
22 George Bell – Alphons Koechlin. Briefwechsel 1933–1954, hg., eingeleitet und kommentiert von *Andreas Lindt*, Zürich 1969, 47.
23 *Arthur Frey*, Der Kampf der evangelischen Kirche in Deutschland und seine allgemeine Bedeutung, Zollikon (1937). – *J. Schmidt*, Anm. 2, 19, bemängelt daran, daß Frey dazu neigt, die Zusammenhänge zu schematisieren und die Entwicklung der Bekennenden Kirche einseitig aus der Theologie Karl Barths zu erklären.
24 *Rudolf Grob*, Der Kirchenkampf in Deutschland. Kurze Geschichte der kirchlichen Wirren in Deutschland von 1933 bis Sommer 1937, Zürich 1937: „als teils detailliert berichtende,

teils jedoch flüchtige und unzuverlässige analistische Chronik zu bezeichnen" (Schmidt, Anm. 2, 19).
25 Vgl. *Conzemius* (Anm. 21) 254. 258, Anm. 52, 53 u. 73.
26 Vgl. *Eric Dreifuß*, Vier deutschschweizerische Zeitungen im Zeitalter des Faschismus 1933–39, Frauenfeld – Stuttgart 1971. Eine Arbeit über die „Neuen Zürcher Nachrichten" von *P. Stocker* ist in Vorbereitung an der Universität Zürich; für die „Liberté" in Fribourg vgl. *Mario Imperatori*, Catholiques face au totalitarisme. Une partie de la presse catholique romande face au communisme et au national-socialisme, Liz. Arbeit, Fribourg 1985.
27 *Xavier de Montclos*, Les Églises face à la montée des périls 1933–1939: Églises et chrétiens dans la IIe guerre mondiale. La France. Actes du Colloque national tenu à Lyon du 27 au 30 janvier 1978 sous la direction de Xavier de Montclos, Monique Luirard, François Delpech, Pierre Bolle, Lyon 1982, 3–10, sowie die Beiträge von Christian Ponson, Jacques Prévotat, François Mayeur, Louis de Vaucelles u. Paul Vignaux, im genannten Bande.
28 *Pierre Bolle*, L'Influence du barthisme dans le protestantisme français: ebd. 59–66. – *Ders.*, Les protestants et leurs églises devant la persécution des juifs en France: ETR 57 (1982) 185–208.
29 Untersuchungen über die internationale Reaktion auf den deutschen Kirchenkampf bleiben ein Desiderat. Für die Vereinigten Staaten vgl. die ungedr. Diss. von *Frederick K. Wentz*, The reaction of the religious press in America to the emergence of Nazism, Yale 1954. Teildruck: ChH 23 (1954) 321–338; 31 (1962) 400–420. – Für die Schweiz die auf den reformierten Raum beschränkte Arbeit von *Marcus Urs Kaiser*, Deutscher Kirchenkampf und Schweizer Öffentlichkeit in den Jahren 1933 und 1934, Zürich 1972.
30 Vgl. weiter S. 40–43.
31 *Johannes Neuhäusler*, Kreuz und Hakenkreuz. Der Kampf des Nationalsozialismus gegen die katholische Kirche und der katholische Widerstand. Zwei Teile in einem Band, München 1946; vgl. auch die Auseinandersetzung Neuhäuslers mit der Kritik an seinem Werk in seiner späteren Schrift: Saat des Bösen, München 1964, 7–11.
32 *Ferdinand Strobel*, Christliche Bewährung. Dokumente des Widerstandes der katholischen Kirche in Deutschland 1933–1945, Olten 1946, 9.
33 Vgl. dazu *Ulrich v. Hehl* (Anm. 36). – Herausgeber des ersten, 1947 erschienenen Bandes, Sieger in Fesseln. Christuszeugnisse aus Lagern und Gefängnissen (157 S.), waren *Reinhold Schneider, Konrad Hoffmann* und *Erik Wolf*. – Die evangelische Reihe wird angeführt als Illustration des geistigen Kampfes, den die Bekennende Kirche gegen die Dämonie des Neuheidentums führte, und folgendermaßen begründet: „Denn die damals so beglückend geschenkte Einigkeit im Wesentlichen des Glaubens und die daraus entstandene Überbrückung der Verschiedenheiten im Bekenntnis von Lutheranern und Reformierten, die Einsicht in tragfähige Verfassungsgrundlagen der Kirche, die allmählich wachsende Bereitschaft zu immer besseren Verständnis des Glaubenslebens unserer römisch-katholischen Brüder, nicht am geringsten endlich die gemeinsame Front aller Christen in Deutschland gegen das Neuheidentum – alles dieses läßt sich nicht trennen von der zeitgeschichtlichen Not, in die unsere Deutsche Evangelische Kirche seit 1933 in immer wachsendem Ausmaß gestellt war."
34 *Wilhelm Corsten*, Kölner Aktenstücke zur Lage der katholischen Kirche in Deutschland 1933–1945, Köln 1949.
35 Für Belege wird auf die Literaturberichte verwiesen.
36 Priester unter Hitlers Terror. Eine biographische und statistische Erhebung. Im Auftrag der Deutschen Bischofskonferenz unter Mitwirkung der Diözesanarchive bearbeitet von *Ulrich v. Hehl*, Mainz 1984.
37 Der Konkordatsprozeß, hg. von *Friedrich Giese* und *Friedrich August v. d. Heydte*, 4 Teilbände, München 1957/59 (Veröffentlichungen des Instituts für Staatslehre und Politik, Mainz, Bd. 7).
38 *Ernst Deuerlein*, Das Reichskonkordat. Beiträge zu Vorgeschichte, Abschluß und Vollzug des Konkordates zwischen dem Hl. Stuhl und dem Deutschen Reich vom 20. Juli 1933, Düsseldorf 1956.

39 *Karl Dietrich Bracher*, Nationalsozialistische Machtergreifung und Reichskonkordat. Gutachten im Konkordatsprozeß: Der Konkordatsprozeß (vgl. Anm. 37), III, München 1958, 947–1021.
40 *Rudolf Morsey*, Briefe zum Reichskonkordat. Ludwig Kaas – Franz von Papen: StZ 167 (1960/61) 11–31. – *Ders.*, Ludwig Kaas: Tagebuch 7.–20. April 1933. Aus dem Nachlaß von Prälat Ludwig Kaas: StZ 166 (1960) 422–430. – *Erich Matthias/Rudolf Morsey*, Das Ende der Parteien, Düsseldorf 1960, 281–453.
41 *Robert Leiber*, Reichskonkordat und Ende der Zentrumspartei: StZ 167 (1960) 213–223.
42 *Ernst Wolfgang Böckenförde*, Der deutsche Katholizismus im Jahre 1933. Eine kritische Betrachtung: Hochl. 53 (1960/61) 215–239; Neudruck in *Böckenförde*, Kirchlicher Auftrag und politische Entscheidung, Freiburg 1973, 30–65.
43 *Ernst Wolfgang Böckenförde*, Der deutsche Katholizismus im Jahre 1933. Stellungnahme zu einer Diskussion: Hochl. 54 (1961/62) 217–245.
44 *Hans Müller*, Katholische Kirche und Nationalsozialismus. Dokumente 1930–1935, München 1963.
45 *Gordon Zahn*, German Catholics and Hitler's Wars, London – New York 1963; deutsche Übersetzung Graz – Köln 1965.
46 Vgl. *Conzemius* (Anm. 7) u. *Wiest* (Anm. 6).
47 Vgl. *Victor Conzemius*, Die Notwendigkeit einer wissenschaftlichen kirchlichen Zeitgeschichte: Concilium 2 (1966) 479–486. – *Ders.*, Kirchliche Zeitgeschichte. Ein Rückblick nach 25 Jahren: Rottenburger Jahrbuch für Kirchengeschichte 7 (1988).
48 Es sei hier nur auf den Überblick verwiesen von *Klaus Hildebrand*, Das Dritte Reich, München ²1980. – Zur hochdifferenzierten Diskussion über den Widerstandsbegriff vgl. *Peter Steinbach*, Der Widerstand als Thema der politischen Zeitgeschichte: *Besier/Ringshausen* (Hg.), a.a.O. 11–74.
49 Z.B. *Paul Weinberger*, Kirche und Drittes Reich im Jahre 1933: Werkhefte katholischer Laien 12 (1958) 91–100. – *H. Müller*, Zur Vorgeschichte der Kundgebung der Fuldaer Bischofskonferenz vom 28. März 1933, ebd. 15 (1961) 258–265. – Vgl. auch die Bibliographie von *Ulrich v. Hehl/Heinz Hürten*, Der Katholizismus in der Bundesrepublik Deutschland 1945–1980. Eine Bibliographie, Mainz 1983, 330–333.
50 *Carl Amery*, Die Kapitulation, Hamburg 1963.
51 *Max Pribilla*, Deutsche Schicksalsfragen. Rückblick und Ausblick, (2. völlig überarbeitete Auflage von „Deutschland nach dem Zusammenbruch"), Frankfurt 1950.
52 Vgl. *Victor Conzemius*, Die Kritik der Kirche: Handbuch der Fundamentaltheologie III, Freiburg 1986, 30–48, bes. 41. – Weitere Angaben bei *v. Hehl/Hürten* (Anm. 49) 594ff.
53 *Saul Friedländer*, Pie XII et le IIIe Reich. Documents. Postface d'*Alfred Grosser*, Paris 1964; deutsche Übersetzung Hamburg 1965.
54 *Carlo Falconi*, Il silenzio di Pio XII, Mailand 1965; französische Übersetzung, Monaco – Paris 1965.
55 *Günther Lewy*, The Catholic Church and Nazi Germany, New York 1964; deutsche Übersetzung 1965; niederländische Übersetzung 1964; französische Übersetzung 1965.
56 Vgl. besonders sein Buch Religion and Revolution, New York 1974.
57 *Ludwig Volk*, Zwischen Geschichtsschreibung und Hochhuthprosa. Kritisches und Grundsätzliches zu einer Neuerscheinung über Kirche und Nationalsozialismus: StZ 176 (1964/65) 29–41.
58 Im Vorwort zu *Dieter Albrecht* (Hg.), Der Notenwechsel zwischen dem Heiligen Stuhl und der Deutschen Reichsregierung, VKZG.Q, Bde. 1. 10. 29, Mainz 1965–1980.
59 Vgl. Anm. 69.
60 Aus der Fülle dieser Publikationen sei nur erwähnt das monumentale, mit 59 Beiträgen bestückte von *Georg Schwaiger* herausgegebene Werk: Das Erzbistum München und Freising in der Zeit der nationalsozialistischen Herrschaft, 2 Bde., München – Zürich 1985. Hier steht allerdings der Aspekt der Verfolgung und des Widerstandes zu unreflektiert im Vordergrund.

61 Z. B. *Friedrich Heyer*, Die Katholische Kirche vom Westfälischen Frieden bis zum Ersten Vatikanischen Konzil, KIG IV, Göttingen 1963.
62 Ökumenische Kirchengeschichte, hg. v. *Raymund Kottje* und *Bernd Moeller*, 3 Bde., Mainz – München, ⁴1983.
63 TRE, Bd. 7, 63.
64 Zum Begriff des Kirchenkampfes vgl. *Ernst Wolf*, RGG III, 1443–1453; das LThK hat kein eigenes Stichwort dafür, sondern behandelt die Thematik unter den Stichwörtern Bekennende Kirche und Nationalsozialismus.
65 *Joachim Beckmann*, Kirchliches Jahrbuch für die evangelische Kirche in Deutschland. 1933–1944, Gütersloh 1948.
66 *Wilhelm Niemöller*, Kampf und Zeugnis der Bekennenden Kirche, Bielefeld 1948. – *Ders.*, Ein Archiv der Bekennenden Kirche: EvTh 14 (1954) 527–531. – *Ders.*, Die evangelische Kirche im Dritten Reich. Handbuch des Kirchenkampfes, Bielefeld 1956. – *Ders.*, Lebensbilder aus der Bekennenden Kirche, Bielefeld 1949. – *Ders.*, Hitler und die evangelischen Kirchenführer, Bielefeld 1959. – *Günther Harder/Wilhelm Niemöller*, Die Stunde der Versuchung. Gemeinden im Kirchenkampf 1933–1945. Selbstzeugnisse, München 1963. – *W. Niemöller*, Westfälische Kirche im Kampf, Bielefeld 1970. – *Ders.* (Hg.), Die Synode zu Steglitz. Die dritte Bekenntnissynode der Evangelischen Kirche der altpreußischen Union, Göttingen 1970. – *Ders.*, Der Pfarrernotbund, Geschichte einer kämpfenden Bruderschaft, Hamburg 1973. – Ein vollständiges Verzeichnis von Niemöllers Schriften: JK 45 (1984), beigeheftet zu Nr. 10.
67 *Andreas Lindt* (Anm. 8) 77.
68 *Heinrich Hermelink*, Die Kirche im Kampf. Dokumente des Widerstands und des Aufbaus in der Evangelischen Kirche Deutschlands von 1933–1945, Tübingen – Stuttgart 1950. – Vgl. auch *Heinrich Schmid*, Apokalyptisches Wetterleuchten. Ein Beitrag der Evangelischen Kirche im Dritten Reich, München 1947. – *Paul Fleisch*, Erlebte Kirchengeschichte. Erfahrungen in und mit der Hannoverschen Landeskirche, Hannover 1952. – *Eberhard Klugel*, Die lutherische Landeskirche Hannovers und ihr Bischof 1933–1945, Berlin – Hamburg 1954. – *Franz Tügel*, Mein Weg 1888–1946. Erinnerungen eines Hamburger Bischofs, hg. v. *Carsten Nicolaisen*, Hamburg 1972.
69 *Meier* (Anm. 1, Bericht aus dem Jahr 1968) 124–125. – *Lindt* (Anm. 8) 80, Anm. 14. – *Carsten Nicolaisen*, Zur kirchlichen Zeitgeschichte in Deutschland: Arbeitsgemeinschaft der Archive und Bibliotheken in der evangelischen Kirche. Allgemeine Mitteilungen Nr. 22, 1. Oktober 1981, 23–31.
70 *Friedrich Baumgärtel*, Wider die Kirchenkampf-Legenden, Neuendettelsau ²1959.
71 *Meier* (Anm. 1, Bericht aus dem Jahr 1968) 237.
72 *Kurt Meier*, Der evangelische Kirchenkampf, 3 Bde., Göttingen 1976–1984.
73 *Friedrich Zipfel*, Kirchenkampf in Deutschland 1933–1945. Religionsverfolgung und Selbstbehauptung der Kirchen in der nationalsozialistischen Zeit, Berlin 1965. – *John S. Conway*, The Nazi Persecution of the Churches, 1933–1945, London 1968, deutsche Übersetzung München 1969. – *Klaus Scholder*, Die evangelische Kirche in der Sicht der nationalsozialistischen Führung bis zum Kriegsausbruch: VZG 16 (1968) 15–35. – *Ders.*, Die Kirchen im Dritten Reich. Aus Politik und Zeitgeschichte. Beilage zur Wochenzeitung „Das Parlament" B 15/71 (10. April 1971). – *Georg Kretschmar/C. Nicolaisen* (Hg.), Dokumente zur Kirchenpolitik des Dritten Reiches, I (Das Jahr 1933), München 1971; II (1934/35), München 1975. – *Leonore Siegele-Wenschkewitz*, Nationalsozialismus und Kirchen. Religionspolitik von Partei und Staat bis 1935, Düsseldorf 1974. – *Dies.*, Politische Versuche einer Ordnung der Deutschen Evangelischen Kirche durch den Reichskirchenminister 1937 bis 1939: Zur Geschichte des Kirchenkampfes. Gesammelte Aufsätze II, AGK 26 (1971) 121–138. – *Dies.*, Die evangelische Kirche in Deutschland während des Zweiten Weltkrieges 1939–1945: EvTh 39 (1979) 389–410.
74 *Armin Boyens*, Kirchenkampf und Ökumene 1933–1939. Darstellung und Dokumentation,

München 1969. – *Ders.*, Kirchenkampf und Ökumene 1939–1945. Darstellung und Dokumentation unter besonderer Berücksichtigung der Quellen des Ökumenischen Rates der Kirchen, München 1973.
75 *Günther Brakelmann*, Der deutsche Protestantismus im Epochenjahr 1917, Witten 1974. – *Martin Greschat*, Der deutsche Protestantismus im Revolutionsjahr 1918–19, Witten 1974. – *Karl Wilhelm Dahm*, Pfarrer und Politik. Soziale Position und politische Mentalität des deutschen evangelischen Pfarrerstandes zwischen 1918 und 1933, Köln – Opladen 1965. – *Claus Motschmann*, Evangelische Kirche und Preußischer Staat in den Anfängen der Weimarer Republik, Lübeck – Hamburg 1969. – *Jochen Jacke*, Kirche zwischen Monarchie und Republik. Der preußische Protestantismus nach dem Zusammenbruch von 1918, Hamburg 1976.
76 Vgl. die Beiträge in dem von Gerhard Besier und Gerhard Ringshausen herausgegebenen Sammelband (Anm. 8).
77 Für Barth vgl. TRE, V, 267.
78 *Eberhard Bethge*, Ohnmacht und Mündigkeit. Beiträge zur Zeitgeschichte und Theologie nach Bonhoeffer, München 1969. – *Ders.*, Am gegebenen Ort. Aufsätze und Reden 1970–1979, München 1979. – *Heinz Eduard Tödt* u.a. (Hg.), Wie eine Flaschenpost. Ökumenische Briefe und Beiträge für Eberhard Bethge, München 1979. – *Hans Pfeifer* (Hg.), Genf '76. Ein Bonhoeffer-Symposion, München 1976. – *Ernst Feil*, Verspieltes Erbe? Dietrich Bonhoeffer und der deutsche Nachkriegsprotestantismus, München 1978. – *Armin Boyens/Martin Greschat/Rudolf v. Thadden/Paolo Pombeni*, Kirchen in der Nachkriegszeit. Vier zeitgeschichtliche Beiträge, AKIZ B, VIII, Göttingen 1979.
79 *Eberhard Bethge*, Dietrich Bonhoeffer. Theologe, Christ, Zeitgenosse, München ¹1967, ⁶1986.
80 *Klaus Scholder*, Die Kirchen und das Dritte Reich, I (Vorgeschichte und Zeit der Illusionen 1918–1934), Frankfurt – Berlin – Wien 1977; II (Das Jahr der Ernüchterung 1934, Barmen und Rom), ebd. 1985.
81 *Scholder*, I, a.a.O. 65.
82 *Ludwig Kaas*, Der Konkordatstyp des faschistischen Italien: Zeitschrift für ausländisches öffentliches Recht und Völkerrecht, Bd. III, 1, 1933, 488–522.
83 *Konrad Repgen*, Vom Fortleben nationalsozialistischer Propaganda in der Gegenwart. Der Münchener Nuntius und Hitler: Festschrift für Andreas Kraus zum 60. Geburtstag, Kallmünz 1982, 455–476, bes. 473. – *Ders.*, Zur Vatikanischen Strategie beim Reichskonkordat, VZG 1983, 506–535.
84 *Walter Bußmann*, Kirchen und Theologie zwischen Weimar und Drittem Reich. Zum ersten Band von Klaus Scholder „Die Kirchen und das Dritte Reich": HZ 227 (1978) 617–630.
85 Viele Besprechungen gehen auf die Vorzüge dieser Betrachtungsweise ein, ohne die Durchführung und die Proportionen zu berücksichtigen. Zu den Ausnahmen gehören *Martin Greschat* in WPKG 68 (1979) 118–125 und *Ulrich von Hehl* in ThRv 74 (1978) 89–95.
86 Einige knappe zutreffende Gedanken zum allzu stereotypen Umgang mit Schuldbekenntnissen bei *Albert Keller*: StZ 203 (1985) 505–506.

III. Die konfessionelle Landschaft der Schweiz nach Kriegsende

Andreas Lindt (†)

Der schweizerische Protestantismus – Entwicklungslinien nach 1945*

Lassen Sie mich zu Beginn zwei Stimmen kritischer Betrachter zitieren, die im Sommer 1945 von außen in die Schweiz kamen und ihre Eindrücke bei der Begegnung mit dem vom Krieg verschonten kleinen Land im Herzen Europas wiedergaben.

Ein Schweizer Journalist, der lange Jahre in anderen Ländern verbracht hatte, schrieb nach dem Wiedersehen mit der Schweiz: „Es ist, als trete man in ein wohlgepflegtes Museum ein, in dem die Schönheiten einer verschwundenen Epoche erhalten blieben."[1] Der englische Reverend Norman Goodall, der im Auftrag des Internationalen Missionsrats in der Schweiz war, publizierte in „The Christian World" am 11. Oktober 1945 einen Artikel mit dem Titel „The Swiss Churches", worin er besonders die Wirkung des Kriegs auf die Schweiz und ihr Verhältnis zu Deutschland behandelte. Da heißt es: „Es besteht wenig Zweifel darüber, daß die Schweiz schwer im Nervenkrieg mitgenommen worden ist, in einem Kriege, der, wie man nicht vergessen darf, lange vor 1939 begann. ‚Durch das Erscheinen von Nationalsozialismus und Faschismus an unseren Grenzen', so hat man mir die Lage der Schweiz zusammenfassend etwa geschildert, ‚sind wir in eine Periode seelischer Belastung eingetreten, die Engländer kaum verstehen können, obwohl sie viel unmittelbarer in den Krieg verwickelt worden sind. Es wird für uns eine lange Zeit brauchen, um seelisch-geistig wieder ganz gesund zu werden'... Es kann nicht überraschen, daß all dies als Erbteil eine große Müdigkeit hinterlassen hat, von der sich ganz freizuhalten auch den Kirchen und Missionsgesellschaften schwerfällt. Es war unter diesen Umständen schwieriger, heldenhafte Eigenschaften aufrechtzuerhalten, als unter dem Druck von Luftangriffen oder feindlicher Besetzung. Und sogar dem Übergang von der Kriegszeit zur neuen Epoche fehlt jenes Moment der Freude oder wenigstens der Entschiedenheit, das mit dem Wechsel von tatsächlichem Kriegszustand zur Waffenruhe untrennbar verbunden ist. Natürlich soll nicht vergessen werden, am wenigsten von den Christen in anderen Ländern, daß alle diese dunklen Jahre hindurch Stimmen wie die Barths und Brunners weiter über die Grenzen der Schweiz hinweg hörbar geworden sind... In religiöser Beziehung ist die Schweiz weit entfernt davon, nur

Schuldnerland zu sein. Das Gewicht dieser Tatsache liegt vielleicht, zugleich mit anderen Dingen, die aus der ganzen Nervenanspannung dieser Jahre zu erklären sind, einer Einstellung zugrunde, die sehr deutlich hervortritt. Diese kommt zum Ausdruck in einem starken Bestreben, sich von gewissen deutschen Einflüssen im religiösen und kirchlichen Leben der Schweizer Kirchen frei zu machen. Niemand wünscht zu vergessen, was die Schweiz dem deutschen Pietismus verdankt, und die Erinnerung an viele Freundschaftsbeziehungen ist nicht erkaltet. Aber ganz abgesehen von der radikalen theologischen Kritik am Pietismus, die in der Schweiz die Stimme erhoben hat, scheint auch ein starkes Gefühl vorhanden zu sein, daß der deutsche Einfluß die volle Entwicklung grundlegender Elemente in der reformierten Tradition verhindert hat. In den Kirchen besteht daher weithin ein starkes Bedürfnis nach einer erneuten Betonung jener Überzeugungen und Eigenschaften, die betont schweizerisch und in besonderem Maße reformiert sind."[2]

Diese beiden kurzen Impressionen sind je in ihrer Art signifikativ. Da ist einmal die Feststellung, wie sehr die ungebrochene Kontinuität staatlicher und bürgerlicher Existenz, nationalen Selbstbewußtseins, materieller und kultureller Werte das schweizerische Empfinden und Denken abhob von den äußeren und inneren Gegebenheiten in den vom Krieg verwüsteten und aufgewühlten Ländern. Das konnte allerdings nur *dem* recht bewußt werden, der sich um das Geschehen und Erleben jenseits der helvetischen Grenzpfähle auch dann noch ernsthaft kümmerte, als da draußen nicht mehr Hitlers Wehrmacht bedrohlich und angsterregend das Feld beherrschte. Es gab sicher viele Schweizer, die, als die akute Gefahr vorbei war, als man so glimpflich noch einmal davongekommen war, sich gerne zurückzogen auf das eigene Wohlbehagen und auf das stolze Gefühl, der „Sonderfall Schweiz" sei nun durch die Geschichte neu bestätigt und bewährt worden. Das hing gewiß auch mit jener von dem zitierten Briten registrierten weitverbreiteten Müdigkeit zusammen. Nach den Spannungen und Bedrohungen der nun glücklich überstandenen bösen Jahre des Hitler-Reichs wollte man sich jetzt wieder den lange zurückgestellten Aufgaben der Innenpolitik, etwa dem längst fälligen Ausbau des Sozialstaats zuwenden. Mit den Deutschen, vor denen man sich so lange hatte fürchten müssen, wollte man deshalb jetzt möglichst nichts mehr zu tun haben. Darum auch in Kirche und Theologie die weitverbreitete Aversion gegen spezifisch deutsche kirchliche Traditionen und Einflüsse, gegen deutsches Luthertum oder deutschen Pietismus (wie es jenem Briten aufgefallen ist).

Eine merkwürdig heile Welt mitten im zerstörten Europa – so zeigt sich der schweizerische Protestantismus der ersten Nachkriegszeit auch in den kirchlich-religiösen Zeitschriften von damals. Diese Zeitschriften repräsentierten immer noch die festgefügten theologischen und kirchenpolitischen Richtungsparteien, die seit dem 19. Jahrhundert die kirchliche Landschaft des schweizerischen Protestantismus beherrschten. Noch und noch wurde sehr viel Zeit und Kraft und Druckerschwärze darauf verwendet, die Identität und den Wahrheitsanspruch der eigenen Richtung zu wahren und zu verteidigen und so die seit Jahrzehnten bestehenden Frontlinien und Positionen zu halten und zu bestätigen. Das gilt vor allem für die beiden klassischen „Richtungen", die Liberalen und die Positiven.

Wie der politische Freisinn den neuen schweizerischen Bundesstaat 1848 erkämpft und gestaltet und dann jahrzehntelang sowohl im Bund wie in den protestantischen Kantonen fast monopolartig regiert hatte, so hat der theologische Liberalismus in der zweiten Hälfte des 19. Jahrhunderts auch Leben und Struktur der reformierten Kantonalkirchen gründlich umgestaltet, die normative Geltung der alten Bekenntnisschriften abgeschafft und die Rechtsordnung der Landeskirchen ganz dem Modell des liberal-parlamentarischen Staates angeglichen. Auch die theologischen Fakultäten von Zürich und Bern, später auch von Basel waren fast ausschließlich von liberalen Theologen beherrscht. Das gab den „Reformern" (wie sich in der Schweiz die kirchlich Liberalen nannten) das stolze Gefühl, die Einheit von Volk und Kirche, von politischem und religiösem Bewußtsein, liberale Kirche im liberalen Staat, nicht nur programmatisch zu vertreten, sondern geradezu zu verkörpern. 1945 gehörte immer noch ein großer Teil vor allem der älteren Pfarrergeneration zu den Reformern. Ihr Organ war das „Schweizerische Reformierte Volksblatt", ihr Schulhaupt der Berner Systematiker Martin Werner.

Den traditionellen Gegenpol markierten die „Positiven", die sowohl das Erbe der Reformation wie das Erbe des Pietismus hochhalten wollten und in ihrem kirchlichen Konservativismus oft auch mit den politisch Konservativen personell und sachlich verbunden waren. Wenn es für die Liberalen wesentlichstes Anliegen war und blieb, daß die Volkskirche allen theologischen Lehrmeinungen, allen religiösen Überzeugungen freien Raum zu geben habe, so betonten die Positiven die unaufgebbare Bindung an die Autorität der Bibel und der alten Bekenntnisse. Waren sie mit dieser Grundhaltung im 19. Jahrhundert deutlich in die Defensive gedrängt worden, so fühlten sie sich seit dem Ersten Weltkrieg wieder stärker im Aufwind. Die Positiven hatten im Gemeinschaftschristentum zu Stadt und Land kontinuierlich einen starken Rückhalt.

Mit dem Aufbruch der dialektischen Theologie seit 1920 wandte sich nun auch ein Großteil der jungen Generation von den Positionen des Liberalismus ab. Allerdings haben sich diese Jungen meist nicht einfach den alten Gruppierungen der Positiven angeschlossen, sondern sich theologisch und auch kirchenpolitisch in neuen Formationen zusammengefunden. Die Theologie Karl Barths, Emil Brunners und ihrer Freunde verstand sich selbst als etwas Neues auch gegenüber der pietistisch eingefärbten Tradition der positiven Väter. Das hing auch damit zusammen, daß die schweizerischen

Ursprünge der dialektischen Theologie bei Barth, Thurneysen und Brunner ganz wesentlich mitgeprägt waren durch die religiös-soziale Bewegung, die durch Hermann Kutter und Leonhard Ragaz in den ersten beiden Jahrzehnten unsres Jahrhunderts den schweizerischen Protestantismus nachhaltig in eine heilsame Unruhe versetzt hatte. Wohl gingen die Wege dann wieder auseinander, aber es blieb doch im ganzen theologischen Aufbruch der jüngeren Pfarrergeneration und dann auch vieler kirchlich aktiver Laien ein kirchen- und gesellschaftskritisches Ferment lebendig und wirksam, das sich von der konservativen Grundhaltung der Positiven deutlich unterschied. Das zeigt sich auch in Stil und Inhalt der Zeitschriften. Das Blatt der Positiven war der „Kirchenfreund", während das „Kirchenblatt für die reformierte Schweiz" unter der Redaktion des mit Barth eng verbundenen Pfarrers Gottlob Wieser zum Organ der Dialektiker geworden war. Hier, im „Kirchenblatt", fand auch die Auseinandersetzung zwischen Barth und Brunner, die sowohl theologische wie politische Dimensionen hatte, ihren Niederschlag. Sowohl Barth wie Brunner hatten ihre treuen Gefolgsleute, die die Differenzen der beiden Schulhäupter in Basel und Zürich dann oft noch stärker profilierten als diese selber.

Bei der Durchsicht aller dieser Zeitschriften des schweizerischen Protestantismus von damals fällt im übrigen auf, wie der Gegensatz zu den Katholiken meist ganz selbstverständlich und unreflektiert alle theologischen und kirchlichen Richtungen verbindet. In der Aversion gegen das Rom Pius' XII. und gegen alle Ambitionen des schweizerischen politischen Katholizismus war man sich einig. Das äußerte sich 1947 in den Stellungnahmen zur Heiligsprechung des von den Katholiken als Nationalheiliger und Landesvater in Anspruch genommenen Niklaus von Flüh wie dann 1950 in der Entrüstung über das neue Mariendogma. Ein so einflußreicher protestantischer Wortführer wie der Leiter des Evangelischen Pressedienstes, Dr. Arthur Frey, der sich in der kompromißlosen Ablehnung des Dritten Reiches und in der Solidarisierung mit dem harten Kern der Bekennenden Kirche mit Barth zusammengefunden hatte, war in jenen Jahren auch einer der unerbittlichsten Kämpfer gegen alle katholischen Ansprüche und Einflüsse. Er und andere wachten mit Argusaugen darüber, daß die aus der Kulturkampfzeit stammenden, in der Bundesverfassung von 1874 fixierten Verbotsbestimmungen gegen den Jesuitenorden und gegen die Errichtung neuer Klöster streng und konsequent eingehalten wurden. Auf der politischen Ebene wäre ein Zusammenspannen von Katholiken und Protestanten wie in der deutschen CDU in der Schweiz ganz undenkbar gewesen. Erst im Kleinen und Verborgenen fanden sich Ende der vierziger Jahre, angeregt vor allem von dem in Luzern wohnenden Otto Karrer, ökumenische Gesprächskreise in verschiedenen Schweizer Städten zusammen.

Im Jahrgang 1945 der vorhin genannten schweizerischen kirchlichen Zeitschriften spielten die großen Zeitereignisse, das Kriegsende in Europa und im

Fernen Osten, eine merkwürdig wenig herausragende Rolle. Auch die weltpolitischen Zukunftsperspektiven, die sich jetzt eröffneten, sind kaum im Blickfeld. Was zum Zusammenbruch des Hitlerreichs geäußert wird, drückt kaum mehr aus als erleichtertes und dankbares Aufatmen. Weitergehende Reflexionen überließ man offensichtlich der Tagespresse und den politischen Kommentatoren.

Die eine große Ausnahme bilden hier die „Neuen Wege", die von Leonhard Ragaz redigierte Zeitschrift der religiösen Sozialisten. Wenn in den Organen aller kirchlichen Richtungen auch 1945 religiöse Erbauung, theologische Fragen und kirchenpolitische Fehden (etwa der Kampf um das neue bernische Kirchengesetz) das Feld beherrschen, so bläst in den „Neuen Wegen" ein ganz anderer Wind. Hier steht das Weltgeschehen eindeutig im Mittelpunkt, nicht nur thematisch, sondern auch in der Leidenschaft, mit der hier kommentiert und argumentiert wird. Was Ragaz Monat für Monat seinen Lesern vorlegt, ist mehr als eine mit innerster Bewegung und Anteilnahme geschriebene Chronik der dramatischen Ereignisse und Entwicklungen – es ist zugleich eine mit prophetischem Anspruch vorgetragene Deutung der Katastrophen, Aufbrüche und Hoffnungen der Zeit unter eschatologischem Vorzeichen. Wenn es in den Dankgottesdiensten nach dem 8. Mai von vielen schweizerischen Kanzeln herunter tönte: „Mit Mann und Roß und Wagen hat sie der Herr geschlagen..." – so ist dieser Tenor bei Ragaz nicht nur Ausdruck spontaner Emotionen, sondern umfassende Reflexion des weltgeschichtlichen Dramas, wie es von einem engagierten Zeitgenossen erschüttert miterlebt wurde. In der Sicht dieses schweizerischen Theologen war Hitler die letzte Kulmination eines langfristig verhängnisvollen Gefälles deutscher Geschichte und deutsch-lutherischen Christentums. Ähnliche Diagnosen sind in der westlichen Welt damals ja auch anderswo angestellt worden. Was bei Ragaz gerade im schweizerischen Kontext von 1945 auffällt, ist seine immer wieder lautwerdende harte Kritik am Vertrauen der Schweizer auf ihre Armee. Ragaz hat sogar, was damals von fast allen als unerhörtes Sakrileg empfunden werden mußte, General Guisan, der Inkarnation und Idol schweizerischen Nationalbewußtseins war, als Integrationsfigur offen in Frage gestellt.

Ragaz hat sich mit solchen Äußerungen in der schweizerischen politischen Landschaft von 1945 völlig ins Abseits begeben. Zum breiten Spektrum des schweizerischen Protestantismus von damals gehört aber auch seine Stimme, auch wenn die Schar seiner Getreuen im Vergleich zur Zeit des Ersten Weltkriegs unvergleichlich kleiner geworden war. Im Dezember 1945 ist Ragaz 77jährig gestorben. Seine Anhänger haben sich in den Jahren danach wegen schwerer Differenzen in der Stellungnahme zum Kalten Krieg so sehr zerstritten, daß die religiös-soziale Bewegung völlig auseinanderbrach.

Aber gerade weil Ragaz so sehr ein Außenseiter geworden war, mag der schweizerische kirchliche Protestantismus der unmittelbaren Nachkriegszeit dem rückblickenden Betrachter im Vergleich zu dem, was die Christen im übrigen Europa damals erlebten und erlitten, vorkommen wie ein stiller Teich, in dem die Frösche quakten wie eh und je. Lebensformen, Denkformen, Ordnungen und Gewohnheiten waren weithin ungebrochen, und viele waren ehrlich überzeugt, auch in der Kirche gelte es, nachdem die Sturmzeit vorüber war, in erster Linie das Bewährte zu erhalten.

Trotzdem darf m. E. nicht übersehen werden, daß im schweizerischen Protestantismus nach 1945 auch neue Impulse wirksam wurden, die dem Denken und Leben neue Perspektiven eröffneten und Veränderungen mit sich brachten, auch wenn das Schwergewicht der Traditionen und festen Strukturen diese Impulse oft lähmte, neutralisierte und zurückband. Ich nenne vier solche Impulse und Ansätze von zukunftsträchtiger Bedeutung:
1. das Miterleben des deutschen Kirchenkampfes und dessen Auswirkungen auf das Kirchenverständnis,
2. die Einwirkungen der ökumenischen Bewegung,
3. das Auftreten charismatisch-kommunitärer Bewegungen,
4. Ansätze zu einem neuen, weltoffenen politischen Bewußtsein.

1. Die Solidarisierung mit der *Bekennenden Kirche* ist in der Schweiz vor allem durch Barth und seine Freunde vertreten und gefördert worden. Das Hilfswerk für die Bekennende Kirche und seine Tagungen in Zürich-Wipkingen waren ein Forum nicht nur praktischer Einsätze für Flüchtlinge und Verfolgte, sondern auch der theologischen Neubesinnung in der Linie von Barmen. Als im Sommer 1945 Kontakte mit Deutschland, wenn auch zunächst noch sehr mühsam, wieder möglich wurden, war deshalb gerade in diesen Kreisen das Interesse am kirchlichen Neubeginn im besiegten und besetzten Deutschland sehr lebhaft. Durch Arthur Frey und Gottlob Wieser, beide enge Freunde Barths, waren der Evangelische Pressedienst und das Kirchenblatt hier besonders stark engagiert. Bald kam es dann im Blick auf die kirchlichen Informationen aus Deutschland und ihre Bewertung zu lebhaften Kontroversen. Brunners Vertrauen zu Gerstenmaier und Wurm kollidierte mit Barths enger Verbindung mit Niemöller, Diem, Wolf, Iwand, Vogel und anderen. Die Gegensätze, die die neugebildete Evangelische Kirche in Deutschland von ihren Anfängen an belasteten, fanden so auch in der Schweiz ihre Entsprechung.

Noch wichtiger aber im Blick auf das kirchliche Leben in der Schweiz war, daß – ganz deutlich unter dem Einfluß des Kirchenkampfs und der Barmer Erklärung – im schweizerischen Protestantismus 1945 sich ein neues kirchliches Selbstverständnis zu Worte meldete, das kritisch und aufmüpfig war gegenüber den festverankerten staatskirchlichen und volkskirchlichen Traditionen. Dieses bekenntniskirchlich inspirierte Kirchenverständnis war für die Liberalen ein Horror. Ihre heftige, schon früher immer wieder artikulierte Aversion gegen Barth und Barmen brach nun auf. Für sie war es selbstverständlich, daß die Kirche ein Spiegelbild des liberalen Staates zu sein hatte. So wurden sie nun zu Kämpfern für Staatstreue und Volksverbundenheit. Der Kampf um das neue bernische Kirchengesetz, das schließlich im Mai 1945 vom Volk relativ knapp angenommen wurde, war typisch für das Aufeinanderprallen alteingesessener volkskirchlicher Mentalität mit einem Kirchenverständnis, das durch die deutschen Erfahrungen sensibilisiert war für die latenten Gefahren der traditionellen engen Bindung der Kirche an Volk und Staat. Einige Jahre später brachen die gleichen Gegensätze, wieder im Kanton Bern, nochmals in einem heftigen parlamentarischen und publizistischen Wirbel auf, als der damalige bernische Kirchen- und Erziehungsdirektor (= Kultusminister) und spätere Bundesrat Markus Feldmann sich als öffentlicher Ankläger gegen Karl Barth persönlich und die mit ihm solidarischen Exponenten von Kirche und Theologie profilierte. Anklagepunkte von seiten des Politikers waren nun nicht mehr nur die Gefährdung der Volkskirche durch eine Theologie, der Intoleranz vorgeworfen wurde, sondern auch Gefährdung des Staates durch eine gegenüber dem Sowjetkommunismus unzuverlässige und zweideutige Haltung. Wer – wie Barth in seinem vieldiskutierten Berner Vortrag über „Die Kirche zwischen Ost und West"[3] – nicht bereit war, sich selber in die Fronten des Kalten Krieges einzureihen und auch für Kirche und Theologie entsprechende Parolen auszugeben, war in der Stimmungslage der frühen fünfziger Jahre von vornherein suspekt. Das damalige Kesseltreiben eines Großteils der Schweizer Presse gegen Barth und seine Freunde ließ dies besonders deutlich werden. Um so mehr lebten die theologischen und kirchenpolitischen Gegner Barths und seiner Freunde wohl daran, sich jetzt mit der vorherrschenden öffentlichen Meinung konform zu wissen. Das trug wohl auch dazu bei, daß diejenigen, die in den Synoden und in der Öffentlichkeit gleichsam die Theologie von Barmen vertraten und von daher kritisch waren gegenüber den herkömmlichen landeskirchlichen Strukturen und Denkgewohnheiten, im Lauf der Jahre nach 1945 immer mehr als minoritäre Außenseiter und Nonkonformisten abgestempelt wurden.

2. Bedeutsame Impulse im Sinne einer Ausweitung und Veränderung des traditionellen kirchlichen Denkens gingen aber auch von der *ökumenischen Bewegung* aus. Schon in den späten dreißiger und frühen vierziger Jahren hatte im Zusammenhang mit dem Beitritt des Schweizerischen Evangelischen Kirchenbundes zu dem nun offiziell sich konstituierenden Ökumenischen Rat der Kirchen die erforderliche Zustimmung zu der sog. Basis-Erklärung zu heftigen Kontroversen in den entscheidenden Gremien der Kantonalkirchen und des Kirchenbundes geführt. Es ging um die brisante Frage, ob sich die seit dem 19. Jahrhundert betont bekenntnisfreien Schweizer reformierten Landeskirchen mit ihrem Beitritt zum Ökumenischen Rat der Kirchen und mit der Anerkennung der Basis-Erklärung (die das Bekenntnis zu Christus als Gott und Heiland enthält) wieder einer normati-

ven dogmatischen Bindung zu unterziehen hätten. Die Liberalen sahen die Prinzipien der offenen Volkskirche gefährdet und gingen zunächst gegen die ökumenische „Basis" auf die Barrikaden. Es war dem entschiedenen ökumenischen Engagement und dem kirchenpolitischen Geschick einiger im schweizerischen Protestantismus führender Männer, besonders Alphons Koechlins und Adolf Kellers, zu verdanken, daß die Beitrittserklärung des Kirchenbunds schließlich doch, wenn auch unter Vorbehalten, erfolgen konnte.

Nach Kriegsende wuchs in der Schweiz offensichtlich das Interesse an der weltweiten Dimension der Kirche. Die Berichterstattung über das kirchliche Leben in anderen Ländern nahm jetzt – besonders im „Kirchenblatt", aber auch im „Kirchenfreund" – immer breiteren Raum ein. Die konstituierende erste Vollversammlung des Ökumenischen Rats der Kirchen in Amsterdam im Sommer 1948 wurde in den kirchlichen Zeitschriften eingehend rapportiert und kommentiert. Die Liberalen allerdings äußerten immer wieder starke Reserven, besonders auch angesichts der herausragenden Rolle, die Barth mit seinem Hauptreferat in Amsterdam spielte. Wie sehr umgekehrt Barths Wertung der ökumenischen Bewegung durch das Miterleben von Amsterdam sich veränderte, zeigte sich nachher, als in der Schweiz gerade Barth in einem vielbeachteten Appell sich dafür einsetzte, nun auch innerhalb des schweizerischen Protestantismus mit der Ökumene ernst zu machen. Barth nannte dabei ganz konkret das Überholen der alten Richtungsgegensätze als dringendes Desiderat. Dieser Appell fand eine große Resonanz, obwohl natürlich auch Vorbehalte laut wurden.

3. Weniger in der Breite des kirchlichen Lebens oder auch der akademischen Theologie als in der spirituellen Entwicklung einzelner Gruppen wirkten in der Zeit nach 1945 die Impulse charismatischer Persönlichkeiten, durch die dann *neuartige geistliche Kommunitäten und Bruderschaften* entstanden. Schon in der Kriegszeit hatte der Westschweizer reformierte Theologe Roger Schutz im Burgund noch ganz im Kleinen und Verborgenen mit den Versuchen gemeinschaftlichen geistlichen Lebens in festen Regeln begonnen, aus denen dann 1949 die Communauté de Taizé erwuchs. In der deutschen Schweiz wurden die Nachrichten von diesen „neuen Cluniazensern", wie es damals hieß, zunächst noch mehr als Kuriosität registriert. Viel bedeutsamer war hier zunächst der starke Einfluß, der von der Persönlichkeit Otto Salomons ausging, der als judenchristlicher Emigrant in die Schweiz gekommen war und hier als Verlagsleiter und Schriftsteller eine vielfältige Wirksamkeit entfaltete. In seinen meist unter Pseudonymen (u. a. Otto Bruder) erschienenen, damals vielgelesenen Schriften verband sich harte Kritik an der etablierten Kirche mit dem zukunftsgerichteten Vertrauen auf neue, geistgewirkte Formen christlicher Gemeinschaft, deren konkrete Gestaltwerdung dann auch versucht wurde.

4. Wir sprachen bis dahin fast ausschließlich von Entwicklungen und Perspektiven, die das Leben von Kirche und Theologie, wohl auch in ihrem Verhältnis zu Öffentlichkeit und Staat, aber doch vor allem in Gestalt ihrer beamteten Vertreter und Wortführer betrafen. Nun deckt sich aber der schweizerische Protestantismus nicht einfach mit den Amtsträgern und Theologen der Kirche. Unter „Schweizer Protestantismus" dürfen wir auch das ganze Spektrum *gesellschaftlicher, kultureller, politischer Aktivitäten und Tendenzen* verstehen, das durch protestantische Mentalität, durch protestantische Denkformen und Lebensformen geprägt ist und sich durch diese Prägung, auch wenn zuweilen die kirchliche Bindung nur noch lose ist, auch noch in unserm Zeitraum abhebt etwa von spezifisch katholischer Mentalität, spezifisch katholischen Denk- und Lebensformen. Sicher gehört es auch zur Signatur der Zeit um 1945, daß manche solche Prägungen und Eigenheiten der konfessionellen Herkunft sich weiter abschliffen, daß sowohl die Zusammengehörigkeit in der Schicksalsgemeinschaft des schweizerischen Staatswesens wie die immer stärkere konfessionelle Durchmischung der Bevölkerung Denkmuster und Verhaltensmuster schweizerischer Protestanten und schweizerischer Katholiken immer mehr einander anglichen.

Lange Jahre hatte schweizerisches Nationalbewußtsein politisch und kulturell seine Identität in einer Haltung gefunden, die man programmatisch als „geistige Landesverteidigung" umschrieb – gegenüber dem großdeutschen Imperialismus der Wille, sich selber, den eigenen Wurzeln treu zu bleiben, manchmal etwas pathetisch, manchmal aber auch ganz nüchtern die eigene Auffassung von Freiheit und Recht zu wahren. Das war ein zutiefst konservatives, der Bewahrung alter Werte und Normen verpflichtetes Denken und Verhalten. Mit dem Kriegsende drohte daraus eine nationale Ideologie zu werden, die den sich einrollenden Igel zum dauernden Modell schweizerischer Existenz in einer sich wandelnden Welt machte. Jüngere Schweizer Historiker haben die Schweiz von 1945 oft ganz im Zeichen dieses sich selbst idealisierenden helvetischen Lebensgefühls gesehen. Manche Äußerungen jener Zeit geben gewiß dieser Diagnose recht. Aber daneben gab es doch auch andere Stimmen, die für die Schweiz von 1945 auch als repräsentativ gelten dürfen. Es gab da auch eine zukunftsfreudige, weltoffene Aufbruchstimmung. Es gab den erklärten Willen, den kulturellen Kontakt mit anderen Völkern, auch mit Deutschland, wieder aufzunehmen. Auch das starke Echo auf Karl Barths eindringlichen Appell „Die Deutschen und wir"[4], noch vor Kriegsende der schweizerischen Öffentlichkeit vorgetragen, gehört in diesen Zusammenhang. Ich denke aber jetzt vor allem an die 1944 gegründete Zeitschrift „Schweizer Annalen", die ich gerade deswegen hier besonders hervorheben möchte, weil in ihr eine ganze Reihe markanter Persönlichkeiten aus dem schweizerischen Geistesleben zu Worte kamen (sie gehörten meist der damals mittleren und jungen Generation an), die durchaus auch als Repräsentanten des schweizerischen Protestantismus gelten dürfen.

Charakteristisch ist der Schlußabschnitt des programmatischen Vorworts zur ersten Nummer der „Schweizer Annalen": „Die ‚Schweizer Annalen' sind eine betont schweizerische Zeitschrift. Das Maß unseres Schweizertums für die gegenwärtige Zeit ist uns festgelegt im Erlebnis der Jahre 1940/41. Es ist weit entfernt von ‚bürgerlich'-reaktionärer Gesinnung, die das Nationale früher so schwer erträglich machte, und gründet im Aufbruch bester Kräfte unseres Volkes gegen Barbarei, Willkür und unmenschliche Spekulation mit Völkern und Erdteilen. Im Geist dieses Aufbruchs sind wir Schweizer und Europäer und Träger einer Humanität, der wir die Herrschaft auch über die Wirklichkeiten zu sichern gewillt sind. Wer ihr im Weg steht, ist unser Feind – innerhalb und außerhalb der Grenzen. Wir sind niemandem hörig!"[5] Wichtig ist das Anknüpfen an die Zeit der höchsten Gefährdung der Schweiz 1940/41. Aber nun wird gerade von hier aus die Linie weitergezogen zur Offenheit für neue Aufgaben und zum Brückenschlag über die Grenzen hinweg. Unter den Autoren der Zeitschrift tauchen die Männer wieder auf, die zusammen mit dem Redaktor der „Schweizer Annalen", Ernst von Schenck, 1940 die Organisation „Nationaler Widerstand" ins Leben gerufen hatten. Aber nun motiviert gerade die kämpferische Entschlossenheit von damals dazu, die Werte, die es gegen Hitler zu verteidigen galt, neu zu überdenken und für die Zukunft fruchtbar zu machen. Diese Protestanten haben aus der Bereitschaft, sich den Herausforderungen der Nachkriegszeit zu stellen, auch an ihre Kirche kritische Anfragen und Postulate gerichtet. So hat Gerhart Schürch, ein typischer Vertreter dieses Kreises, später ein bekannter Politiker, damals vor bernischen Pfarrern einen Vortrag gehalten über „Die Kirche, ein Ärgernis der Politik", der dann im „Kirchenblatt" gedruckt wurde. Ich zitiere den letzten Satz: „Wenn die Kirche grundsätzlich redet, wenn sie auf tieferer Ebene als der alltäglichen die politisierenden Menschen vor Entscheidungen stellt, denen sie nicht mehr ausweichen können, dann wird sie ganz ohne weitere Zutat und ohne äußerliche Betriebsamkeit zum echten, stetigen Ärgernis der Politik: zur unüberhörbaren Mahnung, treu zu sein und getrost, unverzagt und in beharrlicher Erwartung des Herrn zu handeln."[6] Zu den Autoren der „Schweizer Annalen" gehörten übrigens auch Karl Barth und einige seiner Schüler.

Ich erwähne diese Zeitschrift vor allem deswegen, weil ihr kulturelles und politisches Engagement, ihre Freudigkeit, Verantwortung für die Zukunft zu übernehmen, ihr bewußt europäisches und weltweites Denken mit zur Physiognomie gerade des schweizerischen Protestantismus der ersten Nachkriegszeit gehört. Manche haben damals auch versucht, etwas von dieser Haltung in neue Ansätze konkreter politischer Zielsetzungen zu übertragen.

Daß diese Ansätze dann doch so wenig zum Tragen kamen, daß die „Schweizer Annalen" als Zeitschrift nicht lebensfähig blieben, daß im Schweizer Protestantismus alle neuen Impulse gegen so viele lähmende Konventionen anzukämpfen hatten, hängt wohl wesentlich damit zusammen, daß die offenen Perspektiven von 1945 sehr bald überlagert und zugedeckt wurden durch die wirtschaftliche Hochkonjunktur und die ideologische Polarisierung im Kalten Krieg der fünfziger Jahre. Aber davon kann und soll jetzt hier nicht mehr die Rede sein. Es ging mir darum, Ihnen ein wenig zu zeigen, wie die erste Nachkriegszeit auch im schweizerischen Protestantismus doch ein besonderes Gesicht und Gewicht hatte, das sich von der vorhergehenden wie von der nachfolgenden Zeit in mancher Beziehung deutlich unterscheidet.

Anmerkungen

* Der unerwartete Tod von Andreas Lindt kurze Zeit nach der Hüniger-Tagung verunmöglichte eine Überarbeitung dieses Beitrags durch den Autor selbst. Wir übernehmen diesen Aufsatz in der Manuskriptvorlage zum Vortrag in Hünigen. Zum schweizerischen Protestantismus nach 1945 gibt es praktisch noch keine Untersuchungen. Zu verweisen ist lediglich auf *Kurt Guggisberg*, Die evangelisch-reformierten Kirchen: *Erich Gruner* (Hg.), Die Schweiz seit 1945. Beiträge zur Zeitgeschichte, Bern 1971, 307–322. Hilfreich zur Einordnung in die schweizerische Kirchengeschichte des 20. Jahrhunderts: *Rudolf Pfister*, Kirchengeschichte der Schweiz, III (von 1720–1950), Zürich 1984 (die Jahre 1945–1950 werden allerdings nur ganz am Rande gestreift). Allgemein zur Schweizer Geschichte nach 1945 vgl. *Christoph Dejung*, Schweizer Geschichte seit 1945, Frauenfeld 1984. – Geschichte der Schweiz – und der Schweizer, Band III, Redaktion *Beatrix Mesmer*, Basel 1983, 191 ff. – Handbuch der Schweizer Geschichte, II, Zürich ²1980, 1213 ff.
1 Zitiert nach: Schweizerisches Reformiertes Volksblatt, 79 (1945) 328.
2 Zitiert nach: KBRS 101 (1945) 379.
3 *Karl Barth*, Die Kirche zwischen Ost und West, TEH, Neue Folge Nr. 17, München 1949.
4 *Karl Barth*, Die Deutschen und wir: *Ders.*, Eine Schweizer Stimme 1938–1945, Zürich ³1985, 334–370 (Vortrag gehalten im Januar und Februar 1945).
5 Schweizer Annalen, 1 (1944) 2.
6 KBRS 102 (1946) 312.

URS ALTERMATT

Die Stimmungslage im politischen Katholizismus der Schweiz von 1945: „Wir lassen uns nicht ausmanövrieren."

Wenn man das Klima im politischen Schweizer Katholizismus von 1945[1] beschreiben will, läßt sich dies am besten als Mittellage zwischen Selbstbewußtsein und Angst, als diffuses Malaise zwischen ungebrochener Zuversicht und nagendem Zweifel kennzeichnen. Diese Stimmung äußerte sich im Titel einer Schrift, die die katholische Landespartei[2] (damaliger Name: „Konservative Volkspartei") im Jahre 1947 herausgab: „Wir lassen uns nicht ausmanövrieren."[3]

Das Kriegsende befreite die Schweiz vom existentiellen Druck, der in der Epoche des Nationalsozialismus und Faschismus auf dem Land gelastet und über alle politischen, kulturellen und konfessionellen Unterschiede hinweg die einzelnen Gruppierungen in einem gemeinsamen Abwehrreflex gegen außen zusammengeführt hatte. Als die von den Achsenmächten ausgehende Bedrohung wegfiel, brach der eidgenössische Burgfrieden bereits in den Kriegswahlen von 1943 auseinander. Die innenpolitischen Gegensätze und Auseinandersetzungen verschärften sich und nahmen nach 1945 eine Härte an, wie man dies seit Jahren nicht mehr erlebt hatte. Man gewinnt den Eindruck, daß 1945 Fragen und Probleme in der Innenpolitik hochkamen, die in der vorausgegangenen Zeit der äußeren Bedrohung verdrängt worden waren. In einem gewissen Sinne setzten die inneren Konflikte nach dem Krieg dort an, wo sie zehn Jahre vorher aufgehört hatten.

An dieser Stelle ist unbedingt anzufügen, daß die gesellschaftliche und politische Entwicklung nach 1945 unumkehrbar voranschritt. Der nationale Konsens, der sich Mitte der dreißiger Jahre eingespielt hatte, wurde weitergeführt und ausgebaut. Im Dezember 1943 wählte die Bundesversammlung den ersten Sozialdemokraten in die Landesregierung, und 1947 besiegelte die Einführung der Alters- und Hinterlassenenversicherung den sozialen Generationenvertrag. In die gleiche Richtung wirkten die Wirtschaftsartikel, die im Jahre 1947 angenommen wurden und den neokorporativen Verbändestaat definitiv institutionalisierten. Die helvetische Konkordanzgesellschaft entwickelte sich nach dem Krieg unaufhaltsam weiter, bis sie schließlich 1959 auf der politisch-symbolischen Ebene in die „Zauberformel"-Regierung[4] ausmündete.

Wie am Ende aller Krisenzeiten machten sich in der Schweiz um das Jahr 1945 Nervosität und Spannungen darüber breit, welche Auswirkungen der Krieg für die Gesellschaft zeitigen würde. Nach außen ging das Alltagsleben in der kriegsverschonten Schweiz fast normal weiter, unter der ruhigen Oberfläche traten aber Symptome der Unsicherheit auf.

Da die Historiker die Geschichte mit Vorliebe vom erfolgreichen Ende her schreiben, fallen heute die ambivalenten Stimmungslagen der unmittelbaren Nachkriegszeit oft aus der historischen Perspektive. Die Ängste und Konflikte der Nachkriegszeit werden vielfach als gegenläufige Strömungen übersehen, da sie nicht in das offizielle Konkordanzschema passen. Doch die Geschichte ist keine Einbahnstraße. Gegensätze stehen auch 1945 nebeneinander, da sich Mentalitäten und Strukturen nicht gleichzeitig veränderten. Was 1947/48 klar war, war 1943/45 in vielen Belangen noch offen. Das sollte man nicht vergessen. Ein genauer Blick auf die unmittelbare Nachkriegszeit fördert Widersprüche zutage, die heute überraschen: hier – auf der emotionalen Ebene – das Aufflackern von alten ideologischen Gegensätzen, dort – auf der institutionellen Ebene – der Ausbau der sich etablierenden Konkordanzdemokratie.

Politischer Katholizismus und Sozialismus: wechselseitige Antipathien

Um 1945 war im politischen Katholizismus die Meinung weit verbreitet, Westeuropa und die Schweiz ständen vor einer großen Wende. In dem Maße, in dem sich das Ende des Zweiten Weltkrieges absehen ließ, nahm in breiten Kreisen des Schweizer Katholizismus das Gefühl eines Umbruchs zu. Verschiedene Journalisten prognostizierten in katholischen Zeitungen und Zeitschriften eine unruhige Nachkriegszeit. 1943 schrieb Parteisekretär Martin Rosenberg[5]: „Heute bahnt sich auch in unserem Lande ein Umbruch an."[6] Und Viktor von Ernst[7], Redaktor der „Schweizerischen Kirchenzeitung"[8], schrieb 1945 von einer „Angstpsychose"[9], die über der Zeit liege. Im Oktober des gleichen Jahres erwartete „Vaterland"-Redaktor Franz Zust[10] einen allgemeinen Linksrutsch in Europa: „Für die politische Entwicklung in Westeuropa mit den ausgeprägten Erdrutschen nach links eröffnen sich düstere Perspektiven. Man sage uns nicht, der westliche Kommunismus sei andern Geistes. Letzten Endes kommts auf einen und denselben Materialismus hinaus."[11]

Es wäre naiv zu glauben, auf linker oder sozialdemokratischer Seite hätte damals über den politischen Katholizismus eitle Freude bestanden. Im Gegenteil, die politische Linke brachte dem katholischen Konservativismus als politischer Kraft tiefes Mißtrauen entgegen. Das hängt damit zusammen, daß die Niederlage der faschistischen Kräfte im europäischen Weltkrieg die Linken in der Schweiz beflügelte und zu einer Abrechnung mit den politischen Gegnern ermunterte.

In einer Art von Säuberungskampagne machten sich nach Kriegsende hauptsächlich linksdemokratische Kreise an die Aufarbeitung der unbewältigten Vergangenheit und spürten im Lande philofaschistische Sympathisanten auf, um sie aus ihren politischen Stellungen zu entfernen. Die Suche nach den Sündern geriet da und dort zu einer Jagd nach den Sündenböcken[12], die man als Verräter denunzierte. Man strich die eigenen antifaschistischen Verdienste heraus und suchte nach Mitbürgern, die sich während der Krisen- und Kriegszeit durch offene oder versteckte Sympathien für das faschistische Europa kompromittiert hatten. Auch wenn es im ersten Augenblick eigenartig und fremd tönt, die damaligen publizistischen Attacken gegen den politischen Katholizismus sind – zum Teil wenigstens – in diesen Gesamtzusammenhang hineinzustellen. In den Jahren 1945–1947 griff eine in sich heterogene Gruppe von eher linksorientierten und konfessionell betont protestantischen Journalisten und Publizisten den politischen Katholizismus in einer Art an, daß man noch heute den Eindruck einer außerordentlichen Aktion erhält.

Die Katholiken reagierten äußerst heftig, denn sie fühlten sich als Opfer eines neuen „Kulturkampfes", der diesmal von linker Seite gegen den Katholizismus geführt würde. Es fielen Worte wie „sozialistische Katholikenhetze"[13]. Der katholische Journalist Franz Wäger[14] interpretierte die Situation in der Monatsschrift des Schweizerischen Studentenvereins „Civitas"[15] Anfang 1946 wie folgt: „Der katholische Bürger wird zum Klerikofaschisten oder zum Vertreter des politischen Katholizismus gestempelt, um ihn deklassieren zu können... Die Katholiken sollten sich mit der Rolle eines Bürgers zweiter Klasse begnügen und dann erst noch keine eigene Meinung vertreten können."[16]

Die offenen und versteckten Spannungen zwischen politischem Katholizismus und Sozialismus sind darauf zurückzuführen, daß beide politischen Kräfte im schweizerischen Regierungssystem ihre Stellung noch nicht definitiv abgesichert hatten. Weder die Katholiken noch die Sozialisten hatten 1945 ihre endgültige Position im politischen und gesellschaftlichen System dieses Landes gefunden.

Vielen Sozialdemokraten wurde erst zu Beginn der Nachkriegszeit bewußt, welchen Weg die Sozialdemokratische Partei (SPS) 1935 mit der Bejahung der Landesverteidigung und der bürgerlichen Demokratie eingeschlagen hatte und nach dem Eintritt in den Bundesrat 1943 konsequenterweise weiterverfolgen mußte. Die politische Integration der Sozialdemokratie führte zu innerparteilichen Identitätskrisen. Die Sozialdemokraten waren gezwungen, ihre Rolle als Regierungspartei neu zu definieren.

Anders die Situation des politischen Katholizismus. Als Partner der freisinnig dominierten Bürgerblock-Regierung sahen sie ihre angestammte Rolle als Juniorpartner nach dem sozialdemokratischen Regierungseintritt in Frage gestellt. Sie fürchteten um ihren Besitzstand, den sie unter allen Umständen wahren wollten und hatten Angst, ihre bisherige Stellung im eidgenössischen Regierungskartell an die Sozialdemokraten zu verlieren.

Kurzum: Die neue Rollenverteilung im schweizerischen Regierungssystem verunsicherte Katholiken und Sozialdemokraten, was zur Folge hatte, daß sich die beiden politischen Minderheiten gegenseitig mißtrauten. In beiden politischen Lagern entstanden auf diese Weise diffuse Bedrohungsängste, die dadurch verstärkt wurden, daß sich beide Parteigruppierungen 1945 im Aufwind glaubten. Das internationale Klima verstärkte auf sozialdemokratischer und auf katholischer Seite das Selbstbewußtsein. Der Vormarsch der Sowjetunion und die sozialpolitische Aufbruchstimmung in Westeuropa förderten das linke Selbstwertgefühl; umgekehrt stärkte die christlich-konservative Renaissance Westeuropas nach der Katastrophe des Weltkrieges die katholischen Hoffnungen und Erwartungen.

Aufbruchstimmung der Linken

Nach der militärischen Wende von Stalingrad herrschte in Linkskreisen Aufbruchstimmung. Die Sozialdemokratische Partei (SPS)[17] publizierte im Dezember 1942, also noch mitten im Krieg, ein Aktions- und Wahlprogramm mit dem Titel „Die Neue Schweiz"[18], das sozialreformerische Postulate enthielt und von einer neuen Mehrheit in unserm Land sprach. Parteipräsident Hans Oprecht[19] erklärte: „Die Sozialdemokratische Partei der Schweiz führt mit diesem Manifest den Kampf um die Mehrheit im Volk. Sie ist bereit, die politische Macht im Rahmen einer neuen Volksmehrheit zu übernehmen."[20] Im Klartext hieß das: Die Sozialdemokraten wollten aus dem Klassenghetto der traditionellen Arbeiterschicht ausbrechen und in mittelständischen und bäuerlichen Volksgruppen Gewinne erzielen. „Mit diesen Leuten [Bauern und Mittelstand] zusammen schaffen wir jene Volksmehrheit, die notwendig ist für den Sieg unserer Idee."[21]

Die realpolitischen Möglichkeiten und Grenzen der linken Aufbruchstimmung traten im Herbst 1943 bei den eidgenössischen Nationalratswahlen[22] zutage. Die Wahlen brachten den Sozialdemokraten zwar leichte Gewinne, führten aber keineswegs zu einem Linksrutsch. Die SPS vergrößerte ihren Wähleranteil gegenüber 1935 um 0,6 Prozentpunkte und festigte mit 28,6% ihre Stellung als größte Landespartei. Was die Mandate anging, zahlte sich der leichte Vormarsch in einem für schweizerische Verhältnisse respektablen Gewinn von 6 Nationalratssitzen aus. Selbst im Ständerat, wo die Sozialdemokratie traditionell schwach vertreten war, gewann die Partei zwei Sitze hinzu und wies fortan 5 Mandate auf. Der allgemeine Linkstrend äußerte sich auch darin, daß die linksbürgerlichen Demokraten ihren Wähleranteil von 1,4 auf 3,4 Wählerprozente steigern und im Nationalrat 6 statt bisher 4 Sitze gewinnen konnten.

Der relative Wahlerfolg der Linken führte dazu, daß die Sozialdemokraten 1943 nach langer Wartezeit endlich in die siebenköpfige Landesregierung eintreten konnten. Die Freisinnigen verzichteten auf ihren vierten Bundesratssitz und gaben die absolute Mehrheit in der Landesregierung auf. Die Bundesratswahl löste in der sozialdemokratischen Presse große Freude aus, obwohl die SPS das Postulat eines zweiten Regierungssitzes vorerst nicht zu realisieren vermochte. Das Zürcher „Volksrecht"[23] schrieb: „Der Eintritt eines Sozialdemokraten in den Bundesrat zählt zu den historischen Tatsachen. In unsern staatspolitisch eher konservativen Verhältnissen bedeutet sie die definitive Einbeziehung der Sozialdemokraten in die Regierungsparteien, ist also nicht ein vorübergehendes Faktum, wie es in den parlamentarisch regierten Staaten möglich und üblich war, wo sich in kurzer Zeit neue Mehrheiten, neue Regierungen und entsprechend auswechselbare Männer und Parteien ablösen. Man darf ruhig sagen, daß der 15. Dezember 1943 einen neuen Abschnitt unserer politischen Geschichte einleitet, noch bedeutungsvoller als der Tag, da der Freisinn sich herbeiließ, in den bisher homogen freisinnigen Bundesrat einen Konservativen aufzunehmen (1891). Damals trat zu der bürgerlichen Partei eine andere bürgerliche, die in ihrer wirtschaftlichen und sozialen Auffassung nur in unwesentlichen Punkten abwich. Heute zieht nun ein Sozialist in den Bundesrat ein mit grundsätzlich andern Konzeptionen von Staat und Wirtschaft und ihrer gegenseitigen Abgrenzung. Bisher waren ausschließlich Anhänger der bürgerlichen Ordnung im Bundesrat, jetzt ist in seiner Mitte ein prinzipieller Gegner."[24]

Auch wenn man den überschwenglichen Ton der sozialdemokratischen Zeitungen nicht teilt, besteht kein Zweifel: Die erstmalige Beteiligung der Sozialdemokraten an der Landesregierung bedeutete einen historischen Wendepunkt, der mit dem Eintritt der konservativen Katholiken in den Bundesrat im Jahre 1891 verglichen werden kann. Freilich war der sozialdemokratische Regierungseintritt 1943 weniger eine Konsequenz aus den Wahlergebnissen als eine Folge des nationalen Zusammenschlusses der schweizerischen Parteien in der Krisen- und Kriegszeit der dreißiger und vierziger Jahre. Landigeist, Réduit und Aktivdienst[25] integrierten die Sozialdemokraten schrittweise in das helvetische Konkordanzsystem. Tatsächlich wurden die Grundlagen für die Regierungsbeteiligung der Sozialdemokraten bereits Mitte der dreißiger Jahre gelegt, als die SPS in ihrem Parteiprogramm von 1935 die bürgerliche Demokratie und die Landesverteidigung anerkannte. Die sozialdemokratische Annäherung an den bestehenden bürgerlichen Staat war unter dem Eindruck der äußeren Bedrohung durch den Nationalsozialismus und Faschismus zu einer nationalen Notwendigkeit geworden. Nach dem Scheitern der Kriseninitiative[26] steuerte die SPS endgültig einen defensiven Anpassungskurs, der auf eine überparteiliche Verständigung hinauslief. In diesem Zusammenhang ist auf den Parteitag von 1938 hinzuweisen, wo die überparteiliche Zusammenarbeit ausdrücklich bestätigt wurde. Parteipräsident Robert Grimm[27] schrieb damals: „Die Parole der Verständigungspolitik, der Politik der Mitte, drängt sich bei der gegebenen politischen Lage förmlich auf."[28]

Wenn man sich die etappenweise Integration der Sozialdemokraten in das bestehende politische System vor Augen hält, erklärt sich das Mißtrauen der Katholiken. Die Anhänger des politischen Katholizismus fürchteten, von der Sozialdemokratie aus der hart erkämpften Regierungsstellung herausgedrängt zu werden. Die katholische Angst war nicht aus der Luft gegriffen. Im Zusammenhang mit der Richtlinienbewegung[29] geisterte in linken Parteikreisen die Idee von einem „Linksblock" herum. Dieser hätte in letzter Konsequenz an die Stelle der bisherigen Mitte-Rechts- eine Mitte-Links-Regierungskoalition gesetzt. Da sich der politische Katholizismus damals als rechtes Bollwerk der Bürgerblock-Regierung betrachtete, hätte eine derartige parteipolitische Umgruppierung die Katholisch-Konservativen unweigerlich an den Rand gedrückt.

Die tatsächliche oder vermeintliche Labilität der damaligen parteipolitischen Lage hatte zur Folge, daß sich die Katholiken mit allen Mitteln für ihre Zweiervertretung in der Landesregierung einsetzten. Aus diesem Grunde brachten sie den parteiinternen Wandlungen der Sozialdemokratie großes Mißtrauen entgegen. Das katholische Mißtrauen fußte darauf, daß einzelne Vertreter der SPS 1943 zumindest verbal immer noch zwischen Regierung und Opposition schwankten. Die Sozialdemokraten verstanden sich als Opposition in der Regierung. Im Geschäftsbericht von 1943/44 hieß es zum Beispiel, „daß die Sozialdemokratie als Opposition in den Bundesrat einzog und... keineswegs schlechthin die Mitverantwortung für die Politik des Gesamtbundesrates übernommen"[30] habe. Diese zweideutigen Formulierungen irritierten die bürgerlichen Regierungsparteien. Die Katholiken anerkannten zwar die sozialdemokratischen Wandlungen, waren aber nicht bereit, eine Doppelrolle der SPS zu akzeptieren. Nur dies erklärt, warum die Katholiken in der Zeit nach 1943 immer wieder die Regierungsloyalität der Sozialdemokraten bezweifelten. Der Zweifel an der Loyalität der Sozialdemokraten war ein häufig wiederkehrender Topos des katholischen Antisozialismus. Indem die Katholiken an der politischen Loyalität der Sozialdemokraten rüttelten, zogen sie die nationale Zuverlässigkeit der SPS in Frage. Dieses Argument zählte im Lager des politischen Bürgertums viel, denn nur eine systemkonforme Sozialdemokratie konnte als zuverlässiger Regierungspartner gelten.

Gesteigertes katholisches Selbstbewußtsein

Es wäre einseitig, die parteipolitische Lage von 1945 nur in der Perspektive der sozialdemokratischen Erfolge zu beschreiben. Zu den erfolgreichen politischen Kräften zählten sich 1945 auch die Katholiken. Die Gewinne des politischen Katholizismus äußerten sich darin, daß die Vorgängerin der heutigen CVP, die Konservative Volkspartei, bei den Nationalratswahlen von 1943 ihren Wähleranteil halten konnte. Während die Freisinnigen Einbußen erlitten und bloß auf 22,5 Prozentpunkte kamen, zeichnete sich die Katholikenpartei durch eine außerordentliche Stabilität aus. Sie erhielt 20,8 Wählerprozente. Der Parteisekretär der Konservativen Volkspartei war auf jeden Fall mit dem Wahlergebnis zufrieden. Mit besonderer Genugtuung erfüllte ihn der Umstand, daß die Katholisch-Konservativen in den Stammlanden die Stellungen halten und in der Diaspora Boden dazu gewinnen konnten.[31] Die Entwicklung der katholischen Landespartei folgte damit der demographischen Entwicklung, die als Konsequenz der Industrialisierung zu einer starken Einwanderung von Katholiken in den ursprünglich reformierten Städteagglomerationen von Zürich, Basel und Genf geführt hatte.

Die Einbußen des Freisinns führten dazu, daß die Katholisch-Konservativen im Herbst 1943 zum ersten Mal in der Geschichte des Bundesstaates die Stellung als stärkste Gruppe der Vereinigten Bundesversammlung[32] erreichten und die Freisinnigen von diesem Platz verdrängten. Dieser Prestigeerfolg stärkte das katholische Selbstbewußtsein. Die Katholiken begannen sich nun definitiv aus der Vormundschaft des Freisinns zu lösen.

Konkret bewirkten die leichten Gewichtsverschiebungen im bürgerlichen Lager, daß die Katholisch-Konservativen einen größeren Anteil an den eidgenössischen Magistratenposten forderten. Als 1943 die Stelle des Bundeskanzlers[33] durch den Rücktritt des bisherigen freisinnigen Amtsinhabers frei wurde, beanspruchten die Katholiken diesen Sitz für sich. Der Freisinn sah sich gezwungen, dem bürgerlichen Juniorpartner dieses Zugeständnis zu machen. Allerdings ging letzterer dabei ein politisches Tauschgeschäft ein und erkaufte sich die offizielle Unterstützung für den katholisch-konservativen Bundeskanzlerkandidaten mit der wahlpolitischen Unterstützung für den hauptsächlich von linker Seite heftig angegriffenen Außenminister Marcel Pilet-Golaz.[34]

Die Wahl des ersten katholisch-konservativen Bundeskanzlers in der Person von Oskar Leimgruber löste in den Reihen des politischen Katholizismus große Genugtuung aus, die allerdings infolge des „Wahlgeschäftes" weniger in der katholischen Tagespresse als vielmehr in parteiinternen Publikationen zum Ausdruck kam. „Eine freudige Genugtuung brachte unserer Fraktion im Dezember 1943 die ehrenvolle Wahl von Vizekanzler Dr. Oskar Leimgruber zum Bundeskanzler, womit zum erstenmal seit Bestehen der neuen Eidgenossenschaft ein Konservativer dieses hohe Amt bekleidet"[35], schrieb der damalige Fraktionspräsident Thomas Holenstein.[36] Und im Bericht des Parteisekretariats über die Legislaturperiode 1943/47 heißt es: „Der 15. Dezember 1943 war durch den erstmaligen Eintritt eines Sozialdemokraten in die Landesregierung und die erstmalige Wahl eines Konservativen zum Bundeskanzler zu einem historischen Tag geworden."[37]

Von außen her wurde das katholische Selbstbewußtsein dadurch gefördert, daß Westeuropa nach der Katastrophe des Weltkrieges eine christlich-konservative Renaissance durchmachte. Im Zuge dieser religiösen Erneuerungsbewegung erlebten die neu gegründeten christlich-demokratischen Parteien in Italien (Democrazia Christiana) und in Frankreich (Mouvement Républicain Populaire) einen unerwarteten Aufschwung. Daran schlossen nach der Gründung der Bundesrepublik Deutschland im Jahre 1949 die Wahlerfolge der CDU/CSU an. Die Tatsache, daß beim Neuaufbau Westeuropas Parteien christlich-demokratischer Ausrichtung eine führende Rolle spielten, gab den Vertretern des politischen Katholizismus in der Schweiz die Zuversicht, über alle Linkstrends hinweg die Hoffnung auf ein „christliches Europa" nicht aufzugeben. „... Gerade... die Tatsache", schrieb „Vaterland"-Auslandredaktor Franz Zust zu Beginn des Jahres 1947, „daß im verflossenen Jahre überall in den europäischen Ländern die antikommunistische christliche Front mit wuchtigen Hammerschlägen an Tür und Tor ihren Lebenswillen meldete, beweist, daß Europa... seine geistige Sendung behalten hat. Durch die ersten freien Wahlen in Italien, Frankreich, Belgien, Holland und in den westlichen Zonen Deutschlands sind christliche Bewegungen und Parteien siegreich oder wenigstens zu erstrangigen politischen Faktoren geworden, die ihren Willen ganz aus dem Geiste des christlichen Abendlandes gestalten."[38]

Die unmittelbare Nachkriegszeit stand zwar im Zeichen eines sozialpolitischen Aufbruchs linker Provenienz, die christlich-konservative Erneuerungsbewegung ließ aber die kirchentreuen und politisch aktiven Schweizer Katholiken ebenfalls zuversichtlich in die Zukunft blicken. In einer dialektischen Weise standen so im katholischen Lager Hoffnungen und Ängste eng nebeneinander. Die Widersprüchlichkeit und Ambivalenz der politischen Lage gaben je nach Standpunkt und Blickwinkel optimistischen und pessimistischen Stimmungen Auftrieb. Die katholische Antipathie gegenüber dem Sozialismus war Symptom dieser ambivalenten Krisenstimmung, in der sich die neue politische Ordnung noch nicht voll etabliert hatte. Aus der historischen Rückschau weiß man heute, daß 1945 die politische Integration der Sozialdemokratie bereits irreversibel fortgeschritten war. Das war zumindest auf der katholischen Seite den Zeitgenossen noch nicht derart bewußt. Die Unsicherheit der Zeitentwicklung erschwerte hüben und drüben eine klare Zeitdiagnose. Darin mag eine Erklärung dafür liegen, daß die katholische Grundstimmung trotz allen Selbstbewußtseins durch nicht eindeutig bestimmbare Ängste mitbestimmt war.

Die antikatholische Publizistik: gegen katholischen Konfessionalismus und politische Reaktion

Die katholische Angstpsychose wurde in der unmittelbaren Nachkriegszeit durch eine eigenartige Pressekampagne gegen den politischen Katholizismus zusätzlich gefördert. Die antikatholische Publizistik nahm damals ein derartiges Ausmaß an, daß sich 25 Jahre später selbst die Hauptagitatoren nicht mehr gerne daran erinnern mochten. Die Ökumene des Alltags verwischte in den sechziger und siebziger Jahren die konfessionellen Unterschiede dermaßen, daß Intellektuelle und Historiker zwei Jahrzehnte später die Härte der damaligen konfessionellen Auseinandersetzungen kaum nachvollziehen, geschweige denn begreifen konnten. Es wäre freilich kurzsichtig, aus der heutigen Perspektive die konfessionellen Affekte und Vorurteile von 1945 zu verharmlosen. Zumindest auf der katholischen Seite löste die Pressekampagne außergewöhnliche Reaktionen aus.

Als Buchautor trat in der antikatholischen Publizistik der Zürcher Paul Schmid-Ammann[39] hervor. Der 1900 in Zürich geborene Agronom zog in den zwanziger Jahren als Bauernsekretär und Alleinredaktor des „Schaffhauser Bauer"[40] in die Munotstadt. 1933 gehörte er als konsequenter Gegner des Nationalsozialismus und Frontismus zu den Gründern und ersten Mitarbeitern der Wochenzeitung „Die Nation".[41] Die von Schmid-Ammann in Schaffhausen angestrebte Koalition zwischen Bauern und Arbeitern scheiterte, was zur Folge hatte, daß er 1940 nach Chur weiterzog, um dort die Auslandredaktion der „Neuen Bündner Zeitung"[42] zu übernehmen. In Graubünden wechselte er parteipolitisch von der Bauern-, Gewerbe- und Bürgerpartei[43] zu den Demokraten über.

Ende 1945 veröffentlichte Schmid-Ammann im Verlag der „Nation" eine 183-seitige Schrift über den politischen Katholizismus.[44] Diese erreichte innert weniger Jahre (1945 bis 1947) drei Auflagen mit für schweizerische Verhältnisse beachtlichen 10000 Exemplaren. 1946 wurde die Publikation sogar ins Französische übersetzt.[45] Schmid-Ammann bezeichnete in seinen Memoiren die äußerst erfolgreiche Schrift als Antwort auf die von den Katholiken vorangetriebene Konfessionalisierung des politischen, wirtschaftlichen und sportlichen Lebens im Kanton Graubünden.[46] Tatsächlich bildeten die gespannten Bündner Verhältnisse zwischen den beiden Konfessionen den Ausgangspunkt für das zitierte Pamphlet gegen den politischen Katholizismus. Insgesamt nahm die Schrift aber über Graubünden hinaus die schweizerische Lage ins Visier.

Als Protestant stand Schmid-Ammann der „Religiös-sozialen Bewegung" von Leonhard Ragaz[47] nahe, ohne ihr direkt anzugehören. Interessant ist in diesem Zusammenhang, daß er sich bei der Publikation von Ragaz beraten ließ. Dieser bezeichnete die Schrift als eine „notwendige, tapfere und trefflich ausgeführte" Tat, die im rechten Augenblick komme: „...in dem nun, nach der Beendigung des Waffenkrieges, anhebenden schweren Geisteskrieg, speziell dem zwischen ‚Weltreaction' und ‚Weltrevolution' wird auf der Seite der Reaction der politische Katholizismus eine große, beinahe entscheidende Rolle spielen." Im Kampf mit dem politischen Katholizismus werde die Schrift „eine hochwillkommene und sehr wirksame Waffe sein können".[48] Dieses Zitat aus der Feder von Ragaz, der kurz nach Erscheinen des Buches – am 6. Dezember 1945 – verstarb, zeigt den gesellschaftspolitischen Kontext auf, in den die Schrift Schmid-Ammanns hineingestellt werden muß.

Neben Schmid-Ammann trat in der publizistischen Kampagne gegen den politischen Katholizismus der protestantische Journalist Arthur Frey[49] hervor. Geboren 1897 in Winterberg bei Kemptthal, war Frey in den zwanziger Jahren als Redaktor am „Thurgauer Tagblatt"[50] tätig. Gleichzeitig präsidierte er die Thurgauer Kantonalpartei der Demokraten. 1933 übernahm er in Zürich die alleinige redaktionelle Verantwortung des Evangelischen Pressedienstes (EPD).[51] Als Politiker gehörte er im Zürcher Kantonsrat der Fraktion der Demokraten an.

Um 1945 publizierte Frey eine ganze Reihe konfessionspolitischer Schriften, die durch ihren militanten Antikatholizismus auffielen: 1943 die Schrift „Aktiver Protestantismus", 1945 „Reformierte Haltung gegenüber dem politischen Katholizismus", 1948 „Der Katholizismus im Angriff", und etwas später – 1953 – gab er die Schrift „Jesuitenmoral und Jesuitenorden im Urteil der Päpste" heraus.[52] Freys militanter Antikatholizismus stieß in evangelisch-reformierten Kreisen nicht überall auf Zustimmung, allerdings verurteilte der Evangelische Kirchenbund die publizistischen Attacken des EPD-Leiters nicht ausdrücklich.[53]

Auf katholischer Seite verstand man die Pressekampagne der beiden Publizisten Schmid-Ammann und Frey als Teil eines neuen „linken Kulturkampfes". Der Parteisekretär der Konservativen Volkspartei, Martin Rosenberg, sprach von einer „sozialistischen Hetzkampagne"[54] gegen den Katholizismus.

Wenn Rosenberg und andere Katholikenführer 1945 von einem sozialistischen Kulturkampf schrieben, entsprach dies zweifellos ihrem damaligen subjektiven Eindruck. Es wäre indessen falsch, von einer eigentlichen Kampagne der Sozialdemokraten zu sprechen. Sieht man von der „Berner Tagwacht"[55] ab, in deren Spalten der Antikatholizismus regelmäßig hervortrat, spielte der antikatholische Affekt in der sozialdemokratischen Presse und Partei nicht jene Rolle, die die Katholiken vermuteten. Zwar gingen sozialdemokratische Politiker und Journalisten mit dem politischen Katholizismus keineswegs zimperlich um. Der politische Katholizismus bildete damals für zahlreiche linke Politik-Propagandisten eine Art von Schreckgespenst der politischen Reaction. Was für die bürgerlich orientierten Katholiken die Angst vor der Weltrevolution war, stellte für viele Sozialisten die Furcht vor einer katholisch angeführten Weltreaktion dar. Dabei besaß das Schlagwort vom „politischen Katholizismus" den Vorteil, daß es auf der linken und rechten Seite des politischen Spektrums antikatholische Affekte mobilisierte und damit ein äußerst wirkungsvolles Instrument der Agitation bildete. Um kein falsches Bild aufkommen zu lassen, muß man freilich immer wieder betonen, daß an der vordersten Front der antikatholischen Pressekampagne linksbürgerliche Demokraten wie Paul Schmid-Ammann oder Arthur Frey standen. Was der linksliberale Paul Schmid-Ammann schrieb, war freilich den Sozialdemokraten nicht fremd. Wie Schmid-Ammann betrachteten auch die Sozialdemokraten den politischen Katholizismus als eine reaktionäre politische Kraft. Der Antikatholizismus der Sozialdemokraten war in ähnlicher Weise politisch motiviert. Wie so oft im politischen Kampf waren verschiedenste Motive eng miteinander verbunden. Die konfessionalistischen Argumente fielen im damaligen Klima des konfessionellen Mißtrauens auf empfänglichen Boden.

Wenn man die sozialdemokratische Presse durchsieht, stellt man fest, daß die Sozialdemokraten am politischen Katholizismus vor allem den „Mißbrauch von Religion, Partei- und Geldsackinteressen"[56] kritisierten. Das Zürcher „Volksrecht" malte periodisch das wirkungsvolle Schreckgespenst der Rekatholisierung an die Wand und empfahl den Katholiken, „sich in ihre schwarzen Heilsdomänen zu verziehen". „Dieweil die gutmütigen protestantischen... Zürihegel ahnungslos blechen, wird die Zwinglistadt allmählich rekatholisiert; der politisierende Klerus treibt die neuen Schäfchen in die verschiedenen Krale geselliger Vereine, die Rekrutierungsorgane des politischen Katholizismus. Für das sichere Auffangen des Geburtenüberschusses wird ohnehin nicht weniger gewissenhaft gesorgt."[57]

Immer wieder trifft man in den sozialdemokratischen Zeitungen auf das Argument, der politische Katholizismus stelle eine reaktionäre Kraft dar. So bezeichneten die Sozialdemokraten die katholisch-konservative Politik in den zwanziger und dreißiger Jahren als Anpassung nach rückwärts.[58] Mit dem Hinweis auf den opportunistischen Charakter des Katholizismus verfolgten die sozialdemokratischen Journalisten das Ziel, die politisch aktiven Katholiken als gefährliche Anpasser gegenüber dem militärisch und politisch besiegten Faschismus zu diskreditieren und sie damit als unzuverlässige Patrioten für den Aufbau der Nachkriegszeit in Verruf zu bringen. Dabei fällt auf, daß die Kampagne schweizerische und internationale Ereignisse, Personen und Institutionen in polemisch-demagogischer Mischung miteinander verquickte. Die beiden katholisch-konservativen Bundesräte Giuseppe Motta[59] und Philipp Etter[60], die in den dreißiger und vierziger Jahren im Bundesrat saßen, waren beliebte Angriffsobjekte dieser Katholizismuskritik.

Ähnlich wie die Sozialdemokraten bezeichnete der linksbürgerliche Schmid-Ammann den politischen Katholizismus als „Bollwerk der Reaktion": „Nur hier [in der Schweiz] hat der politische Katholizismus noch sein reaktionäres Gesicht gewahrt, nur hier hat man noch an der Formel festgehalten: katholisch = konservativ."[61] Im Rückblick auf die zwanziger und dreißiger Jahre hielt Schmid-Ammann 1945 fest, daß die Katholisch-Konservativen mit den Rechtsfreisinnigen für die „verhängnisvolle Bürgerblockpolitik"[62] der Zwischenkriegszeit die Verantwortung tragen würden. Daraus folgerte er, daß man dem politischen Katholizismus eine entschlossene Abwehr gegenüberstellen müsse, sonst würden die Katholiken nach dem Krieg aus der Schweiz ein „Réduit der Reaktion"[63] machen. Wörtlich schrieb er: „Sein [des politischen Katholizismus] wachsender Einfluß in der schweizerischen Politik und seine Aktivität, die er seit Jahren mit der unzweifelhaften Absicht entfaltet, auch von dieser Seite her die Rekatholisierungsbestrebungen in unserem Lande nach Kräften zu fördern, hätten schon längst Anlaß geben müssen, um sich zur entschlossenen Abwehr aufzuraffen, nicht nur im kirchlich-protestantischen Lager, sondern auch in allen jenen politischen Gruppen der Schweiz, die sich zu unserem liberalen Bundesstaat von 1848 und 1874 bekennen und die nicht gesonnen sind, die in unserer Verfassung verankerten Rechte und Freiheiten preiszugeben. Die Gefahr ist nicht von der Hand zu weisen, daß nach dem Krieg unter der Führung der Katholisch-Konservativen versucht wird, aus der Schweiz ein Réduit der Reaktion zu machen. Das muß unter allen Umständen verhindert werden."[64] Damit brachte Schmid-Ammann das Hauptargument zur Sprache, das 1945 die gesamte Linke über alle parteipolitischen Grenzen hinweg vereinigte: die Angst vor der Weltreaktion. Indem die Linke den politischen Katholizismus als reaktionär qualifizierte, stellte sie in der Aufbruchstimmung der unmittelbaren Nachkriegszeit die nationale und demokratische Zuverlässigkeit der Katholiken in Frage.

Der katholische Antisozialismus: Christentum oder Bolschewismus?

Wie bereits dargestellt worden ist, betrachteten die Katholiken die antikatholische Publizistik der unmittelbaren Nachkriegszeit als Teil eines sozialistischen Feldzuges gegen den Katholizismus. Sie zahlten dem weltanschaulichen Gegner mit gleicher Münze heim und brachten ihn in der eigenen Agitation mit dem Kommunismus in einen direkten oder indirekten Zusammenhang.

Liest man die zeitgenössischen Publikationen des politischen Katholizismus von 1945 aufmerksam durch, stößt man immer wieder auf die Furcht vor dem Vormarsch des Weltkommunismus. Realpolitischen Hintergrund bildeten der militärisch-politische Vormarsch der Sowjetunion in Osteuropa und die Wahlerfolge der kommunistischen Parteien in den ersten Nachkriegswahlen der benachbarten Länder Frankreich und Italien. In der Schweiz selber blieb der kommunistische Einfluß gering. Allerdings konnte die 1940 verbotene Kommunistische Partei unter dem Namen „Partei der Arbeit" (PdA)[65] 1944 neu gegründet werden. Sie erzielte bei der Wahl von 1947 mit 5,1% des Wähleranteils einen Achtungserfolg. Später stagnierte die PdA, was ein weiterer Beleg dafür ist, daß die unmittelbare Nachkriegszeit durch eine kurze linke Morgenröte geprägt war.

Um die Zeitstimmung im politischen Katholizismus von 1945 besser rekonstruieren zu können, sollen einige Zitate aus Zeitungen und Zeitschriften vorgestellt werden. Auf eine Kurzformel gebracht stand für die Mehrzahl der katholischen Journalisten und Politiker die Nachkriegszeit im Zeichen der Auseinandersetzung zwischen Christentum und Bolschewismus. „Die Nachkriegszeit hat sehr rasch bestätigt, daß auf die militärische Auseinandersetzung die politische und kulturpolitische, der Kampf der Geister folgen wird"[66], schrieb Franz Wäger in der „Civitas", und das „Vaterland" meinte: „Überall zeigt sich heutzutage dasselbe Bild, die Aufspaltung in zwei Blöcke: den marxistischen oder sozialkommunistischen, und den antimarxistischen. Sie verkörpern im Grunde gar nichts anderes als den neuheidnischen Materialismus einerseits und das Christentum anderseits, die miteinander um die Seele Europas ringen."[67] In die gleiche Richtung gingen die Artikel der weltanschaulich-kirchlich ausgerichteten „Kirchenzeitung". Nach der Kapitulation von Nazideutschland schrieb das Blatt 1945: „Jetzt bleibt noch als einziges totalitäres System der bolschewistische Kommunismus übrig, der im eigenen Volke und in der von ihm besetzten Welt... das Vorbild des Nationalsozialismus abgab. Es ist eine ewige Schande für das Abendland und zugleich eine rächende Nemesis, daß der russische Bolschewismus nötig war zur Niederschlagung des Nationalsozialismus. Er wird hiefür seine Rechnung präsentieren und es ist sehr darauf zu schauen, daß man nicht von einer Sklaverei freigeworden ist, um eine andere, nicht weniger drückende und verhaßte dafür einzutauschen, denn in geistiger Ruchlosigkeit und erbarmungsloser Grausamkeit nimmt es der atheistische Kommunismus, der nicht identisch ist mit dem russischen Volke, durchaus auf mit dem Nationalsozialismus."[68]

Was sich weltpolitisch als Angst vor dem Kommunismus äußerte, nahm innenpolitisch die Gestalt eines mehr oder weniger militanten Antisozialismus an. Der Antisozialismus war ein herausragendes Thema der katholischen Journalistik in den Jahren um 1945. Wie erwähnt worden ist, ließen die sozialdemokratischen Erfolge in den Nationalratswahlen von 1943 und der Eintritt der SPS in den Bundesrat die Furcht vor einem Linksblock aufkommen. Martin Rosenberg schrieb 1943: „Die immer latent vorhandene Neigung zu einer Linksblockbildung gegen die Katholiken ist heute in einem besonderen Maße wieder akut geworden."[69] Die Politiker und Publizisten des politischen Katholizismus wehrten sich vehement für die Beibehaltung der katholisch-konservativen Zweiervertretung im Bundesrat. Um ihre

Regierungsposition zu verteidigen, warfen sie den Sozialdemokraten mangelnde Regierungsloyalität vor. Die SPS schwanke zwischen Regierungs- und Oppositionspartei. „Die nunmehr im Bundesrat vertretene Sozialdemokratie", schrieb „Vaterland"-Redaktor Eugen Kopp[70], „ist im ständigen Zwiespalt zwischen positiver Mitarbeit im Staate und umstürzlerischer Opposition."[71] In der antisozialistischen Agitation gingen die katholischen Journalisten noch einen Schritt weiter und zogen die nationale Zuverlässigkeit der Sozialdemokraten in Zweifel. In Artikeln über die SPS tauchte häufig das Wort „revolutionär" auf. Der renommierte Journalist Karl Wick[72] verdächtigte die Sozialdemokraten 1945/46 revolutionärer Umsturzpläne. Die Schweiz mache gegenwärtig eine Periode des kleinen Bürgerkrieges und der kleinen Revolution durch: „...die schweizerische Sozialdemokratie ist noch lange nicht aus ihrem ursprünglichen revolutionären Denken herausgewachsen... Man sieht, das revolutionäre Denken ist der sozialistischen Führerschaft noch nicht abhanden gekommen..."[73]

Diese Zitate belegen, daß prominente katholische Journalisten 1945 eine ähnliche revolutionäre Situation erwarteten, wie sie am Ende des Ersten Weltkrieges geherrscht hatte. Es erstaunt daher nicht, daß sich die Konservative Volkspartei in einem Wahlaufruf auf die Herbstwahlen 1943 der Öffentlichkeit als ein „Bollwerk gegen Umsturz, eine Kraft zum Aufbau, einen Garanten der staatlichen Ordnung"[74] präsentierte, „an dem sich alle Revolutionsversuche brechen"[75] würden. Die damalige katholisch-konservative Wahlparole lautete: „Gegen Umsturz und Klassenkampf."[76] Als Beweis für den revolutionären Grundcharakter der Sozialdemokratie brachten die Katholiken immer wieder das Argument von der Volks- und Einheitsfront zwischen Sozialdemokraten und Kommunisten vor. In einer weit verbreiteten Schrift „Wo steht die Sozialdemokratie heute?"[77] aus dem Jahre 1943 ging Parteisekretär Martin Rosenberg davon aus, daß die SPS mit einer Volks- oder Einheitsfront liebäugle. Im Anschluß an ein Zitat aus der „Berner Tagwacht" schrieb er: „Die Sozialdemokraten marschieren also eindeutig Richtung – Sowjet-Schweiz."[78]

Wenn man sich die zentrale Bedeutung des religiösen Faktors für die Katholikenpartei vergegenwärtigt, erstaunt es nicht, daß die katholischen Politiker regelmäßig auf die sozialistische „Religionsgefahr" hinwiesen. Zu einem Stereotyp der katholischen Argumentation gehörte die Feststellung, daß der Sozialismus dem Materialismus und Sittenzerfall Vorschub leiste und die christliche Gesellschaft untergrabe. In der bereits zitierten Schrift über die Sozialdemokratie sammelte Rosenberg antikirchliche Stellen aus der sozialdemokratischen Presse und hielt klipp und klar fest: „Eindeutiger kann die Religionsfeindlichkeit des Sozialismus wohl nicht mehr umschrieben werden. Es geht daraus mit aller wünschbaren Deutlichkeit hervor, daß sich der Sozialismus eben auch als Weltanschauung betrachtet und sich als Weltanschauung zum Christentum in Gegensatz sieht. Die Einstellung des Christen und Katholiken zum Sozialismus ergibt sich daraus von selbst. Katholizismus und Sozialismus sind unvereinbare Gegensätze, wie es Päpste immer betont haben."[79] Diese Argumentation findet sich auch in vielen Berichten katholischer Pfarrer. Ein Beispiel aus der „Kirchenzeitung" von 1948 soll dies illustrieren: „Die wilden Wasser sozialistischer und kommunistischer Ideen fluten durch unsere Bauerndörfer, reißen viel fruchtbaren Boden mit, lassen Schlamm und Schmutz sittlicher und seelischer Verwüstung zurück."[80]

Auch wenn die katholischen Politiker den schweizerischen Sozialismus nicht als kommunistisch kennzeichneten, war ihre Beweisführung darauf angelegt, die beiden linken Ismen zumindest philosophisch-weltanschaulich in einen Zusammenhang zu bringen. Der katholische Antisozialismus besaß 1945 eine weltanschaulich-ideologische und eine parteipolitische Stoßrichtung. Dabei lassen sich eindeutig Zusammenhänge zwischen Antikommunismus und Antisozialismus feststellen. Im globalen Zusammenhang thematisierten die katholischen Publizisten vor allem die Bedrohung durch den Sowjetkommunismus und Bolschewismus, im schweizerischen Kontext die Gefahr durch den Sozialismus und Materialismus. Für die Katholiken bedeutete die Auseinandersetzung zwischen Sozialismus und Katholizismus einen Ausschnitt aus dem weltweiten Konflikt zwischen zwei grundsätzlich verschiedenen Weltanschauungen und Machtsystemen. Das Luzerner „Vaterland" brachte diese Auffassung auf folgende Entweder-Oder-Formel: „Der Kampf geht im Grunde um die beiden Pole: Christentum oder Bolschewismus, freier, demokratischer Aufbau oder kommunistischer Staatsabsolutismus, natürliche Freiheit in naturgegebener Ordnung oder neuer Totalitarismus."[81] In die gleiche Richtung ging die programmatische Erklärung, die die Konservative Volkspartei am 29. Oktober 1945, also zu Beginn der Nachkriegszeit, abgab. Sie verkündete: „Wir setzen uns ein für die Aufrechterhaltung der demokratischen Freiheit und des Rechtes gegenüber allen totalitären Gewaltmethoden. Nationalsozialismus und Faschismus wurden militärisch geschlagen, der Geist des totalen Staates ist aber keineswegs verschwunden; er lebt in neuer Färbung wieder auf. Wir haben uns gegen den Rechtsfaschismus mit aller Kraft zur Wehr gesetzt. Mit der gleichen Entschlossenheit bekämpfen wir heute den Linksfaschismus, und dies auch dann, wenn er als Antifaschismus getarnt in unser Volk und Land einschleichen will."[82]

Mit diesem Thema spannten die katholischen Politiker und Journalisten 1945 den ideologischen und politischen Bogen zu den Grundtopoi der Zeit des Kalten Krieges. Das bereits 1945 voll ausgeformte Totalitarismus-Konzept ermöglichte es, den traditionellen Antikommunismus problemlos an den Antifaschismus anzufügen. Für den politischen Katholizismus bot der deutliche Stellungsbezug gegen den Kommunismus die Gelegenheit, die Unklarheiten vergessen zu lassen, die zu Beginn der dreißiger Jahre da und dort in den eigenen Reihen gegenüber dem Faschismus vorhanden gewesen waren. Man konnte sich so 1945 einreden, von Anfang an gegen jeden Totalitarismus linker oder rechter Observanz die Stimme erhoben zu haben.

Spekulationen um die „neue Mehrheit"

Die diffuse Angst kumulierte in der konkreten Furcht vor einer neuen politischen Mehrheit in der Schweiz. Es gab damals wenige politische Konzepte, die die katholisch-konservativen Politiker derart bewegten wie die Idee der „neuen Mehrheit".
Aus der heutigen Perspektive mag die damalige Debatte Erstaunen hevorrufen, denn die geschichtliche Entwicklung der Nachkriegszeit schloß praktisch fugenlos an die parteipolitischen Verhältnisse an, die Mitte der dreißiger Jahre zugrunde gelegt worden waren. Eine neue politische Mehrheit im Sinne einer Mitte-Links-Koalition hatte 1945 keine reellen Chancen. Im Nachhinein läßt sich diese Feststellung leicht machen, da der Gang der Geschichte mittlerweile allen bekannt ist. 1945 war die politische Situation bis zu einem gewissen Grade noch offen. Auf dem linken Spektrum gab es Hoffnungen auf einen grundlegenden Wandel, und auf dem rechten war die Furcht vor einem revolutionären Umsturz weit verbreitet. Hoffnung und Furcht waren je nach dem Blickwinkel die zwei Gesichter der ambivalenten Offenheit der damaligen politischen Zeitlage. Hüben und drüben fehlte noch der abgeklärte Standort, um die künftige Entwicklung sicher vorausehen zu können. Vor diesem Hintergrund ist die Diskussion um die „neue Mehrheit" zu verstehen. Sie löste auf der linken Seite Hoffnungen auf tiefgreifende Veränderungen aus und auf der rechten Ängste vor Umbruch und Umsturz. In aller Deutlichkeit formulierte die Konservative Volkspartei 1946 in einer Schrift unter dem Titel „Katholizismus und Politik": „Eine ‚neue Mehrheit' ist nur über die politische Ausmanövrierung der Katholiken, d.h. der Konservativen Volkspartei zu erreichen."[83]
Wie bereits erwähnt worden ist, war die katholische Angst vor einer parteipolitischen Regruppierung nicht völlig aus der Luft gegriffen. Im Zusammenhang mit dem Programm „Neue Schweiz" sprachen die Sozialdemokraten wiederholt von einer neuen Mehrheit, ohne allerdings konkret zu sagen, was sie darunter verstanden. Das Projekt blieb unscharf. In einem gewissen Sinne widerspiegelte es den alten Traum von der antikapitalistischen Volksmehrheit. Der spätere sozialdemokratische Bundesrat Ernst Nobs[84] schrieb 1943: „In einem raschen Wandlungen unterliegenden Europa dürfte es keine großen Schwierigkeiten bieten, in der Schweiz eine Mehrheit zu bekommen für eine neue Verfassung, für ein verändertes Parlament und bedeutende Umwandlungen in der Wirtschafts-, Verfassungs- und Sozialpolitik."[85]

Solche und ähnliche Stimmen darf man allerdings nicht überschätzen. Der Mehrheitsflügel der Sozialdemokratie steuerte einen politischen Kurs, der auf die Integration der SPS in das bestehende Regierungssystem hinauslief. Nach den eidgenössischen Wahlen von 1943, die den Sozialdemokraten zwar Erfolge, aber bei weitem keine Mehrheit brachten, blieb die SPS auf dem Boden der politischen Realität, die offensichtlich nur kleine Veränderungsschritte erlaubte. Es wäre unrealistisch gewesen, die Partei des politischen Katholizismus aus dem Regierungskartell hinauswerfen zu wollen.

So klar dies heute für den Historiker ist, so unklar war dies 1945 für den katholischen Politiker. Die sozialdemokratischen Spekulationen über eine „neue Mehrheit" wurden auf katholischer Seite 1943 bis 1946 überbewertet. Da die Katholiken die politischen Veränderungsmöglichkeiten der Linken überschätzten, blieben sie auf die Idee von sozialistischen Umsturzplänen im Sinne einer Mitte-Links-Regierung fixiert. Nach der Durchsicht der sozialdemokratischen Presse weiß man heute, daß die Sozialdemokratie 1945 dem Feindbild, das sich die Katholiken von ihr machten, nicht entsprach. Die Idee der „neuen Mehrheit" wurde in den sozialdemokratischen Zeitungen verhältnismäßig wenig diskutiert. Es waren vielmehr linksbürgerliche Kreise um die Demokraten, die das Projekt einer „neuen Mehrheit" in Anlehnung an die Vorstellungen der Richtlinienbewegung aus dem Jahre 1937 propagierten. Im Zentrum dieser linksbürgerlichen Kampagne stand die in Bern herauskommende Wochenzeitung „Die Nation", in deren Schriftleitung der Journalist Paul Schmid-Ammann eine wichtige Rolle spielte. Bemerkenswert ist ferner, daß linksfreisinnige Zeitungen wie die Basler „National-Zeitung"[86] Sympathien für die Gedankenspiele der „Nation" aufbrachten.

Die Mitte-Links-Koalition, die die „Nation" in den Jahren von 1944 bis 1946 publizistisch lancierte, richtete sich gegen den freisinnig-katholischen Bürgerblock. Im August 1944 kam die Wochenzeitung in einer politischen Analyse zum Schluß, daß die Linksopposition in der Schweiz keine Mehrheit erreichen könne. Diese sei nur möglich, wenn es der Linken gelinge, mit einem Teil der bisherigen Regierungsparteien eine neue mehrheitsfähige Koalition zu bilden. Als Teile der neuen Mitte-Links-Mehrheit nannte die Zeitung neben den Sozialdemokraten die Bauern, die Demokraten und weitern Zuzug aus dem linksfreisinnigen Lager. Über die Katholiken schrieb die „Nation": „Fast unmöglich schien es bis vor kurzem zu sein, aus der katholisch-konservativen Partei eine Gruppe zur Beteiligung zu gewinnen. An sich wäre es ja denkbar, eine neue Mehrheit auch ohne eine solche zu bilden. Doch wäre es zu wünschen, daß auch der Schein einer antikatholischen Front vermieden würde. Die kann, trotzdem natürlich auch in andern Parteien gute Katholiken mitwirken, am besten dadurch geschehen, daß eine geschlossene katholische Gruppe zur neuen Koalition übergeht."[87]

Dieses Zitat macht deutlich, daß die Mitte-Links-Koalition selbst in den Augen der „Nation"-Publizisten ohne die Mitwirkung einer linkskatholischen Gruppe wenig Realisierungschancen besaß. Die „neue Mehrheit" war nur zu verwirklichen, wenn sich eine linkskatholische Gruppe von der katholischen Mutterpartei abspaltete. Die Spaltungsgefahr mag erklären, warum die katholischen Eliten derart heftig auf das Projekt der „neuen Mehrheit" reagierten. In ihrer Perspektive diente der „Verleumdungsfeldzug gegen die Katholiken" dazu, „durch massive Angriffe auf Kirche und katholische Organisationen eine Spaltung des schweizerischen Katholizismus zu erreichen".[88] An anderer Stelle schrieb ein katholischer Publizist: „Das Ziel der Katholikenhetze, die durch die Linkspresse durch Jahre hindurch geführt wurde... ist durchaus klar: Man will den Katholizismus mit allen Mitteln mißkreditieren, schwächen, aufspalten und schließlich ausschalten!"[89] Um diesen Gefahren unter allen Umständen zu begegnen, benutzten die katholischen Journalisten den Topos des Antisozialismus. Er hatte sich als ein gutes politisches Mittel erwiesen, die katholische Einheit zu beschwören.

Wenn man sich die Widersprüche der Endkriegsstimmung vor Augen hält, erstaunt es nicht, daß die Katholiken die verhältnismäßig konkreten Vorschläge der „Nation" für eine neue Regierungskoalition und die verschwommenen programmatischen Erklärungen in der sozialdemokratischen „Neuen Schweiz" miteinander vermischten. Die Ambivalenz der Zeitlage verschleierte die Tatsache, daß die SPS nach dem Eintritt in den Bundesrat 1943 praktisch nur noch die Integrationsstrategie besaß. Daß die Katholiken darüber hinaus die publizistischen Kampagnen eines Paul Schmid-Ammann und eines Arthur Frey miteinander in Verbindung brachten, lag in der Konsequenz der Sache. In der überhitzten Atmosphäre von 1945 bedeutete es wenig, daß Schmid-Ammann den gehässigen Ton der konfessionalistischen Hetztiraden eines Arthur Frey nicht voll übernahm. Die Gesamtwirkung der beiden Publizisten war in der Tat mehr oder weniger dieselbe, da sie auf eine Diskreditierung des politischen Katholizismus hinauslief. Und wenn die Sozialdemokraten um die gleiche Zeit katholisch-konservative Spitzenpolitiker wie Giuseppe Motta oder Philipp Etter als philofaschistische Anpasser zu kompromittieren versuchten, lag für die Katholiken das antikatholische Komplott der Linken auf der Hand. Der Kreis schloß sich, wenn etwa sozialdemokratische Zeitungen im Zusammenhang mit den Säuberungskampagnen den Katholizismus polemisch angriffen. Am 14. September 1944 schrieb die „Berner Tagwacht": „Sie [die Katholiken] haben in der hohen Politik ausgespielt, sie werden sich auch in der Schweiz wieder mit Bibel und Rosenkranz begnügen müssen... Die katholische Hypothek lastet schwer auf unserem Land... Die Hypothek muß nun abgelegt werden."[90]

Das Fazit ist klar: Für die Katholiken bildete um 1945 die Idee des Linksblocks die große politische Gefahr. Der Linksblock konnte allerdings nur verwirklicht werden, wenn der politische Katholizismus ausmanövriert wurde oder durch interne Spaltungen seine Einheit verlor und damit geschwächt wurde. Heute wissen wir, daß diese Gefahr in der politischen Wirklichkeit ein Schreckgespenst darstellte. Das war 1945 nicht klar. Wenn man sich die parteipolitischen Umwälzungen in den Nachbarländern vor Augen hält, wird deutlich, daß eine politische Regruppierung in der schweizerischen Politik die besten Chancen in den Jahren von 1943 bis 1947 besaß. Wie in den andern westeuropäischen Ländern setzte sich aber auch in der Schweiz die Vergangenheit – oder anders ausgedrückt: die Kontinuität und Restauration der alten Ordnung – durch. 1945 wurde für die politische Schweiz zu keinem Neuanfang. Die Entwicklung ging dort weiter, wo sie in den dreißiger Jahren angefangen hatte. Der Eintritt der Sozialdemokraten in den Bundesrat entwickelte sich zu einem wichtigen Etappenpunkt auf dem Weg zu einer neuen Stabilisierung des Regierungssystems, eines Regierungssystems, in dem Katholiken und Sozialdemokraten als gleichberechtigte Minderheiten neben dem Freisinn im Landesregiment Platz hatten.

Schlußthesen

Fassen wir die Ergebnisse der Studie in einigen Schlußthesen zusammen:
Erstens: Die Schweiz erlebte 1945 keine Stunde Null wie das benachbarte Deutschland. Die Routine des Alltagslebens ging ohne große Brüche von der Kriegs- in die Friedenszeit über. Man war allenthalben bestrebt, möglichst rasch in die alltägliche Normalität zurückzufinden. Dennoch lag eine Spannung über dem Kriegsende, denn eine eigenartige Stimmung von pessimistischen und optimistischen Zukunftserwartungen breitete sich aus. Die einen, vor allem die Linken, erwarteten von der Nachkriegszeit einen sozialreformerischen Aufbruch, die andern, vor allem die Konservativen, befürchteten soziale Unruhen wie am Ende des Ersten Weltkrieges. Die widersprüchlichen Zukunftserwartungen gaben der Zeit von 1945 ihr spezielles Gepräge. Dabei war die Nachkriegszeit für die meisten Schweizer bereits 1942/43 in den Erwartungshorizont gerückt. Die Siege der Alliierten, insbesondere der Roten Armee bei Stalingrad im Dezember 1942 und Januar 1943, hatten tiefgreifende Rückwirkungen auf das Klima in unserem Land. Die Linke reagierte auf die militärische Kriegswende mit einer breiten Erneuerungsdiskussion, die von neuen Nachkriegskonstellationen ausging. Auf bürgerlicher Seite blieb man zurückhaltend. Allerdings fragten sich auch die Bürgerlichen intensiver als bisher, was der Krieg für die Schweiz bringen würde.
Zweitens: Im politischen Katholizismus herrschte um 1945 eine labile Mittellage zwischen Angst und Zuversicht, Verteidigungshaltung und Angriffslust vor. Nach außen überwogen die Symptome des Pessimismus. Die Katholiken rechneten in ihrer Mehrzahl mit einem Linksrutsch, der ihre in den zwanziger und dreißiger Jahren hart erkämpften Stellungen im eidgenössischen Regierungssystem gefährden könnte. Sie sahen den steigenden

Einfluß der linken Gruppierungen und hatten Angst, von einem Linksblock ausmanövriert zu werden. Die Angst brachte eine antisozialistische Stimmung hervor. Insofern war der katholische Antisozialismus Ausdruck der Unsicherheit. Wenn man sich die katholischen Konkurrenzängste vor Augen hält, versteht man, daß die Konservative Volkspartei im Hinblick auf die eidgenössischen Wahlen von 1947 eine Propagandaschrift unter dem Titel „Wir lassen uns nicht ausmanövrieren" herausgab. „Wir lassen uns nicht ausmanövrieren": Das war der entscheidende Satz, der die Stimmung im politischen Katholizismus um 1945 auf prägnante Weise wiedergab. Dahinter verbargen sich Angst und Furcht, aber auch Trotz und Zuversicht – die trotzige Entschlossenheit, den Besitzstand in der schweizerischen Machthierarchie unter allen Umständen zu bewahren.

Drittens: Verstärkt wurde der katholische Antisozialismus durch den Umstand, daß 1945/46 eine heutzutage anachronistisch anmutende Welle von publizistischem Antikatholizismus über die deutsche und zum Teil auch über die französische Schweiz hinwegspülte. Linksliberale Journalisten wie Paul Schmid-Ammann und Arthur Frey nutzten die Gunst der Stunde, um mit dem politischen Katholizismus abzurechnen, der in ihren Augen in den zwanziger und dreißiger Jahren eine reaktionäre und sogar faschistophile Politik betrieben hatte. Schmid-Ammann und seine Kampfgenossen fürchteten, daß der politische Katholizismus nach dem Krieg seine Stellung verstärken und aus dem Land ein Réduit der Reaktion machen könnte. In ihrer antikatholischen Agitation scheuten sie nicht davor zurück, an konfessionelle Urängste im schweizerischen Protestantismus zu appellieren und die alten Schreckgespenster vom Jesuitismus und Papismus heraufzubeschwören. So fern diese Diskussionen heutigen Zeitgenossen erscheinen mögen, so nahe gingen sie den Katholiken um 1945. Die antikatholische Pressekampagne löste in den katholischen Reihen alte Minderheitsängste aus. Die Katholiken sahen einen neuen, diesmal linken Kulturkampf heraufkommen.

Viertens: Wie schon so oft in der Geschichte stärkten die konfessionspolitischen Angriffe auf Kirche und Katholizismus den katholischen Widerstandswillen. Am Ende stand der politische Katholizismus innerlich gestärkt und mit einem ausgeprägten Selbstbewußtsein da. Der Antisozialismus bildete ein zentrales Kampfinstrument, um die innerkatholische Einheit zu bewahren und mögliche linkskatholische Abspaltungen abzuwehren.

Fünftens: Der Eintritt der Sozialdemokraten in die Landesregierung im Jahre 1943 verfestigte auf nationaler Ebene eine Entwicklung, die bereits Mitte der dreißiger Jahre eingeleitet worden war. In der historischen Perspektive gefährdeten die Debatten und Konflikte der unmittelbaren Nachkriegszeit die Grundfundamente der helvetischen Konkordanzdemokratie nicht. Die unerwartete Wirtschaftsexpansion, die nach 1945 das Land erfaßte, trug außerdem dazu bei, daß die politischen Parteiengegensätze in der Wachstumsgesellschaft abgeschliffen wurden. Damit setzte ein Wert-

und Mentalitätswandel ein, der hüben und drüben die traditionellen Vorurteile abbaute. Als die Rivalitäts- und Konkurrenzängste der Katholiken gegenüber den Sozialdemokraten gewichen waren, konnte die politische Regruppierung abgeschlossen werden. Unter dem Einfluß des gesamteuropäischen Katholizismus machten die Schweizer Christlichdemokraten (so lautete nun die neue westeuropäische Parteibezeichnung) eine Öffnung durch. Dieser für die schweizerische Politik folgenschwere Kurswechsel wurde allerdings erst möglich, als die Sozialdemokraten unter dem Eindruck des Kalten Krieges den bürgerlichen Antikommunismus mehr oder weniger übernahmen. Die Christlichdemokraten begannen sich anfangs der fünfziger Jahre vom rechten Bollwerk zu einer Mitte-Partei zu wandeln und setzten 1959 gegenüber dem Freisinn die volle politische Integration der SPS in den Bundesrat durch. Am Ende der fünfziger Jahre rückten die beiden politischen Minoritäten, die sich 1945 noch mißtrauisch beobachtet hatten, näher zueinander.

Sechstens: Das katholische Selbstbewußtsein wurde in der unmittelbaren Nachkriegszeit dadurch gestärkt, daß gesinnungsverwandte Parteikräfte in den Nachbarländern Frankreich und Italien, später in der Bundesrepublik Deutschland, sensationelle Wahlerfolge erzielten. Die christlich-konservative Renaissance Westeuropas gab dem politischen Katholizismus in der Schweiz Auftrieb.

Siebtens: In der Geschichte des politischen Katholizismus war das Jahr 1945 weder Neuanfang noch Ende. 1945 war eine Phase des Übergangs voller Widersprüche und Ambivalenzen, eines Überganges, der emotional in die zwanziger und dreißiger Jahre zurückwies und strukturell in die fünfziger Jahre hinaufführte. Stimmungsmäßig glich die Lage der Schweizer Katholiken um 1945 mehr den zwanziger als den fünfziger Jahren. 1945 wollten sie die Krisen mit den Rezepten der Vergangenheit lösen und mußten dabei feststellen, daß die Zukunft bereits unabwendbare Realität geworden war. Die antagonistischen Emotionen zwischen Katholizismus und Sozialismus traten zwar nochmals an die Oberfläche, die Gesellschaft richtete sich aber in ihren Grundstrukturen rational auf die neue Zauberformel-Konkordanz ein.

Diese Ambivalenzen und Gegenläufigkeiten erklären, weshalb die Historiker und Zeitgenossen die damaligen Auseinandersetzungen weitgehend vergaßen oder diese als anachronistische Konflikte verdrängten. Der Erfolg der helvetischen Konkordanzregierung hat die historische Erinnerung an jene unzeitgemäßen Konflikte praktisch ausgelöscht. Das hinderte uns nicht, diese Widersprüche hier ins Zentrum zu rücken.

Anmerkungen

1 Eine umfassende Studie zur Geschichte des Schweizer Katholizismus im 20. Jahrhundert fehlt bis anhin. Zur allgemeinen Schweizer Geschichte vgl. Handbuch der Schweizer Geschichte, 2 Bde., Zürich 1972/77; Geschichte der Schweiz – und der Schweizer, 3 Bde., Basel 1982/83. Für die Zeit nach 1945 existiert noch keine umfassende Darstellung außer der populärwissenschaftlichen Kurzfassung von *Christoph Dejung*, Schweizer Geschichte seit 1945, Frauenfeld 1984. – Ich danke Christoph Flury herzlich für seine Mitarbeit.
2 Christlichdemokratische Volkspartei der Schweiz (CVP) [1912–1957 Konservative Volkspartei; 1957–1970 Konservativ-christlichsoziale Volkspartei; seit 1970 CVP]: 1912 definitiv auf nationaler Ebene gegründet, knüpft die Partei an die Traditionen des politischen Katholizismus an. Die CVP, die bis heute die traditionellen Konfessionsschranken nicht überwinden konnte (ca. 90% Katholiken) und sich vor allem auf die politisch aktiven Katholiken stützt, verschob ihre Stellung in den sechziger und siebziger Jahren des 20. Jahrhunderts im schweizerischen Parteiensystem vom rechten Rand auf eine Mitte-Position. Bis ca. 1970 nannte man die Partei allgemein „katholisch-konservativ". Literatur: *Urs Altermatt*, Der Weg der Schweizer Katholiken ins Ghetto, Zürich 1972; *Erich Gruner*, Die Parteien in der Schweiz, Bern 1969, ²1977.
3 Wir lassen uns nicht ausmanövrieren, hg. vom Generalsekretariat der Schweizerischen Konservativen Volkspartei, Bern 1947.
4 „Zauberformel": Die Landesregierung (Bundesrat) besteht seit 1848 aus 7 Mitgliedern. Der Bundesrat wurde nach 1848 jahrzehntelang von der freisinnigen Parteifamilie dominiert. 1891 trat der erste Katholisch-Konservative in die Landesregierung ein, 1929 der erste Vertreter der agrarischen Bauern-, Gewerbe- und Bürgerpartei (heute Schweizerische Volkspartei SVP). Die Sozialdemokraten kamen 1943 erstmals zu einem Regierungssitz. 1959 kam es nach einer kurzen Absenz der Sozialdemokraten (1954–1959) zu einer großen Koalition, zur sogenannten „Zauberformel". Der Bundesrat setzt sich seither aus je zwei Vertretern der drei großen Parteien der Schweiz (FDP, CVP, SPS) und einem Vertreter der SVP als größter der kleineren Parteien zusammen.
5 Martin Rosenberg (1908–1976), Generalsekretär der CVP (1941–1968); Mitbegründer der Union Christlicher Demokraten (1947); Vizepräsident der neugegründeten Europäischen Union Christlicher Demokraten (EUCD) im Jahre 1965; Bundesstadtredaktor des Luzerner „Vaterland".
6 *Martin Rosenberg*, Die Schweizerische Konservative Volkspartei. Geschichte, Aufgabe, Programm, Bern 1943, 25.
7 Viktor von Ernst (1881–1952), Professor für Kirchenrecht an der Theologischen Fakultät in Luzern (1910–1949); Redaktor der Schweizerischen Kirchenzeitung (1912–1952).
8 „Schweizerische Kirchenzeitung" (SKZ): Kirchlich-pastorales Wochenblatt für die katholische Schweiz, gegründet 1832.
9 SKZ, 1945, 145.
10 Franz Zust (1894–1980), Redaktor am Luzerner „Vaterland" (1931–1971, ab 1965 Chefredaktor); Luzerner CVP-Ständerat (1943–1955). „Das Vaterland": Katholisch-Konservatives Zentralorgan für die deutsche Schweiz, gegründet 1871.
11 Vaterland, 31. Oktober 1945.
12 Vgl. *Gerhart Waeger*, Die Sündenböcke der Schweiz. Die Zweihundert im Urteil der geschichtlichen Dokumente 1940–1946, Olten 1971.
13 Vaterland, 22. Oktober 1947.
14 Franz Wäger (1891–1966), Redaktor verschiedener katholischer Tageszeitungen; interimistischer Sekretär der CVP-Landespartei (1928–1931).
15 „Civitas" [1857–1932 Monat-Rosen; 1932–1945 Monatsschrift]: Kulturelle Monatsschrift, herausgegeben von der katholischen Studentenorganisation „Schweizerischer Studentenverein".
16 Civitas, Heft 5, 1 (1945/46) 233.

17 Sozialdemokratische Partei der Schweiz (SPS): Auf nationaler Ebene 1888 gegründet. Literatur: *Erich Gruner* (wie Anm. 2).
18 Vgl. etwa: Die Neue Schweiz, hg. von der Sozialdemokratischen Partei des Kantons Zürich, Zürich 1943.
19 Hans Oprecht (1894–1978), Präsident und Generalsekretär des Verbandes des Personals öffentlicher Dienste (1925–1947); SPS-Nationalrat (1925–1963); Präsident der Sozialdemokratischen Partei der Schweiz (1936–1953).
20 Rote Revue, Nr. 8, 22 (1942/43) 274. – „Rote Revue": In Zürich erscheinende sozialistische Monatsschrift, gegründet 1921; seit 1967 erscheint die Zeitschrift unter dem Namen „Profil".
21 Rote Revue, Nr. 1/2, 23 (1943/44) 40.
22 Wählerprozente und Nationalratsmandate der im Text aufgeführten Parteien in den Wahlen der Jahre 1935, 1943 und 1947; 1939 fanden infolge des Kriegsausbruches stille Wahlen statt.

		1935	1943	1947
SPS	Wähler in %	28,0	28,6	26,2
	Mandate	50	56	48
FDP	Wähler in %	23,7	22,5	23,0
	Mandate	48	47	52
CVP	Wähler in %	20,3	20,8	21,2
	Mandate	42	43	44
SVP	Wähler in %	11,0	11,6	12,1
	Mandate	21	22	21
Demokraten	Wähler in %	1,2	3,4	2,9
	Mandate	4	6	5
PdA	Wähler in %	1,4	Parteiverbot	5,1
	Mandate	2		7

Quelle: Statistisches Jahrbuch der Schweiz, hg. vom Bundesamt für Statistik in Bern, Basel 1891 ff.
23 „Volksrecht": Offizielles Publikationsorgan der Sozialdemokratischen Partei der Schweiz, des Kantons Zürich und der Arbeiter-Union Zürich.
24 Volksrecht, 16. Dezember 1943.
25 Landigeist: „Landi" war der populäre Ausdruck für die Schweizerische Landesausstellung von 1939, die auf dem Hintergrund der unmittelbaren Vorkriegszeit zu einer symbolhaften Manifestation heimatlich-patriotischen Schweizertums wurde. Réduit: Militärische Verteidigungskonzeption während des Zweiten Weltkrieges, die auf dem festungsmäßigen Ausbau des schweizerischen Alpenzentralraumes basierte. Aktivdienst: Typisch schweizerischer Begriff für den Militärdienst während des Zweiten Weltkrieges.
26 Kriseninitiative: Die Weltwirtschaftskrise, die auch die Schweiz in den dreißiger Jahren traf, veranlaßte den Schweizerischen Gewerkschaftsbund, die sogenannte Kriseninitiative zu lancieren, die auf eine Änderung der bundesrätlichen Wirtschaftspolitik zielte. Die Initiative, die auf dem Hintergrund der Krisensituation vor allem in der Arbeiter- und Bauernschaft breite Unterstützung fand, wurde im Jahre 1935 nach hartem Abstimmungskampf knapp verworfen.
27 Robert Grimm (1881–1958), Chefredaktor der „Berner Tagwacht" (1909–1918); SPS-Nationalrat (1911–1955).
28 Rote Revue, Nr. 4, 18 (1938/39) 112.
29 Richtlinienbewegung: Die Richtlinienbewegung, parteimäßig stark in der bürgerlichen Linken verankert, sah ihr politisches Hauptziel darin, eine tragfähige Mehrheit für die von

ihr entworfenen „Richtlinien für den wirtschaftlichen Wiederaufbau und die Sicherung der Demokratie" zu gewinnen.
30 Geschäftsbericht 1943/44 der Sozialdemokratischen Partei der Schweiz, Aarau 1944, 23.
31 Vgl. Die Schweizerische Konservative Volkspartei, Jahrbuch 1943–1947, Bern 1947.
32 Die Vereinigte Bundesversammlung setzt sich aus dem Stände- und dem Nationalrat zusammen und vereinigt sich für Wahlen (Bundesrat, Bundesgericht, Eidgenössisches Versicherungsgericht, Bundeskanzler, Wahl des Generals im Kriegsfall) und zur Entscheidung von Begnadigungsgesuchen.
33 Im Gegensatz zu Deutschland und Österreich kommt dem Bundeskanzler in der Schweiz nicht die Funktion eines Regierungschefs zu. Der schweizerische Bundeskanzler nimmt mit beratender Stimme an den Sitzungen des Bundesrates teil und steht der Bundeskanzlei vor, die die Kanzleigeschäfte von Bundesrat und Bundesversammlung besorgt.
34 Marcel Pilet-Golaz (1889–1958), FDP-Bundesrat 1928–1944, ab 1940 Vorsteher des Außenministeriums.
35 Die Schweizerische Konservative Volkspartei (wie Anm. 31) 12.
36 Thomas Holenstein (1896–1962), CVP-Nationalrat (1937–1954), Fraktionspräsident (1942–1954), Bundesrat (1955–1959).
37 Die Schweizerische Konservative Volkspartei (wie Anm. 31) 111.
38 Vaterland, 4. Januar 1947.
39 Paul Schmid-Ammann (1900–1984), Agronom, Redaktor am „Schaffhauser Bauer", an der „Nation" und der „Neuen Bündner Zeitung"; Auslandredaktor am sozialdemokratischen Zürcher „Volksrecht" (1949–1964), ab 1950 Chefredaktor. In Schaffhausen kurze Zeit Nationalrat der Bauernpartei.
40 „Schaffhauser Bauer": Agrarpolitisches Tagblatt freisinnig-demokratischer Richtung.
41 „Die Nation": 1933 von linksbürgerlich-gewerkschaftlichen Kreisen auf dem Hintergrund der nationalsozialistischen und frontistischen Bedrohung gegründete Wochenzeitung.
42 „Neue Bündner Zeitung": Die in Chur erschienene Tageszeitung entwickelte sich in den zwanziger Jahren zum Parteiorgan der linksbürgerlichen Bündner Demokraten.
43 Bauern-, Gewerbe- und Bürgerpartei (BGB), seit 1971 Schweizerische Volkspartei (SVP): Die bernische „Bauern- und Bürgerpartei" schloß sich 1937 mit anderen Kantonalparteien zur gesamtschweizerischen BGB zusammen. Sie vertrat insbesondere die wirtschaftlichen Interessen der Bauern und des gewerblichen Mittelstandes; rechtsbürgerlich-konservativer Ausrichtung mit starker Verwurzelung im protestantischen Bevölkerungsteil. Literatur: *Erich Gruner* (wie Anm. 2).
44 *Paul Schmid-Ammann*, Der politische Katholizismus, Bern 1945.
45 *Paul Schmid-Ammann*, Le catholicisme politique, Genève 1947.
46 Vgl. *Paul Schmid-Ammann*, Unterwegs von der politischen zur sozialen Demokratie, Zürich 1978, 144. Zu den konfessionell-politischen Auseinandersetzungen im Kanton Graubünden vergleiche die nach der Abfassung des vorliegenden Beitrages erschienene Darstellung des Kirchenhistorikers Albert Gasser (Chur): *Albert Gasser*, Bündner Kulturkampf. Vor 40 Jahren – Parteien- und Pressekrieg auf konfessionellem Hintergrund, Chur 1987.
47 Leonhard Ragaz (1868–1945), protestantischer Pfarrer, Professor für systematische und praktische Theologie an der Theologischen Fakultät der Universität Zürich (1908–1921). Zu Leonhard Ragaz und zur religiös-sozialen Bewegung vgl. *Markus Mattmüller*, Leonhard Ragaz und der religiöse Sozialismus, 2 Bde., Basel 1957/68; *Eduard Buess/Markus Mattmüller*, Prophetischer Sozialismus. Blumhardt – Ragaz – Barth, Freiburg/Schweiz 1986.
48 Abdruck eines Briefausschnittes in: Neue Bündner Zeitung, 4. Januar 1947.
49 Arthur Frey (1897–1955), Publizist, Leiter des Evangelischen Pressedienstes (1933–1955).
50 „Thurgauer Tagblatt": In Weinfelden erschienene, bis ca. 1930 den linksbürgerlichen Thurgauer Demokraten nahestehende Tageszeitung.
51 Zur Geschichte des Evangelischen Pressedienstes bis 1955 vgl. *Beat Raaflaub*, Kirchlicher Mahnruf in kritischer Zeit. Der Schweizerische Evangelische Pressedienst 1928–1955, Bern 1977.

52 *Arthur Frey*, Aktiver Protestantismus, Zollikon 1943. – Ders., Reformierte Haltung gegenüber dem politischen Katholizismus: *Arthur Frey/Adolf Landolt*, Der politische Katholizismus in der Schweiz, Zollikon 1945. – Ders., Der Katholizismus im Angriff, Zollikon 1948. – Ders., Jesuitenmoral und Jesuitenorden im Urteil der Päpste, Zürich 1955.
53 Vgl. *Beat Raaflaub*, a. a. O. 131.
54 Vaterland, 22. Oktober 1947.
55 „Berner Tagwacht": In Bern erscheinende Tageszeitung sozialdemokratischer Ausrichtung.
56 Volksrecht, 22. Mai 1945.
57 Volksrecht, 11. April 1945.
58 Vgl. Volksrecht, 26. Oktober 1943.
59 Giuseppe Motta (1871–1940), CVP-Nationalrat (1899–1911); Bundesrat 1911–1940, ab 1920 Vorsteher des Außenministeriums; Ehrenpräsident der ersten Völkerbundsversammlung (1920), 1924 Präsident der Völkerbundstagungen.
60 Philipp Etter (1891–1977), Zuger CVP-Ständerat (1930–1934); Bundesrat (1934–1959).
61 *Paul Schmid-Ammann*, Der politische Katholizismus, Bern 1947, 175.
62 Ebd. 134.
63 Ebd. 9.
64 Ebd. 8 f.
65 Partei der Arbeit der Schweiz (PdA): Vorläuferin der PdA war die 1921 gegründete Schweizerische Kommunistische Partei. Die Partei wurde 1940 verboten, 1944 unter dem Namen Partei der Arbeit neu gegründet. Literatur: *Erich Gruner* (wie Anm. 2).
66 Civitas, Heft 5, 1 (1945/46) 233.
67 Vaterland, 4. Januar 1947.
68 SKZ, 1945, 220 f.
69 *Martin Rosenberg* (wie Anm. 6) 26.
70 Eugen Kopp (1894–1952), Inlandredaktor am Luzerner „Vaterland" (1921–1952), Präsident der Vereinigung katholischer Publizisten der Schweiz (1937–1946).
71 Vaterland, 25. Oktober 1947.
72 Karl Wick (1890–1969), Redaktor am Luzerner „Vaterland" (1926–1964, ab 1954 Chefredaktor); CVP-Nationalrat (1931–1963).
73 Vaterland, 12. Januar 1945.
74 Die Schweizerische Konservative Volkspartei, Jahrbuch 1939–1943, Bern 1943, 93.
75 Ebd. 92.
76 Ebd. 94.
77 *Martin Rosenberg*, Wo steht die Sozialdemokratie heute? Gedanken und Tatsachen zum sozialdemokratischen Parteitag vom 4./5. September 1943, Bern 1943.
78 Ebd. 21.
79 Ebd. 20.
80 SKZ, 1948, 140.
81 Vaterland, 2. Januar 1946.
82 Vaterland, 29. Oktober 1945.
83 *Justinus* (= Pseudonym), Katholizismus und Politik. Der politische Katholizismus in katholischer Sicht, Chur 1946, 269.
84 Ernst Nobs (1886–1957), SPS-Nationalrat (1919–1943), erster sozialdemokratischer Bundesrat (1943–1951).
85 *Ernst Nobs*, Helvetische Erneuerung, Zürich 1943, 48.
86 „National-Zeitung": In Basel erschienene Tageszeitung freisinnig-demokratischer Ausrichtung, heute „Basler Zeitung".
87 Die Nation, 15. August 1945.
88 Vaterland, 2. Januar 1946.
89 *Justinus*, a. a. O. 267.
90 Berner Tagwacht, 14. September 1944.

IV. Kirchlicher und politischer Neubeginn in Deutschland nach 1945

MARTIN GRESCHAT

Zwischen Aufbruch und Beharrung
Die evangelische Kirche nach dem Zweiten Weltkrieg[1]

1. Voraussetzungen des Themas

Als am 7. Mai 1945 Generaloberst Jodl vor dem Oberbefehlshaber der westalliierten Truppen, General Dwight D. Eisenhower, in dessen Hauptquartier in Reims die bedingungslose Kapitulation der deutschen Truppen unterzeichnete – und Generalfeldmarschall Keitel sowie die Generäle von Friedeburg und Stumpff dasselbe am Tag darauf, am 8. Mai 1945, im sowjetischen Hauptquartier in Berlin-Karlshorst vor Marschall Shukow wiederholten –, war das lediglich der letzte Akt einer schnell angewachsenen Zahl von Zusammenbrüchen und Teilkapitulationen auf deutschem Boden in Ost und West, insbesondere seit dem März 1945. Die Nachkriegszeit begann dementsprechend in Deutschland nicht nur zu unterschiedlichen Zeiten, sondern auch unter regional, ja lokal ganz verschiedenen Bedingungen, die zunächst einmal durch den Kriegsverlauf in den letzten Wochen und Monaten sowie dann durch die Erfahrungen der Deutschen mit den jeweiligen Armeen der Siegermächte gegeben waren.[2]

Die Folge war eine immense Regionalisierung des Lebens – angefangen bei sämtlichen Aktivitäten für die mühsame Instandsetzung lebensnotwendiger Gegebenheiten bis hin zu einer „Regionalisierung des Bewußtseins"[3], wobei sich die Mehrzahl der Handelnden in den ersten Monaten nach Kriegsende in der Regel weder physisch noch psychisch in der Lage sah, über die eigenen lokalen und regionalen Probleme hinauszublicken oder hinauszudenken. Dieser Sachverhalt wurde durch die Politik der Besatzungsmächte erheblich gefördert. Aufgrund des Scheiterns einer gemeinsamen Deutschlandpolitik der Alliierten gingen die Militärgouverneure in den einzelnen Besatzungszonen alsbald eigene Wege.[4] Auch die westlichen Siegermächte grenzten ihre Besatzungszonen voneinander ab.[5] Sie ließen Parteien und Gewerkschaften insgesamt nur zögernd zu, begrenzten deren Verantwortung in mannigfacher Weise, engten auch ihre Wirkungsmöglichkeiten regional ein, jedenfalls auf den Raum der eigenen Zone. Dabei sollte in den drei westlichen Besatzungszonen die politische Neuordnung langsam von unten her beginnen. Nachdem die sowjetische Militäradministration (SMAD) bereits am 10. Juni

1945 zur Bildung von Parteien aufgefordert hatte, zogen die anderen Besatzungsmächte zwischen August und Dezember 1945 nach.⁶ Vom 20.–27. Januar 1946 fanden dann Gemeindewahlen in der amerikanischen Besatzungszone statt, am 28. Mai Kreiswahlen. Im Sommer 1946 gab es Kommunalwahlen in der französischen, im Herbst des Jahres in der britischen Zone. Aber alle Positionen oberhalb dieser Ebene, insbesondere in den Länderparlamenten sowie die Ministerpräsidenten, waren und blieben selbstverständlich den jeweiligen Militärregierungen gegenüber verantwortlich.

Dieser regionale und föderative Charakter des politischen und gesellschaftlichen Neuanfangs nach dem Zusammenbruch des „Dritten Reiches" kam der Stabilisierung und dem Ausbau der evangelischen Landeskirchen – um mich jetzt hierauf zu beschränken – in besonderem Maße entgegen. Die regionalen Traditionen waren überall in Deutschland noch stark, insbesondere in den Landeskirchen, die sich mit ihren Organisationen weithin dem nationalsozialistischen Staat gegenüber hatten behaupten können. Überall in Ost und West gehörten darum Pfarrer zu den Männern der ersten Stunde: Sie wurden von den Militärs als Gesprächspartner akzeptiert und arbeiteten mit ihnen nicht selten in Einzelfragen zusammen.⁷ Die Tatsache, daß die landeskirchliche Organisation intakt war, ihr Verwaltungsapparat lief und bis hinunter in die einzelnen Kirchengemeinden effektiv arbeiten konnte⁸, verlieh diesen Kirchen inmitten der allgemeinen Zerstörung sämtlicher überregionaler Organisationen und Institutionen in Deutschland eine außerordentliche Bedeutung. Folgerichtig übernahmen sie nun auch Funktionen, die in normalen Zeiten nicht zu ihren Aufgaben gehört hatten: materielle Hilfeleistungen im großen Stil⁹; Anstrengungen, die scharfen sozialen Gegensätze gegenüber Flüchtlingen und Vertriebenen auszugleichen¹⁰; politische Einflußnahme in Westeuropa und in den USA, um die Lage der Bevölkerung nach Möglichkeit zu verbessern.¹¹ Nimmt man die erwähnte Verwurzelung vieler dieser Landeskirchen in den ganz unterschiedlichen regionalen und territorialen Traditionen und Gegebenheiten Deutschlands hinzu, leuchtet ein, daß sie nicht nur beim äußeren Wiederaufbau in der Nachkriegszeit eine wichtige Rolle spielten, sondern ebenso bedeutsam waren als geistiger Integrationsfaktor für eine geschlagene, deprimierte und mithin orientierungslos gewordene Bevölkerung. Die Kirchen erschienen jetzt vielen als Garant von Sinn und Ordnung, wohl auch von Dauer inmitten eines allgemeinen Chaos.

Die Landeskirchen bildeten somit bereits unmittelbar nach dem Ende des Nationalsozialismus die eigentlichen Zentren und dann auch die entscheidenden Machtfaktoren innerhalb der werdenden Evangelischen Kirche in Deutschland. Eine „Stunde Null" in *dem* Sinn hat es nie gegeben, daß diese Institution der Landeskirche nach 1945 je zur Disposition gestanden hätte. Vielmehr drängten die verschiedenen Gruppierungen der Bekennenden Kirche in den „zerstörten", also von Deutschen Christen geleiteten Kirchen in den letzten Kriegstagen oder unmittelbar danach durchweg mit Erfolg darauf, die Führungsämter in diesen Landeskirchen zu übernehmen. Charakteristisch hierfür sind die Beratungen und Verhandlungen des Bruderrats mit Vertretern anderer kirchlicher Richtungen über die Bildung einer neuen Kirchenleitung im Rheinland, die bereits im April 1945, noch während der Belagerung Düsseldorfs durch die Amerikaner, im Keller des Konsistoriums begannen.[12] Wie hätte auch anders als im Zugriff auf die vorhandenen Machtpositionen die kirchliche Neuordnung seitens der Bekenntniskräfte erfolgen sollen? Das bedeutete aber zugleich: Wie ließen sich die gewaltigen Anforderungen, die jetzt auf die Kirche einstürmten, anders mit einiger Hoffnung auf Erfolg bewältigen, als eben mit Hilfe dieser Institution und ihres Apparats? War es angesichts dieser Situation wirklich realistisch, mit mehr als einigen notwendigen und notdürftigen Reparaturen am Bestehenden zu rechnen? Zu mehr ist es jedenfalls nicht gekommen. In institutioneller und organisatorischer Hinsicht führten die Landeskirchen im wesentlichen ihre herkömmliche Tradition weiter. Der Zusammenbruch des Reiches und die Vernichtung des Nationalsozialismus bewirkten hier keinen grundlegenden Wandel.

Um so wichtiger wird dann natürlich die Frage, welcher *Geist* jetzt diese Kontinuität der äußeren Gegebenheiten regierte, welche Vorstellungen von Neuanfang und Neuorientierung der Kirche deren Tradition durchdringen und beherrschen sollten bzw. es faktisch konnten. Damit ist ein zweiter wesentlicher Gesichtspunkt benannt: Wer waren denn die *Träger* dieses durchweg gewollten und geforderten Neubaus der Kirche, welche Überzeugungen einten, welche trennten sie – und über welche Macht verfügten die einzelnen Gruppierungen jeweils? Schließlich sind einige Anmerkungen über den *zeitlichen* Rahmen unseren Ausführungen voranzuschicken.

Um mit dem letzten zu beginnen: Ich konzentriere mich hier vor allem auf die Jahre 1945 bis 1947. Zwar ließ bereits das Jahr 1947 die Entzweiung der beiden Hegemonialmächte USA und UdSSR erkennen – ich erinnere nur an das Scheitern der vierten Moskauer Außenministerkonferenz (10. März –24. April), an die „Truman-Doktrin" vom 11. März sowie die Ankündigung des „Marshall-Plans" am 5. Juni –, aber die endgültige Auseinanderentwicklung und danach die Trennung von Ost- und Westdeutschland, wodurch neue Themen und Probleme in den Vordergrund traten, wurde doch erst seit 1948 offenkundig. Verwiesen sei dafür – ohne Anspruch auf Vollständigkeit – auf den Staatsstreich in Prag im Februar 1948, die Währungsreform in den Westzonen im Juni des gleichen Jahres, die Blockade Berlins seit dem 23. Juni, die Annahme des Bonner Grundgesetzes durch den Parlamentarischen Rat und seine Ratifizierung durch die Länder im Mai sowie die Gründung der DDR im Oktober 1949.[13]

Erheblich schwieriger ist es, die Frage nach den tragenden Kräften des Drängens auf eine kirchliche Neuordnung angemessen zu beantworten. Wer ist die Kirche – und wer repräsentiert sie? Schlagworte sind da leicht zur Hand, drängen sich vielleicht geradezu auf. Dagegen wird man nüchtern konstatieren müssen, daß keineswegs alle und alles, was selbstverständlich *auch* zur evangelischen Kirche gehörte, in *diesem* Zusammenhang berücksichtigt werden muß. Jenem breiteren protestantischen Kreis, der in mehr oder minder lockerer Verbindung zur im Gottesdienst versammelten Gemeinde stand, aber auch dieser selbst mit ihren ganz unterschiedlichen Gruppierungen aus traditionellen Kirchenchristen, Flüchtlingen und Vertriebenen mit sehr verschiedenartigen Erfahrungen und Prägungen und schließlich den wieder in die Kirche Eingetretenen mit noch einmal erheblich differenzierten Erwartungen – um nur einige Positionen anzudeuten – standen fraglos mannigfache Vorstellungen, wie ihre Kirche aussehen sollte, vor Augen. Wesentlich sind diese fraglos auch im Blick auf die Realisierungschancen der kirchlichen Neuordnung und ganz unverzichtbar, sobald man ein Bild des kirchlichen Alltags in der Nachkriegszeit zu zeichnen sucht. Geht es jedoch – wie in diesem Zusammenhang – um die Erhellung jener Kreise und Kräfte, die die Neuorientierung der Kirche nach 1945 trugen und vorantrieben, mag es gerechtfertigt sein, auf die Einbeziehung dieser Fragestellungen zu verzichten: nicht weil diese Kreise für die weitere innerkirchliche Entwicklung irrelevant gewesen wären[14], sondern weil sie auf die Fakten setzenden Entscheidungen der kirchenoffiziellen und kirchenleitenden Eliten im wesentlichen nur reagieren konnten.

Der Begriff Elite wird hier keineswegs wertend, sondern schlicht im soziologischen Sinn verwandt.[15] Zu dieser kirchlichen Elite gehörten die Organe der EKD, vor allem die Ratsmitglieder, daneben sämtliche Bischöfe und Kirchenführer mitsamt den landeskirchlichen Synodalen.[16] Die allen gemeinsame Funktion der kirchlichen Leitung bedeutete freilich alles andere als Einheitlichkeit in der Zielsetzung. Ohne hier auf Einzelheiten eingehen zu können, wird man generell sagen dürfen, daß innerhalb dieser kirchlichen Elite lehrmäßige, also doktrinäre Gegensätze, pragmatisch-kirchenleitende Auffassungen sowie mentalitätsmäßige Unterschiede[17] nebeneinander, oft sogar in einem einzelnen Menschen, eine erhebliche Rolle spielten. Ohne die Analyse dieser Zusammenhänge wird die Entwicklung der evangelischen Kirche in der Nachkriegszeit kaum verständlich.

Am bekanntesten sind in der Regel die Vorgänge auf der doktrinären Ebene. Mit Eifer und voller Leidenschaft wurde am Ende des „Dritten Reiches" über die kontroversen theologischen Positionen gestritten, die 1935 endgültig zum Auseinanderbrechen der Bekenntnisfront geführt hatten.[18] Mit letzter Entschiedenheit prallten hierbei die Überzeugungen aufeinander, für die Wahrheit einzutreten – sei es in Gestalt der lutherischen Bekenntnisschriften, sei es der Barthschen Theologie. Auf dieser Ebene gab es keine Kompromisse. Wer bei der Beschäftigung mit dieser Zeit allein hierauf blickt, muß dann wohl diese oder jene „Wahrheit" wiederholen. Unberücksichtigt bleibt dabei allerdings, daß neben jener doktrinären Ebene eine pragmatisch-ekklesiale existierte. Sie war zunächst in Bischof Wurms Einigungswerk[19] in Erscheinung getreten und hatte danach, insbesondere in sämtlichen „zerstörten" Landeskirchen, die Grundlage für den Neuaufbau gebildet: überall bezog man Gruppierungen, die nicht zu den bekennenden Kreisen gehört hatten, in die Verantwortung mit ein. Überall bildete man also kirchliche „Koalitionsregierungen": sicherlich *auch* zur Wahrung der Rechtskontinuität, aber ebenfalls – wie im politischen Raum, wo große Koalitionen auf Länderebene die Regel waren –, um alle Kräfte für den Neuaufbau zusammenzuspannen. Scharfe theologische Gegensätze *und* sehr ähnliche pragmatische Schritte angesichts der neuen Verhältnisse und Aufgaben schlossen sich somit – wie im einzelnen noch zu zeigen sein wird – keineswegs aus. Was schließlich die Ebene der mentalen Prägung dieser Elite betrifft, so ist hinsichtlich der Synodalen vor allem daran zu erinnern, daß es sich bei ihnen zunächst nicht um neu Gewählte handelte, sondern weithin um einen Personenkreis, der den Kirchenkampf mitgetragen hatte und darin fest mit jenen kirchlichen Führern zusammengewachsen war, die nun an der Spitze standen. Nur wenn man diese Voraussetzung berücksichtigt, wird verständlicher, warum Männer wie Meiser oder Koch, aber auch Dibelius und sogar Marahrens in ihren Landeskirchen nach 1945 einen derart breiten Rückhalt finden konnten.

2. *Erfahrungen aus der Vergangenheit*

Wir stehen mit diesen Überlegungen längst bei der Frage nach dem Geist und den Zielvorstellungen, die die Kirche nach dem Willen dieser Elite erfüllen und beherrschen sollte. Von schlechthin entscheidender Bedeutung für alle Überlegungen und Bemühungen in diesem Sinn war die radikale Ablehnung des Nationalsozialismus. Da man dessen Zugriff auf die Kirche jedoch regional unterschiedlich erlebt hatte, gab es folgerichtig auch beachtliche Nuancierungen in der Beurteilung der Vergangenheit. Durchweg analysierte man freilich das Geschehene nicht, sondern teilte Erfahrungen mit, die man im Horizont der eigenen Landeskirche in den verflossenen 12 Jahren gemacht hatte. Das verleiht den Äußerungen der Repräsentanten dieser kirchlichen Elite in offiziellen Stellungnahmen und privaten Briefen ebenso wie in synodalen Voten die Unmittelbarkeit, gibt ihnen allerdings oftmals auch den Charakter des Zufälligen und sogar des Oberflächlichen.

Es war *eine* Grunderfahrung in *zwei*facher Ausformung, die man hier mit dem nationalsozialistischen Staat gemacht hatte und die nun grundlegend für das Selbstverständnis und die Art und Weise der Neuordnung der Kirche nach 1945 wurde: Der Staat hatte es nicht geschafft, sie zu überwältigen! Weder die Gleichschaltung noch die Erdrosselung der Kirche war ihm gelungen. Vor allem die Politik der systematischen Einschnürung und Unterdrückung, die seit Beginn des Krieges intensiviert worden war und die alle diese Männer mehr oder weniger hart persönlich getroffen hatte, stand ihnen noch sehr deutlich vor Augen: die Zurückdrängung der Kirche aus der Öffentlichkeit; die Verächtlichmachung des Christentums mitsamt der Proklamation einer „nordischen" Weltanschauung und einer „arteigenen" Frömmigkeit; sodann die Beschlagnahmung kirchlicher Räume und Gebäude, die Zerstörung der kirchlichen Presse, die Austrocknung der theologischen Fakultäten, die mannigfachen Behinderungen des Religionsunterrichts; und endlich die Zurückstufung der Kirche auf die Ebene eines privaten Vereins im nationalsozialistischen Mustergau „Wartheland"[20] – woran sich ablesen ließ, wie die Machthaber nach dem „Endsieg" mit der Kirche zu verfahren gedachten.[21]

Hinter diesen bis an die unmittelbare Gegenwart heranreichenden Erfahrungen verblaßten naturgemäß die Gleichschaltungsversuche und -erfolge der Jahre 1933/34 ein wenig. Sicherlich redeten jetzt allein jene, die damals diesem Sog mehr oder weniger widerstanden hatten. Und es ist auch richtig, daß die Macht und der Einfluß der Deutschen Christen spätestens seit 1935 in allen Landeskirchen offenkundig abzubröckeln begonnen hatte. Aber die Art und Weise, *wie* man nun darüber redete, zeigt doch, daß man erhebliche theologische und innerkirchliche Probleme im Zusammenhang mit den damaligen Ereignissen eher abblockte und zudeckte als kritisch reflektierte. Nach der jetzt vertretenen Auffassung waren damals, vor allem bei den Kirchenwahlen am 23. Juli 1933, in Gestalt der Deutschen Christen fremde, kirchenfeindliche Elemente in die Kirche eingedrungen und hatten versucht, diese von innen her zu zerstören. Daß es in vielen Landeskirchen überhaupt nicht zu Wahlen gekommen war, weil sich die Presbyterien und Gemeindekirchenräte mit den Deutschen Christen auf sog. Einheitslisten geeinigt hatten, in denen diesen von vornherein die Mehrheit zugestanden wurde; daß auch in den „intakten" Kirchen, in denen die Deutschen Christen schließlich nicht den Bischof stellen konnten, sie beachtliche Gewinne erzielten – immerhin 69% in Hannover[22]: diese und zahllose andere Beispiele der Anfälligkeit nicht allein des Kirchenvolkes, sondern eben auch der kirchenleitenden Elite gegenüber bestimmten Parolen des Nationalsozialismus wurden jetzt ziemlich glatt übergangen. Die Kirche war vom Nationalsozialismus eben doch nicht überwältigt worden! Darin gründeten das Gefühl des Triumphs und eine unverkennbare Hochstimmung, die die allermeisten kirchlichen Repräsentanten im Rückblick auf die schwere Zeit des „Dritten Reiches" erfüllten.[23] Trotz aller Anstrengungen seitens des Staates und der Partei, trotz immenser innerer und äußerer Belastungen und Schwierigkeiten innerhalb dieser kirchenleitenden Kreise und wahrhaftig auch trotz mannigfachen Versagens und Fehlens war es doch möglich gewesen, dem Totalitätsanspruch der nationalsozialistischen Diktatur zu widerstehen und demgegenüber Kirche zu sein und zu bleiben![24]

Niemand wird übergehen oder vorschnell relativieren wollen, was damals in der Tat an innerkirchlicher Widerständigkeit[25] aufgeboten und durchgehalten worden ist. Aber die Relativierung der eigenen Anfälligkeit gegenüber dem Nationalsozialismus sowie die Eingrenzung des Bewußtseins auf den Horizont der kirchlichen Dimension legt doch die Frage nahe, ob dadurch die Selbstbehauptung der Kirche im Urteil dieser Eliten nicht überproportionale Bedeutung gewann; ob die darauf dann gegründete und an dieser Erfahrung orientierte Zielvorstellung einer Neuordnung der Kirche nicht im Blick auf die Gesellschaft von vornherein die Realitäten verschob. Hatte denn wirklich – wie es sich nun manchem kirchlichen Repräsentanten darstellte – eine grundsätzliche und radikale Auseinandersetzung zwischen Staat und Kirche stattgefunden? War die Kirchenpolitik des Nationalsozialismus nicht vielmehr zunehmend nur noch ein Nebenkriegsschauplatz gewesen, von dem die Herrschenden annahmen, ihn nach dem „Endsieg" relativ einfach „liquidieren" zu können? Waren es also, zugespitzt formuliert, letzten Endes nicht doch eher die amerikanischen und russischen Panzer, die den Sieg der Bekenntniskreise bewirkt hatten, als deren eigene moralische und geistliche Kraft? – Was die ungenaue Wahrnehmung dieser Fakten für das Selbstverständnis der kirchlichen Elite im Blick auf ihre öffentlichen, gesellschaftlichen Möglichkeiten und Aufgaben bedeutete und implizierte, wird im einzelnen noch zu erörtern sein.

Zunächst gilt es, das kirchliche Selbstverständnis, wie es in den letzten Jahren des Nationalsozialismus gewachsen war – und nun in der Nachkriegszeit entfaltet und organisiert werden sollte –, zu verstehen und kritisch zu durchleuchten. Diese Elite hatte in der Tat erlebt – und selbst entscheidend dazu beigetragen –, daß die Kirche, allen Unterdrückungen und Gefährdungen zum Trotz, zu einer einmütigen, geschlossenen Glaubensgemeinschaft zusammengewachsen war.[26] Wer sich hier zur Kirche hielt, tat es weithin aus innerster Überzeugung. Die Gottesdienste wurden zur selbstverständlichen Mitte des Gemeindelebens; das Abendmahl gewann eine in der Regel bis dahin ungekannte Bedeutung, wozu oftmals eine besondere Betonung liturgischer Formen trat. Mit besonderem Nachdruck aber konzentrierten sich Pfarrer und Gemeinden auf die Bibel. Mochte der Umgang mit ihr hier stärker an den lutherischen Bekenntnisschriften orientiert sein, dort eher an der Theologie Karl Barths und andernorts vielleicht mehr an einem erwecklichen Biblizismus: unübersehbar bleibt die zentrale Bedeutung, die die Bibel nun in lutherischen, reformierten und unierten Kirchen und Gemeinden gewann. In dieser Sammlung und Besinnung auf die Grundlagen des christlichen Glaubens, im Erleben von Gemeinschaft angesichts einer feindlichen, menschenverachtenden Umwelt, in der Erfahrung von Trost und Geborgenheit inmitten von Tod und Verzweiflung ringsum, von innerem und äußerem Zusammenbruch: darin deutete sich ein neues, gewandeltes Bild der Kirche leibhaft an.[27] Sind die Einzelheiten auch noch kaum erforscht, zudem grundsätzlich wohl nur schwierig zu erfassen, so ist doch prinzipiell unbestreitbar, daß in den späteren Jahren des Nationalsozialismus und vollends in der letzten Phase des Krieges vielerorts eine neue, andere kirchliche Wirklichkeit als in der Zeit davor entstand und erlebt wurde. Um die Fortsetzung und Sicherung dieser Realität nach dem Ende des „Dritten Reiches" ging es nun jener Elite, die das alles mitgetragen und mitgestaltet hatte. Sie wollte deshalb nicht irgendeinen Neuanfang. Sie wollte vielmehr das gewordene, lebendig gegenwärtige Neue im Rahmen der bestehenden Strukturen durchsetzen, es im Raum der eigenen Landeskirche organisieren und stabilisieren.[28] Dazu gehörte dann allerdings auch, daß man bestrebt war, die Kirche von allen fremden Einflüssen zu reinigen, sowie Sicherungen anzubringen, daß sich der Einbruch eines Gegners in die eigenen Reihen – wie 1933 – nicht wiederholen konnte.

Wir müssen die Einzelheiten der Durchsetzung dieser Konzeption, die nach 1945 in ebenso intensiven wie langwierigen Verhandlungen auf Synoden und in Ausschüssen beschlossen wurden, hier nicht verfolgen. Wichtig für unseren Zusammenhang ist lediglich, daß exponierte ehemalige Deutsche Christen auszuscheiden hatten, angefangen bei den Mitgliedern der Kirchenleitung bis hinunter zum kirchlichen Angestellten.[29] Neue Verfassungen wurden erarbeitet, die durchweg den Einfluß der kirchenleitenden Spitze stärkten. Ein Indiz – aber keineswegs das einzige – für das Bemühen um Einheit und Effizienz und Geschlossenheit der Kirche, für klare Führung und überzeugte Gefolgschaft bildete die Einrichtung des Bischofsamtes mit einer beträchtlichen Machtfülle in mehreren Landeskirchen.[30] Formuliert wurden schließlich besondere Qualifikationsbestimmungen, nicht nur für zukünftige Presbyter bzw. Kirchenälteste, sondern auch für deren Wähler, die sich zwecks Überprüfung ihrer kirchlichen Einstellung in Wählerlisten einzutragen hatten.[31] Bei alledem ging es um die Schaffung von Kerngemeinden, wie ein Synodaler aus Oldenburg zu recht bemerkte.[32]

Wir stehen also vor dem Faktum, daß nach 1945 in den Landeskirchen jene Erfahrungen organisiert werden sollten, die eine kirchenleitende Elite in den vorangegangenen Jahren mit dem Nationalsozialismus gemacht hatte. Weil man davon ausging, daß ein äußerer Gegner die Kirche gefährdet hatte, suchte man sich dagegen durch Rechtsbestimmungen zu schützen. War man in der Vergangenheit von den Mächtigen nach Kräften ausgegrenzt worden, neigte man nun dazu, in der Fortsetzung dieser Erfahrung sich selber abzugrenzen. Die Folge von alledem war eine Betonung des Gegenübers der Kirche zur Gesellschaft sowie eine einigermaßen unkritische Ausblendung der eigenen Anfälligkeit gegenüber nationalkonservativen Traditionen, die sich der Nationalsozialismus zunutze gemacht hatte und die dementsprechend jetzt, im Rahmen der kirchlichen Neuordnung, jedenfalls nicht grundsätzlich in Frage gestellt wurden. Wie wenig man dann folgerichtig fähig und in der Lage war, das eigene theologische und religiöse Selbstverständnis in dieser Situation kritisch zu durchleuchten, liegt auf der Hand. Besonders pointiert läßt sich diese Haltung an der Art und Weise des Umgangs mit der Bibel veranschaulichen. „Als ein bekannter Theologie-Professor auf dem Brandenburger Pfarrkonvent die vielen verschiedenen Quellen-Schichten der alttestamentlichen Psalmen erläutert hatte, stand Helmut Gollwitzer auf und sagte: ‚Ich habe diese Texte im Gefängnis gelesen; dort haben sie sich für mich als eine Einheit erwiesen; diese Erfahrung der Text-Einheit ist für mich wichtiger als die Vielschichtigkeit der Quellen, die hier dargelegt wurde.'"[33] Eine Auseinandersetzung mit Rudolf Bultmanns Entmythologisierungsprogramm hatte faktisch nicht stattgefunden; vielmehr war man seit 1941, als Bultmann diese Gedanken erstmals vor Theologen der Bekennenden Kirche vorgetragen hatte, darüber zumeist mehr oder minder scharf ablehnend hinweggegangen.[34] In ungebrochener Weiterführung dieser Einstellung konnte deshalb Bischof Wurm 1947 als Ratsvorsitzender eine offizielle Anfrage an Karl Barth richten, sekundiert von Hans Asmussen, ob Bultmanns Verständnis der Auferstehungsberichte noch theologisch akzeptabel genannt werden könne, er selbst kirchlich tragbar sei – oder ob man nicht grundsätzlich dazu übergehen müsse, eigene Ausbildungsstätten einzurichten, in denen dann die wahre kirchliche Lehre vorgetragen würde.[35]

In alledem akzentuierten die Repräsentanten der Kirche immer auch – ob bewußt oder unbewußt – doch faktisch den Abstand gegenüber den Menschen um sich herum. Ganz gleich, ob man dabei eher die Lehre und konfessionelle Unterschiede oder die Herrschaft des Wortes Gottes betonte: es ging jedenfalls zuerst einmal und vor allem um diese – und nicht um menschliches Fragen und zeitgenössische Probleme. In dieselbe Richtung wiesen gleichfalls faktisch die theologische Hochschätzung von Amt und Sakrament sowie die kirchenrechtliche Hervorhebung der Position des Pfarrers – der etwa in einzelnen Landeskirchen aufgrund der neuen Ordnungen ein Gemeindeglied von der Wählerliste streichen konnte, ohne daß dieses die Möglichkeit besaß, dagegen Einspruch einzulegen.[36] Demokratische Strukturen galten dieser Elite überhaupt als Ausdruck des Zeitgeistes, der in der Kirche nicht herrschen dürfe.[37] Frauen, ohne die der Kirchenkampf kaum durchzustehen gewesen wäre, zumal in den Kriegsjahren[38], blieben in der Regel vom Presbyteramt ausgeschlossen. Wer dagegen mit dem Hinweis auf die Gleichberechtigung der Frau argumentieren wollte, wurde in Westfalen z.B. so belehrt: „Dieser Gedanke... ist nicht biblisch; er kommt aus der säkularen Sphäre. Wir sollten ihn aus der Kirche sorgfältig fernhalten."[39]

Dieses Leitbild von Kirche, gewonnen und geformt aufgrund der Erfahrungen in den vorangegangenen Jahren des Nationalsozialismus, stellte nicht die Besonderheit einer theologischen Richtung oder kirchenpolitischen Gruppierung dar. Erst wenn man das sieht, ist es sinnvoll, nach dem besonderen Beitrag des lutherischen Konfessionalismus, der landeskirchlichen

Bürokratie oder auch der Theologie Karl Barths[40] – um nur einige wichtige Elemente zu nennen – an dieser Entwicklung zu fragen. Sie alle zusammen haben, wiewohl jeweils auf eigene Weise und aufgrund recht verschiedener theologischer Überzeugungen bei faktisch gleicher pragmatisch-ekklesialer Einstellung und mentaler Grundhaltung, für den hier skizzierten Weg der Kirche in der Nachkriegszeit votiert.

3. Der Öffentlichkeitsanspruch

Die gleichen Triebkräfte, die die Neuordnung und Stabilisierung der Landeskirchen nach 1945 bewirkten, waren es auch, die die engagierte Hinwendung der kirchlichen Eliten zu den Fragen und Problemen der Öffentlichkeit beförderten. Wieder ging es darum, die eigenen Erfahrungen aus der Vergangenheit zu nutzen – und im Zusammenhang damit auch die eigenen kirchlichen Traditionen zu bewahren und auszubauen. Die Männer, die im Kirchenkampf nicht ohne Mühen und Schmerzen gelernt hatten, der Obrigkeit zu widersprechen, die dadurch mit einer langen und selbstverständlichen protestantischen Gewohnheit der politischen Unterordnung und des Gehorsams gebrochen hatten, wollten fortan verantwortlich mitreden und mitgestalten. Aber in dem Maße, in dem diese Elite ihren eigenen Anteil am Beharren gegenüber dem Nationalsozialismus überschätzt hatte, neigte sie jetzt auch dazu, ihre Position und ihre Einflußmöglichkeiten in der Gesellschaft nach 1945 zu überschätzen.

Man wollte Mund und Anwalt des eigenen Volkes gegenüber den Siegermächten sein. Aber man wollte auch die eigenen Landsleute unterweisen und führen. Da die Kirche, so lautete die Argumentation, der Verführung und dem Druck des Nationalsozialismus widerstanden hatte, da sie sich jetzt zudem von allem reinigte, was an fremdem, unchristlichem Geist noch an ihr haftete, durfte sie sich nicht nur als irgendeine Autorität begreifen, sondern als die Autorität schlechthin: redete sie doch im Namen Gottes, gebunden an seine Offenbarung, legitimiert durch sein Wort. Diese Elite mußte deshalb den Anspruch erheben, im Namen der Kirche zu allen wichtigen Fragen öffentlich Stellung nehmen zu können und auf die Berücksichtigung ihres Wortes zu drängen. Andernfalls müßten – wie in der Vergangenheit – Unglück und Unheil die Folge sein.

Wie konkret man diesen Zusammenhang denken konnte, als wie grundlegend dann die Existenz der Kirche als Autorität für die Entwicklung der Gesellschaft angesehen wurde, läßt sich etwa am Wort an die Gemeinden verdeutlichen, das von der Kirchenversammlung in Treysa (27.–31. August 1945) verabschiedet worden war.[41] Die Tatsache, daß diese Erklärung im wesentlichen auf der Botschaft der Synode der Bekennenden Kirche in Berlin-Spandau basierte (29.–31. Juli 1945), danach vom Reichsbruderrat auf seiner ersten Sitzung in Frankfurt (21.–23. August 1945) nach geringfügigen stilistischen Änderungen angenommen und schließlich auch von der Konferenz der Kirchenführer in Treysa akzeptiert wurde, zeigt die Breite der Überzeugungen, die dahinter stand.[42] Nachdem in diesem Wort von Versagen und Schuld der Kirche geredet worden war, von Unrecht und Verbrechen, die in Deutschland geschehen waren – aber auch, mit Einschluß der Kirche, vom Widerspruch und Widerstand dagegen –, hieß es weiter: „Man trennte unser Volk von der Kirche. Die Öffentlichkeit durfte ihr Wort nicht mehr hören. Was sie verkündigte, erfuhr niemand. Und dann kam der Zorn Gottes. Er hat uns genommen, was Menschen retten wollten."[43]

Jetzt dagegen sah man diesen Bann gebrochen. Jetzt konnten das Volk, aber auch die Sieger, die Stimme der Kirche hören. Um so klarer, lauter, auch rücksichtsloser mußte sie deshalb nun reden, damit sich die Schrecken der Vergangenheit nicht wiederholten. Das gehörte zu dem gebotenen Lernen aus der Geschichte! Und das meinte konkret: Die Kirche mußte fortan überall und immer da ihre Stimme erheben, wo Unrecht geschah.[44] Die Erfahrungen der Vergangenheit, nicht zuletzt die eigene Rechtsunsicherheit und darin Rechtlosigkeit im „Dritten Reich" haben diese kirchliche Elite sensibel gemacht für die Verteidigung und den Schutz des Rechts – und später auch der Rechtsstaatlichkeit.

In der Nachkriegszeit wurde dieser Gesichtspunkt in erster Linie gegenüber den Besatzungsmächten im Westen, aber durchaus auch im Osten Deutschlands entfaltet.[45] Auf Einzelheiten einzugehen ist hier nicht der Ort. Nur einen Bereich greife ich heraus, weil sich darin das Selbstverständnis und Selbstbewußtsein der kirchlichen Eliten nach 1945 in exemplarischer Weise spiegelt: in ihrer bereits erwähnten Weigerung nämlich, Geistliche nach den Normen der Militärregierungen zu entnazifizieren. Einmütig erklärten sie demgegenüber: in der Kirche gelten keine politischen, sondern allein geistliche Maßstäbe.[46] Aber man ging noch einen Schritt darüber hinaus. Nicht selten wurde das Ansinnen der Siegermächte, deren Entnazifizierungsmaßnahmen auch innerhalb der Kirche auszuführen, mit der nationalsozialistischen Gewaltpolitik gegenüber der Kirche in eine Linie gestellt. Schroff erklärte etwa der Oldenburger Landesbischof Stählin: „In den Jahren, die hinter uns liegen, ist der Kampf gegen das Hereintragen politischer Maßstäbe in die Kirche geführt worden, und dankbar denken wir daran, welche Kämpfe die Bekennende Kirche hierfür durchgefochten hat; nach dem allem können wir uns nicht heute von irgend einer Seite ein politisches Handeln im Raum der Kirche vorschreiben lassen. Darüber hinaus haben wir sehr das Bewußtsein, daß wir hier einen stellvertretenden Dienst für das ganze deutsche Volk zu leisten haben. Wir sehen in der Art, wie diese ‚Entnazifizierung' in allen Bereichen der Verwaltung, des Unterrichtswesens und der Wirtschaft durchgeführt wird, eine ganz große Gefahr, nicht nur für den Aufbau der notwendigsten Arbeit, sondern auch für die innere Genesung unseres Volkes."[47] Man nimmt diese und viele ähnlich lautenden Stellungnahmen nicht ernst genug, wenn man darin nur das Beharren führender kirchlicher Kreise in überkommenen nationalkonservativen Denkstrukturen erkennt. Das war es sicherlich auch. Aber hier wurden darüber hinaus für die Kirche Recht und Pflicht der Wertesetzung mitsamt einer daran orientierten Erziehung des Volkes mit höchstem, nämlich religiösem Anspruch postuliert.

Deutlicher noch wird diese Einstellung in jenen kirchlichen Verlautbarungen, die sich an das „Volk", an die Bevölkerung wenden.[48] Auch hier gehe ich nicht auf Einzelheiten ein, sondern suche das hinter den verschiedenen Worten und Erklärungen stehende Gesamtkonzept im Rahmen unserer Fragestellung zu verdeutlichen. In allen diesen Ausführungen artikuliert sich eine Autorität, die nicht allein Gehör, sondern Gehorsam beansprucht. Die Kirche ist die Wächterin über Recht und Sittlichkeit. Sie fordert die Befugnis zur Erziehung in umfassender Weise, bis hin zur staatspolitischen Ausrichtung.[49] Nicht nur „festen Grund" und „geistige Heimat" bietet sie, sondern sie erfüllt ebenso das Verlangen der Menschen „nach verläßlicher Führung".[50] Und das alles vermag die Kirche, weil sie Sinndeutung und Orientierung zu geben vermag angesichts dessen, was über Deutschland und den einzelnen Deutschen jetzt hereingebrochen ist. Wo man Gottes Wort nicht hört und ihm nicht gehorcht, wo man die Stimme der Kirche beiseite drängt, statt ihr zu folgen, da bricht das Unheil herein, weil nun an die Stelle der Herrschaft Gottes diejenige der Dämonen tritt.

Dieses Argumentationsmuster erfreute sich in kirchlichen Kreisen alsbald außerordentlicher Beliebtheit. Neben verschiedenen apokalyptischen Wendungen und Bildern[51] waren es immer wieder Dämonien und Dämonen, die alles Unheil, das über die Menschen und das Vaterland in den vorangegangenen 12 Jahren gekommen war, bewirkt hatten.[52] Sicherlich kommt in der Hochschätzung dieses Begriffs auch die Ungeheuerlichkeit dessen zum Ausdruck, was man erlebt und erlitten hatte, gewiß auch ein Erschrecken über die Perversion jener Werte, für die man sich eingesetzt und begeistert hatte. Aber in dem Maße, in dem böse Mächte nun an allem Schuld trugen, konnte der selbstkritische Blick zurück und das Analysieren der Vergangenheit leicht so suspekt wie überflüssig werden: suspekt, weil die Ratio, der menschliche Verstand, ohnehin unfähig war, diesen Kampf zwischen Gott und den teuflischen Mächten zu begreifen; und überflüssig, weil kein Mensch wähnen konnte, irgendetwas gegen Dämonen auszurichten. So verschob diese Argumentationsweise die Auseinandersetzung von der intellektuellen, nämlich der historischen und politischen Ebene auf die religiöse bzw. theologische. Der Abfall des einzelnen und des Volkes von Gott waren die Schuld, die Gottes Strafe nach sich gezogen hatte. Nun jedoch bot sich die große Möglichkeit, diese Vergangenheit hinter sich zu lassen, zum Gehorsam gegenüber Gott zurückzukehren – und dadurch eine neue Zukunft zu gewinnen. *Das* wurde folgerichtig zum beherrschenden öffentlichen Thema der kirchlichen Elite in der Nachkriegszeit.

Allerdings waren Deutschland und die Deutschen nicht plötzlich und gleichsam über Nacht in die „Entgottung der Welt" hineingestoßen worden.[53] Es war vielmehr in ganz Europa schon seit längerem ein zunehmender Abfall der Völker von Gott zu beobachten gewesen. Der Nationalsozialismus stellte nach dieser Deutung dann lediglich den gräßlichen Höhepunkt einer langen Verfallsgeschichte des christlichen Abendlandes dar, deren Beginn in der Regel mit dem Ausbruch der Französischen Revolution in eins gesetzt wurde.[54] Wir haben hier also das seit der Zeit der Weimarer Republik auf den Begriff des „Säkularismus" gebrachte Interpretationsmodell zur Deutung der Moderne vor uns, das in führenden kirchlichen Kreisen weit verbreitet war.[55] Dabei umschloß dieser auch emotional stark negativ besetzte Begriff des Säkularismus alle Formen der Selbstvergötzung des Menschen bis hin zu totaler Diesseitigkeit und plattem Materialismus. Um dem erfolgversprechend zu begegnen, reichten die Kräfte einer einzelnen Kirche nicht aus. Die gesamte Christenheit war hier herausgefordert! Die Tatsache, daß diese Einsicht zusammen mit dem Begriff (Säkularismus/secularism) 1928 auf der Weltmissionskonferenz in Jerusalem formuliert worden war[56], ermöglichte es nun der deutschen kirchlichen Elite, unter Berufung darauf bzw. durch die Erinnerung daran bei ausländischen Kirchenführern um Verständnis und Hilfe zu werben. Standen nicht alle christlichen Völker unmittelbar vor dem Abgrund, in den Deutschland gestürzt war? Mußten die Kirchen in Europa deshalb nicht alles daransetzen, um ihre eigenen Völker zur Umkehr zu rufen – und ihnen dabei die Illusion nehmen, als hätte sich bei ihnen niemals ereignen können, was in Deutschland geschehen war? So sahen jedenfalls Bischof Wurm und viele andere die Situation.[57]

Es liegt auf der Hand, wie wenig auch diese Deutung der Vergangenheit dazu nötigte, sich selbstkritisch und ins einzelne gehend mit dem Aufstieg und Sieg des Nationalsozialismus auseinanderzusetzen. Dessen bedurfte es nicht. Man kannte die entscheidende Ursache des Unglücks – eben den Abfall von Gott; und wußte zugleich um das allein wirksame Heilmittel: die Rückkehr zu Gott. Insofern erläuterte die Säkularismusthese nichts. Sie sammelte Belege und Argumente für die Stabilisierung einer selbst- und sendungsbewußten Kirche angesichts einer ihr feindlich oder gleichgültig gegenüberstehenden Umwelt. Daß Christentum und Kirche in der Moderne Erhebliches an Präsenz und Einfluß in der Öffentlichkeit verloren hatten, ließ sich mit dem Säkularismusvorwurf gut erklären; desgleichen die vielfältigen Schwierigkeiten und alles Scheitern, die die europäischen Gesellschaften erschütterten, von innenpolitischen Krisen angefangen bis hin zum Krieg. Anders, nämlich wirklich besser würde es erst werden, wenn die Menschen sich wieder Gott zuwandten und seinen Weisungen – wie sie die Kirche entfaltete – folgten.[58] Auch hier zeigt sich also wieder die uns nun schon vertraute Zielvorstellung einer Kirche, die der Gesellschaft selbstbewußt und mit einem klaren Führungsanspruch gegenüberstand.

Die elementaren Schwierigkeiten, die mit diesem Ansatz verbunden sind, traten in der unmittelbaren Nachkriegszeit noch kaum zutage. Der weitestgehende Ausfall aller Realitäten und Modalitäten einer modernen Industriegesellschaft in Deutschland nach 1945 war vorzüglich geeignet, die Illusion zu fördern, als ließen sich durch die Umkehr des Volkes zu Gott und einer geistlichen moralischen Wende unter der Leitung der Kirche alle wesentlichen Probleme lösen.[59]

Die Hochstimmung und Siegeszuversicht der kirchlichen Elite nach 1945 – wovon die Rede war – gründete in der Überzeugung, daß es jetzt möglich sei, die Gesellschaft mit dem Geist des Christentums zu durchdringen. Das Wort von der „Stunde der Kirche" ging um.[60] Vor allem das Zusammentreffen von zwei Faktoren schien die Situation für die Kirche so günstig zu gestalten wie nie zuvor: Zum einen war diese Kirche jetzt endlich frei und unabhängig; und zum andern war die Bevölkerung aufgrund dessen, was sie erlebt hatte, radikal desillusioniert. Der Zusammenbruch aller Ideologien, Ideale und Werte – davon waren die kirchlichen Repräsentanten überzeugt – würde die Wahrheit der christlichen Botschaft nur um so heller aufleuchten lassen. „Wir haben", erklärte etwa ein Mitglied des Reichsbruderrats in Frankfurt im August 1945, „eine totale metaphysische Katastrophe aller Werte hinter uns. Es ist einfach nichts anderes übriggeblieben als die Kirche – die nun hier eng zusammen mit der katholischen Kirche geführt ist."[61] Diese evangelische Kirche aber verfügte jetzt – erstmals in ihrer Geschichte, wie Bischof Wurm wenige Tage später in Treysa ausführte – über die besten Voraussetzungen, um dieser Herausforderung gewachsen zu sein: konnte sie sich nun doch selbständig ordnen und regieren und mithin wirklich Kirche sein.[62] Wichtig war nur, daß die Besatzungsmächte diesen Wandlungsprozeß der Rückkehr der Bevölkerung zum Glauben und zur Kirche nicht durch Rachsucht oder rücksichtslose Maßnahmen behinderten. „Was kann geschehen, daß eine große Stunde für die Rechristianisierung der europäischen Welt nicht vorübergeht?", fragte Wurm drängend und mahnend die Vertreter der Ökumene, die bei der zweiten Tagung des Rates der EKD in Stuttgart im Oktober 1945 anwesend waren.[63]

Mit dem Begriff der „Rechristianisierung" ist schließlich das Schlüsselwort für alle Zielvorstellungen und Aktivitäten der kirchlichen Elite genannt. In dieser Formulierung kommt der Wille zur Rückgewinnung des einzelnen und des ganzen Volkes für den christlichen Glauben ebenso zum Ausdruck wie die Absicht, die Gesellschaft mit christlichen Grundsätzen und Wertvorstellungen zu durchdringen, sowie schließlich der Anspruch, dabei als Kirche Führer, Erzieher und Wächter zugleich zu sein. Unverkennbar artikulierten sich in dieser Zielsetzung starke ältere Traditionen, die nicht nur in die Zeit der Weimarer Republik, sondern bereits in die Jahre des Kaiserreichs zurückreichen.[64] Gleichwohl wäre es viel zu pauschal – und mithin falsch –, wollte man im Blick hierauf nur von Kontinuität oder gar von Restauration sprechen. Die Erfahrungen, die man in der Kirche unter dem Nationalsozialismus gemacht hatte, veränderten eben auch diese Tradition, erweiterten sie auf der einen Seite, qualifizierten sie auf der anderen neu. Diese Neuakzentuierungen und Verschiebungen – deren volle Bedeutung sich allerdings erst später abzeichnete – ließen sich im einzelnen unschwer an vielfältigen neuen Bemühungen des kirchlichen Wirkens in der Öffentlichkeit zeigen: an der Entstehung der Evangelischen Studentengemeinden[65], der Einrichtung des Kirchentags[66], der Gründung und Arbeit der Evangelischen Akademien, angefangen bei Bad Boll[67]; im Erziehungsbereich an den Bemühungen nicht allein um die Bekenntnisschule[68], sondern um die Schaffung eines neuen evangelischen Lehrerstandes, der in allen Schulformen tätig sein könnte[69]; im gesellschaftlichen und politischen Bereich schließlich an der Mitgründung und Mitentwicklung der CDU zu einer interkonfessionellen demokratischen Partei.[70]

Ohne auch hier auf Einzelheiten eingehen zu können, bleibt doch festzuhalten, daß sich diese Rechristianisierungsbemühungen auf sämtliche Bereiche des öffentlichen Lebens erstreckten, von der Kerngemeinde angefangen bis hin zur großen Politik. Eine allgemeine christliche „Lebensordnung" sollte nach dem Willen der kirchlichen Elite geschaffen werden[71]; im Zusammenhang damit eine klare Kirchenzucht[72], um über die Gottesdienstgemeinde hinaus so auf die Gesellschaft einzuwirken, daß Orientierungsmarken und feste Strukturen entständen für die Leitung der Masse der Bevölkerung. Die Sonntagsheiligung spielte in diesem Zusammenhang eine große Rolle. So erklärte etwa die Synode von Berlin-Brandenburg im Oktober 1946: „Erst wenn der Sonntag wieder seinen Sinn bekommt, wird er zu einem wirklichen Ruhetag für Mensch und Vieh werden, und was hätte unser seit 1½ Jahrzehnten abgehetztes Volk nötiger als einen Tag der Ruhe und Besinnung. Davon hängt die seelische und leibliche Wiedergenesung unseres gesamten Volkes entscheidend ab!"[73]

Um diese Zielsetzung zu verwirklichen, d.h. um „die Wahrung christlicher Lebensordnung in allen Bereichen des öffentlichen Lebens durchzusetzen" – wie es in dem auf der Kirchenversammlung in Treysa vorgelegten, nicht beschlossenen, aber gleichwohl außerordentlich wirksamen „Wort zur Verantwortung der Kirche für das öffentliche Leben" dann hieß –, mußte schließlich die Ebene der Politik betreten werden.[74] Dieses Öffentlichkeitswort, das den Weg dafür wies, war deshalb so wirksam, weil sich in ihm, wie in einem Spiegel, alle Gedanken, Überzeugungen und Hoffnungen der kirchlichen Elite nach 1945 sammelten: Von den Folgerungen war da die Rede, die aus der nationalsozialistischen Zeit gezogen werden müßten, und von der Bewahrung der Gesellschaft „vor der Gefahr dämonischer Entartung" mittels der Durchsetzung christlicher Grundsätze in der Öffentlichkeit; von der Aktivierung der Laien wurde gesprochen, die die politische Arbeit eigenverantwortlich leisten sollten, wohingegen die Pfarrer sich tunlichst aus der Politik herauszuhalten hätten, freilich beauftragt blieben mit der „geistlichen Leitung" des Ganzen; endlich wurde die parteipolitische Neutralität der Kirche unterstrichen, gleichwohl jedoch kaum verhüllt Zustimmung und Unterstützung für die CDU gefordert, nämlich für die „an vielen Orten bereits in Gang gekommenen Bestrebungen, politische Gegensätze zwischen Protestantismus und Katholizismus auszuräumen, die Gemeinsamkeit des Kampfes gegen den Säkularismus zu betonen und so eine gegenseitige geistige und politische Annäherung beider Konfessionen vorzubereiten".[75]

Versucht man zusammenzufassen, was diese kirchliche Elite den Menschen in der Nachkriegszeit an Orientierung und Wegweisung anzubieten hatte, ist wohl in erster Linie auf die Ermutigung zu verweisen, die sie predigte und ausstrahlte. Hier wurde die Möglichkeit einer neuen und besseren Zukunft offeriert, die Chance des grundsätzlichen Neuanfangs proklamiert: und das bedeutete Zuversicht und Hoffnung – wahrhaftig nicht wenig im allgemeinen Chaos der Nachkriegszeit! Dazu gehörte das grundsätzliche wie auch das konkrete Drängen auf Rechtlichkeit und Rechtssicherheit, ebenso das Mühen um die Überwindung des konfessionellen Gegensatzes. Aber die Tatsache, daß alles das eingebunden war in die Frontstellung gegen einen allseits drohenden „Säkularismus" mußte die ohnehin kaum geforderte Notwendigkeit der kritischen Auseinandersetzung mit der eigenen Vergangenheit zurücktreten lassen. Vielleicht noch schwerwiegender waren andere Probleme. Wie wollte man von jenem Konzept des Säkularismus aus einen positiven Zugang gewinnen zu den komplexen und komplizierten Fragen einer modernen, eben „säkularen" Industriegesellschaft? Weiter: Mußte die kirchliche Elite aufgrund solcher Voraussetzungen nicht alle Gesellschaftsentwürfe, die aus anderen als *diesen* christlichen Impulsen gespeist waren, entschieden und radikal verwerfen? Welche politische Partei – außer vielleicht einer betont kirchlich-christlich agierenden CDU – war aber dann noch akzeptabel? Auf jeden Fall unmöglich war schließlich irgendeine Form der Zustimmung zu den Vorgängen in der Sowjetischen Besatzungszone. Darauf konnte man nur mit Ablehnung und Empörung reagieren. Die Weichen für die weitere politische und ideologische Entwicklung in Deutschland waren insofern auch seitens der großen Mehrheit der kirchlichen Elite sehr früh und eindeutig gestellt.[76]

4. Die Schuldfrage als Störfaktor

Daß Abgrenzung und Geschlossenheit der Kirche aufgrund ihres Bemühens, ihre Erfahrungen unter dem Nationalsozialismus fortzusetzen und zu organisieren, mitsamt dem engagiert in die Zukunft weisenden Konzept der Leitung und Rechristianisierung der Gesellschaft, gleichwohl nicht das

Ganze waren, nicht die vollständige Wirklichkeit dieser Kirche nach 1945 ausmachten, lag nicht zuletzt an der Schuldfrage. Diese Thematik war im bisher Dargelegten nicht zufällig immer wieder einmal angeklungen. Einzelne oder auch ganze Synoden hatten sich verschiedentlich mit der Schuld des Volkes, aber auch der Schuld der Kirche auseinandergesetzt. Es gab in den letzten Kriegsmonaten und in der unmittelbaren Nachkriegszeit weit über die kirchlichen Kreise hinaus in der deutschen Bevölkerung ein Wissen um Schuld – wie dumpf und vage es im einzelnen auch sein mochte.[77] Und diese Schuld wurde ausgesprochen! Es gab mancherlei mutige öffentliche Worte dazu, nicht nur von evangelischer, sondern durchaus auch von katholischer Seite.[78] Man stellte sich also der Vergangenheit – wie auch immer das dann im einzelnen aussehen mochte. In alles Mühen der kirchlichen Elite um Neuordnung und in alle ihre Selbstgewißheit im Blick auf die öffentlichen Zielsetzungen der Kirche kam dadurch ein anderes Element hinein, das sich störend oder beflügelnd oder beides zusammen auswirken konnte: als erheblicher Störfaktor gegenüber der Neigung, in der Kirche weiterzumachen wie eh und je; und zugleich als starker Motor, das neu oder auch besser als richtig Erkannte fortan entschiedener, entschlossener noch zu verwirklichen.

Es ist allerdings nicht möglich, dazu Aussagen über die gesamte hier in Betracht kommende kirchliche Elite zu machen. Sicherlich redeten diese Menschen insgesamt nicht eindeutig von ihrer Schuld. Gewiß gründeten sie ihr pragmatisches ekklesiales Handeln nicht entschieden darauf; und fraglos wurde die mentale Einstellung dieser Menschen nicht grundsätzlich und umfassend durch die Anerkennung und Annahme der Schuld aufgebrochen. Aber alles das bedeutete nicht, daß sich darum überhaupt nichts verändert hätte.

Verdeutlichen läßt sich beides, die Beharrung ebenso wie die Erschütterung, der Wille, es jetzt ganz anders zu machen – oder einfach besser –, an der Stuttgarter Schulderklärung vom 18./19. Oktober 1945.[79] Daß gerade dieser Text so lange so viel Aufsehen in der Nachkriegszeit erregte, war sicherlich kein Zufall. Es waren vor allem drei Momente, die zusammen diese Wirkung erzielten: daß der Rat der EKD dieses Wort einer ökumenischen Delegation übergab, es also zu Ausländern sagte; daß darin nicht nur von kirchlicher Schuld, sondern von der Schuld des deutschen *Volkes* gesprochen wurde; und vor allem, daß es mit der einmaligen feierlichen Schulderklärung nicht sein Bewenden hatte, vielmehr eine langandauernde und tiefgreifende Unruhe und Bewegung von diesem Text und Vorgang ausging, weil Martin Niemöller und einige andere nicht aufhörten, die Menschen innerhalb und außerhalb der Kirche zur persönlichen Auseinandersetzung damit zu drängen.

Grundsätzlich war es natürlich für niemanden in der Kirche ein Problem, von seiner Schuld zu sprechen. Problematisch konnte ein solches Bekenntnis erst werden, wenn damit nicht dieses oder jenes menschliche Versagen oder

Zukurzkommen gemeint war, sondern wenn eine Grundeinstellung und ein Gesamtverhalten als radikal schuldhaft begriffen und mit allen Konsequenzen akzeptiert wurde. Mit anderen Worten ausgedrückt: Aufbrechend und umwälzend konnte sich die Stuttgarter Erklärung nur auswirken, wenn dadurch die sichere Überzeugung einer kirchlichen Elite verändert wurde, daß sie von Anfang an auf dem richtigen Weg gewesen sei und die Wahrheit allen Gefährdungen zum Trotz verteidigt und festgehalten habe. Eine Störung dieser Voraussetzungen mußte die Grundlagen ihres Selbstverständnisses erschüttern. Und das war – wie erwähnt und wie im folgenden noch zu zeigen sein wird – in der Tat bei Teilen jener Elite der Fall.

Umgekehrt kamen einzelne Wendungen in der Stuttgarter Erklärung einer herabstimmenden und einebnenden Interpretation durchaus entgegen.[80] So erschien auch hier der Nationalsozialismus als die Aufgipfelung jenes „Geistes", gegen den die Kirche „lange Jahre hindurch im Namen Jesu Christi gekämpft" habe. Gewiß war dadurch festgehalten, daß die Kirche wahrhaft Kirche geblieben und trotz allem nicht überwältigt worden war. Aber man konnte damit doch auch die Auffassung verbinden, daß man sich selbst in und mit dieser Kirche von Anfang an auf dem richtigen Weg gegenüber dem Nationalsozialismus befunden habe. Das dann folgende Schuldbekenntnis mochte diesen Eindruck unterstützen: „aber wir klagen uns an, daß wir nicht mutiger bekannt, nicht treuer gebetet, nicht fröhlicher geglaubt und nicht brennender geliebt haben". Doch sollte man nicht übersehen, daß die Männer, die diese Worte sprachen, dabei fraglos alle eine Vielzahl von Situationen vor Augen hatten, in denen sie persönlich sich im angesprochenen Sinn schuldig wußten, so daß das offene Bekenntnis dazu den festen Entschluß zur Umkehr und zum Neuanfang in sich trug. Freilich konnte dann auch diese Einsicht wieder verharmlost werden: Man hatte also *doch* widerstanden – nur eben nicht genug; und man bekannte jetzt dieses Ungenügen, wie es unter Christen üblich war, vor Gott und den Brüdern. So interpretierten die meisten Kirchenführer und Synoden die Stuttgarter Erklärung.[81] So konnte aus dem Ärgernis leicht ein harmloses Wort werden: Nur vor Gott sollte es gesprochen sein; nur von Christen war es dementsprechend zu begreifen; und auf gar keinen Fall durfte es politisch verstanden werden. In der Tat: eine derart entschärfte Schuldfrage ließ sich in das sichere Konzept der kirchlichen Elite in der Nachkriegszeit integrieren. Aber selbst bei diesem Verständnis mochte ein Stachel bleiben, der sich als Störpotential auswirken konnte.

Das war erst recht der Fall, wenn man in und mit der Stuttgarter Schulderklärung andere Akzente setzte. Man konnte nämlich auch allen Nachdruck auf jenen Satz legen, der dann innerhalb und außerhalb der Kirche erbitterten Widerstand und erhebliches Befremden hervorgerufen hatte: „Mit großem Schmerz sagen wir: Durch uns ist unendliches Leid über viele Völker und Länder gebracht worden." Davon konnte eine beträchtliche persönliche

Betroffenheit ausgehen. Denn wenn *auch* die Männer der Kirche Anteil hatten, also schuldig waren an dem realen Leid, an all' dem Grauenhaften, was in den vergangenen 12 Jahren über Menschen gekommen war, konnte man in der Kirche darüber nicht einfach zur neuen Tagesordnung übergehen. Das Vergangene ließ sich um so weniger beiseite schieben oder relativieren, je konkreter man es vor Augen sah. Denn dann erwuchs daraus die schwere Frage: Wie konnte die *Kirche* das geschehen lassen? Woran hatten *Christen* gefehlt, daß das möglich wurde? Was mußte also unbedingt *anders* werden, in der Kirche und mit den Christen, damit sich derartiges nie mehr wiederholen konnte?

Die volle Last der Schuld fiel hier also auf die Christen und die Kirche. *Sie* mußten deshalb Buße tun und umkehren. Martin Niemöller, der Wortführer jener Minderheit in der kirchlichen Elite, die klar und scharf diese Linie ausziehen wollte, formulierte auf der Kirchenkonferenz in Treysa: „Nein, die eigentliche Schuld liegt auf der Kirche; denn sie allein wußte, daß der eingeschlagene Weg ins Verderben führte, und sie hat unser Volk nicht gewarnt, sie hat das geschehene Unrecht nicht aufgedeckt oder erst, wenn es zu spät war... Es handelt sich ja eben nicht darum, daß wir als Kirche in der Vergangenheit dies und das falsch gemacht haben, es handelt sich nicht um Fehler, sondern wir haben grundsätzlich das uns aufgetragene Amt in Ungehorsam versäumt und sind damit schuldig geworden. Deshalb haben wir Buße zu tun und umzukehren im rechten Gehorsam, deshalb mit Ernst zu fragen, wie es nun anders, ganz anders werden kann und soll."[82]

Auch hierbei ging es um die Zuwendung der Kirche zum Volk, zur Gesamtgesellschaft. Auch hier geschah Selbstkritik. Aber sie gewann nun eine derart grundsätzliche Dimension, daß von daher der Weg der Kirche radikal in Frage gestellt wurde: damit noch einmal radikal anders und grundsätzlich neu angefangen würde! Hier hatte die Kirche alles verloren, was sie gegenüber anderen Gruppen oder Institutionen auszeichnen könnte. Vorbild konnte sie hier nur noch dadurch und insofern sein, als sie auf diesem Weg der Schuldannahme – und darin der Vergebung und Erneuerung – beispielhaft allen anderen voranging. Daß sich dadurch grundsätzlich veränderte, was die Kirche sein sollte und tun mußte, liegt auf der Hand.

Aber ebenso unübersehbar dürfte sein, daß damit eher ein *Ziel* als ein Weg proklamiert wurde, stärker eine *Vision* aufgerichtet als eine pragmatische Handlungsanweisung gegeben war. Genau dieses Faktum machte diesen Umgang mit der Schuldfrage zur lebendigen Unruhe innerhalb der Kirche. Dadurch blieb in ihr, aller Ordnung, Autorität, Abgrenzung und Geschlossenheit zum Trotz, ein erhebliches Störpotential. Über dessen Auswirkungen kann sinnvoller Weise nur im einzelnen geredet werden. Aber die Richtung ist klar: Aus dem Gegenüber der Kirche zur Gesellschaft sollte das Miteinander von Menschen innerhalb der Gesellschaft werden; die überlegene Autorität unmittelbar unter Gott sich wandeln in Dienstwilligkeit gegenüber anderen; an die Stelle von Weisung und Erziehung die Bereitschaft zu konkreter, Gegensätze und Feindschaften überwindende Mitmenschlichkeit treten. Als die Synode von Berlin-Brandenburg im Oktober 1946 über ein Wort an die Gemeinden diskutierte, worin es hieß: „wir haben alle miteinander nicht genug geliebt", erklärte Niemöller: „Ich möchte für mein persönliches Bekenntnis das ohne weiteres so unterschreiben, denn ich weiß, daß bei mir das Unheil mit einem Mangel an Liebe meinen kommunistischen Menschenbrüdern gegenüber 1933 angefangen hat. Aber so, wie der Satz hier steht, fürchte ich, kann er immer noch... romantisch mißverstanden werden, im Gefühl irgendeiner sentimentalen Weichheit, an der bei uns ein Mangel wäre."[83]

Auch diese Sicht war ein Ergebnis der Erfahrungen von Christen unter dem nationalsozialistischen Regime. Auch von hierher öffneten sich der Kirche neue und große Möglichkeiten – freilich nun von grundsätzlich anderer Art! Der Ausgang bei der eigenen Schuld half, Dimensionen zu erschließen, die erst in späteren Jahren innerhalb der Kirche klarere Konturen annahmen: einer Kirche, die mit Begriffen wie Solidaritätsgemeinschaft, Mühen um Humanität, Versöhnung oder auch Demokratisierung eher andeutungsweise umschrieben als charakterisiert ist. Die Vision einer anderen Kirche aufgrund der Konkretion von Schuld machte die alte Trennung von weltlich und geistlich, von innerlich und äußerlich hinfällig. Denn weil dieses Reden von Schuld, Vergebung und Neuanfang nur sinnvoll sein konnte im Horizont der Wirklichkeit Gottes, begriffen als Herrschaft Christi, mußte es – wie diese auch – sämtliche Bereiche des Lebens umfassen, ganz selbstverständlich mit Einschluß der Politik.

Das alles war, wie gesagt, zunächst und in erster Linie anstoßende, auch anstößige Unruhe, wirksame Störung im Rahmen eines intensiven kirchlichen Neubaus mitsamt den auf die Öffentlichkeit zielenden starken kirchlichen Aktivitäten. Ein wenig mehr Veranschaulichung hat *diese* Vorstellung von der Kirche dann im „Wort des Bruderrats der Evangelischen Kirche in Deutschland zum politischen Weg unseres Volkes" gewonnen. Es war eine Minderheit innerhalb der kirchlichen Elite, die dieses „Darmstädter Wort" am 8. August 1947 vorlegte.[84] Nach allem Gesagten stand zu erwarten, daß einem solchen Text Ablehnung und Widerspruch antworten mußten. So war es in der Tat.[85]

Den Verfassern des „Darmstädter Wortes" war es darum gegangen, die Aufgaben der Kirche in der Auseinandersetzung mit der Vergangenheit und in der Gestaltung einer besseren Zukunft eindeutiger und konkreter zu umreißen, als das in Stuttgart geschehen war. Sie taten das innerhalb eines Rahmens, der durch den Hinweis auf die Versöhnung der Welt durch Gott in Christus sowie die darin gründende Aufforderung gebildet wurde, die eigene Schuld wie auch die Schuld der Väter zu erkennen und anzunehmen, umzukehren und aus der Vergebung heraus frei und nüchtern mitzuwirken am

„Aufbau eines besseren deutschen Staatswesens, ...das dem Recht, der Wohlfahrt und dem inneren Frieden und der Versöhnung der Völker dient". Die Schuld der Kirche wurde sodann in vier Abschnitten umrissen, die alle mit der klaren Aussage begannen: „Wir sind in die Irre gegangen." Denn falsch und verhängnisvoll war der „Traum einer besonderen deutschen Sendung, ...als ob am deutschen Wesen die Welt genesen könne". Verfehlt und fatal war die Errichtung einer „christlichen Front'... gegenüber notwendig gewordenen Neuordnungen im gesellschaftlichen Leben der Menschen". Unhaltbar war und unheilvoll blieb die Mitwirkung beim Aufbau einer „Front der Guten gegen die Bösen, des Lichtes gegen die Finsternis, der Gerechten gegen die Ungerechten im politischen Leben und mit politischen Mitteln". Denn, fuhr das „Darmstädter Wort" fort: „Damit haben wir das freie Angebot der Gnade Gottes an alle durch eine politische, soziale und weltanschauliche Frontenbildung verfälscht und die Welt ihrer Selbstrechtfertigung überlassen." Verkehrt und schlimm war schließlich, daß die Kirche sich nicht durch den Marxismus „an den Auftrag und die Verheißung der Gemeinde für das Leben und Zusammenleben der Menschen im Diesseits" hatte mahnen und herausfordern lassen. Pointiert formuliert bedeutet das: „Wir haben es unterlassen, die Sache der Armen und Entrechteten gemäß dem Evangelium von Gottes kommendem Reich zur Sache der Christenheit zu machen."

Unüberhörbar stand dieses Wort gegen die Realitäten des heraufziehenden Kalten Krieges. Weil diese Minderheit in kirchenleitenden Ämtern und Synoden im voraussetzungslosen Mühen um Verständigung und Versöhnung den zentralen Auftrag der Kirche sah, wollte sie sich in keine politische oder weltanschauliche Front einreihen lassen. Was das im einzelnen bedeutete, darüber ist jetzt nicht mehr zu berichten; auch nicht über die Erfolge und Mißerfolge dieses Konzepts. Nur so viel: diese Minderheit innerhalb der kirchlichen Elite war und blieb ein Störfaktor – nicht mehr, aber wahrhaftig auch nicht weniger! Der Weg der großen Mehrheit dagegen führte – einigermaßen konsequent – von der Säkularismusthese über die Betonung der Werte und Ideale des „christlichen Abendlands" zu einem in der Regel massiven Antikommunismus und entschiedener Parteinahme im Kalten Krieg: erfüllt von der Totalitarismustheorie, wonach Nationalsozialismus und Bolschewismus prinzipiell identisch seien. – Doch auch diese Entwicklung geht über den mit unserem Thema ins Auge gefaßten Zeitraum hinaus.

Hier bleibt zuletzt lediglich festzuhalten, daß das Erscheinungsbild der Kirche in der Nachkriegszeit – entworfen im Blick auf ihre aktive und einflußreiche Elite – sich als ein interessantes Amalgam aus Beharrung und Veränderung, aus Kontinuität und Neuanfang charakterisieren läßt. Hand in Hand mit dem Versuch, ein unter den Bedingungen des Nationalsozialismus gewachsenes und erfahrenes neues kirchliches Leben unter veränderten Bedingungen fortzusetzen, ging die Organisation und Verfestigung überkommener Ordnungen und Strukturen. Doch auch dieser Prozeß verlief keineswegs einlinig, sondern wurde wieder und wieder gestört, wenngleich mit unterschiedlicher Intensität, durch die Notwendigkeit, sich mit der Schuldfrage auseinanderzusetzen.

Sowohl grundsätzlich als auch in zahllosen Einzelheiten war – wie in anderen Bereichen, so auch in der Kirche – der theologische, ekklesiale und mentale Einschnitt des Jahres 1945 erheblich geringer als der elementare politische Bruch. Tiefgreifendere und umfassendere Veränderungen vollzogen sich in den frühen sechziger Jahren. Deren Dynamik, freilich auch Problematik hinsichtlich des Verhältnisses von evangelischer Kirche und bundesrepublikanischer Gesellschaft, wird allerdings erst voll verständlich, wenn man sie im Zusammenhang mit jenem Prozeß der Neuorientierung sieht, der sich nach 1945 aufgrund vielfältiger vorangegangener Erfahrungen, insbesondere mit dem Nationalsozialismus, durchzusetzen begonnen hatte.

Anmerkungen

1 Erweiterter und mit Anmerkungen versehener Text. Eine gekürzte Fassung wurde in ZdZ 40 (1986) 85–94 veröffentlicht: Kontinuität und Neuanfang in der evangelischen Kirche in den ersten Jahren nach 1945.
2 Gute Überblicke mit jeweils reichen weiterführenden Literaturangaben bieten: *Richard Löwenthal/Hans-Peter Schwarz*, Die zweite Republik. 25 Jahre Bundesrepublik Deutschland – eine Bilanz, Stuttgart 1974. – Westdeutschlands Weg zur Bundesrepublik 1945–1949, München 1976. – *Josef Becker/Theo Stammen/Peter Waldmann* (Hg.), Vorgeschichte der Bundesrepublik Deutschland. Zwischen Kapitulation und Grundgesetz, München 1979. – *Alfred Grosser*, Geschichte Deutschlands seit 1945. Eine Bilanz, München ⁷1979. – *Wolfgang Benz*, Von der Besatzungsherrschaft zur Bundesrepublik. Stationen einer Staatsgründung 1946–1949, Frankfurt 1984.
3 *Hans-Peter Schwarz*, Vom Reich zur Bundesrepublik. Deutschland im Widerstreit der außenpolitischen Konzeptionen in den Jahren der Besatzungsherrschaft 1945–1949, Stuttgart ²1980.
4 *Hermann Graml*, Die Alliierten und die Teilung Deutschlands. Konflikte und Entscheidungen 1941–1948, Frankfurt 1985, bes. 102f. 120–128.
5 Am 26. Mai 1946 berichtete General Clay nach Washington: „Nach einem Jahr Besatzung bilden die Zonen hermetisch abgeschlossene Gebiete mit fast keinerlei freiem Austausch an Gütern, Personen und Ideen. Deutschland besteht heute aus vier kleinen Wirtschaftseinheiten, die miteinander nur auf Vertragsbasis verkehren können, trotz der Tatsache, daß keine dieser Einheiten sich selbst erhält, obwohl das für die britische und die russische Zone erreichbar wäre." Zit. bei *W. Benz*, a.a.O. 36.
6 Vgl. dazu neben der in Anm. 2 genannten Literatur jetzt *Dietrich Staritz*, Gesamtdeutsche Parteien im Kalkül der Siegermächte – die Kontroverse über eine Parteiengesetzgebung im Alliierten Kontrollrat: *Josef Foschepoth* (Hg.), Kalter Krieg und Deutsche Frage. Deutschland im Widerstreit der Mächte 1945–1952, Göttingen 1985, 198–216.
7 Einen allgemeinen, allerdings von Pauschalurteilen und Verzeichnungen nicht freien Überblick hierzu bietet *Frederic Spotts*, Kirchen und Politik in Deutschland, Stuttgart 1976, 50–78. Allzu knapp ist *Annemarie Smith-von Osten*, Von Treysa 1945 bis Eisenach 1948.

Zur Geschichte der Grundordnung der EKD, Göttingen 1980, 20–24. In den Synodalprotokollen sämtlicher Landeskirchen (dazu unten) finden sich instruktive Angaben zu diesem Thema.

8 Von exemplarischer Bedeutung ist die Feststellung aus dem Jahr 1947, in der Evangelischen Kirche von Hessen sei die Verwaltung intakt und im wesentlichen vom Geist des Nationalsozialismus und den Deutschen Christen befreit: Kirchentag der Evgl. Landeskirche in Hessen, der Evgl. Kirche in Nassau und der Evgl. Kirche in Frankfurt a.M. und Verfassungsgebende Synode der Evgl. Kirche in Hessen und Nassau, 1. Tagung am 30. September und 1. Oktober 1947 in Friedberg/Hessen, Wiesbaden 1949, 35 (zit.: *EKHN*).

9 Zur Entstehung und Arbeit des Hilfswerks vgl. jetzt *Johannes Michael Wischnath*, Kirche in Aktion. Das Evangelische Hilfswerk 1945–1947 und sein Verhältnis zu Kirche und Innerer Mission, Göttingen 1986.

10 *Hartmut Rudolph*, Evangelische Kirche und Vertriebene 1945 bis 1972, bes. Bd. 1, Göttingen 1984.

11 *Armin Boyens*, Kirchenkampf und Ökumene, Bd. 2, 1939–1945, München 1973, 232–289. – Ders., Die Kirchenpolitik der amerikanischen Besatzungsmacht in Deutschland von 1944 bis 1946: Kirchen in der Nachkriegszeit. Vier zeitgeschichtliche Beiträge, Göttingen 1979, 7–99.

12 *Joachim Beckmann*, Der Kampf der bekennenden Kirche im Rheinland um die Presbyterial-Synodale Kirchenordnung II: ZEvKR 1 (1951) 261–279, bes. 261–264. In der hessischen Landeskirche wurde ebenfalls bereits am 13. April 1945 eine neue Vorläufige Kirchenleitung gebildet: Von diesen 8 Personen kamen drei aus der Bekennenden Kirche! (*EKHN* 35).

13 Vgl. dazu neben der in Anm. 2 und 6 genannten Literatur noch *Christoph Kleßmann*, Die doppelte Staatsgründung. Deutsche Geschichte 1945 bis 1955, Göttingen 1982. – *Rolf Steininger*, Deutsche Geschichte 1945–1961. Darstellung und Dokumentation, 2 Bde., Frankfurt 1983.

14 In vielen Landeskirchen brachen hier erhebliche Spannungen auf. Beispielhaft dafür ist ein ausführliches Votum aus der hessischen Landeskirche aus dem Dekanat Zwingenberg von 1947: „Meine Herren und Brüder! Als weltlicher Abgeordneter fühle ich mich vor meinem Gewissen gezwungen, eine Erklärung abzugeben. Wir weltlichen Abgeordneten haben uns die Entwicklung der Evangelischen Kirche anders vorgestellt, als sie tatsächlich verlaufen ist. Uns interessieren die rechtlichen Fragen als Laien nur mittelbar. Für uns ist die Kirche nach Glauben und Gewissen her zu bauen, und weil dies nicht in dem Maße geschehen ist, wie wir das uns gewünscht und vorgestellt haben, fühle ich mich vor meinem Gewissen verpflichtet, im Auftrage der mich abgeordneten Gemeinde hier die Erklärung abzugeben, daß wir die Entwicklung, wie sie gelaufen ist, bedauern... Tatsächlich ist die Entwicklung so gelaufen, daß wir Laien vor eine vollständig vollzogene Tatsache gestellt werden, an der wir nicht mitgearbeitet haben, die wir aber mit unserem Ja sanktionieren sollen. Ich für meine Person kann das rein gewissensmäßig nicht vertreten, und ich glaube auch, daß hier in unserem Kreise eine große Anzahl von weltlichen Vertretern und auch Geistlichen ist, die die gleichen Bedenken haben." (*EKHN* 57 f.).

15 Wesentlich erscheinen mir die – durchaus auch auf den Protestantismus zu übertragenden – Beobachtungen von *Urs Altermatt* (Volksreligion – neuer Mythos oder neues Konzept? Anmerkungen zu einer Sozialgeschichte des modernen Katholizismus: *Jakob Baumgarten* (Hg.), Wiederentdeckung der Volksreligiosität, Regensburg 1979, 105–124, hier 110): „Wer zur Elite gehört, geht aus der Stellung im Macht- und Herrschaftsgefüge des Gesamtkatholizismus hervor... Herrschaft besitzt dabei in erster Linie derjenige, welcher für andere Mitglieder der katholischen Kirche religiös legitimierte Sinnhalte produziert und diese den Massen der Gläubigen vermittelt."

16 Dementsprechend konzentriere ich mich vor allem auf die gedruckten oder vervielfältigten Synodalprotokolle der einzelnen Landeskirchen. Vgl. dazu auch *Martin Greschat*, Engagiert die Gesellschaft mitgestalten. Bedeutung der evangelischen Kirchen in der Nachkriegszeit: Justus Liebig-Universitätsforum 3 (1985) 9.

17 Begriff und Konzept sind bekanntlich umstritten. Wegen mangelnder Präzision hat jüngst *Georges Duby* auf diesen Terminus verzichten wollen (Über einige Grundtendenzen in der modernen französischen Geschichtswissenschaft: HZ 241 (1985) 543–554, bes. 550). Demgegenüber unterstreicht *Volker Sellin* (Mentalität und Mentalitätsgeschichte, ebd. 555–598) m. E. zu Recht die Bedeutung des Begriffs und Konzepts im Zusammenhang der Erhellung der „unwillkürlichen Sinngewißheit" einer Gruppe (584), bei dem Bemühen um die Erfassung von „Sinnstrukturen der kollektiven Wirklichkeitsdeutung" (589).

18 Zu den Einzelheiten *Kurt Meier*, Der evangelische Kirchenkampf, Bd. 2, Halle/S. 1976, 66–154.

19 *Jörg Thierfelder*, Das Kirchliche Einigungswerk des württembergischen Landesbischofs Theophil Wurm, Göttingen 1975.

20 Überblicke bei *Kurt Meier*, Der evangelische Kirchenkampf, Bd. 2, a. a. O. 12–35; Bd. 3, Halle/S. 1984, 114–146.

21 Instruktiv – über den katholischen Bereich hinaus – ist die Überlegung von *Heinz Hürten*, „Endlösung" für den Katholizismus? Das nationalsozialistische Regime und seine Zukunftspläne gegenüber der Kirche: StZ, August 1985, 534–546.

22 *Kurt Meier*, Der evangelische Kirchenkampf, Bd. 1, Halle/S. 1976, 391. Vgl. auch den Überblick über die einzelnen Landeskirchen ebd. 261–501, sowie *Klaus Scholder*, Die Kirchen und das Dritte Reich, Frankfurt – Berlin 1977.

23 So erklärte etwa Bischof Meiser in seinem Rechenschaftsbericht: „Wohl hat uns der Kirchenkampf tiefe Wunden geschlagen, aber er hat uns doch zugleich reichen Gewinn gebracht. Wir gehen aus dem Kampf hervor mit einem ganz neuen Vertrauen auf die Kraft des göttlichen Wortes und einem vertieften Verständnis unseres lutherischen Bekenntnisses. Beide haben sich uns als Waffen erwiesen, gegen die die Widersacher nicht an konnten." (Die Landessynode in Ansbach, 9. bis 13. Juli 1946, München 1946, 10; zit.: *Bayern*). Bischof Dibelius schloß seinen Bericht: „Mag manchem an der Arbeit der Kirchenleitung noch zuviel des Alten und zuwenig des Neuen gewesen sein – die Ausrichtung wie die Atmosphäre dieser Arbeit ist sehr anders gewesen, als sie es vor 1945 und auch als sie es vor 1933 war. Es war ein neuer Anfang da." (Verhandlungen der Berlin-Brandenburgischen Provinzialsynode. 1. Tagung vom 6. bis 9. Oktober 1946, Berlin 1947, 46; zit.: *Berlin*).

24 Als exemplarisch können die Berichte auf der westfälischen Provinzialsynode im Juli 1946 gelten, wonach die Pfarrer (S. 15) wie auch das Jugendwerk (S. 19), die Innere Mission (S. 27), die Presbyter (S. 56), das Männerwerk (S. 74) und die Frauenhilfe (S. 78) aufs Ganze gesehen widerstanden hätten. (*E. Brinkmann/H. Steinberg*, Die Verhandlungsniederschriften der Westfälischen Provinzialsynode vom Juli 1946, Bielefeld ²1970; zit.: *Westfalen*).

25 Hierauf hat insbesondere *K. Meier* hingewiesen: Der evangelische Kirchenkampf, Bd. 3, a. a. O., bes. 587–616. Zum Forschungsstand allgemein, mit Einschluß der Kirchen, informieren *Jürgen Schmädeke/Peter Steinbach* (Hg.), Der Widerstand gegen den Nationalsozialismus. Die deutsche Gesellschaft und der Widerstand gegen Hitler, München – Zürich 1985.

26 Statt vieler Einzelbelege sei auf die Feststellung der Kirchen von Nassau und Hessen verwiesen, wonach man im Kirchenkampf einen „geistlichen Zusammenschluß" erlebt habe, der „unaufhebbar" sei. (*EKHN* 1947, 52).

27 Pointiert ist dieser Sachverhalt jetzt z. B. für Bremen herausgearbeitet worden von *Almuth Meyer-Zollitsch*, Nationalsozialismus und evangelische Kirche in Bremen, Bremen 1985, bes. 303–309.

28 Charakteristisch ist die Feststellung auf der Westfälischen Provinzialsynode im Zusammenhang mit der Diskussion um die neue Wahlordnung für Presbyter: „Es geht darum, die Erkenntnisse und Erfahrungen, die der Bekennenden Kirche im vergangenen Jahrzehnt geschenkt worden sind, festzuhalten und auszuwerten." (*Westfalen*, Juli 1946, 52).

29 So unterschiedlich die Entnazifizierung auch in den einzelnen Besatzungszonen und Landeskirchen gehandhabt wurde: in dieser Forderung war man sich durchweg einig. Andererseits waren die Kirchenleitungen nicht gewillt, sich die Entnazifizierung ihrer Mitarbeiter

aus der Hand nehmen zu lassen. Repräsentativ für den von ihnen eingeschlagenen Kurs ist die Erklärung von Bischof Wurm am 14. März 1946 in Oldenburg: „Ich weiß nicht, wie die Dinge weitergehen werden. Die Kirche muß sich darauf gefaßt machen, daß sie noch einmal einen Kampf zu führen hat um das Recht, um die Unabhängigkeit der Kirche auf dem Gebiet der Selbstreinigung. Wir haben nicht 12 Jahre gegen Hitler um die Unabhängigkeit gekämpft, um den Amerikanern und Engländern das Recht zu geben, zu bestimmen, wer in leitender Stelle sein kann." (Protokoll über die Verhandlungen der Landessynode in Oldenburg, ungedruckt, 14. März 1946, 6; zit.: *Oldenburg*).

30 Auch wo eine bischöfliche Verfassung nicht zustande kam, wurde – wie z. B. in Westfalen – die Machtposition des Präses insofern erheblich verstärkt, als er nun auch Vorsitzender des Konsistoriums bzw. des Landeskirchenamtes wurde. Zur Begründung hieß es, daß diese Behörde bislang das „Einfallstor" für Bürokratie und Restauration in der Kirche gewesen sei! (*Westfalen*, Juli 1946, 93).

31 Zwar sah man durchaus – z. B. in Westfalen –, daß es kaum möglich wäre, den Einbruch von kirchenfremden Elementen durch solche Bestimmungen wirksam auszuschließen. Aber man war überzeugt, daß man mit dieser Regelung die Verkündigung des Evangeliums konkretisierte. (*Westfalen*, Juli 1946, 44).

32 „Es ist dies ein erster Schritt. Ich hoffe, daß aus dieser Wahlgemeinde auch einmal eine Kerngemeinde werden kann." (*Oldenburg*, 15. März 1946, 2).

33 *Wolf-Dieter Zimmermann*, Gerechtigkeit für die Väter. Einsichten und Erfahrungen, Berlin 1983, 125.

34 Doch sei als Beispiel für die nicht völlig fehlende Auseinandersetzung in dieser Zeit exemplarisch auf Dietrich Bonhoeffer und seine Schüler verwiesen. Vgl. dazu *Eberhard Bethge* (Hg.), Dietrich Bonhoeffer. Widerstand und Ergebung. Briefe und Aufzeichnungen aus der Haft, Neuausgabe, München ²1977, bes. 311f. 360.

35 Vgl. dazu *Bernd Jaspert* (Hg.), Karl Barth – Rudolf Bultmann. Briefwechsel 1922–1966, Zürich 1971, 279–297.

36 Bezeichnend für die diesbezügliche Diskussion und die entsprechenden Argumente sind z. B. die Synodalverhandlungen in Oldenburg: Protokoll der Sitzung vom 14. März 1946, 5–7.

37 So z. B. in Westfalen, Juli 1946, 8.

38 Einzelnes zu diesem insgesamt noch zu wenig aufgearbeiteten Thema bei *Wolfgang See/ Rudolf Weckerling*, Frauen im Kirchenkampf. Beispiele aus der Bekennenden Kirche Berlin-Brandenburg 1933 bis 1945, Berlin 1984. – *Jochen-Christoph Kaiser*, Frauen in der Kirche. Evangelische Frauenverbände im Spannungsfeld von Kirche und Gesellschaft 1890–1945. Quellen und Materialien, Düsseldorf 1985.

39 Westfalen, Juli 1946, 57.

40 Die in diesem Zusammenhang gern wiederholte Wendung, daß es nun darauf ankomme, „Kirche von unten" zu bauen, also von den Gemeinden her, umschloß von Anfang an eine Vielzahl von Problemen, die im einzelnen kaum hinreichend reflektiert waren. Vgl. dazu auch *Martin Greschat*, Weder Neuanfang noch Restauration. Überlegungen zur Interpretation der deutschen evangelischen Kirchengeschichte nach dem Zweiten Weltkrieg: Das Unrechtsregime. Internationale Forschung über den Nationalsozialismus. FS für Werner Jochmann, hg. von Ursula Büttner, Bd. II, Hamburg 1986, 326–357.

41 Zu Treysa jetzt *Joachim Mehlhausen*, Die Konvention von Treysa. Ein Rückblick nach 40 Jahren: ÖR 34 (1985) 468–483. – *Wolf-Dieter Hauschild*, Die Kirchenversammlung von Treysa 1945, Hannover 1985.

42 Der Wortlaut der Spandauer Erklärung findet sich bei *Fritz Söhlmann* (Hg.), Treysa 1945. Die Konferenz der evangelischen Kirchenführer, 27.–31. August 1945, Lüneburg 1946, 137f.; der Text von Treysa ebd. 87f.

43 Ebd. 87.

44 Aus einer Vielzahl von Belegen sei hier nur die während der Berlin-Brandenburger Synode 1946 mehrfach geäußerte Sorge erwähnt, daß man nicht zum „stummen Hund" werden

dürfe: „es ist notwendig, daß die Kirche nicht wieder zum stummen Hund wird und daß man uns nicht nach weiteren, ich weiß nicht wie vielen Jahren einmal vorwerfen kann, wir hätten in einer Sache, wo wir hätten reden müssen, geschwiegen" (a. a. O. 216, ebenso 120 u. ö.).
45 Eine sehr schmale Auswahl dazu bei *Günter Heidtmann* (Hg.), Hat die Kirche geschwiegen? Das öffentliche Wort der Evangelischen Kirche aus den Jahren 1945–54, Berlin 1954. – *Friedrich Merzyn* (Hg.), Kundgebungen, Worte und Erklärungen der Evangelischen Kirche in Deutschland 1945–1959, Hannover 1959.
46 „Politische Dinge sind völlig ausgeschaltet. Ich weiß, daß es PG's vor 1933 gegeben hat, die tausendmal besser waren als Nicht-PG's. Über die politische Frage wollen wir nicht sprechen. Das ist nicht Sache der Synode. Es geht um die Sache der Kirche." (*EKHN* 1947, 122. Ebenso *Bayern*, 1946, 24f., *Hannover*, 1945, 33 u.ö.).
47 *Oldenburg*, 12. März 1946, 3f. Vgl. auch Anm. 29.
48 Vgl. dazu die in Anm. 45 genannte Literatur sowie *Martin Greschat*, Kirche und Öffentlichkeit in der deutschen Nachkriegszeit (1945–1949): *A. Boyens u.a.*, Kirchen in der Nachkriegszeit. Vier zeitgeschichtliche Beiträge, Göttingen 1979, 100–124.
49 Von christlicher Erziehung, die den jungen Menschen von der Schule bis zur Universität erfassen sollte, war auch bei der 1. Tagung des Reichsbruderrats in Frankfurt ausführlich die Rede (Protokoll im Zentralarchiv der *EKHN*, 36, 1, S. 8). Die Schulfrage spielte, angefangen bei den Verhandlungen des Rates der EKD bis in sämtliche landeskirchliche Synoden hinein, eine wichtige Rolle. Zur staatspolitischen Erziehung vgl. etwa das Wort der Synode von Berlin-Brandenburg an die 4 Besatzungsmächte (a. a. O. 214).
50 So *Westfalen*, Juli 1946, 31 u. ö.
51 Auf der Synode von Berlin-Brandenburg hieß es etwa (a. a. O. 30): „Ja, meine verehrten Anwesenden, es war ein Geist der Hölle, es waren Mächte der Hölle, die vor 13 Jahren aus unserem Volk aufgestiegen sind, und diese Mächte haben unser Volk überwältigt."
52 Z. B. *Westfalen*, Juli 1946, 18; *Hannover*, 1945, 4.30 usw.
53 So formulierte ein bayerischer Synodaler (*Bayern*, 23).
54 Sehr deutlich tritt dieses Argumentationsmuster z. B. in den Ausführungen auf der Westfälischen Provinzialsynode hervor (Juli 1946, 46f. 75f. 105 u.ö.).
55 Zu Ursprung, Inhalt und Bedeutung dieser Anschauung vgl. *Walter Künneth*, Der große Abfall. Eine geschichtstheologische Untersuchung der Begegnung zwischen Nationalsozialismus und Christentum, Hamburg 1947. – *Hermann Lübbe*, Säkularisierung. Geschichte eines ideenpolitischen Begriffs, Freiburg – München 1965. – *Wolfgang Lück*, Das Ende der Nachkriegszeit. Eine Untersuchung zur Funktion des Begriffs der Säkularisierung in der „Kirchentheorie" Westdeutschlands 1945–1965, Frankfurt – Bern 1976. – *Alfred Müller-Armack*, Das Jahrhundert ohne Gott. Zur Kultursoziologie unserer Zeit, Münster 1948. – *Kurt Nowak*, Zur protestantischen Säkularismus-Debatte um 1930: WPKG 69 (1980) 37–51.
56 Diesen Zusammenhang hat besonders *Kurt Nowak* herausgearbeitet (vgl. Anm. 55). 1934 erklärte Adolf Keller, im deutschen Kirchenkampf handele es sich lediglich um ein „Vorpostengefecht eines allgemeineren und größeren Kampfes" zwischen Christentum und heidnisch-säkularer Weltanschauung (*Marcus Urs Kaiser*, Deutscher Kirchenkampf und Schweizer Öffentlichkeit in den Jahren 1933 und 1934, Zürich 1972, 322).
57 Vgl. hierzu etwa das Schreiben des Rates der EKD an die Christen in England vom 14. Dezember 1945, abgedruckt mitsamt den Vorformen bei *Martin Greschat* (Hg.), Die Schuld der Kirche. Dokumente und Reflexionen zur Stuttgarter Schulderklärung vom 18./19. Oktober 1945, München 1982, 126–132.
58 „Eine Erneuerung und Rettung unseres Volkes ist nur möglich, wenn wir zu einer sittlichen, ethischen und religiösen Erneuerung kommen, wenn wir zurückkehren zu den Grundsätzen unserer Väter und ablassen von den verwischten materialistischen und sonstigen Auffassungen, die in den letzten Jahrzehnten und Jahrhunderten in unser Volk hineingekommen

sind ... Wir müssen einen schonungslos klaren Weg zeigen, auf dem die Rettung zu finden ist, wo sie sich gründet auf die innere Erneuerung des Geistes." (*EKHN* 1947, 98).
59 Vgl. dazu meinen in Anm. 48 genannten Aufsatz.
60 Kein geringerer als Hans Asmussen sprach am 14. August 1945 in Rendsburg über dieses Thema. Der Text bei *Kurt Jürgensen*, Die Stunde der Kirche. Die Evangelisch-Lutherische Landeskirche Schleswig-Holsteins in den ersten Jahren nach dem Zweiten Weltkrieg, Neumünster 1976, 265–276.
61 *Otto Fricke*, 1. Tagung des Reichsbruderrats in Frankfurt (wie Anm. 49), 8.
62 *F. Söhlmann*, a. a. O. 17.
63 *M. Greschat*, Die Schuld der Kirche, a. a. O. 95.
64 Hier ist vor allem an Adolf Stoecker zu erinnern. Vgl. dazu *Günter Brakelmann/Martin Greschat/Werner Jochmann*, Protestantismus und Politik. Werk und Wirkung Adolf Stoeckers, Hamburg 1982.
65 Materialreich dazu *Michael Feist*, Die rechtliche Situation der Evangelischen Studentengemeinden, 2 Bde, Frankfurt – Bern 1982.
66 *Friedebert Lorenz*, Die Gründung des Deutschen Evangelischen Kirchentages durch Reinold von Thadden-Trieglaff und die kirchenpolitische Situation der evangelischen Kirche in Deutschland im Jahre 1949: JHKGV 33 (1982) 357–370. – *Waldemar R. Röhrbein* (Hg.), Reformation und Kirchentag, Hannover 1983.
67 *Friedrich Martiny*, Die evangelischen Akademien – Kirche zwischen Anpassung und Parteilichkeit, Frankfurt – Bern 1977. – *Hermann Boventer* (Hg.), Evangelische und katholische Akademien. Gründerzeit und Auftrag heute, Paderborn 1983.
68 Diese Vorstellung war auf den Synoden vorherrschend. Vgl. etwa *Westfalen*, Oktober 1946, 15; *EKHN* 1947, 34.
69 Exemplarisch dafür sei auf *Oskar Hammelsbeck* verwiesen: Die kulturpolitische Verantwortung der Kirche, München 1946. – Ders., Um Heil oder Unheil im öffentlichen Leben, München 1946.
70 Unüberholt aufgrund der detaillierten Einzelnachweise ist hier noch immer *Reinhard Schmeer*, Evangelische Kirche und CDU im Rheinland, 1945–1949, Münster 1973 (Magisterarbeit, Masch.).
71 *Westfalen*, Juli 1946, 120.
72 *Berlin*, 1946, 129f.
73 Ebd. 228. Ähnlich *Westfalen*, Juli 1946, 106 usw.
74 Text bei *F. Söhlmann*, a. a. O. 102–104. Grundlegend für die Genese des Papiers ist das Protokoll von *Heinz Brunotte* vom 6. September 1945 (Evgl. Zentralarchiv Berlin, 1/A4/470). Zur Wirkungsgeschichte vgl. jetzt auch *Klaus Schwabe/Rolf Reichardt* (Hg.), Gerhard Ritter. Ein politischer Historiker in seinen Briefen, Boppard 1984.
75 Erwähnt werden hier – neben der Unterstreichung der Bedeutung einer neuen Presse (vgl. dazu den knappen Überblick bei *Gottfried Mehnert*, Evangelische Presse. Geschichte und Erscheinungsbild von der Reformation bis zur Gegenwart, Bielefeld 1983, 250ff.) – auch die großen Erwartungen, die von außen, seitens vieler Politiker auf die Kirche gerichtet seien. Die Synodalprotokolle bieten dafür reiche Belege.
76 Über die faktisch in die gleiche Richtung zielende Haltung der westdeutschen politischen Elite informiert *Manfred Overesch*, Einheit oder Teilung? Westdeutsche Entscheidungsträger vor der gesamtdeutschen Frage 1945–1947: *Josef Foschepoth* (Hg.), a. a. O. 269–290.
77 Einzelheiten dazu bei *M. Greschat*, Die Schuld der Kirche, a. a. O. Methodisch und inhaltlich völlig unzulänglich ist *Josef Foschepoth*, Zur deutschen Reaktion auf Niederlage und Besatzung: *Ludolf Herbst* (Hg.), Westdeutschland 1945–1955. Unterwerfung, Kontrolle, Integration, München 1986, 151–165.
78 Erster gemeinsamer Hirtenbrief der deutschen Bischöfe nach dem Krieg, Fulda, 23. August 1945: *Wolfgang Löhr* (Hg.), Hirtenbriefe und Ansprachen zu Gesellschaft und Politik 1945–1949 (Dokumente deutscher Bischöfe, Bd. 1), Würzburg 1985, 40–45.

79 Einzelheiten hierzu und zum Folgenden bietet meine in Anm. 57 genannte Studie.
80 Der Text ebd. 102 f.
81 Besonders intensiv setzten sich mit diesem Thema die Synoden von Berlin-Brandenburg (9 f. 20.32 ff.) und Westfalen (Juli 1946, 100–103) auseinander. In dieser Kirche wurde auch ein Text erarbeitet, um die Schuldfrage im Sinn des eindringlichen Votums der Synode in den Gemeinden zu behandeln: *Hans Thimme*, Von der Buße der Kirche und der Erneuerung des öffentlichen Lebens, Gladbeck 1947. Exemplarisch für eine gleichzeitige Entschärfung dieser Bemühungen ist das Wort der Synode zur Erneuerung des Staats- und Wirtschaftslebens, wo als Grund des gegenwärtigen Elends wieder nur sehr pauschal davon gesprochen wird, daß „unser Volk sich von Gott und seinen Geboten gelöst hatte" (ebd. 105).
82 *M. Greschat*, Die Schuld der Kirche, a. a. O. 79.
83 *Berlin*, 1946, 168 f.; vgl. auch den Gesamtzusammenhang ebd. 164–170.
84 Der Text bei *Martin Greschat*, Im Zeichen der Schuld. 40 Jahre Stuttgarter Schuldbekenntnis. Eine Dokumentation, Neukirchen-Vluyn 1985, 85 f.
85 Vgl. etwa die heftigen Angriffe von *Walter Künneth* und *Hans Asmussen* in der ELKZ 1 (1947) 9–11. 13–16.

Konrad Repgen

Die Erfahrung des Dritten Reiches und das Selbstverständnis der deutschen Katholiken nach 1945

1. Vorbemerkungen zum Thema

Bei der Vorbereitung unserer Tagung hat es einige Meinungsverschiedenheiten und Mißverständnisse über die Formulierung meines Themas gegeben. Zunächst sollte nicht von „Erfahrung", sondern von „Verarbeiten" gesprochen werden. Diesen Ausdruck hielt ich für eine schlechte Beschreibung der Sache, um die es der Wissenschaft wie der Lebenswelt gehen müßte. „Verarbeiten" unterstellt zwar nicht in dem gleichen Maße wie die noch unangemessenere Mode-Vokabel „bewältigen"[1], daß es prinzipiell ein hinreichend genau formulierbares (falsches oder richtiges) Verhältnis einer Nach-Vergangenheit zu einer Vor-Vergangenheit gebe, aber es lenkt den Blick in die gleiche Richtung; denn es suggeriert, daß es ein Zeitgeistkonformes Sich-in-Beziehung-Setzen einer Generation zu ihrer eigenen Vergangenheit oder zu der Vergangenheit früherer Generationen gebe und daß dieses als „Verarbeitung" zu verstehen sei. Ob das generell zutrifft, ist mir fraglich. So kam es dann zu der neutraleren Formulierung „Erfahrung", die von dem schlichten Tatbestand ausgeht, daß die jugendlichen und erwachsenen Menschen von 1945 – jeder zumindest für sich selbst – eine Lebenserfahrung über die bewußten zwölf Jahre besaßen, in welche die Erinnerung an geschichtlich und politisch Bedingtes und Folgenreiches einfloß, ob sie das wollten oder nicht; denn die Katastrophe von 1945 ließ niemanden unberührt.

Was aber heißt „nach 1945"? Bis unmittelbar vor der Tagung hatte ich unter „nach" die gesamten vier Jahrzehnte von 1945 bis 1985 verstanden. Sie waren bekanntlich von öffentlichen, mehrfach neu beginnenden, zum Teil geradezu leidenschaftlichen Diskussionen über das Verhalten der Kirchen und kirchlich geprägten Großgruppen im Dritten Reich erfüllt. Ich wollte diese vier Jahrzehnte, was die katholische Seite des Themas angeht, in drei Abschnitten behandeln: *zunächst* die Zeit von 1945 bis etwa 1955/60, die ich mit „lebensweltliche Erinnerung und Verantwortung" überschrieben hätte. In dieser Periode trat die zeitgeschichtliche Reflexion hinsichtlich unseres Themas wenig mit Anspruch auf Geschichtswissenschaftlichkeit und professionelle Anwendung der geschichtswissenschaftlichen Methoden in Erscheinung. Der *zweite* Abschnitt, die Jahre 1955/60 bis 1965, stünde unter der Überschrift „Neue Einsichten und neue Mythen". Es handelte sich hier um einen doppelten Vorgang: einerseits um den Einbruch professionell-historischen Argumentierens in ein lebensweltlich-vages Geschichtsbild, andererseits um einen massiven – im Grunde nicht historisch, sondern normativ orientierten – Angriff auf einen zentralen Identitätskern der sozialen Großgruppe „deutscher Katholizismus".[2] Im *dritten* Abschnitt wären dann die Jahre 1965 bis 1985 zu beschreiben gewesen, die ich unter das Stichwort „Monologe" gesetzt hätte. In diesen beiden Jahrzehnten verlief sich die eigentliche Diskussion. An die Stelle des Diskurses trat das Fortspinnen von Fragestellungen und Argumenten der sechziger Jahre auf zwei ziemlich unverbundenen Ebenen. Auf der einen ging (und geht) es um zeitgeschichtliches Erinnern als auslösendes Moment für theologische oder politische Spekulation, kirchliche Gegenwartskritik (besonders als Kirchenführungs-Kritik) und nachträgliche moralische Distanzierung von der Politik, welche die Generation der Väter und Großväter mitgetragen oder miterlitten hatte – wenn man so will: Zeitgeschichte als Vehikel, als Stellvertreterkrieg; auf der anderen Ebene geht (und ging) es um Zeitgeschichte als politik- und sozialhistorische Profanwissenschaft, um empirisch kontrollierbare Ermittlung und Vermittlung von geschichtlichen Voraussetzungen, Zusammenhängen, Abläufen und Folgen mit dem Ziel, die Dichotomie von Polemik und Apologetik zu überwinden. Beide Reflexionsweisen, das Normative wie das Historische, hätten nicht notwendig monologförmig betrieben werden müssen; tatsächlich aber war es so. Dieses unverbundene Nebeneinander von zwei disparaten Blickpunkten und Sprechweisen wurde begünstigt durch die riesige Fülle seriöser Informationen, die von der Zeitgeschichtsforschung bereitgestellt worden sind.[3] Sie macht es dem Nicht-Spezialisten schwer, auf dem laufenden zu bleiben, ohne zu verhindern, daß mancher sich trotz mangelnder Detailkenntnisse zu Wort zu melden für berechtigt hält.

Erst kurz vor Tagungsbeginn erfuhr ich jedoch, daß von mir kein Überblick über vier Jahrzehnte erwartet werde, sondern ein auf 1945 konzentriertes Referat. Diese Erwartung bereitete mir einige Verlegenheit. *Erstens* konnte ich in der verfügbaren Zeit unmöglich umfangreiche neue, allein auf 1945 abhebende Forschungen anstellen, sondern mußte mich mit dem begnügen, was zuhanden war. *Zweitens* ist eine präzise Beschränkung auf Zustände und Vorgänge von 1945 beim Thema Katholizismus sachlich nicht leicht zu rechtfertigen. Im Unterschied zum evangelischen Deutschland war das Jahr 1945 für das katholische Deutschland kein Epochenjahr; der Bruch und Umbruch von 1945 betraf die Katholiken daher weniger als Angehörige einer spezifischen Konfession und Konfessionskirche, sondern als Deutsche – so, wie er ja auch die anderen, die nicht-katholischen Landsleute primär als Deutsche betroffen hat. Daß der Zusammenbruch unseres staatlichen Gefüges für die katholische Kirche qua Kirche andere Folgen hatte als für die evangelischen Kirchen, widerspricht dieser Feststellung nicht, ist aber von nachrangiger Bedeutung. *Drittens* haben wir heute hinsichtlich unseres Themas viele Fragen, auf welche die erschlossenen Quellen vom Jahre 1945 eine befriedigend zuverlässige Antwort kaum ermöglichen, vielleicht auch nie ermöglichen werden. Läßt man Österreich und das Sudetenland beiseite und bezieht man sich, wie die vier Siegermächte in den grundlegenden Deklarationen vom 5. Juni 1945, auf das Deutschland der Grenzen von 1937, so läßt sich das damalige Selbstverständnis – also Weltbild, Zukunftswille und Zukunftserwartung – „der" deutschen Katholiken nicht mit der heute für aktuelle Fragen bei uns üblichen Präzision beantworten, die aus der Anwendung systematischer Befragungen gewonnen wird. Es gab damals zwar schon Demoskopie; die Amerikaner, die sie betreiben, interessierten sich aber mehr für andere Dinge und nicht für das, was wir gerade hier und heute wissen möchten.[4] Im Nachhinein läßt sich dies nicht rekonstruieren. Wir sind daher auf das weniger beweisbare Bild angewiesen, das die bisherige Geschichtsschreibung bietet.[5] Im übrigen muß ich, wie Martin Greschat, den Schwerpunkt auf das legen, was wir von der Führung der Kirche wissen. Mir ist zwar sehr bewußt, daß bei der Frage nach dem Selbstverständnis „der" Katholiken das Kirchenvolk keineswegs eine quantité négligeable ist – weder kirchen- noch profangeschichtlich. Aus den skizzierten Gründen muß ich diese Fragestellung aber weitgehend ausklammern.

Unter diesen Voraussetzungen gliedert der Hauptteil sich in drei Punkte: Abschnitt (1) behandelt erste Reaktionen auf das Kriegsende und den staatlichen Zusammenbruch von 1945; es folgt ein kurzer Abschnitt (2) über den Zustand der Kirche, der die Überschrift „Umkehr durch Verchristlichung" trägt, und schließlich Abschnitt (3), wo von der Debatte – oder sagen wir vielleicht besser: von Erwägungen – über die Frage nach der Schuld berichtet werden soll.

2. Hauptteil

2.1. Erste Reaktionen

Die katholische Stimmungslage im Mai 1945 ist sicher nicht auf einen einzigen Nenner zu bringen. Ich beginne mit einer Tagebuchnotiz, die am 7. Mai 1945 im Vatikan geschrieben worden ist. Sie stammt von dem großen Kirchenhistoriker Hubert Jedin, damals 45 Jahre alt, Halbjude, seit November 1939 als Emigrant im Deutschen Priesterkolleg des Campo Santo Teutonico mit der Niederschrift seiner monumentalen Geschichte des Trienter Konzils befaßt.[6] Er hielt fest: „Der Krieg in Europa ist aus! Der Rest der deutschen Truppen hat sich in Moskau ergeben. Ostdeutschland ist den

Russen ausgeliefert." Abends, 22.15 Uhr, trug er nach: „Nicht in Moskau, sondern in Reims war die Übergabe; Breslau[7] ist schon gestern gefallen. Das deutsche Volk wird von nun an, wie ein Negerstamm, von Fremden regiert; Portugal hat schon die [deutsche] Gesandtschaft sequestriert. Für mich bedeutet das: Fortsetzung des Exils auf unbestimmte Zeit. Ist das Leben noch lebenswert?" Er unterbricht an dieser Stelle die Niederschrift und fängt mit einem neuen Abschnitt an, der die Antwort gibt. Sie lautet: „Es ist die größte Katastrophe der deutschen Geschichte. Kein Lichtstrahl erhellt das Dunkel. Dennoch: wir müssen arbeiten." Am Tage danach hält er fest – das Datum ist – wie eine Todesanzeige – schwarz umrandet: „In 1000 Jahren sah das deutsche Volk keinen Tag wie diesen! Heute triumphieren Churchill, der König von England, Truman und die anderen über das besiegte deutsche Volk und sind sich darin einig, es zu vernichten, auch und gerade die Engländer. In einem gewissen Sinne kann man Hobergs[8] Ansicht gelten lassen, daß der 30. Januar 1933 noch schwärzer war, weil er das ganze Unglück in sich barg, aber der Tiefpunkt ist doch heute erreicht. Curtius[9], zu dem ich nachmittags verabredungsgemäß gehe, meint es.[10] Die größte Schwierigkeit, es fehlen 15 Millionen Männer, die wiederaufbauen könnten, sie sind tot oder gefangen." Die Eintragung endet mit einer Notiz über die Haltung der vatikanisch-italienischen Umwelt an diesem Tag: „In der [Vatikanischen] Bibliothek eisige Zurückhaltung, nur Fräulein Guarducci[11] bricht sie, durch eine Einladung zum Akademikergottesdienst am Sonntag... De Luca gibt mir nicht die Hand. Die Stadt feiert, aber doch nicht mit reiner Freude."

Die Verallgemeinerungsfähigkeit dieser Tagebuchnotizen ist selbstverständlich ein Problem für sich: nicht einmal für das vatikanische Ambiente gibt diese Quelle umfassend Auskunft, obgleich sie ein authentisches und eindrucksvolles Stimmungsbild bietet. Besonders überrascht, was hier von de Luca festgehalten ist, einem bisherigen Förderer und Freund Jedins, mit dem er auch später wieder in guten Beziehungen gestanden hat[12] und der sich an diesem Tag von dem Deutschen öffentlich distanziert, jedenfalls so, wie dieser es auffaßt. Zweifellos aber gibt Jedins Tagebuch zutreffend wieder, wie er selbst das Kriegsende erlebt hat: der Emigrant fühlt sich als Deutscher im Augenblick der tiefsten Erniedrigung seines Vaterlandes, er bäumt sich innerlich auf gegen die befürchteten und erwarteten Folgen der Zukunft. Dieser katholische Schlesier erlebte im Vatikan den 8. Mai 1945 offenkundig nicht als Tag der Befreiung[13], sondern tiefster Bekümmernis. Mehr als 1000 km Luftlinie von seiner Heimat entfernt, die unter dem Schrecken der einrückenden Roten Armee litt, verband für Jedin sich das Kriegsende mit Angst und Sorgen größten Ausmaßes. Ähnlich haben wohl die vielen Millionen Deutsche gedacht, die sich damals in äußerster Not befanden – vor allem die Flüchtlinge und Vertriebenen, die sich auf den Landstraßen im Osten dahinschleppten: unzählige Frauen, die um ihre Kinder weinten und sexuelles Freiwild geworden waren¹⁴, die ermordeten und deportierten¹⁵ Männer jeglichen Alters vor Augen. Aber die Not war nicht auf den Osten unseres Vaterlandes beschränkt: ich erinnere an die Mütter, Frauen und Bräute der Kriegsgefangenen, denen im Osten wie im Westen¹⁶ grausige Zeiten bevorstanden...

In dieser Stunde unbeschreiblicher Not richteten sich die Blicke auf die Kirchenführung, auf Bischöfe und Klerus; denn die Kirche war, über den 8. Mai hinaus, auch als Organisation einer Großgruppe, intakt geblieben. Die Besatzung stand ihr trotz mancher Schwierigkeiten im einzelnen meist günstig gegenüber; denn sie war „unbelastet bezüglich des Dritten Reiches". So erwarteten die Menschen von ihr Hilfe, ja „geradezu Wunder".¹⁷ Diese Herausforderung haben die Bischöfe von Anfang an gesehen und sich ihr bewußt gestellt. Im Mai und Juni versammelten sie sich zu regionalen Konferenzen.¹⁸ Am 21. bis 23. August trat in Fulda der deutsche Episkopat unter dem Vorsitz des Kölner Erzbischofs Josef Frings zur ersten Nachkriegskonferenz zusammen. Von diesen Fuldaer Beratungen existiert, wie üblich, kein Wortprotokoll, und anscheinend auch keine Mitschrift eines Teilnehmers.¹⁹ Wir sind aber über den Verlauf im allgemeinen hinreichend unterrichtet.²⁰

Der erste Tag begann mit einem Nachruf Faulhabers auf den am 5. Juli verstorbenen Breslauer Kardinal Bertram, dessen politische Strategie im Dritten Reich in den letzten Jahrzehnten Gegenstand sehr kritischer Erwägungen geworden ist.²¹ 1945 dachte man offenbar anders; jedenfalls ist bei dieser Gelegenheit und in diesem Kreis der Insider ausschließlich und vorbehaltlos Positives von ihm gesagt worden. Auch Preysing, der seit 1937 der bischöfliche Hauptkritiker der defensiven Taktik des Bertramkurses gewesen ist²², hatte in diesem Punkt keine Änderungswünsche an dem Hirtenbrief-Entwurf und unterschrieb – wie alle anderen – einen Text, der mit einer Eloge auf Bertrams Eingaben und Schriftsätze von 1933 bis 1945 beginnt.²³ Danach einigte man sich – anscheinend unschwer – auf die traditionelle Huldigungsadresse an den Papst. Sie enthielt einen eindringlichen Bericht über die allgemeine Lage, der sich aus der Generaldebatte des ersten Vormittags ergab. Das Protokoll hält darüber fest: „Wir stehen am Zusammenbruch Deutschlands, unseres Vaterlandes. Die Bischöfe müßten nicht Deutsche sein, wenn sie mit ihrem Volk nicht tiefstes Mitgefühl hätten. Auf der anderen Seite aber bedeutet der Zusammenbruch zugleich den Zusammenbruch des nationalsozialistischen Regimes und damit die Beseitigung einer ungeheuren Gefahr für die Kirche. Die Kirche hat die Jahre der Heimsuchungen und Verfolgungen überstanden. Dafür wollen wir dem Herrn danken."²⁴

Diese Protokoll-Passage hält mit Bezug auf den Kirchenkampf nichts Triumphalistisches fest; es wird der Beschreibung des Tatsächlichen kein Attribut – wie etwa „siegreich" oder „erfolgreich" – hinzugefügt, sondern nur – nachdem zuvor deutlich zwischen Staat und Regime unterschieden worden ist – ein Faktum festgehalten: die Kirche *hat* überstanden... Für diese Kirche wird auch nicht in Anspruch genommen, in den vergangenen Jahren *politischen* Widerstand geleistet zu haben; ihre Situation wird mit „Heimsuchung" und „Verfolgung" überschrieben und von der „ungeheuren Gefahr" gesprochen, die nun beseitigt sei. Das spielt auf die – wie wir heute wissen: begründeten – Befürchtungen hinsichtlich der nationalsozialistischen Zukunftspläne für die Nachkriegszeit an.[25]

Insgesamt wurde der Gang der Konferenz auch in der Generaldebatte nicht vom Rückblick auf die Vergangenheit, sondern von den Gegenwartsaufgaben bestimmt. Man übertrug die Entwürfe für einen gemeinsamen Hirtenbrief einer Unterkommission; man sprach über das Verhältnis zu den Besatzungstruppen; man einigte sich auf eine Eingabe an den künftigen Kontrollrat[26] sowie an die Militärbefehlshaber der Besatzungszonen; und man verständigte sich darauf, als „verbindliche Rechtsgrundlage" bei Verhandlungen und Maßnahmen von einer fortdauernden Geltung der Konkordate auszugehen, also auf Reichskonkordat wie Länderkonkordaten (mit Bayern, Preußen und Baden) zu beharren. Zwei andere Beschlüsse betrafen indessen direkt die politisch aktuelle Zeitgeschichte: Alle Diözesen wurden aufgefordert, nach einem offenbar in Köln vorbereiteten Fragebogen statistische Erhebungen über die „Verfolgungen der Kirche und ihrer Glieder" durchzuführen. Diese später wiederholte Initiative ist damals nicht bis zu einer überdiözesanen Zusammenfassung gediehen. Erst 1984 ist der erhaltene Teil dieser Nachkriegsmaterialien – nunmehr nicht unter aktuell-politischem, sondern unter historischem Aspekt – publiziert worden.[27] Außerdem gab die Konferenz die Denkschriften und Eingaben des Episkopats aus der Zeit des Dritten Reichs zur Veröffentlichung unter bischöflicher Verantwortung frei. Auch dieser Beschluß ist damals ziemlich folgenlos geblieben.[28] Erst die von der Kommission für Zeitgeschichte zwischen 1968 und 1985 publizierten „Bischöflichen Akten über die Lage der Kirche in Deutschland", die schon im Titel deutlich an eine Kölner Edition von 1949 erinnern, haben die Publikationsabsichten von 1945 – nunmehr mit allem wissenschaftlichen Aufwand und Anspruch – realisiert.[29] Im übrigen aber hat die erste Nachkriegskonferenz der deutschen Bischöfe sich mit rein kirchlichen Tagesordnungspunkten befaßt.

Wollen wir genauer wissen, wie der deutsche Episkopat zu diesem Zeitpunkt das Verhalten der Gläubigen und Bischöfe zwischen 1933 und 1945 beurteilt, wie er die Erfahrungen aus der unmittelbar zurückliegenden Gegenwartsgeschichte der Kirche eingeschätzt hat, so müssen wir uns an die Adresse an den Papst sowie an den Hirtenbrief halten.

Es war bei den Fuldaer Bischofskonferenzen üblich, zu Beginn der Beratungen eine lateinisch formulierte Adresse an den Papst zu richten. In diesem Schreiben bediente man sich traditionell einer gehobenen Sprache. Sie war deutlich von der humanistisch-theologischen Rhetorik kurialer Verlautbarungen geprägt.[29a] Diesem Stilmittel entspricht ein Pathos, das heutigen Ohren fremd klingen mag. Der ungewohnte Klang beeinträchtigt aber nicht den potentiellen Aussagewert eines derartigen Textes als einer historischen Quelle.

Die vom 22. August datierte und von allen Teilnehmern unterschriebene Adresse[30] beschäftigt sich im ersten Drittel mit der unmittelbaren Vergangenheit zur Erklärung der Gegenwartssituation. In vier Abschnitten, die mit dem gleichen „endlich... endlich..." (1944 hatte wegen des Krieges keine Konferenz stattfinden können) eingeleitet werden, rief man zunächst den heiligen Bonifatius als Schutzpatron der deutschen Kirche an und betonte die Verdienste und Leistungen des verstorbenen Kardinals Bertram. Auf den staatlichen Zusammenbruch Deutschlands wurde mit nur vier – allerdings lapidaren – Worten Bezug genommen („concidit enim regnum Germanicum"), um sodann – ausführlich – die Kriegszerstörungen an Gebäuden und Kirchen zu beschreiben. „Endlich", so schließt dieser Abschnitt, „haben wir uns versammelt; aber wir sind traurig und erschüttert über die wütenden und blutigen Mißhandlungen, die viele Priester und Gläubige an Leib und Seele erlitten haben, welche ihr Leben qualvoll um Christi Namen willen hingegeben haben. „Jedoch" – fuhren sie fort –, „so sehr wir auch durch Mangel und Elend bedrückt sind, wir sind reich und voller Trost; denn der größte Teil der Christgläubigen hat den Glauben an die göttliche Vorsehung und an die unauslotbare Liebe Christi, des Erlösers, ständig bewahrt und hat die heilige Mutter der Kirche nicht verlassen. Daher sind wir jetzt zuversichtlich, daß wir nicht allein unsern Vater im Himmel haben, sondern viele Brüder, die mit der blutigen Märtyrerkrone geschmückt sind. Wir vertrauen darauf, daß ihre Fürsprache und ihr Vorbild uns in diesen erregten Zeiten voll Liebe hilfreich sein wird."[31]

Die Bischöfe sprechen in diesem Text also nicht von sich selbst, sondern von ihrem Kirchenvolk, von dem Klerus und den Laien. Sie beschreiben mit anderen sprachlichen Mitteln den gleichen Sachverhalt, welcher im Protokoll mit „Heimsuchungen" und „Verfolgungen" bezeichnet ist. Zweierlei wird dabei herausgehoben: erstens, daß es eine große Zahl von Märtyrern aus den Reihen des Klerus und der Laien gebe; zweitens, daß der größte Teil des Kirchenvolkes in dieser Zeit seine Christlichkeit und Kirchlichkeit bewahrt habe. Ein politischer Widerstand der Kirche wird also nicht reklamiert, und von den politischen Folgen geistig-weltanschaulicher Nichtanpassung wird differenziert gesprochen: nicht die Gesamtheit der Katholiken blieb nach der Meinung der Bischöfe kirchlich, sondern der größte Teil; aber viele von ihnen wurden Märtyrer. Was das „Kirchlich-Bleiben" und das „Märtyrer-Werden" politisch bedeutet habe, wird nicht gesagt.

Die päpstliche Antwort datiert vom 1. November.[32] In Übersetzung ist sie schon bald dem Pfarrklerus zugänglich gemacht worden[33], erreichte also Breitenwirkung. Dieser Text weitet das Thema nach zwei Richtungen hin aus: er enthält Bemerkungen über die vatikanische Politik der vergangenen Jahre, und er bietet eine Bewertung des Verhaltens der deutschen Bischöfe im Dritten Reich.

Pius XII. griff einerseits ohne Abstriche das Lob für Kardinal Bertrams überdiözesanes Wirken auf.[34] Andererseits streifte er die Haltung des Vatikans angesichts der „hinterlistigen und raffinierten Kirchenverfolgung" der Hitlerjahre[35], wobei er sich selbst in eine unveränderte Linie mit Pius XI. stellte. Für den Heiligen Stuhl nahm er pflichtgemäßes Handeln in Anspruch. Nichts sei unversucht gelassen worden, was der Kirche in Deutschland habe helfen können. Die drei verfügbaren und angewendeten Mittel seien gewesen: Richtigstellung falscher Lehren unter Forderung nach „menschlicheren und christlicheren Normen", Klage und Beschwerde über Vertragsverletzungen, sowie Gebet. An diese Darlegung schließt sich ein sehr deutliches Lob für die Bischöfe an: „Wir haben sehr wohl gewußt – was heute zu Eurem Lobe öffentlich bekannt ist –, daß Ihr in gewissenhafter Erfüllung Eurer Amtspflichten den wahnsinnigen Ideen und Handlungsmaximen des hemmungslosen sogenannten ‚Nationalismus' mit ganzem Herzen Widerstand und Abwehr entgegengesetzt habt, und daß dabei der bessere Teil Eures Volkes auf Eurer Seite gestanden ist". Deshalb sei bei Strafen und Sanktionen das individuelle Verschulden „im Geiste des Rechtes" zu beachten, damit nicht „mit den Schuldigen auch die Unschuldigen bestraft werden".[36]

So wie er bei dieser Gelegenheit erneut die päpstliche Politik gegenüber Hitler als pflichtgemäßes und damit richtiges Handeln bezeichnete, so ließ er diesen Anlaß ebenfalls nicht ungenutzt, um auf die Distanzierung der Kirche von der Kollektivschuld-These hinzuweisen. Wir kommen darauf zurück.[37] Die gleiche Erfüllung der im Gewissen verbindlichen Amtspflichten attestierte er auch dem deutschen Episkopat. Auf diese Amtspflichten hatte sich 1937 die Enzyklika „Mit brennender Sorge"[38] berufen und öffentlich von den Bischöfen verlangt, darüber zu wachen, daß die Häresien der nationalsozialistischen Rassenlehren im Kirchenvolk nicht Boden faßten. „Ihre heilige Amtspflicht", hatte es damals weiter geheißen, „ist es, soviel an ihnen liegt, alles zu tun, damit die Gebote Gottes als verpflichtende Grundlage des sittlich geordneten privaten und öffentlichen Lebens geachtet und anerkannt werden".[39] Die Bischöfe wurden also an ihr Wächteramt erinnert, unmittelbar machtpolitische Konsequenzen wurden daraus jedoch nicht abgeleitet: die generelle, einschränkende Klausel „soviel an ihnen liegt" bezeichnet eine Grenze der Gewissenspflicht.

Das gleiche Amtsverständnis lag dem Lob vom 1. November 1945 zugrunde. Dort wird der Nationalsozialismus nicht mit Namen genannt, sondern eine Umschreibung benutzt („effrenus ‚Nationalismus', quem vocant") und den Bischöfen ausdrücklich bestätigt, daß es richtiges, pflichtgemäßes Verhalten gewesen sei, sich dieser Irrlehre mit ganzem Herzen entgegengestellt und widersetzt zu haben. Dabei vermeidet die Kurie das stärkere Verb „resistere"; sie begnügt sich mit dem weniger spitzen „obsistere" und begreift den bischöflichen Widerspruch nicht als etwas unmittelbar Machtpolitisches: er habe sich gegen Wahnsinnsgedanken und Handlungsmaximen[40] gerichtet. Da der Episkopat bei diesem weltanschaulichen Widerstand den besseren Teil des deutschen Volkes auf seiner Seite gehabt habe, wird aus rechtlichen Gründen eine unterschiedslose Entscheidung über Strafen und Sanktionen abgelehnt. 1937 hatte die Enzyklika den Bischöfen, den Priestern und allen Gläubigen, die „ihre Christenpflicht erfüllt haben und erfüllen", öffentlich Dank ausgesprochen und dies „mit anerkennender Bewunderung" für diejenigen verknüpft, die aus diesem Grunde „irdische Opfer und irdisches Leid" auf sich genommen hätten.[41] Jetzt, 1945, erinnert der Papst an die überaus vielen Verluste, die Laien und Klerus in den Konzentrationslagern[42] erlitten hätten und greift damit die entsprechende Passage der Fuldaer Adresse bestätigend auf.

Nimmt man den Text als Ganzes, so ist er ein klares Ja zum deutschen Katholizismus, zu Kirchenvolk und Kirchenführung, weil er sich weltanschaulich gegenüber dem Nationalsozialismus verteidigt und behauptet habe. Irgendein öffentliches Schuldbekenntnis verlangt er nicht, im Gegenteil: er folgt den Leitlinien der Allokution vom 2. Juni 1945, in welcher Pius XII. vor der Weltöffentlichkeit die vatikanische Deutschlandpolitik und die Haltung der deutschen Katholiken von 1933 bis 1945 ausführlicher beschrieben hatte.[43] Der englische Vatikangesandte Osborne hat sie intern als „justificatory, if not apologetic" bezeichnet[44], während Jedin in seinem Tagebuch die Rede des Papstes als „im Ganzen doch befriedigend" befand, „weil sie den Widerstand der Kirche und der deutschen Katholiken unterstreicht, und das ist im Moment das einzige Mittel, uns zu helfen".[45] Der zeitgeschichtliche Abriß, den Pius XII. vor den Kardinälen entwickelte, ist natürlich keine wissenschaftliche Abhandlung mit Für und Wider, aber auch keine triumphalistische Eloge, sondern ein Rechenschaftsbericht. Er bedient sich einer sparsamen Rhetorik, enthält deutliche Zwischentöne und beschreibt die zwölf Jahre als ein nach und nach sich Entfaltendes, dessen Ausgang von vornherein nicht unbedingt klar zu erkennen gewesen sei. Der Grundtenor hieß: über wirkliche Alternativen des Handelns verfügte die Kirche kaum. Sie war in der Defensive, hat sich von vertretbaren Güterabwägungen leiten lassen, und konnte durch den Aufweis der Unvereinbarkeit der nationalsozialistischen Weltanschauung mit der christlichen Lehre zwar viele, aber nicht alle, nicht einmal alle Gläubigen, überzeugen. Das Reichskonkordat 1933 abzuschließen, trotz aller vatikanischen Bedenken[46], war eine in der damaligen Situation vernünftige politische Entscheidung; die Enzyklika „Mit brennender Sorge", ein „Zeichen des Widerspruchs" (Luk. 2,34), enthüllte zur rechten Zeit den wahren Charakter des Nationalsozialismus und den radikalen Gegensatz zwischen nationalsozialistischem Staat und katholischer Kirche, die unter diesem Regime einen „schmerzvollen Leidensweg" gehen mußte, in dem sich aber die „oft bis zum Tode unverbrüchliche Festigkeit ungezählter Katholiken" offenbarte – ein Kampf, an dem der Klerus ruhmvollen Anteil hatte. Die Jahre 1933 bis 1945 waren für die Kirche eine Zeit der Drangsale, die jetzt, „mit dem plötzlichen und tragischen Ende des Verfolgers ihren Abschluß gefunden hat".

Dieses Geschichtsbild entspricht bezüglich der vatikanischen Deutschlandpolitik durchaus dem Befund der umfangreichen kirchlichen und staatlichen Akten, die in den letzten Jahrzehnten ans Licht gekommen sind. In dieser Hinsicht hatte der Papst eine Erklärung zu bieten, aber nichts zu beschönigen. Auch in der Beschreibung des Leidensweges der Kirche in Deutschland vermied er, bei aller Anerkennung, Schwarz-Weiß-Malerei. Die Darstellung gipfelte in ausdrücklich als vorläufig bezeichneten Zahlen über das Martyrium der Priester im Konzentrationslager Dachau. Dabei benutzte er Zusammenstellungen des Münchener Prälaten und späteren Weihbischofs Johannes Neuhäusler (1888–1973), der dort die Zeit von 1941 bis 1945 als Häftling verbracht und dem Papst am 23. Mai ausführlich von seinem Schicksal und seiner Bewertung der Lage erzählt hatte.[47] Für die Kurie war er ein vertrauenswürdiger Informant; schon im Frühjahr 1933 hatte er als Gewährsmann gedient.[48] Er hatte die Hitler-Herrschaft von Anfang an mit lebhaftem politischem Interesse verfolgt und eine reiche Materialsammlung über den Kirchenkampf zusammengebracht. Sie erschien 1946 als Buch und dokumentierte nach Faulhabers Urteil, daß „die Bischöfe, die Sendboten der christlichen Wahrheit und Wächter der sittlichen Ordnung, doch nicht immer geschwiegen haben, wenn sie reden mußten, und nicht immer geschlafen, wenn sie in das Wächterhorn stoßen mußten".[49] Sicherlich präsentiert sich bei Neuhäusler die Kirche erheblich monolithischer, als sie tatsächlich war. So sind die Bemühungen um einen modus vivendi im Jahre 1933 weitgehend unberücksichtigt geblieben.[50] Gerade dieses Bild entsprach jedoch der persönlichen Erinnerung eines tapferen Priesters, der selbst gekämpft und gelitten hatte. Er verstand sich keineswegs als „Geschichtsforscher von Beruf und Fach"[51], sondern als Zeitzeuge, der Wichtiges zu sagen habe. Seine Botschaft hieß: Wir haben weltanschaulich Widerstand geleistet und dafür gelitten; daher ist der Kollektivschuld-Vorwurf ungerecht. Dies bestätigte die Papstrede vom 2. Juni 1945 öffentlich.

2.2. „Umkehr durch Verchristlichung"

Die Drangsale und Heimsuchungen, die zwischen 1933 und 1945 über die Kirche gekommen waren, als sie auf ihrem Proprium beharrte, sind von den Zeitgenossen, die dies miterlebten, gern als „Kulturkampf" bezeichnet worden.[52] Die Katholiken evozierten damit die Erinnerung an ihre schwerste Bedrängnis in der neueren Geschichte. Diese Erinnerung verband sich mit der Meinung, daß die Kirche sich im 19. Jahrhundert durch konsequentes Beharren auf ihrem Eigenen gegen diesen Ansturm erfolgreich zur Wehr gesetzt habe: Bismarck hatte schließlich eingelenkt. Man hatte katholischerseits zwar nicht vergessen, daß beim Abbau der Kulturkampfgesetze der Status-quo-ante nicht wieder hergestellt worden war. Aber der Kulturkampf hatte dem deutschen Katholizismus doch das bis 1933 kaum bestrittene Bewußtsein vermittelt, daß konsequente Einigkeit die Katholiken unüberwindlich mache.[53] „Kulturkampf" war also Chiffre für die bis dahin schlimmste geschichtliche Erfahrung von unmittelbarer politischer Relevanz.[54]

Manche Angehörigen der Generation, die vor 1900 geboren ist, bezeichneten auch nach 1945 die nationalsozialistische Kirchenverfolgung gern als „Kulturkampf". Sie blieben insofern bei einer traditionellen Terminologie. Hingegen hielten andere, besonders jüngere, schon in den sechziger Jahren den Terminus „katholischer Kirchenkampf" für angemessener, um die Ereignisse in der Hitlerzeit zu charakterisieren. Dabei ist unstrittig, daß er etwas sehr Anderes gewesen ist als der „Kirchenkampf" im evangelischen Deutschland. Der katholische Kirchenkampf war kein Streit um den wahren Glauben und um die diesem Glauben entsprechende Organisationsform der Kirche, sondern Abwehrbemühung einer intakten Kirche, in der innerkirchlich, von den Katholiken, weder der Glaube noch die Organisation ihrer Kirche zur Diskussion gestellt wurde; sondern man fühlte sich in existenzbedrohender weltanschaulicher Konkurrenz mit einem Regime, das man als totalitär qualifizierte.

Die kirchliche Stellung zum totalitären System war 1931 durch Pius XI. festgelegt worden.[55] Damit war der Anspruch einer politischen Herrschaft auf Verfügungsgewalt über Kirche, Familie und Gewissen verurteilt. Auf eben diese Verfügungsgewalt aber zielte Hitler bereits 1933.[56] Weil und insofern die Kirche dies nicht mitmachen wollte, wurde der katholische Kirchenkampf unvermeidlich. Im Unterschied zu Bismarck aber, der sich formal rechtsstaatlicher Methoden bedient hatte, war vom Nationalsozialismus seit 1933 neben und über dem Staat ein neuartiges Maßnahmen-Regime etabliert worden, das ungleich wirkungsvoller operierte als der liberale Staat des 19. Jahrhunderts, das eine totale Weltanschauung durchsetzen wollte. Hauptadressat im katholischen Kirchenkampf, der von den Bischöfen mit Fug und Recht als ein Kampf auf Leben und Tod verstanden wurde[57], waren daher – für hüben wie drüben – die Köpfe und Herzen der Menschen. Der scharfsinnige Analytiker Waldemar Gurian hat das früh erkannt und daraus terminologische Konsequenzen gezogen. Sein 1935 erschienenes Buch über die Lage der katholischen wie der evangelischen Christen in Deutschland nannte er nicht „der neue Kulturkampf", sondern „Der Kampf um die Kirche im Dritten Reich".[58] Seine Grundthese war, daß Hitler versuche, „seine Weltanschauung an die gleiche Stelle zu setzen, die früher bei den

Deutschen der Christenglaube als die ihr ganzes öffentliches Leben trotz aller Verweltlichung normierende und ordnende Religion eingenommen hat". Daher erkannte Gurian im Nationalsozialismus eine „wenn auch ‚verkappte' Ersatzreligion", eine „den ganzen Menschen totalitär in allen seinen Lebensäußerungen bestimmende Gläubigkeit". So wurde Hitler für ihn der „eigentliche Feind der Kirche".

Wenn ich richtig sehe, ist katholischerseits 1945 nie erörtert worden, ob die überstandene Verfolgungszeit als erneuter „Kultur-" oder als neuartiger „Kirchenkampf" zu verstehen sei. Man fragte noch nicht professionell nach der historiographischen Einordnung der kirchlichen Zeitgeschichte, sondern lebensweltlich nach den „tieferen, geistigen Ursachen" der deutschen Katastrophe.[59] Die Antwort lautete im Katholizismus unisono: das Dritte Reich und der Zusammenbruch von 1945 sind die konsequente Folge der Entchristlichung der Welt. Daraus ergab sich als „allererste Pflicht in der jetzigen dunklen Stunde: Umkehr durch Verchristlichung".[60]

Diese Sicht war keineswegs auf die Kirchenführung oder den Klerus beschränkt. Es wurde allgemein akzeptiert, daß das Dritte Reich mit seinen Untaten nicht der Anfang des Unheils gewesen sei, sondern der Höhe- und (wie man hoffte) Endpunkt einer langen Geschichte, die durch Abkehr der Welt von Gott, durch Abfall vom Christlichen geprägt gewesen sei – ein Vorgang von größter Tragweite, der damals katholischerseits noch kaum mit der heutigen Kurzformel „Säkularisierung"[61] begriffen und mehr oder minder akzeptiert wurde.

Der heutigen Säkularisierungs-Konzeption liegt die Überzeugung zugrunde, daß das Auseinandertreten von Christentum und Wissenschaft, von Christentum und Kultur und von Christentum und Welt etwas Unabänderliches sei, etwas nicht mehr Revidierbares. Eine solche Vorstellung war dem deutschen Katholizismus von 1945 ziemlich fremd. Auch hier war zwar seit langem das Bewußtsein einer Entchristlichung unserer abendländischen Welt präsent. Oft genug seit dem 18. Jahrhundert hatten Zeitkritiker, Bischöfe und Päpste darauf hingewiesen. Jedoch versuchte man nicht, dieser Entwicklung auch oder ganz positive Seiten abzugewinnen, sondern empfand sie als eine Herausforderung, mit der man nicht leben und sich begnügen wollte, die es zu überwinden galt. Es hieß deshalb 1945: Rückgewinnung des verlorenen Terrains, Heimholung der Welt durch Wiederbelebung der positiven Traditionen, Erneuerung der Welt von den Wurzeln her – also, auf das Schlagwort gebracht: Rückkehr zum Christlichen Abendland.

In dieser Argumentation griffen Geschichtsbild und Aktionsprogramm nahtlos ineinander: geschichtliches Urteil legitimierte politisches Handeln. Wir finden diese Gedanken daher nicht allein in kirchlichen Verlautbarungen, sondern auch in der parteipolitischen Aktualisierung der frühen Unionsprogramme. Der Kölner, wesentlich von katholischer Seite[62] geprägte „Ruf zur Sammlung des deutschen Volkes" vom Juni 1945 führte das in seiner langen Geschichte beispiellose Unglück Deutschlands auf politisch-moralisches Fehlverhalten zurück (Materialismus, Demagogie, Rassenhochmut, Machtrausch und Herrschsucht werden genannt), und zog daraus den Schluß: „Was uns in dieser Stunde der Not allein noch retten kann, ist eine ehrliche Besinnung auf die christlichen und abendländischen Lebenswerte".[63] Die im September folgenden rheinisch-westfälischen „Leitsätze" formulierten als Präambel: „Gott ist der Herr der Geschichte und der Völker, Christus die Kraft und das Gesetz unseres Lebens. Die deutsche Politik unter der Herrschaft des Nationalsozialismus hat diese Wahrheit geleugnet und mißachtet. Das deutsche Volk ist deshalb in die Katastrophe getrieben worden. Rettung und Aufstieg hängen ab von der Wirksamkeit der christlichen Lebenskräfte im Volk."[64] Diese Sätze stammen von dem Wuppertaler Otto Schmidt, der zur Bekennenden Kirche gehört hatte[65]; sie entsprachen aber ganz dem Denken der Katholiken. Ähnliches steht daher auch in der auf Konrad Adenauer[66] zurückgehenden Präambel des Programms der CDU der britischen Zone vom 1. März 1946: „Die Epoche, in der die materialistische Weltanschauung in Deutschland die geistige Grundlage wurde, ... soll zu Ende sein. – Auch der Nationalsozialismus wurzelt in dieser Weltanschauung... Wohin diese Entwicklung, die weit vor dem Anfang dieses Jahrhunderts begann, geführt hat, sehen wir: ... Nur eine weltanschauliche Änderung des Volkes kann eine Besserung bringen. Eine sittliche Erneuerung ist notwendig... An die Stelle der materialistischen Weltanschauung muß wieder die christliche Weltanschauung treten... Wir betrachten die hohe Auffassung des Christentums von der Menschenwürde, vom Wert jedes einzelnen Menschen als Grundlage und Richtschnur unserer Arbeit..."[67] In seiner Kölner Grundsatzrede vom 26. März 1946 hat er die geschichtliche Fehlentwicklung präzisiert: Der tiefste Grund für den Sturz „in einen solchen Abgrund" sei, daß „breite Schichten des Volkes" nicht „die richtige Geisteshaltung" gehabt hätten. „Das deutsche Volk krankt in allen seinen Schichten an einer falschen Auffassung vom Staat, von der Macht, von der Stellung der Einzelperson... Der Staat wurde... vor allem durch Hegels Auffassung vom Staat als der verkörperten Vernunft und Sittlichkeit, in dem Bewußtsein des Volkes fast zu einem göttlichen Wesen."[68] Auf diese Weise die Fehlentwicklung spätestens mit dem deutschen Idealismus beginnen zu lassen, war damals in katholischen Studentenkreisen[69] gang und gäbe; daneben lebte aber auch die traditionell katholische Sicht des 19. Jahrhunderts fort, die in Renaissance und Reformation den Beginn der Fehlentwicklung erblickte.[70]

Ob man nun 1800 oder 1500 als den Anfang des Irrweges ansetzte, die Konsequenz daraus war in jedem Falle der Wille zur sittlichen und geistigen Umkehr und Rückkehr, die von einer kirchlichen Erneuerung, genauer: von einer Verbreiterung, einer Intensivierung der kirchlichen Wirksamkeit erhofft wurde. Für eine derartige Rechristianisierung schienen die Zeichen günstig zu stehen. Die statistisch meßbare Kirchlichkeit der Katholiken war groß. Im Dritten Reich war sie zunächst sogar gestiegen und hatte 1935 ein Maximum erreicht: 56,3% der katholischen Gesamtbevölkerung – diese Zahl entspricht etwa 70% der durch Kirchengebot zum Sonntagsgottesdienst Verpflichteten – hatten damals am sonntäglichen Meßopfer teilgenommen.[71] Diese Zahlen waren bis zum Krieg leicht, aber nicht wesentlich zurückgegangen. Für den Krieg und die unmittelbare Nachkriegszeit liegen zwar keine ebenso brauchbaren statistischen Daten vor wie für die Zeit bis 1938: die Einziehung zum Militär und die großen Evakuierungen haben sicherlich die statistisch faßbare Kirchlichkeit der katholischen Bevölkerung eher negativ als positiv verändert. Aber insgesamt wußten die Bischöfe, daß sie in den kirchlichen Dingen ihr Kirchenvolk zum größten Teil immer hinter sich hatten. Kraftvolle, im wesentlichen ungeschwächte Existenz der katholischen Kirche in Deutschland wegen der „Glaubenstreue und der Glaubenskraft der breiten Massen des katholischen Volkes, der überwiegenden Zahl des Welt- und Ordensklerus und der Bischöfe", so hatte 1937 die Analyse des Berliner Bischofs Graf Preysing gelautet.[72] 1942 konstatierte der für die Jugend zuständige Mainzer Bischof Stohr erstmals als „bedenklich", daß die vierzehn- bis siebzehnjährigen männlichen Jugendlichen wenig in Erscheinung träten; er hatte zwar ein „wesentlich besseres Bild" von den jungen Soldaten als in den ersten Kriegsjahren und hielt insgesamt die religiöse Lage für „erfreulich", dachte aber an das Kommende und die Kommenden mit „ernstester Sorge": jedenfalls hänge „unendlich viel" davon ab, „in welcher religiösen Haltung und Kraft die Soldaten einst zurückkehren werden".[73]

Dieser Zeitpunkt war nunmehr gekommen: Soldaten und Evakuierte begannen zurückzukehren, Flüchtlinge und Vertriebene einzuströmen; jetzt – so schien es – schlug die Stunde der Kirche. Der Rektor des römischen Germanikums, P. Ivo Zeiger SJ (1898–1952), besuchte im September 1945 unter teilweise abenteuerlichen Umständen in päpstlichem Auftrag 13 west- und süddeutsche Bischöfe, um zuverlässige Informationen für den Vatikan zu beschaffen. Sein Bericht spiegelt uneingeschränkten Optimismus.[74] Die materiellen Zerstörungen, die er antraf, stimmten ihn zwar – begreiflicherweise – traurig, aber die seelische Haltung des Volkes fand er „erfreulich": von einer „Verzweiflungsstimmung" sei „im Durchschnitt nichts zu bemerken. Das Volk trägt mit bewundernswerter Geduld die Leiden des verlorenen Krieges und die Drangsale der Besatzung. Hervorragend geradezu ist der Heldenmut der Frauen".[75] Die größte Überraschung aber war für ihn der Einblick in das religiöse Leben. Er hatte – ähnlich wie 1918 bis 1922 – „eine schwere Krise auch im Religiösen" erwartet. Statt dessen erklärten ihm „alle befragten Herren, das religiöse Leben sei allem Terror zum Trotz bis jetzt in bewundernswerter Weise vom Volk weitergeführt worden und könne jetzt, wenn nicht unvorhergesehene Dinge eintreten, zu einer neuen Blütezeit gelangen". Mit eigenen Augen konnte er sehen, wie die noch erhaltenen

Kirchen sonntags und werktags gefüllt waren. Alle Bischöfe versicherten ihm, daß sie „mit der religiösen Beteiligung des Volkes mehr als zufrieden seien". Deshalb wiederholte er zusammenfassend erneut: „Das religiöse Bild berechtigt zu guten Hoffnungen für eine neue Blütezeit. Ich bin in dieser Hinsicht tief getröstet zurückgekehrt."[76]
Wer damals mit wachen Augen die Kirche von unten her erlebte, wird diese Beobachtungen nur bestätigen können. Der Kölner Stadtdechant notierte sich am 5. November 1945 in seinem Tagebuch: „Ich habe den Eindruck, als ob die während des Krieges vergeblich erwartete religiöse Besinnung nun langsam durchbreche."[77] Die Fronleichnamsprozessionen, die 1945 und 1946 durch die Trümmer der Städte zogen, waren riesig groß; die Kirchen bei den Jugendkundgebungen waren brechend voll. Es gab daher im Bewußtsein vieler eine echte Chance für eine wirkliche religiöse Erneuerung unseres katholischen Volkes in die Tiefe und in die Breite hin. Die Attraktivität der Kirche schien grenzen- und beispiellos.
Tatsächlich ist die Entwicklung erheblich anders verlaufen. In Köln, einem Bistum mit relativ schlechtem Kirchenbesuch, ist die Zahl der Osterkommunikanten, die 1942 auf 42% abgesunken war, bis 1948/49 nur wieder auf 44% angestiegen und dann – sehr langsam – gesunken.[78] Anfang 1947 sprach der Papst schon öffentlich von der vielleicht schwersten religiösen Krise seit Beginn des Christentums.[79] Ein Jahr danach erklärte der Kölner Kardinal bekümmert: „Die Menschen in unseren Dörfern und Kleinstädten haben zum großen Teil die Stimme der Kirche nicht *so* gehört, als... müßten sie in ihrem Leben etwas ändern."[80] Im September 1948, beim Mainzer Katholikentag, beschrieb P. Zeiger mit einer berühmt gewordenen Formel Deutschland als „Missionsland".[81] Fünf Jahre nach Kriegsende trafen die westdeutschen Bischöfe in einem gemeinsamen Hirtenwort die Feststellung, daß „eine wirkliche Rückkehr zu Gott ausgeblieben" sei.[82] Die kirchlichen Hoffnungen auf einen großen und dauerhaften Aufbruch haben sich also nicht erfüllt. Ob man das auch 1945 bereits hätte erkennen und sich dann anders hätte einrichten können oder eingerichtet hätte, ist eine ebenso schwierige wie müßige Frage. Tatsache ist, daß die bestunterrichteten Zeitgenossen, oben wie unten, vom Gegenteil überzeugt waren. Rückkehr zu Gott und Rückeroberung des verlorenen geistigen Terrains, dies galt 1945 angesichts der Lage der Kirche in Deutschland als ein erreichbares Ziel; denn die aus den Strudeln des Krieges auftauchenden Menschen suchten offenkundig jenen inneren Halt, den die Kirche mit ihrer Verläßlichkeit im Dogmatischen und Moralischen, mit der Frömmigkeit, die in ihr gepflegt wurde, und mit der Einheitlichkeit, die sie sich in den zwölf Jahren bewahrt hatte, anbieten konnte und wollte.
Vor dem Hintergrund dieser Erwartungshaltung hätte eine wenigstens in den Hauptpunkten einigermaßen erschöpfende Behandlung unseres Themas nunmehr die wesentlichen institutionellen Veränderungen, pastoralen Ent-

scheidungen und politischen Orientierungen und nicht zuletzt die karitativen Bemühungen der katholischen Kirche in der unmittelbaren Nachkriegszeit ausführlicher zu behandeln. Darauf muß an dieser Stelle aus Raumgründen verzichtet werden.[83] Nicht ausklammern aber möchte ich die Erörterung des Selbstverständnisses der deutschen Katholiken von 1945 hinsichtlich der Frage nach Individual- und Kollektivschuld – ein Punkt, an dem protestantisches und katholisches Denken sich damals noch erheblich mehr unterschieden hat als heute.[84] Prägend war dabei die Haltung des Papstes.

2.3. Katholische Schulderörterungen 1945

Auf den Zusammenhang von Gerechtigkeit, Schuld und Sühne, wie ihn Pius XII. verstand, ist bereits hingewiesen worden; denn auch in seinem Schreiben vom 1. November 1945 an die deutschen Bischöfe hatte er diese Problematik kurz umrissen.[85] Damit bekräftigte er aber nur das seit dem Sommer 1944 mehrfach von ihm Wiederholte. Er hat bekanntlich jeden Kollektivschuld-Vorwurf als moralische Legitimation für kollektive gerichtliche Bestrafungen oder Sanktionen immer und konsequent abgelehnt.

Dies geschah zum ersten Male öffentlich am 2. Juni 1944, als die Alliierten noch vor den Mauern von Rom standen (und der militärische Widerstand gegen Hitler zum Schlag ausholte). Damals hatte er „ehrenhafte" Friedenslösungen verlangt, die Dauer versprächen, und die davon auszugehen hätten, daß auch in der Gegenwart ein Krieg als „Last und Schuld" kaum den Völkern als solchen zugemessen werden könne.[86] In der Weihnachtsbotschaft von 1944 wurde er deutlicher. Er lehnte einerseits angeblich militärische Zwänge als Rechtfertigung für strafrechtliche Delikte grundsätzlich ab, bekannte sich also ohne Wenn und Aber zur gerichtlichen Ahndung aller Kriegsverbrechen. Aber kollektive Gerichtsverfahren und Bestrafung von ganzen Organisationen bezeichnete er als Verstoß gegen die jeder menschlichen Gerichtsbarkeit vorausliegenden Normen.[87] Damit war die Problematik des Nürnberger Gerichts und der ihm folgenden Spruchgerichte und Spruchkammern, mehr noch die Problematik der Entnazifizierung, dieses aus prinzipiellen wie pragmatischen Gründen ungeeigneten Verfahrens, eine gerechte klassifikatorische Einordnung des individuellen Verhaltens vieler Millionen Menschen zu erreichen, bezeichnet. Daran hat er auch später festgehalten. Als er am 20. Februar 1946 in spektakulärer Weise drei deutschen Bischöfen den Kardinalshut verlieh, erklärte er: „In der Welt werden irrtümliche Meinungen verbreitet, die einen nur deshalb für schuldig und verantwortlich erklären, weil er Mitglied oder Teil einer bestimmten Organisation ist, ohne sich die Mühe zu geben, nachzuforschen oder zu untersuchen, ob bei ihm wirklich persönliche Schuld durch Handeln oder Unterlassen vorliege." Davon distanziere er sich; denn das heiße, „die Rechte Gottes... sich anmaßen, dessen Pläne uns unzugänglich sind, wenn seine Vorsehung ... die Geschicke von Schuldigen und Unschuldigen, Verantwortlichen und Nicht-Verantwortlichen miteinander verknüpft".[88] Pius XII. spricht hier von Bereichen des Politischen und Bezirken menschlichen Verhaltens, die sich einem späteren Gerichtsurteil durch Menschen, das Anspruch auf Gerechtigkeit erhebt, entziehen: es gibt Schicksale und Schicksal, die nicht vor ein Gericht passen. Das Gericht Gottes können und dürfen Menschen nicht ersetzen.[89]

✳ ✳ ✳

Wenn ich richtig sehe, sind diese päpstlichen Äußerungen nirgendwo im Katholizismus auf Widerspruch gestoßen. Das ist verständlich; denn die theologischen Prämissen des Papstes mit ihrer traditionellen und exklusiven Bindung des Schuldprinzips (außerhalb der Erbsünde) an die Einzelperson[90] wurden allenthalben geteilt; und in der Situation von 1945 war man empfänglich und dankbar für jede direkte und indirekte Zurückweisung der allgemeinen Verfemung des Deutschen, welche die veröffentlichte Tagesmeinung beherrschte und die Politik der Siegermächte gegenüber den Deutschen rechtfertigen sollte.[91] Daß die deutschen Bischöfe den Spuren des Papstes folgten und sich ohne Ausnahme dem Kollektivschuldvorwurf versperrten, ist daher kaum verwunderlich. Es entsprach der geltenden Theologie und der politischen Grundorientierung.

Für die bischöflichen Distanzierungen von der Kollektivschuld-These gab es im Grunde zwei verschiedene Argumentationsmuster, ein gegenwartsgeschichtlich-politisches und ein theologisch-systematisches. Diese beiden, in praxi sich ja ergänzenden Betrachtungsweisen wurden meist miteinander verbunden. Politisch-historisch wurde dem Kollektivschuld-Vorwurf, der in der Sache eine Fortführung der nationalsozialistischen Propagandagleichung: „Deutschland = Hitler" darstellte, indirekt der Boden entzogen, wenn auf Tatsachen hingewiesen werden konnte, die zu dieser These in eklatantem Widerspruch standen. Hier war vor allem, für jeden Zeitgenossen einsichtig, daran zu erinnern, daß die katholische Kirche sich dem weltanschaulichen Anpassungsdruck des Regimes „bald nach der ‚Machtübernahme'" in, wie es der Kölner Erzbischof am 27. Mai 1945 formulierte, „offenem Kampf" widersetzt hatte.[92] „Manche" Geistliche seien wegen ihrer mutigen Kanzelworte „in die Gefängnisse und Konzentrationslager" gewandert, „viele tapfere Laien" hätten wegen ihrer Treue zur Kirche „Unsägliches" erduldet. „Das katholische Volk" aber habe „mit vermehrtem Eifer den Gottesdienst" besucht. Es habe sich weder durch Drohungen noch durch Zurücksetzungen und Schädigungen davon abhalten lassen „und legte dadurch einen zwar stillen, aber wohlverstandenen Protest gegen Dinge ab, die zu ändern nicht in seiner Macht stand". Ähnlich argumentierten der gemeinsame Hirtenbrief der westdeutschen Bischöfe vom 5. Juni, der auf einen Entwurf des Aachener Bischofs van der Velden zurückging[93], und das

Hirtenwort der bayerischen Bischöfe vom 28. Juni, das sich an die Ansprache des Papstes vom 2. Juni[94] anlehnte.[95] Der globale Schuldvorwurf ließ sich schwer aufrechterhalten, wenn er offenkundigen Fakten über das Verhalten in der unmittelbaren Vergangenheit widersprach.

Noch deutlicher wurde der Gegensatz, wenn der kollektive Schuldvorwurf direkt bestritten oder eine Schuld-Erklärung ausdrücklich abgelehnt wurde. Eine „allgemeine Schuld" daraus abzuleiten, daß Hitler nicht von innen heraus und mit Gewalt gestürzt worden sei, hielt der Freiburger Erzbischof Gröber am 1. Mai für unzulässig; denn die „organisierte Macht" des Systems sei zu groß gewesen.[96] Gleichwohl räumte er ein: „Und doch trifft auch uns, wenigstens vor Gott, manche Schuld." Von einer derartigen Schuld vor Gott im Zusammenhang des Leides, das der Krieg über die Menschen gebracht hatte, war schon 1944 im Mainzer Fastenhirtenbrief die Rede gewesen: „Genau so wie der einzelne haben diese Gruppen [Familien, Stände, Völker, schließlich die ganze Zeit und Welt], haben ganze Zeiten die Pflicht, vor Gott ihre Schuld zu bekennen und das auferlegte Leid... auch als Sühne und Buße auf sich zu nehmen".[97] In seinem ersten Hirtenbrief nach Kriegsende, am 29. Juni, zog der Mainzer Bischof Stohr diese Linie nicht einfach weiter. Er bekannte sich zum Vaterland und zu einem christlichen und sozialen Rechtsstaat und erklärte: „Wir sind mit offenen Augen durch die letzten Jahre gegangen, wir haben unsäglich gelitten unter so manchem Unrecht, womit sich unser Volk befleckt hat. Wir weigern uns nicht, vor Gott an unsere Brust zu schlagen wie der demütige Zöllner im Tempel." Aber er lehne es ab, die „Welt" als Adressat eines solchen Schuldbekenntnisses zu akzeptieren: Wir haben „soviel Selbstachtung, daß wir solches Schuldbewußtsein nicht in die Welt hinausschreien, zumal wir aus der Geschichte die Fragwürdigkeit menschlicher Urteile gelernt und höchst unerwünschte Wirkungen allgemeiner Schuldbekenntnisse erfahren haben".[98] Das hieß ein Ja zu Sühne und Buße, aber ein deutliches Nein zu politisch instrumentalisierbaren Schulderklärungen. Stohr weigerte sich, in seinem öffentlichen Handeln nach deontologischen Grundsätzen zu verfahren; er richtete sich nach den Kategorien teleologischer Ethik.

Dies ist die Grundhaltung aller Bischöfe im Jahre 1945 gewesen. Sie sperrten sich nicht vor der Gewissenserforschung. Aber sie kamen zu Ergebnissen, die der alliierten Propaganda widersprachen. So paßten sie sich dem öffentlichen Druck nach Schulderklärungen nicht an. Am deutlichsten wird dies faßbar in einer Kölner Denkschrift vom 2. August 1945.[99] Erzbischof Frings hat sie abgezeichnet, aber vielleicht nicht selbst ausgearbeitet.[100] Daß er sich ihre Argumentation zu eigen gemacht hat, ist aber sicher. Es geht darin um „die Schuld des deutschen Volkes".

Ein Teil I bringt in konzentrierter Form Gründe gegen eine generelle Schuld des deutschen Volkes am Kriege, an den Greueltaten der Gestapo und SS sowie am Dritten Reich. Teil III behandelt das Problem einer Kollektivschuld, die im „juridischen" Sinne – gemeint ist offenbar: zivilrechtlich – akzeptiert wird insofern, als das Volk „als Ganzes haftbar" und nach dem Maße des Möglichen zu Wiedergutmachung durch Reparationszahlungen verpflichtet sei, wobei es ein „Recht auf Leben" und auf „Befriedigung gewisser Kulturbedürfnisse" behalte. Abgelehnt wird hingegen eine „moralische" Kollektivschuld; denn ein Volk habe keine „Gesamtseele, die moralischer Handlungen fähig wäre". Nur „Einzelwesen" seien moralisch handlungsfähig. Heilsgeschichtlich sei zwar die Zusammengehörigkeit eines Volkes und einer Nation „kein bloß gedachtes Verhältnis"; denn die Schrift spreche von einem „Gericht über ganze Völker, von der Schuld der Völker". Aber nicht die Kirche ist die kompetente Instanz für derartige heilsgeschichtliche Urteilsfindungen: „Dieses Gericht über ganze Völker hat Gott sich selbst vorbehalten... Wollten Menschen sich dieses Urteil... anmaßen, so würden sie in Gottes Rechte eingreifen, sollten sie ein solches Urteil vollstrecken..., so würden sie sich göttliche Vollmacht zuschreiben. Nur wer von Gott eine unmittelbare Offenbarung erhalten hat wie die Propheten, darf ein solches Urteil aussprechen; nur wer einen unmittelbaren Auftrag von Gott dazu hat wie Saul gegenüber Amalek, darf ein solches Urteil vollziehen." Wie Thomas von Aquin hält also die Frings-Denkschrift die historischen Ereigniszusammenhänge und Geschehnisse zwischen Himmelfahrt und Wiederkunft des Herrn von seiten der Menschen für heilsgeschichtlich bis zum Jüngsten Tag nicht interpretierbar, weder im Guten noch im Bösen.[101] Es liegt ihr mithin ein klares geschichtstheologisches Konzept zugrunde.

Um theologische Präzision ist auch Teil II bemüht, der nach der „moralischen Schuld der Deutschen" fragt. Moralische Schuldfähigkeit „im strengen Sinne" komme nur dem vernunftbegabten Einzelmenschen zu. Schuld entstehe „durch bewußte Teilnahme an unerlaubten Handlungen oder durch schuldhafte Unterlassung". Unter diesem Aspekt seien die „wirklichen Kriegsverbrecher" vom Richter „nach dem Maß ihrer Schuld" zu bestrafen. Was das „Schweigen zu den geschehenen Verbrechen" betreffe, so sei angesichts der tatsächlichen Verhältnisse und Umstände für die meisten Deutschen eine moralische Schuld nicht anzunehmen. „Inwieweit hohe Offiziere durch Einzelbefehle oder durch Stillschweigen... sich verfehlt haben, muß im Einzelfall untersucht werden."

Von diesem Punkt aus wirft die Denkschrift auch die Frage nach dem Verhalten der Kirche auf. Dabei stehen offenkundig die Bischöfe im Vordergrund der Überlegungen. Sie beginnt mit einem wichtigen Vordersatz, indem sie deutlich jeden Zugzwang, der aus der Lehre von der potestas directiva oder potestas directa ratione peccati der Kirche deduzierbar wäre, ablehnt: „Die Kirche ist nicht Kontrollinstanz für den Staat in dem Sinne, daß sie verpflichtet wäre, gegen jedes Unrecht, das die Staatslenker begehen, durch ihre Priester und Bischöfe öffentliche Verwahrung einzulegen." Frings distanziert sich insofern vom Mittelalter mit seiner politischen Theologie. Der Bischof unseres Jahrhunderts tritt nicht mit dem Anspruch auf, in jedem Falle für grundsätzliche oder konkrete Weisung zuständig zu sein. Er hat keine Omnikompetenz, weder als Herrscher noch als Richter. Das theologische Problem, inwieweit er dennoch Zeuge sein und Zeugnis ablegen muß, wird nicht behandelt.

Dies bedeutet keinen grundsätzlichen Verzicht und keine Verurteilung zu genereller Passivität. Die Kirche hat durchaus einen grundsätzlichen Auftrag zu öffentlichem oder nicht-öffentlichem Einspruch gegenüber den politischen Instanzen. Hinsichtlich der Verpflichtung, Protest zu erheben, sei aber zu unterscheiden. Sie (die Kirche) „muß von Rechts wegen protestieren, wenn eines ihrer eigenen Rechte angegriffen wird". Ziel eines solchen Protestes ist die Wahrung des eigenen, vom Staat nicht abgeleiteten Rechtes der Kirche als Institution, wie es bei den Einsprüchen gegen die widerrechtliche Enteignung von Kirchengut beim Klostersturm von 1941[102] geschehen war. Nicht von Rechts wegen, aber „aus Liebespflicht", fährt die Denkschrift fort, werde die Kirche außerdem „gehalten sein, für Unschuldige einzutreten, wenn Aussicht besteht, daß sie dadurch helfen kann". Eine gesinnungsethische Automatik lehnt Frings damit deutlich ab. Als unterschiedliche, aber richtige Typen von Verhaltensweisen nennt er in diesem Zusammenhang die zahllosen Eingaben des Kardinals Bertram, die öffentlichen Predigten Galens gegen die Ermordung der Behinderten und das öffentliche Eintreten mehrerer Bischöfe (er hätte sich selbst nennen können) für Juden und andere Fremdrassige im Krieg. Ausdrücklich aber hält er fest, daß ein solcher Protest nicht ohne Rücksicht auf die wahrscheinlichen Folgen erhoben werden dürfe. Als Beispiel für richtiges Verhalten nennt er den bischöflichen Verzicht auf einen öffentlichen Protest gegen das KZ Dachau, „um nicht den Betreffenden [Dachauer Häftlingen] zu schaden und die Vergünstigungen, die sie hatten, wie den Empfang von Paketen, zu gefährden".

Der Kölner Erzbischof bewegte sich mit diesen Überlegungen deutlich im Rahmen der teleologischen Ethik und stand bei der prüfenden Rückbesinnung auf das Verhalten der Bischöfe zu den Entscheidungen und Güterabwägungen, die sie vor 1945 vorgenommen hatten. Sie hatten nicht vor der eindimensionalen Alternative „Reden *oder* Schweigen" gestanden. Ähnlich wie beim Papst[103] lautete ihr höchst schwieriges Problem: wodurch nütze ich wem am meisten und besten? Welche Folgen sind für die Hilfsbedürftigen als meine Nächsten aus einem Schweigen oder aus einem Reden zu erwarten? In diesem Konzept kommt dem Wächteramt der Kirche nicht unbedingt und uneingeschränkt eine handlungsleitende Priorität zu. Daher gibt es keine bedingungslose Pflicht zum Reden.

„Eigentliche und ursprüngliche Aufgabe der Kirche", fährt er hingegen fort, „die ihr Christus selbst übertragen hat, ist die mutvolle Verkündigung der christlichen Glaubens- und Sittenlehre." Frings bekennt sich also vorbehaltlos zum tridentinischen Bischofsideal[104]: cura animarum suprema lex. An diesem Maßstab sei das Handeln der Bischöfe zu messen, und in dieser Hinsicht sei ihnen kein falsches Verhalten vorzuwerfen. „Hätte die Kirche die Predigt derjenigen Wahrheiten, die dem Nationalsozialismus unbequem waren, hintangestellt, so müßte sie sagen: sie hat versagt. In Wirklichkeit hat sie das Gegenteil getan." Deshalb sei „gegen den Geist des Nationalsozialismus" die katholische Kirche „die Führerin und der eigentliche Hort im Kampf" gewesen. „Sie predigte unentwegt die wesentliche Gleichheit aller Menschen vor Gott ohne Unterschied der Rassen, die Geltung des Rechts vor der Gewalt, die Verpflichtung zur Wahrheit, die Pflicht der Liebe auch gegenüber dem Feind. Zahlreiche Priester wanderten wegen solcher Predigt in die Konzentrationslager. Das katholische Volk gab seine Zustimmung durch eifrigen Besuch der Predigt. Der Nationalsozialismus war sich dieser Gegnerschaft wohl bewußt, und der Katholizismus wurde mehr und mehr der Hauptfeind. Nach siegreichem Kriege sollte er endgültig ausgerottet werden."

Diese interne bischöfliche Gewissenserforschung, die für die Kirche keineswegs politischen Widerstand gegen das Dritte Reich reklamierte, wohl aber dauerhafte geistige Nichtanpassung[105], was in den Augen des Regimes ein gefährliches Politikum dargestellt hatte, die den Kollektivschuld-Vorwurf gegenüber dem deutschen Volk ausdrücklich zurückwies und den Bischöfen im Dritten Reich pflichtgemäßes, richtiges Handeln attestierte, wurde in Köln als Vorlage für einen Teil des Entwurfes eines gemeinsamen Hirtenbriefes der deutschen Bischöfe benutzt. Erzbischof Frings hat ihn zu den Fuldaer Beratungen vom 21. bis 23. August 1945 mitgenommen.[106] In diesem Entwurf waren die Argumente der Denkschrift – unter Übernahme geeigneter wörtlicher Passagen – in Hirtenbrief-Deutsch übertragen worden. Er wirkt daher apologetischer als die mehr auf Abstraktion hin abgestellte Vorlage. Da die Fuldaer Plenarkonferenz sich diesen Kölner Entwurfsteil nicht zu eigen gemacht hat, bedarf es hier keiner genaueren Herausarbeitung der Gemeinsamkeiten und Unterschiede von Denkschrift und Hirtenbrief-Entwurf.

Aus Raumgründen kann ich auch nicht ausführlicher auf einen anderen, langen Entwurf für einen Fuldaer Hirtenbrief eingehen, den sechs Frankfurter Laien[107] auf Anregung des Mainzer Bischofs verfaßt und am 12. August – man weiß nicht, an wen – abgesandt haben.[108] Dieser Text war offenbar stark von den damaligen Gedanken Eugen Kogons, eines der Mitunterzeichner, geprägt. Ob er überhaupt in Fulda bekannt geworden ist, läßt sich nicht nachweisen; die Aktenüberlieferung spricht dagegen.[109] Im Frühjahr 1947 haben die Frankfurter Hefte verklausulierend auf die Existenz dieses Entwurfes hingewiesen und beklagt, „daß die Antwort Schweigen war und kein Satz jener Arbeit Leben annehmen durfte"; Eingaben von Laien an kirchliche Obere seien eben „totes Papier, das die Registraturschränke füllt".[110]

Ob diese Behauptung eine zutreffende Beschreibung kirchlicher Wirklichkeit war, sei dahingestellt. Sicher aber unterschied der Frankfurter Entwurf sich nicht nur allgemein, in der sprachlichen Form, sondern, in einigen zentralen Passagen, auch inhaltlich und argumentativ ganz erheblich von dem, was im Kölner Entwurf stand und was in Fulda endgültig beschlossen worden ist. Zwischen diesen drei Texten gibt es zwar in manchen Partien übereinstimmende Sachaussagen. Aber als Ganzes war der Frankfurter Text ein Versuch, mit – wie man heute sagen würde – den Mitteln der politischen Theologie auf die Situation von 1945 einzuwirken. Seine Autoren meinten zum Beispiel, man solle mit einer „Deutung der Katastrophe" beginnen, „einer religiösen, christlichen Deutung, die zu dem heilsgeschichtlichen Sinn des Strafgerichtes durchstoßen wird".[111] Das hat oder hätte Frings kaum akzeptieren können – falls ihm der Frankfurter Entwurf überhaupt zu Gesicht gekommen ist oder wäre.

Die Entstehung des gemeinsamen Hirtenbriefes der Fuldaer Plenarkonferenz vom 23. August 1945[112] läßt sich nicht in allen Details klären. Das Protokoll hat nur festgehalten, daß „die Entwürfe" für den endgültigen Text am 21. August zur Überarbeitung einer Kommission überwiesen worden seien, und daß am 23. August die endgültige Fassung beschlossen worden sei.[113] Mitglieder der Redaktionskommission waren nachweislich der Berliner Bischof Graf Preysing, der Münchener Kardinal Faulhaber und der Paderborner Erzbischof Lorenz Jaeger[114]; ob auch noch andere beteiligt waren, weiß man nicht. Mit der Protokoll-Formulierung „die Entwürfe" sind sicher der Kölner Text und ein sich daran anlehnender, offenbar erst in Fulda, vermutlich in der Nacht vom 20. zum 21. August entstandener Änderungsvorschlag Preysings[115] gemeint. Ob noch weitere Entwürfe vorgelegt worden sind, läßt sich nicht gänzlich ausschließen; es ist möglich, aber unwahrscheinlich.

Der Kölner Entwurf bestand aus einer Präambel und zwei ungefähr gleich langen Hauptabschnitten: einem ersten über das Thema „Kollektivschuld", und einem zweiten, mit „Buße und Besserung" überschriebenen, der Mahnungen enthielt. Dieser Teil II ist von Jaeger überarbeitet worden, was im wesentlichen auf Straffung und Kürzung hinauslief. Erheblicher waren die Änderungen am Teil I: Preysings Vorschlag ersetzte die Polemik gegen die Kollektivschuld-These durch einen erheblich kürzeren Abschnitt mit der Argumentationsfolge: Dank – Schuldbekenntnis – Aufruf zu neuem Anfang. Über diesen Themenwechsel hat es anscheinend wenig Diskussion, jedenfalls keinen Streit gegeben.[116] Frings selbst hatte anscheinend von Anfang an Bedenken, ob es überhaupt ratsam sei, im Hirtenbrief der Plenarkonferenz auf das Kollektivschuld-Thema einzugehen.[117] Thema und Entwurf sind jedoch von Gröber aufgenommen und im September zu einem eigenen Freiburger Hirtenbrief umgearbeitet worden.[118]

Der endgültige Text des Hirtenbriefes der Fuldaer Bischofskonferenz beginnt nach einer Würdigung des Kardinals Bertram[119] und einer gewissen triumphalistischen Betonung der Indelebilität der Kirche – beides stammte noch aus dem Kölner Entwurf – mit einem uneingeschränkt anerkennenden Wort des Dankes an Klerus und Kirchenvolk für „unerschütterliche Treue... in schweren Zeiten". „Millionen und Millionen" seien „mit tiefem Interesse und innerer Anteilnahme" gefolgt, wenn die deutschen Bischöfe in den vergangenen Jahren „Zeitirrtümern und Zeitverbrechen" entgegen- und für die Rechte der Persönlichkeit eingetreten seien, gegen Übergriffe und Bedrückungen durch Staat und Partei, gegen Rassendünkel und Völkerhaß, obwohl dieses loyale Hören auf die Bischöfe für viele Katholiken „nicht gefahrlos war". Danach wird ein besonderer Dank gegenüber vier Gruppen ausgesprochen, die aus der Gesamtheit der Gläubigen herausgehoben werden: Die Eltern wegen ihres Einsatzes für die katholische Schule; die Jugend, die „bis aufs Blut" für ihre Ideale eingestanden sei; die Priester und Laien, die „so zahlreich und so unerschrocken" Bekenner und Märtyrer geworden seien; und die „Katholiken jedes Standes und Alters", welche Juden (umschrieben als: „Volksgenossen fremden Stammes") beschützt, verteidigt und ihnen praktische Nächstenliebe erwiesen hätten. Zusammenfassend kommt der Hirtenbrief zu der Feststellung[119a]: „Katholisches Volk, wir freuen uns, daß du dich in so weitem Ausmaße von dem Götzendienst der brutalen Macht freigehalten hast. Wir freuen uns, daß so viele unseres Glaubens nie und nimmer ihre Knie vor Baal gebeugt haben. Wir freuen uns, daß diese gottlosen und unmenschlichen Lehren auch weit über den Kreis unserer Glaubensbrüder hinaus abgelehnt worden sind." Der Kirchenkampf als große geschichtliche, nicht machtpolitische, sondern geistig-moralische Leistung des Katholizismus im Dritten Reich wird mit diesen Formulierungen eindringlich beschworen. Es ist der gleiche Sachverhalt, den wir heute unter soziologischem Aspekt als Nonkonformität, Verweigerung und Protest zu fassen suchen[120], theologisch aber als Zeugnis zu verstehen haben.[121]

Mit einem markanten „Und dennoch" wird an dieses eindringliche Lob ein ebenso deutliches Bekenntnis der Schuld angefügt, das in seinem substantiellen Gehalt weiter geht als das spätere Stuttgarter Schuldbekenntnis vom Oktober.[122] Der Hirtenbrief räumte nämlich nicht nur ein: „Furchtbares ist schon vor dem Kriege in Deutschland und während des Krieges durch Deutsche in den besetzten Ländern geschehen." Sondern er sagte unmißverständlich, daß in dieses Furchtbare auch Katholiken verwickelt waren, und nicht nur theoretisch-abstrakt. „Wir beklagen es zutiefst: Viele Deutsche, auch aus unseren Reihen, haben sich von den falschen Lehren des Nationalsozialismus betören lassen, sind bei Verbrechen gegen menschliche Freiheit und menschliche Würde gleichgültig geblieben; viele leisteten durch ihre Haltung dem Verbrechen Vorschub; viele sind selber Verbrecher geworden." Sich-Betören-Lassen, Gleichgültig-Bleiben, Vorschub-Leisten, Verbrechen-Begehen – in dieser Klimax steckt mehr Konkretisierung und Realitätsbezug als in dem überzeitlich-gültigen und daher notwendig abstrakteren Stuttgarter: Bekennen – Beten – Glauben – Lieben. Das Fuldaer Schuldbekenntnis nennt spezifische Schwächen und Sünden des Christen im totalitären System beim Namen. Deshalb ist es so deutlich.

Dies gilt ebenso – und auch darin unterscheidet sich der katholische von dem späteren protestantischen Text – für die indirekte, aber ebenfalls unmißverständliche Distanzierung vom Kollektivschuld-Vorwurf. Nicht alle, sagen die Bischöfe, sondern viele haben Schuld auf sich geladen, und diese Vielen bilden nur einen nicht näher bestimmten Teil der „Millionen und Millionen" des gesamten Kirchenvolkes, deren Glaubenstreue die Bischöfe öffentlich bezeugen können. Daher bot der Fuldaer Hirtenbrief keine Ansatzpunkte für Kollektivschuld-Propaganda. Er ließ sich nicht politisch instrumentalisieren; und er verdeckte nicht die Grenze zwischen einer religiösen und einer politischen Aussage der Kirche. Umgekehrt leugnete er auch nicht die Notwendigkeit der gerichtlichen Ahndung der Verbrechen. Zwar wurde Preysings ursprünglicher, drastischer Satz: „Wer Verbrecher geworden ist, hat Strafe verdient, daran ist nicht zu rütteln, und wir bejahen dies"[123], in den endgültigen Text nicht übernommen. Aber gegen das Prinzip rechtlicher Ahndung von Schuld wird nichts eingewendet, im Gegenteil. Denn die Bischöfe erklärten ohne Vorbehalt: „Schwere Verantwortung trifft jene, die auf Grund ihrer Stellung wissen konnten, was bei uns vorging, die durch ihren Einfluß solche Verbrechen hätten hindern können und es nicht getan haben, ja diese Verbrechen ermöglicht und sich dadurch mit den Verbrechern solidarisch erklärt haben."

Dies indes bedeute keine Zustimmung zur Entnazifizierungspraxis der Siegermächte. Formale Parteizugehörigkeit, besonders bei Beamten und Lehrern, sei kein hinreichender Grund für Schuldzumessung. Immer und überall müsse die Einzelschuld von Fall zu Fall geprüft werden. Unschuldige dürften nicht mit den Schuldigen leiden. „Dafür sind wir Bischöfe von Anfang an eingetreten und dafür werden wir uns auch in Zukunft einsetzen." Diese an die Adresse der Militärregierungen gerichtete Passage ist von dem amerikanischen Zensor des Münchener kirchlichen Amtsblattes gestrichen worden.[124] Offenbar war ihm das Beharren auf Gerechtigkeit auch in diesem Punkte unbequem. Es entsprach aber nur dem, was die Bischöfe auch an vielen anderen Stellen den Siegermächten vorgetragen haben.[125]

Der Fürsprache für die Entnazifizierungsopfer schloß sich ein Aufruf zu neuem Beginnen mit neuen Zielen an. Der Hirtenbrief forderte Schaffung geeigneter politischer und gesellschaftlicher Strukturen, um die Möglichkeit einer Wiederholung des Unheils zu verhindern und schloß mit einem ausführlichen Appell zu Umkehr und Buße, dessen Einzelheiten hier nicht auszufalten sind.

✳ ✳ ✳

Für das Selbstverständnis der deutschen Katholiken nach 1945 ist der Fuldaer Hirtenbrief vom 23. August ein Schlüsseldokument. Da die Bischöfe bis in die stilistischen Einzelheiten hinein große Sorgfalt angewendet haben, darf und muß er ebenso ad verbum interpretiert werden wie das Stuttgarter Bekenntnis vom 18./19. Oktober. Ein genauer Vergleich dieser beiden Texte nach Entstehung, Inhalt und Folgen würde viele Gemeinsamkeiten und vor allem den ganzen, erheblichen Unterschied der beiden christlichen Konfessionen im Jahre 1945 aufzeigen. Aber das wäre ein Thema für sich. Auf zwei der unterscheidenden Merkmale der beiden Erklärungen muß ich jedoch eigens eingehen, um die historische Eigenart des Fuldaer Hirtenbriefs ausreichend zu verdeutlichen.[126]

Das erste betrifft die Folgen. Es hängt mit dem Anlaß natürlich eng zusammen. Das Stuttgarter Bekenntnis war keine öffentliche Erklärung der Kirchenleitung an das Kirchenvolk, keine Belehrung der Gemeinde und nicht Resultat einer langen Meinungsbildung von unten her, sondern eine vorher vereinbarte Voraussetzung, Bedingung für die Aufnahme der Deutschen in die Ökumene. Ihr Adressat war zunächst eine Handvoll Menschen. Nachdem die Erklärung dann schnell Publizität gewonnen hatte, wurde sie wie kaum eine andere Maßnahme der Evangelischen Kirche in Deutschland spektakuläres Objekt heftigster öffentlicher Kontroversen – eine für manche überraschende Nebenwirkung, deren Nachwehen noch heute spürbar sind. Niemand, der damals lebte oder von dieser Zeit etwas gehört hat, wird diese Erklärung vergessen.

Im Unterschied dazu war der Fuldaer Hirtenbrief etwas „Normales", das zwar durch den Zeitpunkt und das Thema besondere Bedeutung erhielt – denn jeder wußte, daß ein neues Kapitel begonnen hatte und beginnen sollte –, das aber von den unbestritten zuständigen Repräsentanten der Kirche, den Bischöfen, in den herkömmlichen Formen verabschiedet wurde und sich direkt an alle katholischen Deutschen richtete, also an eine Großgruppe von weit über 20 Millionen Menschen, von denen etwa 70% den Hirtenbrief hören würden. Der Fuldaer Hirtenbrief mit seinem Schuldbekenntnis war daher von vornherein auf Öffentlichkeit hin angelegt. Er hat aber keine Wellen geschlagen. Das brauchte er auch nicht. Was da ausgesagt wurde, war innerhalb und außerhalb der Kirchenmauern so konsensfähig, daß es nicht zum Stein des Anstoßes werden konnte. Es wurde also kein Diskussions- und schon gar kein Kontroversthema. In Rom war man mit dem Text ausgesprochen zufrieden und sorgte für weitere Verbreitung[127]; in Deutschland dürfte er allgemein verlesen worden sein – ich jedenfalls erinnere mich deutlich daran.[128] Im übrigen aber geriet der Text in Vergessenheit. Als ich – vermutlich 1965 – Kardinal Döpfner auf diesen Hirtenbrief mit seinem Schuldbekenntnis zum ersten Male ansprach, bekannte er freimütig und nicht ohne Verlegenheit, daß er sich daran überhaupt nicht erinnern könne.

Wollte man die zeitgeschichtliche Bedeutung eines Schuldbekenntnisses und eines Hirtenbriefes vornehmlich von der Intensität und dem Umfang der von ihnen ausgelösten Debatten abhängig machen, so hätte Fulda neben Stuttgart keinen Bestand. Dies freilich wäre eine historisch wenig sinnvolle Fragestellung. Das Nicht-Kontroverse ist für die Einstellung sozialer Großgruppen und ihrer Glieder zumindest nicht weniger wirkungsmächtig als das Strittige, das sich der Erinnerung einprägt. Daher ist das Umstrittene nicht schlechthin das geschichtlich Wesentliche.

Das zweite hat von dem unterschiedlichen Bezug der beiden Schuldbekenntnisse auszugehen. Die Leitung der Evangelischen Kirche in Deutschland sagte im Oktober: „*Wir* klagen uns an"; die Fuldaer Bischofskonferenz dagegen sprach nicht von „wir", sondern formulierte – der Sache nach – ein „Ihr", wobei die „Meisten" von den „Vielen" unterschieden wurden. Das Schuldig-Werden wurde also in Fulda nicht von der Kirche *qua* Kirche und nicht von den Führern der Kirche *qua* Kirchenführung ausgesagt.

Dem lag einerseits eine theologische Anschauung von Kirche und Sünde zugrunde, die sich erheblich vom protestantischen Sünden- und Kirchenbegriff, insbesondere der dialektischen Theologie, unterschied. Das katholische Kirchenbild in dieser Hinsicht hat der Präsident des Mainzer Katholikentages 1948, des ersten nach dem Kriege, prägnant zum Ausdruck gebracht, als er im Schuldbekenntnis bei der Schlußkundgebung ausrief: „Mit dem Wort Kollektivschuld und seiner Anwendung auf Nation und Kirche ist Verwirrung gestiftet worden. Die Kirche als der fortlebende Christus kann als solche nicht schuldig sein. Schuld lädt sich das einzelne Gewissen auf."[129] Von dieser katholischen Grundlehre hat bekanntlich auch die Kirchenkonstitution des Zweiten Vatikanums keinerlei Abstrich gemacht, als sie betonte, daß die Kirche in ihrem eigenen Schoße auch Sünder umfasse, daher stets „zugleich heilig und der Reinigung bedürftig" sei und so „immerfort den Weg der Buße und Erneuerung" gehe.[130] Als fortlebender Christus aber ist die Kirche sünden- und damit auch schuldunfähig.

Andererseits bedeutete und bedeutet die Schuldunfähigkeit der Kirche qua Kirche keine Schuldunfähigkeit der Inhaber der kirchlichen Ämter, im Gegenteil. Dies ist und war nicht allein abstrakte Lehre der Dogmatik. Es sei an das berühmte Schuldbekenntnis erinnert, das Hadrian VI. am 3. Januar 1523 vor dem Reichstag in Nürnberg verlesen ließ.[131] Gerade auch in Ausführung ihres Hirtenamtes können Papst und Bischöfe ebenso Fehler machen und Sünden begehen und dadurch schuldig werden wie jeder andere Christ. Sie sind in ihrem politischen Handeln voll irrtumsfähig und unterscheiden sich insofern von einem weltlichen Politiker und Staatsmann nicht. Ob sie in dieser Hinsicht den gleichen oder weitergehenden Beurteilungskriterien unterworfen sind wie diese, ist eine höchst wichtige, aber metahistorische Frage.

Stuttgart lief, jedenfalls für die Barthianer, auf das Eingeständnis der

Fehlerhaftigkeit der politischen Grundorientierung der Kirche einschließlich ihrer Führung vor und nach 1933 hinaus; Fulda dagegen bedeutete keine Distanzierung des Episkopats von seinen früheren politischen Grundpositionen, sondern deren Bestätigung. Indem die Bischöfe den Teil I des Kölner Entwurfs durch Preysings Vorschläge ersetzten, vermieden sie zwar – was damals der Öffentlichkeit verborgen blieb, die allein mit dem endgültigen Text konfrontiert wurde – ein undifferenziertes Ja zu allem und jedem, was sie selbst und ihre Amtsvorgänger zwischen 1933 und 1945 getan und unterlassen hatten. Der erste gemeinsame Hirtenbrief nach dem Kriege enthielt kirchenpolitisch keine direkte Apologetik. Indem er die Erinnerung an die Themen und Inhalte der katholischen Hirtenbriefe und Predigten im Dritten Reich weckte und an die Gefahren erinnerte, die deren pures Anhören den Gläubigen bereits bereitet hatte, zielte er auf eine indirekte Rechtfertigung hin.

Den Hintergrund dieser indirekten Apologetik bildeten offenbar massive Vorwürfe und Angriffe, die 1945 von alliierter Seite verbreitet wurden. Essener Pfarrer haben Mitte Mai gegenüber der Militärregierung den „Vorwurf schuldhaften Schweigens" zurückgewiesen, der den Bischöfen im Ausland gemacht werde.[132] Die Papstansprache vom 2. Juni enthielt auch kaum zufällig eine Passage über die „Bischöfe, die es nie unterlassen haben, auch in den letzten Kriegsjahren nicht, mutig und ernst ihre Stimme zu erheben".[133] Daß diese Behauptung nicht aus der Luft gegriffen war, wenngleich sie nicht in die aktuelle britische Regierungspolitik paßte, hatte London selbst eingeräumt, als es im Mai dem Grafen Galen, dem Löwen von Münster, die vom Vatikan erbetene Romreise versagte.[134] In der Trierer Version des Hirtenbriefes der westdeutschen Bischöfe vom 5. Juni[135] hieß es zur gleichen Sache am 29. Juni: „Aus Sorge und Verantwortung... haben wir Bischöfe so oft zu euch gesprochen... In vielen Eingaben, Forderungen und Protesten haben wir uns an die Reichsregierung gewandt. Wir sind wahrhaft nicht ‚stumme Hunde' gewesen."[136] Offenkundig fühlte man sich unter einem gewissen Rechtfertigungsdruck. Dies erklärt am besten, warum in der Frings-Denkschrift vom 2. August so grundsätzlich über die Haltung der Bischöfe im Dritten Reich reflektiert wird.[137] Solche Erwägungen sind am ehesten als Antwort auf Kritik verständlich. Legitimationszwang aus rein theoretischen Überlegungen ist selten.

Beim derzeitigen Forschungsstand ist es schwer möglich, einigermaßen zuverlässig zu sagen, in welchem Umfange damals eine solche Kritik auch im deutschen Klerus und Kirchenvolk lebendig war. Methodisch unzulässig wäre es, später verbreitete Denkmuster ohne weiteres auf das Jahr 1945 zurückzuprojizieren. Wenn ich richtig sehe, gab es gar keine Kritik an der Hierarchie von seiten derjenigen, die man heute als „links" oder „fortschrittlich" – und das heißt in der Regel: systemkritisch – einstufen würde. Die erste „linkskatholische" Polemik, die sich dieses Themas bemächtigte, in seiner

Wirkung ein auf Kleinstgruppen beschränktes „‚Braunbuch' des deutschen Katholizismus", erschien erst drei Jahre später.[138] Hingegen wünschte der Frankfurter Hirtenbrief-Entwurf vom 12. August nur eine überaus moderate Distanzierung des Episkopats von dem Kurswechsel der Bischöfe nach der Verabschiedung des Ermächtigungsgesetzes im Frühjahr 1933. Sie sollten, schrieben die sechs Autoren, darunter Dirks und Kogon, freimütig bekennen, „daß wir damals die nationalsozialistische Dämonie noch nicht in ihrer ganzen Tiefe erkannt hatten", aber fortfahren: „Wir waren freilich keineswegs vertrauensselig, sondern blieben von tiefster Sorge erfüllt"[139] – eine Formulierung, die sich auch heute noch vertreten ließe, dann aber vermutlich den Vorwurf unangebrachter Apologetik einbringen würde.[139a] Für die schärfste interne Kirchenkritik von Gewicht, die in den Nachkriegsjahren erschien, den im November 1946 in den „Frankfurter Heften" veröffentlichten „Brief über die Kirche" von Ida Friederike Görres[140], spielte das Thema „Kirchliche Hierarchie und Nationalsozialismus", das seit 1961 eine breite, systemkritisch orientierte Diskussion ohne Ende in Gang gebracht hat, überhaupt keine Rolle.[141]

Keineswegs systemkritische, sondern ausgesprochen systemimmanente Vorwürfe wegen (vermeidbaren, punktuellen) Fehlverhaltens kirchlicher Amtsträger im Dritten Reich gab es eher von solchen, die später und heute als „rechts", als „konservativ" eingestuft wurden oder werden. Ihnen ist gemeinsam, daß sie, bei aller deutlichen Kritik an Episkopat und Klerus, von den kirchlichen Amtsträgern kein eigenes öffentliches Schuldbekenntnis forderten. Widerspruch galt allein einer pauschalen, undifferenzierten Bejahung der Vergangenheit.

Nicht in den Frankfurter Heften[142], sondern in Johann Wilhelm Naumanns vom März 1946 bis 1958 monatlich in Augsburg erschienenem „Neuen Abendland", einer betont föderalistisch und katholisch-konservativ geprägten Zeitschrift für „Politik, Geschichte und Kultur" mit zunächst relativ großer Auflage[143], die wegen ihres unbeirrbaren Bekenntnisses zum „Abendland" in der großen Zeit Adenauers permanente Zielscheibe der linksliberalen und sozialdemokratischen Polemik wurde, findet sich im Oktoberheft 1946 eine ganze Nummer mit dem Thema „Schuldfrage". Hier wurde nicht eine einzige klare These über das Schuldproblem unter verschiedenen Aspekten abgehandelt, sondern es wurden acht Beiträge[144] nebeneinandergestellt, die wenig ineinandergriffen. Das Editorial Naumanns ersetzte eine solche Konzeption nicht. Er wollte die Schuldfrage im großen geschichtlichen Zusammenhang geklärt wissen, und die Schuld beginne bereits „mit dem ‚Untergang' des Abendlandes, mit der Abkehr von Gott"; doch sei es noch zu früh für eine wirklich historische Einordnung des zeitgeschichtlichen Geschehens. Deutlich meldete er bereits eine grundsätzliche Pflicht zum Vergleich der nationalsozialistischen Pogrome und Massenmorde mit anderen geschichtlichen Räumen und Zeiten (z.B. Dschingis

Chan) an: „Es hieße… die geschichtliche Wirklichkeit zur Dirne erniedrigen, wollte man behaupten, es sei bisher die Geschichte frei gewesen von Teufeln und Dämonen, die zur Qual der Menschheit ihrem Jahrhundert den Stempel des Grauens aufgedrückt haben"[145] – wobei anzumerken ist, daß „Dämon" und „Teufel" für Naumann nicht Metaphern, sondern korrekter Name für Realitäten waren.[146]

Die geistige Situation im Herbst 1946 unterschied sich bereits von der Lage des Sommers 1945. Der philosophisch orientierte Pädagoge Hans-Eduard Hengstenberg, damals 42 Jahre alt, lehnte, wie alle anderen Autoren dieses Heftes, den Begriff der Kollektivschuld ab, wollte aber, in gewisser Anlehnung an die Erbsündenlehre, eine „richtig verstandene Gesamtschuld" religiös-sittlichen Charakters akzeptieren, die „der einzelne als Kind seiner spezifischen Gemeinschaft zu tragen und mitzuverantworten hat".[147] „Bedingung" der „Rettung des deutschen Volkes" sei die religiös zu verstehende „Sühne für Einzelschulden und Gesamtschuld", und von „dieser Erfüllung der notwendigsten Bedingung unseres Wiederaufstiegs sind wir noch weit entfernt". „Bitter enttäuscht" zeigte er sich von einem „Wachsen der Unbußfertigkeit", von der „Ablenkung des Volks von seinem Heimweg zu Gott". Eine Mitschuld an dieser Entwicklung maß er in allerdings sehr vorsichtig umschreibenden Formulierungen den Bischöfen zu; denn „auch jene Persönlichkeiten, die von Gott Auftrag und besonderes Charisma für die Befreiung des Volkes in Buße und Sühne" hätten, „haben uns nicht in dieser Aufgabe unterstützt". Mit einer „großen Traurigkeit und unbeschreiblichen Enttäuschung" beklagte er unter dem bezeichnenden Titel „Der Übel größtes ist die unbeweinte Schuld", daß das Volk als Ganzes nicht radikal „auf Gottes Strafwort hört".

„Überwindung der Herzenshärte" war auch das eigentliche Ziel einer Bußpredigt, die sich der „Ruhrkaplan" Dr. Carl Klinkhammer, ein Feuerkopf und begnadeter Kanzelredner, unter dem Thema „Die deutschen Katholiken und die Schuldfrage" von der Seele schrieb.[148] Er war im Dritten Reich nach einem ganz kurzen Augenblick der Illusion[149] durch sein offenes Wort zum Bekenner und zum Zeugen geworden, als Schutzhäftling und als nach dem Heimtückegesetz verurteilter Strafgefangener[150], und er blickte auf die Haltung seiner katholischen Umwelt in den vergangenen Jahren mit Scham und Zorn zurück. Tief – und bis heute nachwirkend – hatte es ihn verletzt, daß Kardinal Schulte ihm damals offenbar Zügel hatte anlegen wollen. Leisetreterei war ihm verhaßt, auch jetzt, wenn er forderte, daß alle Buße tun müssen: „Die Kirchen-‚Fürsten' an der Spitze!" Seine Gegenwartsdiagnose hieß: Die 1945 wachgewordene „schuldbewußte Selbstbesinnung" der Deutschen entwickelt sich „über eine ihr folgende dumpfe Resignation hinweg zu einer pharisäischen schuldfreien Selbstgerechtigkeit".

Anklagend konstatierte dieser papsttreue Priester, daß neuestens Kreise, die „bis dahin dem Papst in Rom keine besondere Sympathie entgegenzubringen pflegen", sich auf die bedeutungsvolle Ansprache vom 20. Februar 1946[151] mit ihrer Ablehnung der Kollektivschuld berufen; und die falsche Seite mache sich „in dem immer mehr wachsenden Gefühl der eigenen Schuldlosigkeit" die Interpretation dieses Papstwortes durch die westdeutschen Bischöfe zu eigen, die am 27. März 1946 erklärt hatten: „Mit diesen Worten hat der Heilige Vater klar und eindeutig die Theorie von der Kollektivschuld eines ganzen Volkes abgelehnt und das Handeln danach als einen Eingriff in Gottes Rechte bezeichnet."[152] Wissenschaftlich zwar sei dies korrekt; denn einer moraltheologischen Kritik könne der Begriff „Kollektivschuld" wirklich nicht standhalten. Aber mit der Verwerfung des Begriffs „wähnen weite Kreise des deutschen Volkes die Schuld von sich gewälzt oder gar beseitigt zu haben".

Nicht jedoch die kognitive Richtigkeit ist das Problem des Seelsorgers Klinkhammer, sondern die ungenügende, mangelhafte Bußfertigkeit seiner Zeitgenossen. Mit dickem Pinsel entwirft er Bilder und Stationen der Vergangenheit und fragt mit eindringlicher Rhetorik, wer denn behaupten könne, genug getan zu haben. „Zentnerschwer lastet die Schuld noch auf dem deutschen Volk. Und diese Schuldenlast wird um so drückender, je weniger das deutsche Volk sie wahrhaben und erkennen will. Wer von uns hat wegen dieser Schuldenlast schon einmal eine schlaflose Nacht gehabt? Einmal aber wird der Herr einen jeden von uns fragen...". Ihm aber geht es um Erkenntnis und Anerkenntnis dieser Schuld. An vier konkreten Beispielen will er politische Gewissenserforschung demonstrieren: Wir haben „nicht opferwillig und selbstlos genug an der Verwirklichung eines wahrhaft sozialen Staates gearbeitet"[153]; die „Schuld begann... in dem noch ganz freiwilligen Mitmachen katholischer Jugendorganisationen beim militärischen Wehrsportkuratorium des Herrn Generals von Stülpnagel im Jahre 1932.[154] Die Schuld lag schon in der von den Bischöfen vollzogenen, grundlosen und unbegründeten Aufhebung des episkopalen Verbotes der Parteimitgliedschaft für katholische Christen.[155] Schuld lag schon in dem vom Jahre 1933 ab auf fast allen Kanzeln zu vernehmenden Hinweis, daß der Christ (gemäß dem irrig ausgelegten Paulusbrief) jeder staatlichen Obrigkeit untertan sein müsse".

Es wäre schlechte Methode, die rhetorischen Stilmittel dieser Passage mit ihren Einseitigkeiten und Übertreibungen zu übersehen, diesen Text als hinreichendes Quellenzeugnis für die von ihr erwähnten Begebenheiten zu interpretieren oder gar wie ein Stück geschichtswissenschaftlichen Traktates zu kritisieren. Klinkhammer denkt, auch wenn er von geschichtlichen Dingen spricht, lebensweltlich; er zielt nicht auf historische Erkenntnis, sondern auf pastorale Wirkung. Aber gerade darin beweist seine Adhortatio hervorragend den Charakter und die Zielrichtung der „konservativen", systemimmanenten Kritik. Sie bietet nicht die ganze historische Wahrheit über die Jahre 1933 bis 1945, aber sie sagt drastisch und deutlich, was er 1946 als ein

Christ, der sich am Absoluten orientierte, davon hielt. Seine Botschaft hieß: Auch wir Katholiken haben Grund zur Gewissenserforschung – unten und oben, die Bischöfe nicht ausgenommen.

In diesem Punkt befand der streitbare Dr. Klinkhammer sich in völliger Übereinstimmung mit dem Vorsitzenden der Christlich-Demokratischen Union der Britischen Zone, Konrad Adenauer, der zeitlebens nicht vergessen mochte, welchen Zorn ihm 1933 der mangelnde Rückhalt durch die Kölner Zentrumsfraktion und der spätere Abschluß des Reichskonkordats durch den Vatikan bereitet hatten.[156] Dieser Erinnerung machte er in einem kürzlich veröffentlichten Brief vom 23. Februar 1946[157] Luft, der eine harsche Kritik an der Haltung des Klerus und der Bischöfe im Dritten Reich bietet. Da Adenauers Brief bereits einiges Aufsehen erregt und zu abwegigen Interpretationen geführt hat[158], ist er hier etwas genauer zu behandeln.

Es ging darin um das Manuskript eines Aufsatzes des Münchener Jesuitenpaters Max Pribilla (1874–1956). Dieser, ein Konabiturient Adenauers, war Schriftleiter an dem führenden Jesuitenorgan „Stimmen der Zeit", das 1941 verboten worden war und ab Oktober 1946 wieder erschienen ist. In dem ersten Nachkriegsheft hat der für Zeitgeschichte zuständige Pribilla einen Artikel über die moralische und historische Schuldfrage unter dem Titel „Das Schweigen des deutschen Volkes" veröffentlicht.[159] Dieser bietet nach meinem Urteil den wichtigsten und am besten ausgewogenen Rückblick auf die Haltung der Kirchen (nicht nur der katholischen) im Dritten Reich aus der unmittelbaren Nachkriegszeit.

Ein im Wortlaut wohl verlorener Entwurf[160] dieses Aufsatzes war im Februar 1946 Adenauer vorgelegt worden. Dieser sandte ihn über einen ebenfalls aus Köln stammenden, vermutlich gemeinsamen Jugendfreund, Dr. Bernhard Custodis, Pfarrer an St. Elisabeth in Bonn, an Pribilla, dessen Adresse er nicht besaß, zurück und versah ihn mit einem deutlichen Kommentar. „Ich würde", schreibt er, „den Artikel nicht erscheinen lassen. Nach meiner Meinung trägt das deutsche Volk und tragen auch die Bischöfe und der Klerus eine große Schuld an den Vorgängen in den Konzentrationslagern.[161] Richtig ist, daß nachher[162] nicht mehr viel zu machen war. Die Schuld liegt früher. Das deutsche Volk, auch Bischöfe und Klerus zum großen Teil, sind auf die nationalsozialistische Agitation eingegangen. Es hat sich fast widerstandslos, ja zum Teil mit Begeisterung gleichschalten lassen. Darin liegt seine Schuld."

Das Wort „Schuld" wird in dieser Passage von Adenauer offenkundig umgangssprachlich benutzt, als Ausdruck für den historisch-politischen Zusammenhang von Ursachen und Folgen, von Kausalität.[163] In diesem Sinne als Schuld des gesamten Volkes und auch eines großen Teils der Bischöfe und Priester bezeichnet er die Haltung während der Machtergreifung, das Sich-Betören-Lassen vom Zeitgeist des Jahres 1933. Ob er damit tatsächlich den vorherrschenden Zug in der Verhaltensspannbreite der kirchlichen Kreise zuverlässig beschreibt, ist zu bezweifeln; ohne dies selbst so zu formulieren, weist er jedoch auf ein unbestreitbares Faktum hin: die Kirche ist 1933 nicht für die Bewahrung der parlamentarischen Demokratie eingetreten, sondern hat ein Arrangement mit den neuen Machthabern gesucht und sich gegen die Alternative eines Kirchenkampfes ohne vorhergehenden Ausgleichsversuch entschieden. Dabei sollte aber nicht vergessen werden, daß der kirchliche Kurswechsel (Erklärung Bertrams vom 28. März, Reichskonkordat vom 20. Juli) erst erfolgte, nachdem (am 30. Januar, 28. Februar, 5. März und 23. März) die Preisgabe dieser Demokratie durch die zuständigen politischen Instanzen Tatsache geworden war.[164]

Adenauers Kritik betraf aber nicht allein das Historisch-Politische, die Frage, wann und wo die falsche Entscheidung erfolgt sei, sondern das zutiefst Religiöse, die Frage nach dem Zeugnis, das die Kirche abgelegt – oder abzulegen versäumt – habe. Dabei ging er von dem auch damals schon viel diskutierten Problem aus, was die Öffentlichkeit in Deutschland, vor allem während des Krieges, eigentlich gewußt habe. Adenauer räumt ein, daß die Zustände in den Konzentrationslagern „nicht in ihrem ganzen Ausmaße" bekannt gewesen seien. Aber angesichts des Notorischen („die persönliche Freiheit, alle Rechtsgrundsätze mit Füßen getreten... beispiellose Grausamkeiten in Polen und Rußland... Judenpogrome 1933 und 1938... Geiselmorde in Frankreich") lasse sich nicht behaupten, die Öffentlichkeit habe nicht gewußt, daß Regierung und Heeresleitung „ständig gegen das Naturrecht, gegen die Haager Konvention und gegen die einfachsten Gebote der Menschlichkeit verstießen".

In dieser Lage aber, so ist Adenauers unerbittliches Urteil, wäre es Sache der Bischöfe gewesen, öffentlich Zeugnis abzulegen: „Ich glaube, daß, wenn die Bischöfe alle miteinander an einem bestimmten Tag öffentlich von den Kanzeln aus dagegen Stellung genommen hätten, sie vieles hätten verhüten können. Das ist nicht geschehen, und dafür gibt es keine Entschuldigung." Ein schneidendes Verdikt. Es wird zunächst mehr politisch begründet, im Hinblick auf die Folgen: „vieles verhüten". Dahinter steht aber das im Kern moralisch-sittliche Anliegen des Kirchenvolks im Kriege, sein Hunger nach Worten der Klärung und Entscheidung.[165] Adenauer konnte nicht wissen, daß 1941 zwei Drittel der deutschen Bischöfe mit einem derartig spektakulären Akt die deutsche Staatsführung vor der Öffentlichkeit „ultimativ" (L. Volk) stellen wollten, aber mit ihrem fertig ausgearbeiteten und vorbereiteten Plan an Kardinal Bertram gescheitert sind.[166] Die Existenz dieses bischöflichen Aktionsplanes bestätigt die Berechtigung der Adenauerschen Kritik vollauf, obgleich auch Bertrams damalige Motive sich nicht einfach vom Tisch wischen lassen.

Über die Konsequenzen einer solchen bischöflichen Aktion, wenn sie stattgefunden hätte, dachte Adenauer 1946, wie immer, nüchtern: „Wenn die Bischöfe dadurch ins Gefängnis oder ins Konzentrationslager gekommen wären, so wäre das kein Schade, im Gegenteil." Vom Religiösen her ist gegen diese Forderung gewiß nichts einzuwenden. Die vermutlichen politischen Folgen eines solchen apostolischen Bekennertums wurden ihm bei weiterem Nachdenken jedoch fraglich. Denn ein Zusatz zu dem Custodis-Brief hält fest: „Jedenfalls würde der nicht dem Nationalsozialismus direkt verfallene Teil des deutschen Volkes, insbesondere auch die katholische Kirche in Deutschland, vor dem Ausland und insbesondere vor der Nachwelt gerechtfertigter dastehen, als es jetzt der Fall sein wird." Im nachhinein ist für ihn nicht mehr die politische Dimension entscheidend, sondern die ethische Relevanz eines kirchlichen Zeugnisses als geschichtliches Exemplum. Daran ist der Klerus, daran sind vor allem die Bischöfe zu messen. Weil sie dabei kaum bestehen könnten, ist sein Rat unmißverständlich deutlich: „Man schweigt am besten."

Erlebenshintergrund, geistige Prämissen und argumentativer Duktus des Adenauerbriefes sind meilenweit entfernt von den abstrakten Deduktionen der Frings-Denkschrift. Die Bischofsschelte des prominenten Katholiken, der sich in den Jahren der Verfolgung bewahrt hatte und jetzt, als Siebzigjähriger, für einen neuen Anfang bereitstand, steht nicht in einem längeren, systematisch argumentierenden Schriftsatz, sondern in einem persönlichen Brief an einen Jugendfreund, mit dem man offen, auch einseitig, reden kann. Der Adenauerbrief enthält nicht nur Meinung, sondern auch Stimmung. Man darf ihn daher nicht überbewerten, nicht jede Wendung auf die Goldwaage legen. Eines aber beweist er schlagend: im lebensweltlichen Rückblick deutscher Katholiken von 1945 wurde der Episkopat bei der Kritik an der Vergangenheit nicht ausgespart, gerade auch von einem „konservativen" Manne wie Adenauer, der davon überzeugt war, daß „die deutschen Sozialisten lange nicht so widerstandsfähig gegenüber dem Nationalsozialismus gewesen sind wie die deutschen Katholiken".[166a]

Das dürfte Pribilla auch selbst als ganz berechtigt anerkannt haben. Liest man nämlich nach Kenntnis des Adenauerbriefes an Custodis, dessen Text oder Inhalt sicherlich an den Münchener Jesuiten weitergegeben worden ist, den im Oktober veröffentlichten Artikel, so drängt sich unabweisbar der Schluß auf, daß Adenauer im Februar eine ziemlich andere Version vorgelegen haben muß.[167] Sie läßt sich allein auf Grund der Einwände des späteren Bundeskanzlers nicht rekonstruieren. Ich vermute, daß sie ähnliche Überlegungen und Gedanken enthielt wie die Frings-Denkschrift oder der dezidiert apologetisch orientierte Gröber-Hirtenbrief vom 21. September 1945.[168] Wie dem aber auch sei: auch als Bundeskanzler, später, hat er nachweislich von Pribilla viel gehalten und sich um dessen Mitwirkung an der „autorisierten" Adenauer-Biographie, die 1955 Ernst Weymar veröffentlichte, bemüht.[169]

Pribillas Aufsatz über das Schweigen des deutschen Volkes macht sich die Sache keineswegs leicht. Er reduziert das Thema nicht auf die theologisch wie philosophisch unhaltbare Kollektivschuld-Theorie, gegen die sich argumentativ leicht polemisieren ließ; er entschuldigt nicht das Verhalten des Volkes, sondern macht dieses Verhalten verständlich durch eine umfassende historische Einordnung. Fast die Hälfte des gesamten Artikels schildert Entstehung und Entwicklung des Nationalsozialismus, vor allem die Eroberung der Macht nach dem 30. Januar 1933 durch ‚Gleichschaltung' von Gesetzgebung und Verwaltung, von Polizei und Wehrmacht, durch Entmachtung und Bespitzelung der Nazigegner, durch ‚Reform' des Gerichtswesens und durch die Verlogenheit des Regimes. Dem Petitum Adenauers wird dadurch Rechnung getragen.

Mit Adenauer erklärt Pribilla auch, es „wäre unwahr zu behaupten, daß es in Deutschland keine Wissende um diese Zustände [in den Konzentrationslagern] gegeben hätte". Nüchtern weiterfragend, wie denn ein Kampf gegen diese Mißstände unter den tatsächlichen Bedingungen des Systems hätte aussehen können, gelangt er zu dem Ergebnis: Es gab nur „ein Mittel, gegen die Mißstände in den Konzentrationslagern zu protestieren; das war der offene, unerschrockene Einspruch", fügt jedoch hinzu: dies „setzte im Dritten Reich die Bereitschaft zum Martyrium voraus, konnte also nicht die Haltung der Masse sein". Es habe an solchen Märtyrern nicht gefehlt. Wenn ihre Zahl nicht größer gewesen sei, „so liegt es an dem Versagen der zur geistigen Führung des Volkes berufenen Schichten, die aus Unverstand, Eigennutz oder Feigheit mit der Partei einen faulen Frieden geschlossen hatten".

Daran schließt sich die Frage an: „Und die christlichen Kirchen?" Pribillas Antwort ist abwägend; sie tritt aller pauschalen Polemik und Apologetik entgegen, sie ist um Gerechtigkeit bemüht. Die Kritik an der Kirche im Dritten Reich wird darin durchaus ernst genommen, aber nicht zum ausschließlichen Thema erhoben.[170] Zusammenfassend sagt Pribilla vielmehr:

„Es ist Tatsache, daß der Einfluß der christlichen Kirchen nicht ausgereicht hat, die Grausamkeiten in den Konzentrationslagern und die sonstigen Greueltaten der Nazis zu verhindern. Ja das Bekenntnis ist notwendig: Wäre das Christentum in Deutschland und im ganzen Abendland lebendiger gewesen, dann hätte es nie ein Drittes Reich mit all seinen Verfallserscheinungen gegeben. Es ist auch Tatsache, daß der Protest der christlichen Kirchen gegen den Nationalsozialismus nach Inhalt und Form nicht so eindeutig und scharf gewesen ist, wie wir es als Christen angesichts der ungeheuren Verbrechen in nachträglicher Rückschau wünschen möchten. Gleichwohl bleibt es wahr, daß das gläubige Christentum die einzige geistige Macht war, über die der Nationalsozialismus nicht Herr geworden ist, und die – freilich mit vielen Wunden – noch aufrecht stand, als er zusammenbrach."

Von unangemessener Selbstgerechtigkeit kann bei diesem Texte nicht die Rede sein. Dabei blieb es auch im Jahre 1950, als Pribilla in einem erweiterten Nachdruck diese Passage so ergänzte:

„Gehaßt, verleumdet und verfolgt, aus dem öffentlichen Leben ausgestoßen und seiner Presse beraubt, in seiner Tätigkeit beengt, gefesselt und überwacht, hat es in einer Zeit, wo so vieles stürzte und so viele schwankten oder schwiegen, Haltung bewahrt und sich nicht vor den Götzen des Tages gebeugt. Unter den schwersten Bedrückungen hat es nicht aufgehört, Gottes Wort und Gesetz zu verkünden und sich schützend vor die vergewaltigte menschliche Persönlichkeit zu stellen. Auch wer im Hinblick auf die Schwächeerscheinungen, die gewiß nicht fehlten, den begreiflichen Wunsch hegt, es hätte mehr und Nachdrücklicheres geschehen sollen, darf doch billigerweise nicht die Augen vor dem vielen Guten verschließen, das unter Erschwernissen aller Art und trotz einem sich ständig verschärfenden Terror geschehen ist."

Diese gegenwartsgeschichtliche Analyse von 1946 ist für die katholische Rückbesinnung, ist für das Selbstverständnis der deutschen Katholiken unmittelbar nach dem Zweiten Weltkrieg ebenso ein Schlüsseldokument wie der Fuldaer Hirtenbrief vom August 1945. Sie verdient dauerhafte Beachtung, ja – wie ich meine – fortdauernde historische Geltung, obgleich ich weiß, daß jede Generation ihre Geschichte neu schreiben muß.

Anhang

Die Schulderklärung der Fuldaer Bischofskonferenz vom 23. August 1945 im gemeinsamen Hirtenbrief

Text: ADB VI, 688–694, hier 689f. Der Entwurf stammt vom Berliner Bischof Konrad Graf Preysing (hier als „P" bezeichnet): ebd. 664–668, hier 665.

Katholisches Volk, wir freuen uns, daß du dich in so weitem Ausmaße von dem Götzendienst der brutalen Macht freigehalten hast. Wir freuen uns, daß so viele unseres Glaubens nie und nimmer ihre Knie vor Baal gebeugt haben[a]. Wir freuen uns, daß diese gottlosen und unmenschlichen Lehren auch weit über den Kreis unserer katholischen Glaubensbrüder hinaus[a] abgelehnt wurden.

[b]Und dennoch[b]: Furchtbares ist schon vor dem Kriege in Deutschland und während des Krieges durch Deutsche in den besetzten Ländern geschehen. Wir[c] beklagen es zutiefst: Viele[d] Deutsche, auch aus unseren Reihen, haben sich von den falschen Lehren des Nationalsozialismus betören lassen, sind bei den Verbrechen gegen menschliche Freiheit und menschliche Würde gleichgültig geblieben;[d] viele leisteten durch ihre Haltung dem Verbrechen Vorschub, [d]viele sind selber[e] Verbrecher geworden. Schwere Verantwortung trifft jene, die auf grund ihrer[f] Stellung[g] wissen konnten[g], [h]was bei uns vorging[h], die durch ihren Einfluß[i] solche Verbrechen hätten hindern können und es nicht getan haben, ja diese[k] Verbrechen ermöglicht und[l] sich dadurch[l] mit den Verbrechern solidarisiert haben.

Wir wissen aber auch, daß[m] bei solchen, die in abhängiger Stellung waren,[n] insbesondere [o]bei Beamten und Lehrern[o], die Parteizugehörigkeit oftmals[p] nicht[p] eine innere Zustimmung zu den furchtbaren Taten des Regimes bedeutete. Gar mancher trat ein in Unkenntnis des Treibens und der Ziele der Partei, gar mancher gezwungen, gar mancher auch^q in der guten Absicht, Böses zu verhüten^r. Es ist eine Forderung der Gerechtigkeit, daß immer und überall die Schuld von Fall zu Fall^r ^sgeprüft wird^s, ^tdamit nicht Unschuldige mit den Schuldigen leiden müssen. Dafür sind wir Bischöfe von Anfang an eingetreten und dafür werden wir uns auch in Zukunft einsetzen.^t

^a-a *P:* und wir wissen, daß weit über den Kreis unserer katholischen Glaubensbrüder hinaus diese gottlosen und unmenschlichen Lehren   ^b *Zusatz gegenüber P*   ^c *P fährt fort:* wissen und   ^d *P fährt fort:* ‚viele   ^e *Zusatz gegenüber P*   ^f *P fährt fort:* Bildung und   ^g-g *P:* genau wußten   ^h-h *P:* wie sich die Dinge bei uns verhalten   ^i *P fährt fort:* und ihre Machtstellung   ^k *P:* solche   ^l *Zusatz gegenüber P*   ^m *P fährt fort:* besonders   ^n *P fährt fort:* wir denken   ^o-o *P:* an Beamte und Lehrer   ^p *P:* nicht notwendig   ^q *Zusatz gegenüber P*   ^r-r *P:* und so wird die Gerechtigkeit erfordern, Fall um Fall   ^s-s *P:* eingehend zu prüfen.   ^t-t *P:* Wer Verbrecher geworden ist, hat Strafe verdient, daran ist nicht zu rütteln, und wir bejahen dies.

Anmerkungen

1 *Jacob und Wilhelm Grimm,* Deutsches Wörterbuch, I, Leipzig 1854, Sp. 1766 bieten als lateinische Entsprechung für „bewältigen" an: „superare, opprimere"; nur als Nebenbedeutung am Rande, wird vermerkt: „eine Aufgabe bewältigen = ganz zustande bringen". Es war wohl Theodor Heuß, der zu Anfang der Bundesrepublik Deutschland öffentlich riet, man solle sich nicht immer nur nach rückwärts orientieren, sondern nach vorn schauen und dadurch die braune Vergangenheit „bewältigen". In den sechziger Jahren änderte sich die Konnotation, als die Zeigefinger-Methode des „Wer-weiß-noch-was-von-wem?" vordrang, die inzwischen ein etabliertes Ritual deutscher Massenmedien in Druck, Funk und Bild geworden ist.
2 Diese Zeitgeschichte-Debatte (ich nenne nur: *Hochhuth, Amery* und *Lewy*) hatte ihren Höhepunkt schon überschritten, als in der zweiten Hälfte der sechziger Jahre der Grundwertewandel einsetzte, der unser heutiges Leben weitgehend bestimmt.
3 Das 1980 von *Gotthard Klein* für die 1962 gegründete Kommission für Zeitgeschichte erstellte „Dokumentenverzeichnis 1933–1945" zum Thema „Katholische Kirche und Nationalsozialismus" weist über 5000 Aktenstück-Nummern nach; inzwischen ist die Zahl wohl auf über 10 000 angewachsen. Umfangmäßig entspricht dies etwa den Akten, die von den einzelnen Staaten über die Julikrise 1914 als Vorgeschichte des Ersten Weltkriegs publiziert worden sind.
4 Vgl. höchstens *Anna J. und Richard L. Merritt,* Public Opinion in Occupied Germany. The OMGUS Surveys 1945–1949. With a Foreword by Frederick W. Williams, Urbana u. a. (1970), Report 9 (7. Juni 1946): „Attitudes toward religion and the church as political factors in German life"; Report 49 (3. März 1947): „Anti-semitism in the American zone"; Report 92 (9. Februar 1948): „Readers of ‚Mein Kampf'"; Report 122 (22. Mai 1948): „Prejudice and anti-semitism"; Report 126 (29. Juni 1948): „Religious instruction in the schools". Die Fortsetzung dieser Befragungen böte mehr, aber eben für die spätere Zeit; vgl. *dieselben,* Public Opinion in Semisovereign Germany. The HICOG Surveys, 1949–1955. With a Foreword by Leo P. Crespi, Urbana u. a. (1980), 6–12. Unergiebig für unsere Fragestellung ebenfalls *Elisabeth Noelle/Peter Neumann* (Hg.), Jahrbuch der öffentlichen Meinung 1947–1955 (Allensbach 1956), 226 f.: Befragung Mai bis Oktober 1954 über „Kirche".

5 Bibliographische Angaben bis 1980 in: *Ulrich von Hehl/Heinz Hürten*, Der Katholizismus in der Bundesrepublik Deutschland 1945–1980. Eine Bibliographie, Mainz 1983 (VKZ B.40), 124–126. Ich nenne hier: *Hans Maier*, Der politische Weg der deutschen Katholiken: *ders.* (Hg.), Deutscher Katholizismus nach 1945, München 1964, 190–220; *Ivo Zeiger*, Kirchliche Zwischenbilanz 1945. Bericht über die Informationsreise durch Deutschland und Österreich im Herbst 1945. Eingeleitet und kommentiert von Ludwig Volk: Stimmen der Zeit 193 (1975) 293–312; *Ludwig Volk*, Der Heilige Stuhl und Deutschland 1945–1949: *Anton Rauscher* (Hg.), Kirche und Katholizismus 1945–1949, München u. a. 1977 (Beiträge zur Katholizismusforschung), 53–87; *Karl Forster*, Neuansätze der gesellschaftlichen Präsenz von Kirche und Katholizismus nach 1945: ebd. 109–133; *Bernhard Hanssler*, Der Pluralisierungsprozeß im deutschen Katholizismus und seine gesellschaftlichen Auswirkungen: *Anton Rauscher* (Hg.), Katholizismus im politischen System der Bundesrepublik 1949–1963, Paderborn u. a. 1978 (Beiträge zur Katholizismusforschung), 103–121; *Frederic Spotts*, Kirchen und Politik in Deutschland. Mit einem Nachwort zur deutschen Ausgabe von Friedrich Weigend-Abendroth, Stuttgart 1976 (amerikanisch: 1973); *Ludwig Volk*, Die Kirche in den deutschsprachigen Ländern. Deutschland [1915–ca. 1975]: *Hubert Jedin/ Konrad Repgen* (Hg.), Handbuch der Kirchengeschichte, VII, Freiburg u. a. 1979, 551–554; *Burkhard van Schewick*, Die katholische Kirche und die Entstehung der Verfassungen in Westdeutschland 1945–1950, Mainz 1980 (VKZ B.30); *Anton Rauscher* (Hg.), Der soziale und politische Katholizismus. Entwicklungslinien in Deutschland 1803–1963, I/II, München, Wien 1981/1982 (Geschichte und Staat 247–249/250–252): die meisten Autoren behandeln auch die Nachkriegszeit; besonders hervorzuheben ist: *Karl Forster*, Der deutsche Katholizismus in der Bundesrepublik Deutschland (in I, S. 209–264); *Rudolf Morsey*, Neubeginn in Trümmern. Der deutsche Katholizismus in der Besatzungszeit: Kehrt um und glaubt – erneuert die Welt. 87. Deutscher Katholikentag vom 1. September bis 5. September 1982 in Düsseldorf. Die Vortragsreihen: Gestalten des Glaubens – Zeugen des Glaubens – Fragen der Zeitgeschichte nach 1945, Paderborn 1982, 248–263; *Klaus Gotto*, Zum Selbstverständnis der katholischen Kirche im Jahre 1945: *Dieter Albrecht* u. a. (Hg.), Politik und Konfession. Festschrift für Konrad Repgen zum 60. Geburtstag, Berlin 1983, 465–482; *Theodor Eschenburg*, Jahre der Besatzung 1945–1949. Mit einem einleitenden Essay von Eberhard Jäckel, Stuttgart/Wiesbaden 1983 (Geschichte der Bundesrepublik Deutschland, 1) 218–226; *Dorothee Buchhaas*, Gesetzgebung und Wiederaufbau. Schulgesetz in Nordrhein-Westfalen und Betriebsverfassungsgesetz. Eine vergleichende Untersuchung zum Einfluß von Parteien, Kirchen und Verbänden in Land und Bund 1945–1952, Düsseldorf 1985 (Beiträge zur Geschichte des Parlamentarismus und der politischen Parteien, 79), 29–41; *Ludwig Volk*, Akten deutscher Bischöfe über die Lage der Kirche 1933–1945 [hinfort: *ADB*], VI: 1943–1945, Mainz 1985 (VKZ A.38); *Heinz Hürten*, Kurze Geschichte des deutschen Katholizismus, Mainz 1986, 243–257; *Rudolf Morsey*, Der deutsche Katholizismus in den Jahren der Besatzungsherrschaft 1945–1949: *ders./Klaus Gotto*, Die Kirche in der Nachkriegszeit – ihr Beitrag zum Wiederaufbau, Trier 1986, 7–42; *Klaus Gotto*, Der Beitrag der katholischen Kirche zum Wiederaufbau 1945–1950: ebd. 43–62.
Selbstverständlich ist das von der Literatur gebotene Bild ergänzungsbedürftig durch das und abhängig von dem, was wir selbst erlebt haben. Ich bin 1923 in der Nähe von Bonn geboren und aufgewachsen in einem bewußt katholischen Elternhaus (mein Vater war Volksschullehrer), habe 1941 Abitur gemacht, war danach Soldat, kam am 5. Mai 1945 in britische Kriegsgefangenschaft, wurde Anfang August entlassen und habe im Wintersemester 1945/6 in Bonn mit dem Studium der Fächer Geschichte, Philosophie, Germanistik und Latein begonnen.

6 Vgl. *Hubert Jedin*, Lebensbericht. Mit einem Dokumentenanhang hg. von *Konrad Repgen*, Mainz ²1985 (VKZ. A. 36), besonders 137–148. Allgemein zu Jedin: *Konrad Repgen*, Der Geschichtsschreiber des Trienter Konzils: Hubert Jedin (1900–1980): ZRG, KA 70 (1984)

356–392. Jedins Tagebuch befindet sich in Privatbesitz. Es wurde für den seit den sechziger Jahren verfaßten Lebensbericht benutzt.
7 Der aus Oberschlesien stammende Jedin lebte von 1930–1933 und 1936–1939 in Breslau.
8 Dr. theol. Dr. phil. h. c. Hermann Hoberg, geb. 1907, Priester der Diözese Osnabrück, damals römischer Camposantiner, 1956 Vizepräfekt des Vatikanischen Geheim-Archivs, heute Domherr an St. Peter in Rom.
9 *Ludwig Curtius* (1874–1954). Seine Memoiren „Deutsche und antike Welt. Lebenserinnerungen, Stuttgart 1950" reichen nur bis 1937.
10 Die Lesung „es" ist unsicher; es könnte auch „Ja" heißen.
11 Die Epigraphikerin Margherita Guarducci, geb. 1902.
12 Vgl. *Hubert Jedin*, Begegnungen mit Don Giuseppe: *Mario Picchi* (Hg.), Don Giuseppe de Luca. Ricordi e testimonianze, Brescia 1963, 208–218.
13 Bundespräsident Richard von Weizsäcker formulierte in seiner Ansprache am 8. Mai 1985 im Plenarsaal des Deutschen Bundestages zwar: „Der 8. Mai war ein Tag der Befreiung. Er hat uns alle befreit von dem menschenverachtenden System nationalsozialistischer Gewaltherrschaft", fuhr dann aber fort: „Niemand wird um dieser Befreiung willen vergessen, welche schweren Leiden für viele Menschen mit dem 8. Mai erst begannen und danach folgten." Es ist daher nicht zulässig, ihn für eine isolierte „Befreiungs"-These in Anspruch zu nehmen. Will man seinen Gedanken als einzigen Satz formulieren, so muß es heißen: „Der 8. Mai war auch ein Tag der Befreiung."
14 Von seiten russischer Truppen wurden massenhaft Sexualdelikte auch in anderen Ländern verübt: vgl. für Jugoslawien *Andreas Hillgruber*, Der Zusammenbruch im Osten 1944/45 als Problem der deutschen Nationalgeschichte und der europäischen Geschichte, Opladen 1985 (Rheinisch-Westfälische Akademie der Wissenschaften, Vorträge G 277), 16. Zum Problem insgesamt vgl. Bundesministerium für Vertriebene (Hg.), *Theodor Schieder* (Bearbeiter), Die Vertreibung der deutschen Bevölkerung aus den Gebieten östlich der Oder-Neiße, I/1, Wolfenbüttel 1954 (ND: München 1984, dtv 3270, Bd. 1), S. 60E–63E sowie *Heinz Nawratil*, Vertreibungsverbrechen an Deutschen. Tatbestand, Motive, Bewältigung, München 1982, 31–33.
Massenhafte Vergewaltigung von Frauen durch Besatzungstruppen war im russisch besetzten Gebiet zweifellos am häufigsten und am meisten verbreitet; aber Klage über die gleichen Sexualverbrechen gab es auch anderswo: für amerikanische Besatzungstruppen in Bad Honnef und Godesberg vgl. die Mitteilungen Adenauers an den Schweizer Generalkonsul in: *Hans Jürgen Küsters/Hans Peter Mensing* (Hg.), Kriegsende und Neuanfang am Rhein. Konrad Adenauer in den Berichten des Schweizer Generalkonsuls Franz-Rudolph von Weiss 1944–1945, München 1986 (Biographische Quellen zur deutschen Geschichte nach 1945, 4), 100f.; für das französische Besatzungsgebiet vgl. den sicherlich auf Gröber zurückgehenden Bericht des *P. Ivo Zeiger SJ*, Rom, nach dem 20. September 1945 (ADB VI, 758–776, hier 763): „In den Anfangswochen herrschte ein wildes Plündern und Vergewaltigen; in dem französischen Teil der Erzdiözese ist mit mindestens 30 000 bis 40 000 vergewaltigten Frauen zu rechnen. Hunderte von ihnen haben bereits Selbstmord begangen, Tausende bedrängen die Ärzte um Abtreibung, da es sich meist um Vergewaltiger farbiger Rassen handelte. Bis zur Stunde ist in diesem Punkte noch keine Sicherheit eingekehrt, so daß alleinstehende Bauernhöfe oder arbeitende Mädchen auf dem Feld in steter Gefahr sind"; für den Landkreis Münster in der britischen Zone bis zum 10. Juni 1945 vgl. die Zahlen der durch Banden (nicht durch Besatzungstruppen) verursachten Vergewaltigungen in ADB VI, 600f., Anm. 4. – Bei *Eschenburg* (wie Anm. 5) bleibt dieses Thema unerörtert. Vgl. auch *Gotthold Rhode*, Eine erschütternde Bilanz. Die deutschen „Nachkriegsverluste": FAZ, Nr. 214, 16. September 1987 (= weiterführende Besprechung von *Heinz Nawratil*, Die deutschen Nachkriegsverluste unter Vertriebenen, Gefangenen und Verschleppten [Herlig. Materialien der Zeitgeschichte], München 1986].
15 Die Erinnerung an die Deportation von etwa 0,5 Millionen Deutscher (vgl. *Hillgruber* [wie Anm. 14], 16) ist heute ziemlich verblaßt.

16 Zum Beispiel im Gefangenenlager Remagen; dazu vgl. *Winfried Becker*, Die Brücke und die Gefangenenlager von Remagen. Über die Interdependenz eines Massenschicksals im Jahre 1945: *Hans Peter Kürten* (Hg.), Kriegsgefangen in Remagen. Die Geschichte des Kriegsgefangenenlagers und der „Schwarzen Madonna" von Remagen, Remagen 1986, 52–77. Über die Zustände in den Kriegsgefangenenlagern der Diözese Trier vgl. *Bornewasser* an die französische Militärregierung, 10. September 1945 (ADB VI, 738–743, hier 740f.).
17 Aufzeichnung *Frings* für die Fuldaer Bischofskonferenz, Köln, vor 21. August 1945: ADB VI (wie Anm. 5), 668f.
18 Über die Hemmnisse im Post- und Personenverkehr vgl. Aufzeichnung *Frings* (wie Anm. 17), 668. – Vorausgegangen waren Regionalkonferenzen am 15. Mai in Koblenz (Köln, Aachen, Trier, Limburg, Mainz und Speyer), am 4. bis 6. Juni in Werl (Köln, Paderborn, Hildesheim, Osnabrück, Münster, Aachen, Trier und Limburg, [Fulda: verhindert]), am 26. bis 27. Juni in Eichstätt (München, Bamberg, Passau, Regensburg, Eichstätt, Augsburg, Würzburg und Speyer). In Fulda fehlten: Breslau, Ermland, Meißen sowie die tschechoslowakischen Jurisdiktionsbezirke.
19 Der am 20. Mai 1943 verstorbene Bischof von Speyer, *Ludwig Sebastian*, hatte sich regelmäßig stenographische Notizen gemacht. Sie sind publiziert in ADB I–V (1968, 1976, 1979 [ed. *Bernhard Stasiewski*], 1981 und 1983 [ed. *Ludwig Volk*] = VKZ A. 5, 20, 25, 30, 34), passim.
20 Zum folgenden: ADB VI (wie Anm. 5), Nr. 1028–1030 (S. 657–707). Grundlegend das vom Speyrer Bischof *Josef Wendel* geführte Protokoll: Nr. 1030/II (S. 671–683).
21 Vgl. *Ludwig Volk*, Adolf Kardinal Bertram (1859–1945): *Rudolf Morsey* (Hg.), Zeitgeschichte in Lebensbildern. Aus dem deutschen Katholizismus des 20. Jahrhunderts, I, Mainz 1973, 274–286, 312, und nunmehr, zusammenfassend: *Klaus Gotto/Hans Günter Hockerts/Konrad Repgen*, Nationalsozialistische Herausforderung und kirchliche Antwort. Eine Bilanz: *Klaus Gotto/Konrad Repgen* (Hg.), Die Katholiken und das Dritte Reich, Mainz 1983 (Topos-Taschenbücher 136), 122–139, hier 132f., 136f.
22 Dazu vor allem *Ulrich von Hehl* (ed.), Walter Adolph. Geheime Aufzeichnungen aus dem nationalsozialistischen Kirchenkampf 1935–1943, Mainz 1979 (VKZ A. 28), passim, sowie Pius XII an Preysing, 12. Juni 1940, und ders. an den deutschen Episkopat, 6. August 1940: *Burkhart Schneider* mit *Pierre Blet* und *Angelos Martini* (edd.), Die Briefe Pius' XII. an die deutschen Bischöfe 1939–1944, Mainz 1966 (VKZ A. 4), 74f., 85–97.
23 Hirtenwort des deutschen Episkopats, Fulda, 23. August 1945: ADB VI (wie Anm. 5), 688–694, hier 688: „Zwei Jahre war es uns... nicht möglich, uns... zu versammeln. Wir vermissen bei dieser ersten Tagung nach Kriegsende schmerzlich den ständigen Vorsitzenden..., der am 6. Juli... im Herrn entschlafen ist, nachdem er 25 Jahre unsere Konferenzen geleitet... hat. Wenn einmal die Schriftsätze und Eingaben veröffentlicht werden, die er, allein in den letzten 12 Jahren, in allen schwebenden Fragen an die Regierungsstellen eingereicht hat, wird die Welt staunen über den Weitblick und die Klugheit, mit der er auf der Wache stand und für die Rechte Gottes und seiner Kirche und zum Wohle aller Notleidenden und Gedrückten eintrat. Wir senden ihm einen Gruß inniger Dankbarkeit ins Grab nach und gedenken seiner in unseren Gebeten."
24 Protokoll (wie Anm. 20), 673.
25 Vgl. *Heinz Hürten*, „Endlösung" für den Katholizismus? Das nationalsozialistische Regime und seine Zukunftspläne gegenüber der Kirche: Stimmen der Zeit 203 (1985) 534–546.
26 Er nahm am 30. August 1945 seine Tätigkeit auf: *Heinrich Potthoff/Rüdiger Wenzel*, Handbuch der politischen Institutionen und Organisationen 1945–1949, Düsseldorf 1983 (Handbücher zur Geschichte des Parlamentarismus und der politischen Parteien, 1), 43.
27 Vgl. *Ulrich von Hehl*, unter Mitwirkung der Diözesanarchive, Priester unter Hitlers Terror. Eine biographische und statistische Erhebung, Mainz 1984 (VKZ A.37), XXVII–XXIX. Die 2. Auflage, 1985, enthält einige Berichtigungen. Eine wesentlich erweiterte

dritte Auflage, in der auch die erhaltenen Gestapo-Akten herangezogen werden und die daher ca. 1000 neue Namen von Betroffenen enthalten wird, ist in Vorbereitung. Sie dürfte etwa 1988/9 erscheinen.

28 Nur *Wilhelm Corsten* (Hg.), Kölner Aktenstücke zur Lage der katholischen Kirche in Deutschland 1933–1945, Köln 1949, entsprach einigermaßen vollständig diesem Beschluß (*von Hehl* [wie Anm. 27] XXVIII). Diese Publikation war aber nicht Folge des Beschlusses von 1945, sondern ist auf dem Hintergrund der Diskussion über das Reichskonkordat und die Haltung der Kirchen im Parlamentarischen Rat zu sehen, die im Januar 1949 geführt wurde. Dazu vgl. *van Schewick* (wie Anm. 5) 104–111. Der tatsächliche Wortlaut der Zinn-Rede vom 20. Januar 1949, die das weitere auslöste, jetzt in *Konrad Repgen*, Ungedruckte Nachkriegsquellen zum Reichskonkordat. Eine Dokumentation: HJb 99 (1979) 375–413, hier 396–402. Die 1946 erschienenen Dokumentationen waren schmale Auswahlausgaben: vgl. *Konrad Hofmann* (Hg.), Zeugnis und Kampf des deutschen Episkopats. Gemeinsame Hirtenbriefe und Denkschriften, Freiburg 1946 (Das christliche Deutschland 1933–1945, Katholische Reihe, Heft 2); *ders.* (Hg.), Hirtenbriefe des Erzbischofs Gröber in die Zeit, Freiburg 1947 (Das christliche Deutschland... Heft 7). Zu *Johannes Neuhäusler*, Kreuz und Hakenkreuz, vgl. S. 136 und Anm. 49.

29 ADB I–V (wie Anm. 19) und VI (wie Anm. 5).

29a Als Gegenwartsanalyse vgl. *Norbert Stallkamp*, Die Sprache der katholischen Kirche in der Bundesrepublik Deutschland. Ein textlinguistischer Beitrag zur Bestimmung ihrer Textsorten, Frankfurt/M., Bern, New York 1987 (Regensburger Beiträge zur deutschen Sprach- und Literaturwissenschaft, Reihe B: Untersuchungen, 33).

30 ADB VI (wie Anm. 5) Nr. 1030/IIa (= S. 683–687).

31 „Denuo congregati sumus, sed maesti ac perculsi populi christiani vexatione saevissima et cruenta, qua multi sacerdotes et fideles tum corporum tum animarum perpessi cruciatus vitam suam pro Christi nomine tradiderunt.
Attamen, quamvis tanta oppressi egestate et miseria, divites sumus ac pleni solatii, nam maxima Christifidelium pars fide in divinam providentiam necnon summam Christi Redemptoris caritatem constanter servata matrem suam sanctam ecclesiam non deseruit. Certo nunc igitur scimus et Patrem nos habere in coelis et multos fratres purpura martyrum coronisque ornatos, quorum intercessionem et exemplum turbidis hisce temporibus amantissime adiuturum nos esse confidimus" (ADB VI, 684).

32 AAS [Acta Apostolicae Sedis] 37 (1945) 278–284. Übersetzung *Faulhabers*, vom Dezember 1945, in ADB VI (wie Anm. 5) 818–825. Eine andere deutsche Übersetzung bei *Bruno Wüstenberg/Joseph Zabkar* (Hg.), Der Papst an die Deutschen. Pius XII als Apostolischer Nuntius und als Papst in seinen deutschsprachigen Reden und Sendschreiben von 1917 bis 1956. Nach den vatikanischen Archiven, Frankfurt/Main 1956, 115–123.

33 Nachweis: ADB VI (wie Anm. 5) 818.

34 „...vehementer dolemus... Adolphum Bertram... defuisse, qui eidem [sc. conventui Fuldensi] per diuturnam iam annorum spatium tam sagaciter studioseque praefuit" (AAS [wie Anm. 32] 278).

35 Der Text spricht von „insectatio callida ac vaferrima"; ich folge der Übersetzung *Faulhabers* (wie Anm. 32).

36 „Optime autem noveramus – quod quidem palam est heic in vestra laude ponendum – vos, pro officii vestri conscientia, insanis illis effreni ‚Nationalismi', quem vocant, placitis agendique rationibus toto pectore obstitisse et adversatos esse; habuisseque hac in re vobiscum consentientem meliorem populi vestri partem" (AAS [wie Anm. 32] 278f.). Ich folge, nicht ganz wörtlich, *Faulhabers* Übersetzung, der sich der Schwierigkeit einer brauchbaren Übersetzung bewußt war; vgl. *ders.* an den bayerischen Episkopat, München, 18. Dezember 1945: ADB VI (wie Anm. 5) 818, Anm. 1.

37 Vgl. S. 142f.

38 In diesem Punkt ging sie auf Faulhabers Entwurf zurück. Zur Textentstehung vgl. die Vorbemerkung *Dieter Albrechts* zur (besten) Textausgabe der Enzyklika: *ders.* (Hg.), Der

Notenwechsel zwischen dem Heiligen Stuhl und der Deutschen Reichsregierung [hinfort: *NW*], I, Von der Ratifizierung des Reichskonkordats bis zur Enzyklika „Mit brennender Sorge", Mainz 1965 (VKZ A.1), 402f. Der Text des Faulhaber-Entwurfs und der Enzyklika in Paralleldruck ebd. 404–443.
39 NW I, 412. Es folgen drei weitere Aufgaben-Umschreibungen: Dafür zu wirken, „daß die Majestätsrechte Gottes... nicht verunehrt werden (Tit. 2,5); daß die Gotteslästerungen... zum Schweigen gebracht werden; daß dem... Prometheusgeist und Gottesverneiner, Gottesverächter und Gotteshasser gegenüber das Sühnegebet der Gläubigen nie erlahme..." (ebd.).
40 *Faulhaber* übersetzte „agendi rationes" mit „Maßnahmen", was den Sinn verschiebt; bei *Wüstenberg/Zabkar* heißt es „Methoden".
41 NW I (wie Anm. 38) 412f.
42 *Faulhaber* übersetzte: „in Gefängnissen und Lagern"; der römische Text hat „publicae custodiae loca". Daß dies „Konzentrationslager" sind, ergibt sich aus dem Schreiben *Pius' XII.* an die niederländischen Bischöfe, Rom, 12. Mai 1945: AAS 37 (1945) 186–188, hier 187. „Mit brennender Sorge" hatte offen von „Kerkerzellen" und „Konzentrationslagern" gesprochen (NW [wie Anm. 38] 437).
43 Italienischer Text: AAS 37 (1945) 159–168 sowie Discorsi e radiomessaggi di Sua Santità Pio XII, VII: Settimo anno di pontificato, 2 Marzo 1945–1° Marzo 1946, Vatikanstadt 1964, 67–82; deutsche Übersetzung: *Simon Hirt* (Hg.), Mit brennender Sorge. Das päpstliche Rundschreiben gegen den Nationalsozialismus und seine Folgen in Deutschland, Freiburg 1946. (Das christliche Deutschland 1933 bis 1945. Dokumente und Zeugnisse, Katholische Reihe, Heft 1), 71–81, erneut, kommentiert: ADB VI (wie Anm. 5) 884–901; Utz/Groner (wie Anm. 87) 1800–1812; größerer Auszug bei *Wüstenberg/Zabkar* (wie Anm. 32) 103–110.
44 Jahresbericht für 1945, Rom, 22. Februar 1946 (ADB VI [wie Anm. 5] 902–905, hier 902.
45 Eintragung vom 2. Juni 1945 (Tagebuch im Privatbesitz).
46 Dazu Mitteilungen *P. Leibers* SJ an den österreichischen Vatikangesandten vom 16. Juli 1933: *Konrad Repgen*, Zur vatikanischen Strategie beim Reichskonkordat (VZG 31 [1983] 506–535, hier 530–535) sowie *ders.*, Reichskonkordats-Kontroversen und historische Logik: *Manfred Funke u.a.* (Hg.), Demokratie und Diktatur. Geist und Gestalt politischer Herrschaft in Deutschland und Europa. Festschrift für Karl Dietrich Bracher, Düsseldorf 1987, 158–177.
47 *Johannes Neuhäusler* (für ihn vgl. *von Hehl* [wie Anm. 27] Sp. 751f.), Amboß und Hammer. Erlebnisse im Kirchenkampf des Dritten Reiches, München 1967, 205f.
48 Vgl. Neuhäuslers Aktennotiz in *Ludwig Volk*, Kirchliche Akten über die Reichskonkordatsverhandlungen 1933, Mainz 1969 (VKZ A.11), 282f.
49 Geleitwort vom 21. März 1946 zu: *Johannes Neuhäusler*, Kreuz und Hakenkreuz. Der Kampf des Nationalsozialismus gegen die katholische Kirche und der kirchliche Widerstand, I/II (in einem Bande), München 1946.
50 *Ulrich von Hehl*, Kirche, Katholizismus und das nationalsozialistische Deutschland. Ein Forschungsüberblick: *Dieter Albrecht* (Hg.), Katholische Kirche im Dritten Reich. Eine Aufsatzsammlung, Mainz 1976 (Topos-Taschenbücher, 45), 219–251, hier 220f. Vgl. die überarbeitete und aktualisierte Ausgabe unter dem Titel „Kirche und Nationalsozialismus. Ein Forschungsbericht": Rottenburger Jahrbuch für Kirchengeschichte, 2 (1983) 11–29, hier 14.
51 *Johannes Neuhäusler*, Saat des Bösen. Kirchenkampf im Dritten Reich, München 1964, 11.
52 Schon in den Warnungen der Bischöfe vor dem Nationalsozialismus 1930/31 war die Vokabel „Kulturkampf" benutzt worden (vgl. ADB I, 792, 796, 807, 810); das rheinische Zentrum eröffnete den Wahlkampf am 7. Februar 1933 mit der Ankündigung, daß Herrschaft der Harzburger Front „Kulturkampf" bedeuten werde (*Rudolf Morsey*, Der Untergang des politischen Katholizismus. Die Zentrumspartei zwischen christlichem Selbstverständnis und ‚Nationaler Erhebung' 1932/33, Stuttgart/Zürich 1977, 101); für *Gröber* ist

der Begriff ab 18. März 1933 nahezu kontinuierlich nachweisbar (ADB I, 1 f., 422, 453 ff., 472, 483, 495, 614, 674 f.; IV, 168, 261, 716; V, 378, 487), ebenso für *Faulhaber* ab 5. Juli 1933 (ADB I, 259, 265, 425, 428, 722; II, 53, 344, 348, 361, 363, 371, 372, 375, 376, 377; III, 354, 473); vgl. auch die Nachweise gemäß Register s. v. „Kulturkampf" in *Ludwig Volk*, Akten Kardinal Michael von Faulhabers 1917–1945, I: 1917–1934; II: 1935–1945, Mainz 1975/1978 (VKZ A.17. 25) sowie die in ADB I–VI durch die Register erschließbaren weiteren Belege.

53 Vgl. *Alexander Schnütgen*, Art. Kulturkampf: ⁵StL, V, Freiburg/B. 1929, Sp. 623–638, bes. 637 sowie *ders.*: ¹LThK, VI, Freiburg 1934, Sp. 294–297. Auf ihn dürfte auch der Artikel zurückgehen in: Der Große Herder, VII, Freiburg 1933, Sp. 415–417.

54 *Konrad Repgen*, Christen im Widerstand. Am Beispiel des Kulturkampfes der Bismarckzeit und des Kirchenkampfes der Hitlerdiktatur: Ich will Euch Zukunft und Hoffnung geben. 85. Deutscher Katholikentag vom 13. September bis 17. September 1978 in Freiburg, Paderborn ²1978, 256–273.

55 Brief an Kardinal Schuster/Mailand, 26. April 1931. Dazu die Nachweise bei *Konrad Repgen*, Pius XI. und das faschistische Italien. Die Lateranverträge von 1929 und ihre Folgen: *Werner Pöls* (Hg.), Staat und Gesellschaft im politischen Wandel. Beiträge zur Geschichte der modernen Welt. Festschrift für Walter Bußmann, Stuttgart 1979, 331–359, hier 351–356, sowie *ders.*, Vom Fortleben nationalsozialistischer Propaganda in der Gegenwart. Der Münchener Nuntius und Hitler 1933: Festschrift für Andreas Kraus zum 60. Geburtstag, Kallmünz 1982 (Münchener Historische Studien, Abt. Bayerische Geschichte, 10), 455–476, hier 456 f.

56 *Hans Günter Hockerts*, Die Goebbels-Tagebücher 1932–1941. Eine neue Hauptquelle zur Erforschung der nationalsozialistischen Kirchenpolitik: *Dieter Albrecht u. a.* (Hg.), Politik und Konfession (wie Anm. 5) 359–392, hier 364: von der geheimnisumwitterten Hitlerrede am 5. August 1933 notierte Goebbels: „Scharf gegen die Kirchen. Wir werden selbst Kirche werden".

57 Das Schlüsseldokument dafür ist die zunächst am 12. Januar 1937 auf der Fuldaer Bischofskonferenz inhaltlich vorgetragene und dann am 16. Januar in Rom vorgelegte, vermutlich von Emmerich David verfaßte Strategiedenkschrift des Kölner Kardinals Schulte mit dem Kernsatz: „Man will grundsätzlich und definitiv die Vernichtung des Christentums und insbesondere der katholischen Religion oder doch wenigstens ihre Zurückführung auf einen Zustand, der vom Standpunkt der Kirche mit Vernichtung gleichbedeutend wäre" (ADB IV, ed. *Volk*, 1981, 150–153, hier 151); vgl. ebd. 75 (Protokoll der Plenarkonferenz des deutschen Episkopats, Fulda, 12.–13. Januar 1937).

58 Vgl. *Heinz Hürten*, Waldemar Gurian. Ein Zeuge der Krise unserer Welt in der ersten Hälfte des 20. Jahrhunderts, Mainz 1972 (VKZ A. 11), 129–132; ebd. 131 die folgenden Zitate mit Stellennachweis.

59 So Erzbischof *Gröber* im Hirtenbrief vom 1. Mai 1945 (ADB VI, 474–486, hier 475).

60 *Gröber* (wie Anm. 59) 480.

61 Vgl. *Anton Rauscher* (Hg.), Säkularisierung und Säkularisation vor 1800, München u. a. 1976; *Albrecht Langner* (Hg.), Säkularisation und Säkularisierung im 19. Jahrhundert, München u. a. 1976; *Ulrich Ruh*, Art. Säkularisierung: Christlicher Glaube in moderner Gesellschaft, 18, Freiburg u. a. 1982, 59–100. – Im folgenden greife ich zurück auf *Konrad Repgen*, Katholizismus und Nationalsozialismus. Zeitgeschichtliche Interpretationen und Probleme, Köln 1983 (Kirche und Gesellschaft, 99), 7 f.

62 *Brigitte Kaff*, Eine Volkspartei entsteht – Zirkel und Zentren der Unionsgründung: *Günter Buchstab/Klaus Gotto* (Hg.), Die Gründung der Union. Traditionen, Entstehung und Repräsentanten, München/Wien 1981 (Geschichte und Staat, 254/255), 70–101, hier 76–79; vgl. *Hans-Peter Schwarz*, Adenauer. Der Aufstieg: 1876–1952, Stuttgart 1986, 481–483.

63 *Helmuth Pütz* (Bearbeiter), Konrad Adenauer und die CDU der britischen Besatzungs-

zone 1946–1949. Dokumente zur Gründungsgeschichte der CDU Deutschlands, Bonn 1975, 105–109, hier 105.
64 *Pütz* (wie Anm. 63) 109–113. In dem ungefähr gleichzeitigen Frankfurter Programm (*Ossip K. Flechtheim*, Dokumente zur parteipolitischen Entwicklung in Deutschland seit 1945, II: Programmatik der deutschen Parteien, 1. Teil, Berlin 1963, 36–45) findet sich diese Argumentation zwar explizit nicht, auch nicht in den Münchener Entwürfen vom 5. September 1945 (Text: *Konrad Repgen*, Über die Anfänge des CSU-Programms von 1945: *Andreas Kraus* [Hg.], Land und Reich, Stamm und Nation. Probleme und Perspektiven Bayerischer Geschichte. Festgabe für Max Spindler zum 90. Geburtstag, III. Vom Vormärz bis zur Gegenwart, München 1984, 459–471, hier 467ff.), doch setzt das Münchener Programm die gleichen Gedankengänge voraus; vgl. den letzten Abschnitt des Entwurfs für den Münchener Aufruf (a.a.O. 471): „In der gewaltigen Weltrevolution, die den Hintergrund der großen kriegerischen Katastrophen bildet, vertrauen wir auf die ewigen Grundsätze der christlichen Lebensordnung als sichersten Wegweiser in ein neues Zeitalter...".
65 Daten und Literatur über ihn bei *Hans Peter Mensing* (Bearbeiter), Adenauer. Briefe 1945–1947, Berlin 1983 (Rhöndorfer Ausgabe [1]), 614 (zu Nr. 165).
66 Zum vorausgehenden „Rhöndorfer Programm" vgl. nunmehr *Schwarz* (wie Anm. 62) 494f. Schon im Brief an Karl Scharnagl vom 21. August 1945 (*Mensing* [wie Anm. 65] 77–79, hier 78) hatte er geschrieben: „ich glaube, daß unser Volk nur dann gesunden kann, wenn in ihm das christliche Prinzip wieder herrschen wird".
67 *Pütz* (wie Anm. 63) 131–135.
68 *Hans-Peter Schwarz* (Hg.), Konrad Adenauer, Reden 1917–1967. Eine Auswahl, Stuttgart 1975, 82–106, hier 84f.
69 Eigene Erinnerung.
70 *Adolf Süsterhenn* (1948): „Der aus Renaissance und Reformation erwachende Geist des individualistischen Liberalismus hat zu einer Auflösung der gesellschaftlichen Ordnung geführt. Der Lehre von der religiösen und sittlichen Autonomie des Menschen folgte auch im gesellschaftlichen und politischen Bereich die Lehre von der völligen Freiheit und absoluten Bindungslosigkeit des Menschen" (hier zitiert nach *van Schewick* [wie Anm. 5] 15, mit weiteren Nachweisungen).
71 *Joseph Kardinal Höffner*, Pastoral der Kirchenfremden. Eröffnungsreferat bei der Herbstvollversammlung der Deutschen Bischofskonferenz 1979 in Fulda, Bonn 1979 (Der Vorsitzende der Deutschen Bischofskonferenz, 7), 25; vgl. die Schaubilder, ebd. S. 26, sowie in *Klaus Gotto/Konrad Repgen* (Hg.), Kirche, Katholiken und Nationalsozialismus, Mainz 1980 (Topos-Taschenbücher, 96), 124f.
72 Denkschrift *Preysings*, verfaßt von *Walter Adolph*, Berlin, 17. Oktober 1937 (ADB IV, 356–361, hier 360).
73 Referat *Stohrs* über die Jugendseelsorge bei der Fuldaer Bischofskonferenz am 20. August 1942 (ADB V, 888–892, hier 889). Am 22. August 1945 trug er bei der Fuldaer Bischofskonferenz zum Thema „Jugend" vor: es scheine „die religiöse Substanz zu einem großen Teil lebendig und gesund geblieben zu sein. Daneben darf nicht übersehen werden, daß ein erheblicher Teil als gleichgültig, ja als religiös-sittlich erledigt betrachtet werden muß. Das religiöse Wissen ist erschreckend gesunken, am sakramentalen Leben nimmt die Jugend – schon von den letzten Schuljahren an – in wachsendem Prozentsatz nicht mehr teil" (ADB VI, 700f.).
74 Zum folgenden vgl. *Volk*, Zwischenbilanz (wie Anm. 5). Der Text *Zeigers* erneut abgedruckt in ADB VI, 758–776. Danach zitiere ich.
75 Ebd. 760f.
76 Ebd. 765–767.
77 *Robert Grosche*, Kölner Tagebuch 1944–1946, Köln/Olten 1969, 155f. Vgl., auch zum folgenden, *Konrad Repgen*, Kardinal Frings im Rückblick. Zeitgeschichtliche Kontroverspunkte einer künftigen Biographie: HJb 100 (1980) 286–317, hier 294f.
78 *Repgen* (wie Anm. 77) 294.

79 AAS 39 (1947) 58–63, hier 58 (Ansprache vom 22. Januar 1947 vor den Mitgliedern der „Renaissance chrétienne").
80 Pastoralanweisung für den Klerus, 26. März 1948: KA [Kirchlicher Anzeiger für die Erzdiözese Köln] Köln 88 (1948) 89–91.
81 *Ivo Zeiger*, Die religiös-sittliche Lage und die Aufgabe der deutschen Katholiken: Der Christ in der Not der Zeit. Der 72. Deutsche Katholiken-Tag vom 1. bis 5. September 1948 in Mainz, Paderborn 1949, 24–39, hier 35.
82 *Van Schewick* (wie Anm. 5) 130.
83 Stichwortartig seien genannt: 1) Institutionelles: Übergang Breslaus an Kardinal Hlond, Eingliederung der Vertriebenen und Flüchtlinge (Klerus und Laien). 2) Pastorales: Flüchtlings- und Vertriebenen-Seelsorge; Säulen- oder Verbändeprinzip der katholischen Organisationen; Problem der Abtreibung nach Vergewaltigungen. 3) Politisches: Fortdauer des Fernhaltens des Klerus von der Parteipolitik bei wachsamer Beobachtung des Politischen; Entnazifizierung; Schule; Unionsparteien oder Zentrumspartei; Wahlverhalten der Katholiken; Einheitsgewerkschaft; Verfassungen, Naturrechtsgeltung. 4) Karitative Bemühungen.
84 Dazu neuestens *Friedrich Wilhelm Rothenpieler*, Der Gedanke einer Kollektivschuld in juristischer Sicht, Berlin 1982 (Schriften zur Rechtstheorie, 19), 186–237; *Barbro Eberan*, Wer war an Hitler schuld? Luther? Friedrich der Große? Wagner? Nietzsche? ...? ...? Die Debatte um die Schuldfrage 1945–1949, 2., erweiterte Auflage, München 1985, 168–175.
85 Vgl. oben S. 133–136.
86 ADSS [Actes et Documents du Saint Siège] 11, 1981, 345f.: „oneste [im Entwurf noch: „più eque"] soluzioni... non passeggiar". Vgl., auch zum folgenden, *Konrad Repgen*, Papsttum und Völkerversöhnung. Pius XII. und die Deutschen in Kriegs- und Nachkriegszeit: Kehrt um und glaubt – erneuert die Welt. 87. Deutscher Katholikentag, Düsseldorf, 1.–5. September 1982, II: Die Vortragsreihen: Gestalten des Glaubens – Zeugen des Glaubens – Fragen zur Zeitgeschichte nach 1945, Paderborn 1982, 228–247, hier 245f.; *ders.*, Pius XII. und die Deutschen: *Herbert Schambeck* (Hg.), Pius XII. Friede durch Gerechtigkeit, Kevelaer 1986, 144–161, hier 159f.
87 Discorsi e radiomessaggi di Sua Santità Pio XII, VI: 2 Marzo 1944–1° Marzo 1945, Vatikanstadt 1961, 235–251, hier 248; AAS 37 (1945) 10–23, hier 21; *Arthur-Fridolin Utz/ Joseph-Fulko Groner* (Hg.), Aufbau und Entfaltung des gesellschaftlichen Lebens. Soziale Summe Pius XII., II, Freiburg/Schweiz 1954, 1771–1788, hier 1785 (= Nr. 3500); vgl. *Wüstenberg/Zabkar* (wie Anm. 32) 111.
88 Discorsi (wie Anm. 87), VII: 2 Marzo 1945– 1° Marzo 1946, Vatikanstadt 1964, 385–398, hier 395; AAS 38 (1946) 141–151, hier 149f.; *Utz/Groner* (wie Anm. 87) 2106–2120, hier 2118 (= Nr. 4107); *Wüstenberg/Zabkar* (wie Anm. 32) 111.
89 So auch später; vgl. Ansprache vom 13. September 1952 an die Mitglieder eines Kongresses der Pax-Christi-Bewegung in Assisi: Discorsi (wie Anm. 87), XIV: 2 Marzo 1952–1° Marzo 1953, Vatikanstadt 1961, 303–308, hier 305; AAS 44 (1952) 818–823, hier 820; *Utz/ Groner* (wie Anm. 87) 1993–1999, hier 1996 (= Nr. 3878/9); *Wüstenberg/Zabkar* (wie Anm. 32) 112f.; Ansprache vom 3. Oktober 1953 vor dem 6. Internationalen Strafrechtskongreß: Discorsi (wie Anm. 87) XV, Vatikanstadt 1969, 337–353, hier 346; AAS 45 (1953) 730–744, hier 737f.; *Utz/Groner* (wie Anm. 87), I, 188–208, hier 201 (= Nr. 460); *Wüstenberg/Zabkar* (wie Anm. 32) 217–229, hier 228f.
90 *Hengstenberg* (wie Anm. 147) sprach 1946 zwar von einer sittlich, nicht rechtlich zu verstehenden „Gesamtschuld", und *Richard Egenter*, Gemeinschuld oder Strafhaftung?: *Gottlieb Söhngen* (Hg.), Aus der Theologie der Zeit. Herausgegeben im Auftrage der Theologischen Fakultät München, Regensburg 1948, 114–136, hier 128 glaubte in Analogie zur Erbsünde, aber unter Betonung, daß der „Gemeinschuld" nicht eine ebenso totale Bedeutung beigemessen werden dürfe wie der Erbsünde, „die Möglichkeit einer der Erbsünde analogen Gemeinschuld im natürlichen Bereich bejahen zu müssen"; denn wenn

die Gnade als übernatürliche Vollendung der Natur erscheine, dann müsse man durch Analogieschluß „von den sicheren Tatbeständen der Gnadenordnung auf die entsprechenden, uns noch zweifelhaften Sachverhalte der natürlichen Ordnung zurückschließen dürfen" (a. a. O.). Ihm widersprach sofort und lebhaft *Michael Pfliegler*, Gemeinschuld oder Strafhaftung? Zu einem Sammelwerk der theologischen Fakultät München: Wort und Wahrheit 4 (1949) 137–143, mit dem Ergebnis (S. 142 f.): (1) „Es gibt eine Strafhaltung des Staates", an der alle Staatsbürger solidarisch teilhaben; (2) „es gibt eine Gemeinbelastung" psychologischer Art, nicht moralischer Art, der auch die Unschuldigen sich nicht entziehen könnten; (3) „es gibt keine Gemeinschuld als moralische Schuld". Die systematische, zusammenfassende Widerlegung Egenters brachte der heutige Alt-Erzbischof von Wien, Franz Kardinal König, Kollektivschuld oder Erbschuld: Zeitschrift für katholische Theologie 72 (1950) 40–65, mit dem Ergebnis (S. 65): „1. Zwischen der Erbsündenlehre der katholischen Kirche und einer Kollektivschuld im eigentlichen Sinne besteht... keine Ähnlichkeit. 2. Der katholische Erbsündenbegriff kann daher in keiner Weise die Grundlage abgeben für die Statuierung einer von der Individualschuld verschiedenen Kollektivschuld. 3. Endlich... [sei anzufügen], daß die katholische Glaubenslehre keinen moralischen Schuldzustand kennt – außer der davon verschiedenen Erbschuld – der nicht durch wissentliche, freiwillige und persönliche Verfehlung zustande kommt."
Im übrigen äußerten sich zur Sache viele katholische Moraltheologen. Sie lehnten alle den Kollektivschuldbegriff entweder ganz ab oder gaben ihm einen anderen Inhalt. Vgl. *Heinz Fleckenstein*, Drei Thesen zur sogenannten Kollektivschuld: Die Besinnung 1 (1946), Heft 1, März/April, 40–42; *Johann B. Schuster*, Kollektivschuld: Stimmen der Zeit 139 (1946/7) 101–117; *Alois Mager*, Menschliche Schuld und göttliche Gnade: Universitas 2 (1947) 641–650, 769–775; *Otto Schilling*, Über Kollektivschuld. Eine moral- und rechtsphilosophische Studie: [Tübinger] Theologische Quartalschrift 127 (1947) 209–215; *Werner Schöllgen*, Schuld und Verantwortung nach der Lehre der katholischen Moraltheologie. Eine Anleitung zu eigenem Urteil und ein Weg zur Verständigung, Düsseldorf 1947 (mit einem vierfachen Sinne von Schuld: „Schuld im Sinne von Sünde, von moralisch-juristischer Schuld, von Frevel, von Haftung" [S. 61], was sich nicht mit den Jaspers'schen Unterscheidungen zwischen krimineller, politischer, moralischer und metaphysischer Schuld deckt); *Damasus Zähringer*, Schuld und Schuldbewußtsein: Benediktinische Monatsschrift 24 (1948) 243–256, 349–358, 422–434; *Nikolaus Seelhammer*, Zur Frage der Kollektivschuld: Trierer Theologische Zeitschrift 58 (1949) 38–50. Die Frankfurter Hefte hingegen brachten im April 1947 einen Vortrag des protestantischen Philosophen *Heinrich Scholz* vom 3. Januar 1947 in Münster, Zur deutschen Kollektiv-Verantwortlichkeit: Frankfurter Hefte 2 (1947) 357–373, der durch Unterscheidung von „strikter" und „modifizierter" Kollektiv-Verantwortlichkeit in gewissem Sinne Kollektiv-Schuld akzeptierte.
Zur heutigen moraltheologischen Auffassung des Problems vgl. *Franz Böckle*, Fundamentalmoral, München ³1977, 141: „Es gibt kein kollektives Handlungsobjekt und dementsprechend auch keine Kollektivschuld. Aber man spricht heute zu Recht vom ‚Schuldigwerden der Gesellschaft' und meint damit die Mitverantwortung für die Institutionen, Ordnungen, Sitten und ‚kollektiven Überzeugungen', die unser Zusammenleben regeln und damit auch das Verhalten des einzelnen prägen." Auch die Enzyklika ‚Reconciliatio et Paenitentia' vom 2. Dezember 1984 (Text: AAS 77 (1984) 185–275, hier 217) übernimmt zwar den Begriff einer „sozialen Sünde" (peccatum sociale), hebt ihn aber hinsichtlich der Beziehungen zwischen menschlichen Vergesellschaftungen als „malum sociale" vom eigentlichen Sündenbegriff ab, und lehrt schließlich: „nulla conditio – sicut nullum institutum, nulla compages, nulla societas – ipsa *per se* est actuum moralium subjecta, quamobrem ea potest per se nec bona esse nec mala"; vgl. Sekretariat der Deutschen Bischofskonferenz (Hg.), Verlautbarungen des Apostolischen Stuhles, 60, Bonn 1984, 28–31.

91 „Seit Wochen hören die Leute durch den Rundfunk der alliierten Sender fortgesetzt die Parole: ‚Das ganze deutsche Volk ist schuld an den Verbrechen, die während der Zeit des

Nationalsozialismus in Deutschland geschahen'", heißt es in einer Eingabe angesehener Düsseldorfer Pfarrer an Erzbischof Frings vom 30. Mai 1945 (Text: ADB VI, 508–510, hier 509).
92 Hirtenbrief vom 27. Mai 1945 (Text: ADB VI, 501–505, hier 502), auch zum folgenden. Vgl. die Essener Eingabe an die Militärregierung, unten Anm. 132.
93 Text: ADB VI, 521–530; zur abweichenden Trierer Version vgl. unten Anm. 133.
94 Vgl. oben S. 135f.
95 Text: *Volk*, Faulhaber-Akten (wie Anm. 52), II, 1080–1084.
96 Hirtenbrief, publiziert am 8. Mai 1945 (Text: ADB VI, 474–486, hier 482f.).
97 Bischof Albert Stohr, 2. Februar 1944. Text: *Albert Stohr*, Gottes Ordnung in der Welt. Fünfundzwanzig Jahre deutscher Vergangenheit in Hirtenbriefen des Mainzer Bischofs, herausgegeben und eingeleitet von *Hermann Berg*, Mainz 1960, 41–48, hier 46.
98 Stohr (wie Anm. 97) 280–288, hier 281f. Dieser Hirtenbrief führte im August zu Schwierigkeiten mit der französischen Militärregierung; vgl. Bouley an Stohr, Neustadt, 13. August 1945, Bericht Schwalbachs und Schmitts, Mainz, 16. August 1945 [über Verhandlungen mit Bouley am gleichen Tag], Stohr an Bouley, Bad Orb, 18. August 1945 (ADB VI, 635f., 650–652, 652f.). Bouley, der von den Mainzer Domkapitularen Schwalbach und Schmitt als „positiver und praktizierender Katholik" bezeichnet wurde, hatte ihnen zur Schuldfrage erklärt: „Deutschland sei in seiner größeren Bevölkerungsschicht sicher nicht im Sinne des Kriminellen am Hitlerregime verantwortlich. Aber durch passive Duldung weitester Volkskreise habe sich dieses Volk wenigstens negativ vor der Geschichte verantwortlich gemacht. Gewiß dafür könne das Volk nicht gestraft, sondern es müßte im richtigen christlichen Geist erzogen werden" (a. a. O. 651).
99 Text: ADB VI, 625–628.
100 Die Denkschrift liegt als Schreibmaschinendurchschlag mit Paraphe von Frings vor. Als Verfasser wäre etwa an Wilhelm Böhler, Emmerich David oder Werner Schöllgen zu denken.
101 Vgl. *Konrad Repgen*, Christ und Geschichte: Internationale katholische Zeitschrift COMMUNIO 11 (1982) 475–489, hier 482f.
102 Dazu *Ludwig Volk*, Episkopat und Kirchenkampf im Zweiten Weltkrieg, I: Lebensvernichtung und Klostersturm 1939–1941: Stimmen der Zeit 198 (1980) 597–611, hier 604–607.
103 Vgl. *Konrad Repgen*, Die Außenpolitik der Päpste im Zeitalter der Weltkriege: *Hubert Jedin/Konrad Repgen* (Hg.), Die Weltkirche im 20. Jahrhundert, Freiburg u. a. 1979 (Handbuch der Kirchengeschichte, VII), 36–96, hier 94f.
104 Dazu *Konrad Repgen*, Der Bischof zwischen Reformation, katholischer Reform und Konfessionspolitik (1515–1650): *Peter Berglar/Odilo Engels* (Hg.), Der Bischof in seiner Zeit. Bischofstypus und Bischofsideal im Spiegel der Kölner Kirche. Festgabe für Joseph Kardinal Höffner, Erzbischof von Köln, Köln 1986, 245–314.
105 *Stohr* an Pius XII., Mainz, 21. Juni 1945, nennt es „grundsätzlichen Widerstand" (ADB VI, 532–538, hier 535). Der Kommunist *Georg Lukacs*, Der Rassenwahn als Feind des menschlichen Fortschritts: Der Aufbau. Monatsschrift, 1 (1945) 100–114 (Oktoberheft), hier 113f.: „Man kann völlig irreligiös, ja ein kämpferischer Atheist sein, und man kann trotzdem den heroischen Widerstand der deutschen Katholiken gegen das barbarische Terrorregime Hitlers bewundern, unterstützen, in ihm eine Verteidigung der menschlichen Kultur erblicken. Wenn die Katholiken im Namen ihrer Religion gegen die Rassentheorie protestieren, wenn sie sich dazu bekennen, daß es vor Gott keine Rassenunterschiede gibt, daß vor Gott alle menschlichen Seelen, einerlei, welcher Rasse sie zugehören, den gleichen Wert haben, so ist dies die Stimme des Fortschritts gegenüber dem Nazismus. Der atheistische Kommunist und der gläubige Katholik können aus tiefster Überzeugung gemeinsam gegen ihn kämpfen. Sie unterscheiden sich..., sie kämpfen aber beide für die Gleichberechtigung, gegen die prinzipielle Ungleichheit."
106 Text: ADB VI, 654–664, hier 655–659.

107 Dr. Hans Breitbach, Walter Dirks, Dr. med. Hermann Frühauf, Dr. Werner Hilpert, Dr. Karl Heinz Knappstein, Dr. Eugen Kogon. Sie gehörten zum Gründerkreis der Frankfurter „Christlich-Demokratischen Partei", die überörtliche Bedeutung gewann (vgl. *Kaff* [wie Anm. 62] 85). Als „linkskatholisch" können sie insgesamt nicht bezeichnet werden: Knappstein wurde 1950 Generalkonsul in Chicago, später Botschafter in Madrid, bei der UNO und schließlich, ab 1962, in Washington. – Breitbach blieb nicht bei Dirks und Kogon, als diese nach 1949 die „linkskatholische" Richtung einschlugen; vgl. *Martin Stankowski*, Linkskatholizismus nach 1945. Die Presse oppositioneller Katholiken in der Auseinandersetzung für eine demokratische und sozialistische Gesellschaft, Köln 1976 (Sammlung Junge Wissenschaft), 305, Anm. 37.
108 Kopie vom Schreibmaschinenexemplar im Privatbesitz von Walter Dirks, Wittnau/Freiburg, im Archiv der Kommission für Zeitgeschichte/Bonn. Den Hinweis verdanke ich *Stankowski* (wie Anm. 107) 309f., Anm. 68.
109 Wenn der Text in Fulda vorgelegt worden wäre, müßte er sich eigentlich in den Kölner Akten befinden; dort gibt es aber keinerlei einschlägigen Hinweis. Angeregt war der Entwurf durch den Mainzer Bischof Stohr. Bei seinen Recherchen für ADB VI hat P. Volk in keinem kirchlichen Archiv einen Hinweis auf diesen Entwurf gefunden.
110 Die Schriftleitung [Kogon, Dirks, Münster] im Editorial, Das Gespräch über die Kirche, Frankfurter Hefte 2 (1947) 275–294, hier 276 (März-Heft). Der Artikel ist Antwort auf die Leserbriefe zu *Ida Friederike Görres*, Brief über die Kirche: Frankfurter Hefte 1 (1946) 715–733 (Oktober-Heft).
111 „Anregungen für eine Kundgebung des deutschen Episkopats anläßlich der Fuldaer Bischofskonferenz 1945" (wie Anm. 108), S. 8.
112 Text: ADB VI, 608–694.
113 *Bischof Wendel* (wie Anm. 20) 673, 678.
114 *Preysing* an Leiber, 5. September 1945 (ADB VI, 654, Anm. 1).
115 Text: ADB VI, 664–668.
116 *Preysing* (wie Anm. 114) berichtete: „Die Sitzung verlief sehr harmonisch." Rothenpieler (wie Anm. 84), 201, erklärt den Themenwechsel mit der in Fulda beschlossenen Eingabe an den Alliierten Kontrollrat (Text: ADB VI, 695–699). Gegen diese Hypothese spricht, daß Frings von vornherein an diese Eingabe dachte: vgl. ADB VI, 668f., hier 669, unter „2".
117 Vgl. Aufzeichnung Frings vor 21. 8. 45: ADB VI, 668f.; hier 669, Punkt 1.
118 Text: ADB VI, 776–778.
119 Vgl. oben S. 131.
119a Text, mit den Varianten, im Anhang, S. 161f.
120 Vgl. *Gotto/Hockerts/Repgen* (wie Anm. 21) und *Repgen* (wie Anm. 61) sowie *Heinz Hürten*, Selbstbehauptung und Widerstand der katholischen Kirche: *Jürgen Schmädecke/ Peter Steinbach* (Hg.), Der Widerstand gegen den Nationalsozialismus. Die deutsche Gesellschaft und der Widerstand gegen Hitler, München/Zürich 1985, 240–253, erweitert, unter dem gleichen Titel: *Klaus-Jürgen Müller* (Hg.), Der deutsche Widerstand 1933–1945, Paderborn u.a. 1986 (UTB 1398) 136–156. Eine Übersicht jetzt in *Konrad Repgen*, Das Wesen des christlichen Widerstandes. Prolegomena: *Wolfgang Frühwald/Heinz Hürten* (Hg.), Christliches Exil und christlicher Widerstand. Ein Symposion an der Katholischen Universität Eichstätt 1985, Regensburg 1987 (Eichstätter Beiträge, 22: Abteilung Geschichte, 4) 13–20. Für die evangelische Seite nunmehr *Kurt Nowak*, Evangelische Kirche und Widerstand im Dritten Reich: Geschichte in Wissenschaft und Unterricht 38 (1987) 352–364.
121 *Heinz Hürten*, Zeugnis und Widerstand im nationalsozialistischen Staat. Überlegungen zu Begriff und Sache: Stimmen der Zeit 201 (1983) 363–373, weitergeführt in *ders.*, Zeugnis und Widerstand. Zur Interpretation des Verhaltens der katholischen Kirche im Deutschland Hitlers: *Peter Steinbach* (Hg.), Widerstand. Ein Problem zwischen Theorie und Geschichte, Köln 1987, 144–159.
122 Text: *Martin Greschat/Christiane Bastert*, Die Schuld der Kirche. Dokumente und Refle-

xionen zum Stuttgarter Schuldbekenntnis vom 18./19. Oktober 1945, München 1982 (Studienbücher zur kirchlichen Zeitgeschichte, 4), 102f.; vgl. *Armin Boyens*, Kirchenkampf und Ökumene 1939–1945. Darstellung und Dokumentation unter besonderer Berücksichtigung der Quellen des Ökumenischen Rates der Kirchen, München 1973, 361.

123 Vgl. Anhang, S. 162, Anm. t–t.
124 *Volk*: ADB VI, 690, Anm. a–b.
125 Vgl. die zahlreichen Nachweisungen in ADB VI s. v. „Entnazifizierung".
126 Im folgenden greife ich auch zurück auf *Repgen*, Frings (wie Anm. 77) 309ff.
127 *Leiber* an Preysing, 28. Oktober 1945 (ADB VI, 813–817, hier 813).
128 Verlesung in der Pfarrkirche St. Hippolytus, Troisdorf. Meiner Erinnerung prägten sich damals aber weder der Dank an das Kirchenvolk noch das Schuldbekenntnis noch die Mahnungen für den Neubeginn ein, sondern der Hinweis auf die Eingaben Kardinal Bertrams (vgl. oben Anm. 23).
129 Am 5. September 1948. Text: Zentralkomitee zur Vorbereitung der Generalversammlungen der Katholiken Deutschlands (Hg.), Entschließungen der Vertretertagung des Mainzer Katholikentages 1948. Beraten und vorgeschlagen von den Arbeitsgemeinschaften der Vertretertagung, Paderborn 1948, 13. Vorherging: „Wenn die deutschen Katholiken zum erstenmal nach dem Krieg gehört werden, so genügt nicht das Confiteor, das wir allein vor Gott sprechen und dessen Verpflichtung nicht nur für uns, sondern für alle gilt, die in jene europäische Unordnung verwickelt sind, die diese Katastrophe über die Welt gebracht hat. Die Mehrzahl der erwachsenen einsichtigen Katholiken weiß um die eigene persönliche Schuld. Viele waren verblendet und unterschieden nicht mehr genug zwischen der Selbstbehauptung unseres Volkes und dem Willen zur Macht. Die Herzen vieler von uns waren verhärtet gegenüber den unschuldig Leidenden, und viele unterlagen dem Mangel an Mut. Wir verheimlichen das nicht gegenüber den Völkern, die an den schrecklichen Geschehnissen so entsetzlich gelitten haben. Sie mögen uns vergeben, wie auch wir vergeben wollen denen, die uns Unrecht getan haben und tun, damit nicht Haß auf Haß antworte, sondern endlich Friede werde.
Mit dem Wort Kollektivschuld..." Dann: „Wir danken dem Heiligen Vater dafür, daß er allein unter den großen Mächten der Welt die Schuldfrage von der falschen auf die rechte Ebene verwiesen hat [...]."
Im „Wort an die Brüder der Welt" hieß es: „...es kann nichts neu gebaut werden, bevor nicht der alte Schutt weggeräumt ist... Wir beklagen aufrichtig das Unrecht, das im Namen Deutschlands und von Deutschen geschehen ist, nachdem der Nationalsozialismus die Macht im Staate erobert hatte, wie auch unsere christlichen Mitbrüder außerhalb der deutschen Grenzen alles Unrecht bedauern, das von Angehörigen ihrer Völker verübt wird. Wenn der Nationalsozialismus auch Frucht eines Geistes war, der nicht bloß das deutsche Volk ergriffen hat, so wollen wir uns doch nicht entschuldigen mit den Fehlern und Sünden anderer.
Unser katholisches Volk hat die Gewalttaten und Verfolgungen, den entsetzlichen Krieg und seine Greuel nicht gewollt. Aber alle die starken, vielfach bis zum Martyrium gehenden Widerstandskräfte konnten sich nicht durchsetzen, das schmerzt uns tief.
Es ist unser Gebet zu Dem, der nicht nur unendlich gerecht ist, sondern auch unendlich barmherzig, daß Er unser Volk zurückführe auf den Weg, auf dem es ehedem voranschritt zur geistigen und übernationalen Einheit des Abendlandes.
Indem wir den Zusammenbruch Deutschlands, seine Schmach und sein Elend vor Gott und im Geiste des Kreuzes Christi auf uns nehmen als stellvertretende Buße, danken wir denen, die uns, sobald die Waffen schwiegen, die brüderlichen Hände von der anderen Seite entgegengestreckt haben..." (Text: a. a. O. 18f., hier 18). – Vgl. die Erklärung des Dekans der Juristischen Fakultät Paris, *Jean Quintin*, als Sprecher des Klerus auf den französischen Generalständen am 1. Januar 1561: „L'Eglise n'a en elle ni tache ni corruption, elle est pure et innocente; ses ministres seuls sont coupables", zitiert nach *Karl Josef Seidel*, Zentrale Ständevertretung und Religionsfrieden in Deutschland und Frankreich (1555–1614): *Heinz*

Duchhardt/Eberhard Schmitt (Hg.), Deutschland und Frankreich in der frühen Neuzeit. Festschrift für Hermann Weber zum 65. Geburtstag, München 1987 (Ancien Régime, Aufklärung und Revolution, 12), 187–220, hier 195 (nach Picot).
130 Lumen Gentium, Art. 8. Text: ²LThK. Das Zweite Vatikanische Konzil. Dokumente und Kommentare, Teil I, Freiburg u. a. 1966, 174 f.
131 Text: Deutsche Reichstagsakten unter Kaiser Karl V., bearbeitet von *Adolf Wrede*, III [Reichstag zu Nürnberg 1522–1523], Gotha 1901, ND Göttingen 1963, 397 f. Zur Sache einführend: *Erwin Iserloh*, Geschichte und Theologie der Reformation im Grundriß, Paderborn 1980, 50. – Die ältere katholische Reformationsgeschichtsschreibung, deren Kenntnis bei den Bischöfen im Jahre 1945 vorausgesetzt werden darf, behandelt das Nürnberger Schuldbekenntnis zuverlässig: vgl. *Johannes Janssen*, Geschichte des deutschen Volkes seit dem Ausgang des Mittelalters, II, Freiburg ⁷1882, 269 f.; *Ludwig Pastor*, Geschichte der Päpste seit dem Ausgang des Mittelalters, IV/2, Freiburg ⁵⁻⁷1923, 89–91. Den Unterschied zur Schuldfähigkeit der Kirche und Schuldfähigkeit des einzelnen bischöflichen Amtsträgers berücksichtigte *Wilhelm Niemöller* nicht, wenn er in einem Interview 1948 innerhalb der evangelischen „kirchlichen Kreise" wie in „weiteren Schichten des Volkes" 1949 wachsende Sensibilität für die Schuldfrage in seiner Sicht konstatierte, auf die Frage: „Hat die katholische Kirche eine ähnliche Einstellung" aber antwortete: „Nein, die katholische Lehre verbietet es, zuzugeben, daß die Kirche gesündigt haben kann" (Text: *A. J. Fischer*, So sieht Pastor Niemöller die deutsche Gegenwart: Europäische Rundschau 3 (1948) 794–796, hier 794.
132 Text: ADB VI, 488–493, hier 493.
133 *Utz/Groner* (wie Anm. 87) 1804; vgl. im übrigen die Nachweisungen Anm. 43.
134 Dazu *Joachim Kuropka*, Eine diplomatische Aktion aus dem Jahre 1945 um die Rom-Reise des Bischofs Clemens August von Münster: Westfälische Forschungen 28 (1976/77) 206–211.
135 Vom 5. Juni 1945: vgl. Anm. 93.
136 Hirtenbrief des Erzbischofs *Franz Rudolf Bornewasser*, 29. Juni 1945: Kirchlicher Amtsanzeiger Trier 89 (1945), Ausgabe 1, Nr. 1, 1–5. Die Trierer Passage steht a. a. O. 2, rechte Spalte, 3. Alinea von unten; sie wäre im Hirtenbrief-Text der übrigen Bischöfe, in: ADB VI, 524, unten, in den mit „5." bezeichneten Abschnitt einzufügen.
137 Vgl. oben S. 144–147, v. a. ab 145.
138 In „Ende und Anfang", Jahrgang III (1948/49); vgl. *Stankowski* (wie Anm. 107) 58.
139 Anregungen (wie Anm. 111) S. 20, auch zum folgenden. Kogon, der sieben Jahre als Häftling im Konzentrationslager Buchenwald gefangen gehalten worden war, hatte 1933 sichtbar Anteil an den Illusionen Papens genommen; er konnte daher kaum 1945 den Bischöfen den Spiegel für die Optionen nach dem Ermächtigungsgesetz 1933 vorhalten. Sein wichtiger Aufsatz „Recht auf politischen Irrtum" erschien in Frankfurter Hefte 2 (1947) 641–655. Später hat Kogon jedoch Kritik am Verhalten des Episkopats 1945 angedeutet: „...unsere Demokratie ist nicht Firnis. Aber läßt sich sagen, daß beispielsweise das Stuttgarter Schuldbekenntnis... zum bleibenden, die Wirklichkeit bestimmenden Bestandteil der Gesinnung im Protestantismus der Bundesrepublik geworden ist? Der katholische Episkopat seinerseits hat in vergleichbarer Weise schon gar nicht Stellung genommen – mochte jeder sehen, wie er, je nach Beteiligung am Nationalsozialismus seinerzeit, mit dem eigenen Gewissen fertig wurde": *Eugen Kogon*, Einführung in die deutsche Ausgabe: ders. u. a., Gott nach Auschwitz. Dimensionen des Massenmordes am jüdischen Volk, Freiburg u. a. 1986 (zuerst: 1979), 7–12, hier 7.
Auch Walter Dirks hatte einen Augenblick lang, Ende Juni/Anfang Juli 1933, für Anbindung des politischen Katholizismus an den Nationalsozialismus plädiert; vgl. *Morsey* (wie Anm. 52) 269, Anm. 2; *Bruno Löwitsch*, Der Kreis um die Rhein-Mainische Volkszeitung. Mit einem Geleitwort von Oswald von Nell-Breuning, Wiesbaden, Frankfurt/M. 1980, 114 f.; *Heinz Blankenberg*, Politischer Katholizismus in Frankfurt am Main 1918–1933, Mainz 1981 (VKZ. B 34), 292 f.

139a Vgl. etwa *Ulrich Ruh*: Herder Korrespondenz 37 (1983) 102f.: mein Brief an Kardinal Höffner vom 11. Januar 1983 (Text: Sekretariat der Deutschen Bischofskonferenz [Hg.], Erinnerung und Verantwortung. 30. Januar 1933–30. Januar 1983. Fragen, Texte, Materialien, Bonn, 24. Januar 1983 [= Arbeitshilfen, 30] 10–21) sei „bei aller Differenzierung" doch auf einen „zu apologetischen Ton" gestimmt; ebenso in Herder Korrespondenz 39 (1985) 53–55 („Wider die Geschichtsflucht"): es sei „der immer noch nicht ausgestorbene Drang zu nennen, Irrwege und Fehler, sei es kirchlicher Amtsträger, sei es von Teilen des Kirchenvolks, apologetisch zuzudecken, für den es nicht zuletzt in Stellungnahmen zum Verhalten der Kirche im Dritten Reich Beispiele genug gegeben hat" (53). Präzisiert und konkretisiert hat Ruh diesen generellen Vorwurf, so weit mir bekannt ist, nicht.

140 Vgl. oben Anm. 110.

141 Von dem in der italienischen Geschichte eindeutig festgelegten Begriff des „clericofascismo" hatte Frau Görres, die mit ihrer Kritik ja nicht systemverändernd, sondern systemstabilisierend wirken wollte, offenbar keine Kenntnis; sonst wäre schlecht erklärbar, warum sie (S. 726) schreibt: „jene starr autoritäre, dünkelhafte und unduldsame Haltung..., für die das sehr böse, leider nicht ganz unzutreffende Wort vom Klerikerfaschismus geprägt worden ist".

142 Sie erschienen ab April 1946. – Das Thema „Schuld der Katholiken" kommt in den Frankfurter Heften als Hintergrund der Gesamtauffassung sowie am Rande und zwischen den Zeilen immer wieder vor, es wird aber nicht zur präzisen, konkreten Fragestellung von analysierenden Aufsätzen gemacht. Im Juliheft 1946 plädiert *Eugen Kogon*, Der Weg zur Freiheit. Ein Beitrag zur deutschen Selbsterkenntnis (S. 50–60, hier 52f.) zwar für „Ent-Mythologisierung" des Kollektiv-Schuld-Schlagwortes (verstanden als Kollektiv-Haftung) durch genaue „Lokalisierung" und „Benennung" und räumt ein: „Diese sauberen und offenen Teil-Analysen stehen noch aus." Auch die evangelische Kirche solle ihr Schuldbekenntnis „durch jene genauen Lokalisierungen der Schuld ergänzen". Bisher seien die Ärzte in dieser Sache am aufrichtigsten gewesen, auch Universitätskreise hätten zur „Selbsterkenntnis der Wissenschaft" gemahnt. Hingegen: „Die Arbeiter haben sich bisher gar zu sehr gerühmt und wenig angeklagt, und ebenso die Katholiken." Diese Konkretisierungen haben die Frankfurter Hefte jedoch nicht geleistet.

143 Nach *Eberan* (wie Anm. 84) 259: 25000.

144 *Hans Eduard Hengstenberg* (wie Anm. 147); *Reinhold Schneider*, Schuld und Sühne (8–12); *Carl Klinkhammer* (wie Anm. 148); *Gertrud Bäumer*, Zur Problematik der Schuldfrage (16–19); *Ella Schmittmann*, Felix Culpa? (19–21); *Ferdinand Kirnberger*, Politische oder religiöse Schuld? (22–24); *Walter Ferber*, Geschichtliche Betrachtung zur Schuldfrage (24–25); *Albert Thomas*, Die Schuldfrage vor 10 Jahren... Ein zeitgemäßer Rückblick (26–27: resümiert *Paul Simon*, Gibt es eine Kollektivschuld?: Hochland 34, 2 (1937) 295–305). S. 32 wurde (Sigle: TH) über *Karl Jaspers*, Die Schuldfrage, Heidelberg 1946, berichtet und dessen Begriffsbestimmung erklärt. Der Schlußsatz lautete: „Wir freuen uns, daß die Stimme dieses Philosophen gerade vor der jungen Generation vernommen werden kann, deren Umerziehung zu Menschen der Besonnenheit, der Demut und des Maßhaltens uns *die* Aufgabe der Universitäten dünkt." – *Walter Dirks* (in Frankfurter Hefte 2 [1947] 215–217 [„Schriften zur deutschen Gewissenserforschung"]) wies im Februar 1947 „nachdrücklich" auf das Oktoberheft 1946 des „Neuen Abendland" hin als „ein sehr beachtliches Zeugnis der Selbstbesinnung". Die innere Übereinstimmung mit *Kogons* gleichzeitigem „Weg zur Freiheit" (vgl. oben Anm. 142) hänge mit der „schlichten Tatsache" zusammen, daß sich die Autoren „an der christlichen Wahrheit orientieren und daß sie als Christen Realisten sind".

145 Neues Abendland, Oktober 1946, 3. – Für spätere Artikel des Neuen Abendlands zur Schuldfrage vgl. 2 (1947) 55–58 („Deutsche Geister ringen um Schuld": Bericht über die innerprotestantische Debatte), 190 („Zur Schuldfrage") und 6 (1951) 500–504, *Franz Herre*: „Der Christ vor der Geschichte" (Artikel zu den Salzburger Hochschulwochen 1951).

146 *Kirnberger* (wie Anm. 144), geb. 1875, ehemaliger Zentrumspolitiker, vor 1933 hessischer Staatsminister, 1946/47 Präsident des Katholischen Akademikerverbandes, 1947 Direktor des Verwaltungsgerichtshofs in Darmstadt, S. 23: Wir „müssen uns mit dem furchtbaren Gedanken vertraut machen, daß Deutschlands ‚Führer' (und wohl auch einige seiner unmittelbaren Umgebung) die Erfolge, den ungeheuren Einfluß auf die Menschen, die Unmenschlichkeit, Gewissenlosigkeit, Bestialität aus unterirdischen Machtbereichen sog. Diese [Macht-]Quellen würden alles erklären, vor allem aber auch verstehen lassen, warum niemand die Kraft besaß, dem Führer und Verführer in die Arme zu fallen. Der wahrhaft christlich Eingestellte muß mit dem Vorhandensein einer diabolischen Wirklichkeit rechnen, der Gott aus Gründen seiner Weltlenkung auf gewisse Zeit Rechte verleiht und für oder gegen die sich der Mensch in seiner Willensfreiheit entscheiden kann."
147 *Hans-Eduard Hengstenberg*, Der Übel Größtes ist die unbeweinte Schuld: Neues Abendland, Oktober 1946, 4–8. Über die Fortsetzung seiner Begriffsbildung durch *Egenter* vgl. oben Anm. 90.
148 Neues Abendland, Oktober 1946, 12–16.
149 Vgl. *Carl Klinkhammer*, Wir Katholiken und die neue Staatsführung: Deutsche Reichs-Zeitung [Bonn], Jg. 76, 1. April 1933, 1.
150 Nachweise in *von Hehl* (wie Anm. 27) 43, mit Hinweis auf *Helmut Prantl*, Die kirchliche Lage in Bayern nach den Regierungspräsidentenberichten 1933–1943, V: Regierungsbezirk Pfalz 1933–1940, Mainz 1978 (VKZ. A 24), 126, 193.
151 Vgl. oben S. 142 f.
152 Hirtenschreiben der Bischöfe der Kölner und Paderborner Kirchenprovinzen zu Zeitfragen, Werl, 27. März 1946, Ostermontag in allen Kirchen und Hl. Messen zu verlesen: Kirchlicher Anzeiger für die Erzdiözese Köln 86 (1946) Stück 10, 1. Mai 1946, 117–121, hier 119. *Frings* hatte unmittelbar nach seiner Rückkehr aus Rom in einem Kölner Hirtenbrief vom 11. März (Text: ebd., Stück 7, 15. März 1946, 69–73, hier 70) mitgeteilt: Der Hl. Vater gab „öffentliche Erklärungen ab, die gerade für uns Deutsche von größter Bedeutung sind. Er erklärte, es sei unrecht, jemand als schuldig zu behandeln, dem nicht eine persönliche Schuld nachgewiesen sei, nur deshalb, weil er einer bestimmten Gemeinschaft angehört habe. Es heiße, in die Vorrechte Gottes eingreifen, wenn man einem ganzen Volke eine Kollektivschuld zuschreibe und es demgemäß behandeln wolle. Jeder Mensch habe ein Recht auf seine angestammte Heimat, und es sei Unrecht, ihn von dort zu vertreiben, wenn er nicht durch persönliche Schuld sich dessen unwürdig gemacht habe..."
153 Gemeint sind die Auswirkungen der Weltwirtschaftskrise auf Deutschland.
154 Die Diskussion um den Beitritt zu einem durch Reichspräsidentenerlaß vom 13. September 1932 gegründeten Jugendkuratorium beherrschte im November 1932 kurzfristig die Diskussionen; vgl. *Klaus Gotto*, Die Wochenzeitung Junge Front/Michael. Eine Studie zum katholischen Selbstverständnis und zum Verhalten der jungen Kirche gegenüber dem Nationalsozialismus, Mainz 1970 (VKZ. B 8), 11 f.
155 Zur verklausulierten Rücknahme der bischöflichen Warnungen (nicht: „Verbote") vor dem Nationalsozialismus vom 28. März 1933 (Text und Entstehung: ADB I [wie Anm. 19] 30–32 sowie *Ulrich von Hehl*, Katholische Kirche und Nationalsozialismus im Erzbistum Köln 1933–1945, Mainz 1977 [VKZ. B 23] 251–253) bleibt die beste Darstellung *Ludwig Volk*, Das Reichskonkordat vom 20. Juli 1933. Von den Ansätzen in der Weimarer Republik bis zur Ratifizierung am 10. September 1933, Mainz 1972 (VKZ. B 5), 71–80.
156 Zum Kölner Zentrum: *Schwarz* (wie Anm. 62) 352; zum Reichskonkordat: *Repgen* (wie Anm. 28) 388, Anm. 51.
157 Adenauer. Briefe 1945–1947, bearbeitet von *Hans Peter Mensing*, Berlin 1983 (Adenauer. Rhöndorfer Ausgabe [1]), 172 f.
158 *Tilman Fichter*, Unbekannte Seiten des Kanzlers: Neue Gesellschaft (1985) 771–773, in Übernahme der Interpretation des Marxisten *Gerhard Kraiker*, Politischer Katholizismus in der BRD [sic]. Eine ideologiekritische Analyse, Stuttgart u. a. 1972 (Reihe Kohlham-

mer), 27: „Insgesamt stellt sich die nachträgliche Selbstdeutung der katholischen Kirche für die Zeit des Faschismus [gemeint ist: des Nationalsozialismus] als ein exemplarischer Fall kollektiver Verdrängungsleistung dar, der freilich die Voraussetzung darstellte, um nach 1945 einen Führungsanspruch geltend machen zu können." Über die historischen und logischen Widersprüche, die dieser Interpretation zugrunde liegen, vgl. *Repgen* (wie Anm. 77) 299–315, auch, *ders.* (wie Anm. 61) 8. Der danach gegen mich erhobene Einwand von *Georg Denzler*, in *ders./Volker Fabricius*, Die Kirchen im Dritten Reich. Christen und Nazis Hand in Hand?, I: Darstellung, II: Dokumente, Frankfurt am Main 1984 (Fischer Taschenbuch 4320/4321) zielt vorbei, weil Denzler (wenn auch mit anderen Argumenten als Kraiker und Fichter) von einem „Widerstands"-Begriff ausgeht, den die Zeitgenossen weder vor 1945 noch in der unmittelbaren Nachkriegszeit noch die seriöse Geschichtsschreibung, die seit Ende der fünfziger Jahre sich mit diesen Themen befaßt, benutzt oder vertreten haben (zur Problematik des Widerstands-Begriffs vgl. auch oben, Anm. 120, 121). Daß ein so angesehenes Organ wie die Neue Zürcher Zeitung, 15. September 1985, dies nicht durchschaut (vgl. *Heinz Abosch*, Christen unter dem Hakenkreuz. Der Weg der Kirchen von Loyalität zu zaghafter Kritik), ist bemerkenswert.

159 Stimmen der Zeit 139 (1946/47) 15–33; unveränderter Nachdruck in *Max Pribillas* Aufsatzsammlung „Deutschland nach dem Zusammenbruch", Frankfurt/Main 1947, 11–42; erweitert in *ders.*, Deutsche Schicksalsfragen. Rückblick und Ausblick, 2., völlig überarbeitete und veränderte Auflage, Frankfurt/Main 1950, 1–73.

160 In den „Stimmen der Zeit" ist nach Auskunft des Schriftleiters, P. Wolfgang Seibel SJ, nichts vorhanden; der – schmale – Nachlaß Pribillas im Archiv der Norddeutschen Jesuiten enthält gemäß Auskunft von P. Erwin Bücken SJ kein derartiges Manuskript.

161 Der endgültige Text des Pribilla-Artikels (auch wohl schon der Adenauer vorgelegte Entwurf) beleuchtet die Schuldfrage der Deutschen am Beispiel der Konzentrationslager in Deutschland, aber das solle nicht „im Sinne der Ausschließlichkeit gelten. Der gegen das deutsche Volk wegen seines Schweigens erhobene Vorwurf wird ja auch auf die in den besetzten Gebieten verübten Grausamkeiten, die Unterdrückung und Vernichtung der Juden, die Verschleppung von Arbeitssklaven, die Erschießung von Geiseln, die Tötung der Geisteskranken und ähnliche Verbrechen bezogen, die den deutschen Namen entehrt haben" (S. 15).

162 Gemeint ist offenkundig: nach 1933, oder: nach der Machtergreifung.

163 Vgl. *Hermann Paul*, Deutsches Wörterbuch, 5. Auflage, bearbeitet von *Werner Betz*, Tübingen 1966, 576, s. v. Schuld, Punkt 3; *Grimm* (wie Anm. 1), Band 15, Leipzig 1899, Sp. 1889–1891 (= Artikel „Schuld", Punkt 9).

164 Vgl. *Gotto/Hockerts/Repgen* (wie Anm. 21) 125–127.

165 Formulierung *Volks* (wie Anm. 102) 607.

166 Vgl. *Volk* (wie Anm. 102) 606 f. und *Gotto/Hockerts/Repgen* (wie Anm. 21) 134–137.

166a *Adenauer* an den Präsidenten der Ersten Belgischen Kammer, Frans van Cauwelaert, 16. Juni 1946: *Hans Peter Mensing*, Frühe Westdiplomatie und landespolitische Weichenstellung. Neue Quellenfunde zu den Nachkriegsaktivitäten Konrad Adenauers: Geschichte im Westen, 1 (1986) 79–92, hier 80 f.

167 Der im allgemeinen vorzügliche Kommentar der Rhöndorfer Adenauer-Ausgabe wäre hinsichtlich des Custodis-Briefes bei einer Neuauflage aufgrund des hier folgenden zu ergänzen und verändern.

168 Vgl. oben Anm. 118.

169 Band [4] der Rhöndorfer Adenauer-Ausgabe, Briefe, wird einen längeren Brief von *Adenauer* an Pribilla enthalten, vom 30. Mai 1953, der darüber handelt (Nr. 388), auch andere Briefe, die in diesen Zusammenhang gehören (freundliche Mitteilung des Bearbeiters, Dr. Mensing). Adenauer unterschreibt seinen Brief an Pribilla mit der Grußformel: „Mit herzlichen Grüßen, wie immer, Dein".

170 S. 31: Weil auf die Nazis die ‚papiernen' Proteste wenig Eindruck gemacht hätten, „haben zahlreiche deutsche Geistliche auch offen von den Kanzeln gegen die Übergriffe und

Ungerechtigkeiten der Partei Stellung genommen... Auch von den höheren Kirchenführern haben einige offen scharfen Protest gegen die Freveltaten des Naziregimes eingelegt. Erinnert sei nur an... Galen... und... Dr. Wurm... Wenn dagegen die große Mehrzahl der Kirchenführer und Geistlichen den direkten öffentlichen Protest gegen den Nationalsozialismus mieden und ihn durch die positive Darlegung der entgegenstehenden christlichen Grundsätze ersetzten, so hat dies Gründe, die – man mag über ihre sachliche oder taktische Richtigkeit denken, wie man will – jedenfalls ernstliche Beachtung verdienen". Er bringt dann vier Gründe: 1) „Mangel an handfestem beweiskräftigem Material"; 2) gefährdete ein offener Protest „weniger ihre [der Kirchenführer] eigene Person (vor der die Partei aus Rücksicht auf die Beunruhigung im Kirchenvolk meist haltmachte) als ihre geistlichen Mitarbeiter und auch die Laien mit ihren Familien"; 3) Gefährdung des noch möglichen seelsorglichen und kirchlichen Lebens; 4) Gefahr, wegen einer „Sabotage des totalen Kriegseinsatzes bzw. des ‚Endsieges' verschrien" zu werden. Pribilla kommt zu dem Fazit: Angesichts dieser „überaus schwierigen verwickelten Lage schien es den Kirchenführern ratsam, den völligen Bruch mit der Partei wenn irgend möglich zu vermeiden, damit der Bestand der christlichen Kirchen vor schweren, unabsehbaren Erschütterungen bewahrt werde, und dafür auch sehr bedeutende Übel in Kauf zu nehmen. Aber trotz dieser taktischen Anpassung an die gegebenen Umstände war die durchgängige Haltung der christlichen Kirchen doch immer soweit klar ausgesprochen und erkennbar, daß die Nationalsozialisten in den ‚konfessionell gebundenen' Kreisen, d.h. in den gläubigen Christen, stets ihre schärfsten, weil grundsätzlichen Gegner sahen, und sie in ihrer geheimen Wühlarbeit auch als solche kennzeichneten".

Dieser These entsprechen auch die inzwischen vorliegenden statistischen Auswertungen über die Einstufung der Führungsgruppen nationalsozialistischer Organisationen in den Entnazifizierungsverfahren der Nachkriegszeit, wobei die Zahlen für den Katholizismus – entsprechend der dort erheblich stärker verankerten Kirchlichkeit und Gläubigkeit – überall erheblich unter den rein statistisch, nach der allgemeinen Konfessionsverteilung, zu erwartenden Zahlen liegen. Vgl., schon früh, Oberregierungsrat *Holzt*/Hamburg, Spruchgerichtsstatistik: Die Spruchgerichte, Nr. 2/3 1949 (Beilage zum Zentral-Justizblatt für die Britische Zone, 3. Jg.) 83–88, hier Tabelle 14 (S. 88): von 17031 Beschuldigten waren 34% evangelisch, 9% katholisch, 47% gottgläubig und 10% religionslos („Beschuldigter" = Angehöriger einer der in Nürnberg verurteilten Organisationen: NS-Führerkorps, Gestapo und SD, Allgemeine und Waffen-SS). Diese Zahlen erneut in *Wolfgang Krüger*, Entnazifiziert!, Wuppertal 1983, 85. Zur Konfessionsverteilung des höheren Führerkorps der Waffen-SS: *Bernd Wegner*, Hitlers politische Soldaten: Die Waffen-SS 1933–1945. Studien zu Leitbild, Struktur und Funktion einer nationalsozialistischen Elite, Paderborn 1982, 221: 74,1% evangelisch (61,6%), 25,9% katholisch (36,7%) – wobei die ursprüngliche Konfessionszugehörigkeit, ohne Berücksichtigung der späteren Kirchenaustritte, zugrundeliegt; die Zahlen in () geben den Durchschnitt bei der Konfessionsverteilung der Gesamtbevölkerung 1910 an. *Mathilde Jamin*, Zwischen den Klassen. Zur Sozialstruktur der SA-Führerschaft, Wuppertal 1984, 90: in der 1. Untersuchungsgruppe 83% evangelisch und 17% katholisch, in der 2. Untersuchungsgruppe 80% bzw. 20%, wobei „sonstige Konfessionsangehörige" und solche, die keine Konfessionsangaben gemacht hatten, unberücksichtigt sind. Jamin geht aus von der Konfessionsverteilung der Gesamtbevölkerung 1933: ca. 63% evangelisch, 33% katholisch, 5% Sonstige und Konfessionslose.

Adolf M. Birke

Katholische Kirche und Politik in der Phase des Neubeginns 1945–1949

Die bedingungslose Kapitulation der deutschen Streitkräfte im sowjetischen Hauptquartier von Berlin-Karlshorst am frühen Morgen des 9. Mai 1945, der ein schwer durchschaubares Gewirr militärischer Teilkapitulationen vorausging, besiegelte nur, was längst Gewißheit war: die vollständige Niederlage Hitler-Deutschlands. Bis zum bitteren Ende hatten sich die Nazi-Führung und ihr fanatischer Anhang dagegen aufgebäumt, das Unvermeidbare anzuerkennen. Sie haben dabei das Land und seine Menschen der Vernichtung und totalen Erschöpfung preisgegeben. Mit dem Zusammenbruch des nationalsozialistischen Regimes bot sich ein Land dar, das sich in Verwüstung und Auflösung befand. Nichts ging mehr. Die Städte lagen in Trümmern, der Verkehr war weitgehend zusammengebrochen, zwei Fünftel des 66-Millionenvolkes, Ausgebombte, Flüchtlinge, Soldaten waren irgendwo unterwegs, befanden sich nicht an ihrem Heimatort.

Die Bevölkerung jenes Staates, der soviel Leid in die Welt getragen hatte, litt nun selbst. Der Schock des Zusammenbruchs, die Auswegslosigkeit der Situation hatten zu einer fast völligen Apathie, Gleichgültigkeit und Stumpfheit vieler Menschen geführt. Es war weniger die Tatsache der Niederlage. Mit dieser hatten die meisten, offen oder uneingestanden, seit langem gerechnet. Die Hitler-Diktatur war diskreditiert, ihr schließlich totaler Mißerfolg hatte die Distanzierung bis tief in die Reihen ihrer ehemaligen Anhänger beschleunigt. Kaum einer trauerte dem zweifelhaften Glanz des Dritten Reiches nach. Doch das Gefühl einer wirklichen Befreiung wollte bei den meisten Deutschen nicht entstehen. Die unmittelbare Gefährdung der materiellen und physischen Existenz absorbierte die Kräfte im täglichen Kampf um das nackte Überleben. Was schlimmer wog: Werte und Ideale, an denen man sich bisher orientiert, auch berauscht hatte, waren zerstört. Es fehlte die Perspektive für selbstbestimmtes Handeln. Niemand wußte, wie es weitergehen sollte.[1]

Zu den wenigen Institutionen, die den Zusammenbruch des nationalsozialistischen Regimes überlebten, gehörten die katholische und die evangelische Kirche. Im Zustand der Auflösung öffentlicher und gesellschaftlicher Bezugssysteme kam den Kirchengemeinden als sozialem Orientierungsrahmen oft eine entscheidende Bedeutung zu.

Neben den Familien und anderen überschaubaren Personenbeziehungen verkörperten sie das, was an sozialer Ordnung geblieben und greifbar war.² Dazu vermittelte die katholische Kirche den Eindruck einer moralischen Kontinuität, die den Zusammenbruch überdauerte und die sich aus ihrer Resistenz gegenüber dem Nationalsozialismus herleitete. Wenn auch ihr Widerstand keineswegs immer so eindeutig war, wie er rückschauend manchem erschien, so bleibt doch festzuhalten, daß es ihr wie keiner anderen größeren Institution gelang, sich gegenüber den Durchdringungstendenzen des Nationalsozialismus zu behaupten und dem Prozeß der ideologischen Gleichschaltung zu widerstehen. Dabei war dem Katholizismus auch jene Spaltung erspart geblieben, die den Protestantismus ergriffen hatte. Zwar verlor er seine äußeren Bollwerke, sein Verbandswesen, die Konfessionsschulen etc., aber die innere Struktur der Kirche, ihre Hierarchie und ihre Gliederungen bis hinein in die Gemeinden blieben intakt und erwiesen sich als überlebensfähig.³

Pater Ivo Zeiger SJ hat auf dem Mainzer Katholikentag 1948 die moralische Ausgangsposition der Kirche mit folgenden Worten treffend umrissen: „Die katholische Kirche ist in ihrem äußeren Gefüge, in ihrem materiellen Bestand von der gleichen Not betroffen worden wie das Volk selbst. Dagegen blieb sie von einem inneren Zusammenbruch verschont. Denn weder der Kirche als solcher noch dem einzelnen gläubigen Katholiken ist eine Weltanschauung zerbrochen... Im Gegenteil, der christliche Glaube hat sich als richtig erwiesen und kann sich erneut in Freiheit erweisen. In dieser Hinsicht steht die Kirche heute fester da als noch vor Jahren."⁴

Das Bewußtsein moralischer Integrität und die Intaktheit ihrer Organisation ermöglichten es der Kirche, in den chaotischen Zuständen der unmittelbaren Nachkriegszeit auch in jenen Bereichen Aushilfe zu leisten, die weit über den Rahmen der religiösen Aufgaben hinausgingen. Im Vorgang der Besetzung durch alliierte Truppen war sie nicht selten vor Ort der einzige erkennbare Faktor öffentlicher Ordnung. Symbolische Bedeutung erhält das Bild des Pfarrers, der im ländlichen Westfalen, nachdem der nationalsozialistische Bürgermeister sich aus dem Staube gemacht hatte, den heranrückenden amerikanischen Panzern mit der weißen Fahne am Rande des Dorfes die Übergabe signalisierte und damit den Ort vor der Zerstörung bewahrte. Oft war es in den ersten Monaten die Ortsgeistlichkeit, die ein Minimum an öffentlicher Verwaltung sicherstellte und die Belange der Bevölkerung gegenüber der Besatzungsmacht vertrat. Auf anderer Ebene fühlten sich die Bischöfe in der Verantwortung. Ihre Eingaben und Stellungnahmen waren auch darauf gerichtet, zu helfen und Hilfe zu erbitten, um die Not zu lindern. Der Caritasverband und andere katholische Stellen sprangen ein, um der ärgsten Not, dem Hunger, dem fehlenden Wohnraum, der Verzweiflung entgegenzuwirken.⁵

Es kam ihnen dabei zustatten, daß die Besatzungsmächte, vor allem in den

Westzonen, die Rolle der Kirchen im Dritten Reich – hier wiederum besonders der katholischen Kirche – im wesentlichen positiv werteten, daß sie in ihnen – neben Kommunisten und Sozialdemokraten – wichtige Zielgruppen für eine demokratische Neuordnung in Deutschland sahen, wie auch Memoranden des britischen Foreign Office zur Situation der Kirchen in Deutschland belegen.[6] So gestaltete sich anfänglich das Verhältnis zwischen Alliierten und der katholischen Kirche – den schwierigen Umständen entsprechend – positiv. Die Bischöfe wurden um Rat für personalpolitische Entscheidungen beim Aufbau der deutschen Selbstverwaltung ersucht. In einem Geheimbericht über die erste Fuldaer Bischofskonferenz der Nachkriegszeit vom 21.–24. August 1945 schreibt der Controller-General of Religious Affairs for the British Zone, Russell Luke Sedgwick: „Hence in my opinion, there is probably no considerable section of the German people with whom it is so easy for us to make contact and find understanding, as far as regards international order and political stability within Germany."[7] Die entschiedene Wahrnehmung deutscher Interessen hat dann jedoch bald zu einer partiellen Verschlechterung des anfänglich guten Verhältnisses zwischen Besatzungsmächten und Kirchen geführt, das sich bis Ende 1945 in einigen Fällen bis zur Konfrontation steigerte. Die Alliierten waren nicht gewillt, bischöfliche Interventionen in Fragen der Demontage, der Entlassung von Kriegsgefangenen, der Beendigung der Vertreibung und der Entnazifizierung ohne weiteres hinzunehmen. Jedoch vermögen erst Untersuchungen über die Interaktion zwischen Episkopat und Besatzungsmächten aus den jetzt zur Verfügung stehenden britischen und amerikanischen Quellen diese Zusammenhänge im Detail aufzuhellen.[8]

Sehr viel genauer bietet sich uns die Haltung der Kirche zur Frage der Kollektivschuld dar. In diesem Bereich durften sich die deutschen Bischöfe von Beginn an durch Stellungnahmen des Papstes ermutigt fühlen. Dabei spielte nicht nur die bekannte deutschlandfreundliche Einstellung des früheren Nuntius eine Rolle, der nicht bereit war, pauschale Verdikte über die Deutschen und ihre Geschichte zu akzeptieren, wie sie aus verständlichen Gründen das Deutschlandbild der Alliierten beherrschten. Vielmehr ging es letztlich um die theologisch fundierte Darlegung vom individuellen Charakter menschlicher Schuld. Schon im Sommer 1944 gab Pius XII. zu bedenken, „daß heute wie in den vergangenen Zeiten die Kriege schwerlich den Völkern als solchen zur Last gelegt und als Schuld angerechnet werden können", und in seiner Weihnachtsansprache desselben Jahres führte er weiter aus, daß, wenn man sich anmaße, „nicht Einzelpersonen, sondern kollektiv ganze Gemeinschaften zu richten und zu verurteilen", darin eine Verletzung von Normen zu sehen sei, „die in jedem menschlichen Gericht maßgebend sind".

So konnten sich die rheinisch-westfälischen Bischöfe bereits auf ihrem ersten Treffen unmittelbar nach Beendigung des Krieges auf Verlautbarungen des Papstes berufen. Dieser hat wenig später seine öffentliche Abrechnung mit dem NS-Regime auch zu einer Art Ehrenerklärung für das „bessere Deutschland" genutzt, das er während seiner Nuntiaturzeit kennengelernt hatte. Pius XII. ging sogar noch einen Schritt weiter: Durch die demonstrative Ernennung der Bischöfe von Köln, Münster und Berlin zu Kardinälen wollte er verdeutlichen, „daß die deutschen Katholiken als gleichberechtigte Glieder in die universale Kirche eingebunden blieben".[9]

Es kann daher auch nicht verwundern, daß die Kirche von Beginn an zu den Kritikern undifferenzierter kollektiver Entnazifizierungsverfahren gehörte. Im Februar 1946 warnte der Papst in scharfer Form: „Es gehen verhängnisvolle Irrtümer um, die einen Menschen für schuldig und verantwortlich erklären nur deshalb, weil er Glied oder Teil irgendeiner Gemeinschaft ist, ohne daß man sich die Mühe nimmt, nachzufragen und nachzuforschen, ob bei ihm wirklich eine persönliche Tat oder Unterlassungsschuld vorliege."[10] Es könne nicht angehen, daß mit den Schuldigen auch die Schuldlosen bestraft würden. Zweifellos hat die moralische Unterstützung der Kirche als einer übernationalen Institution dazu beigetragen, Teile der desorientierten und ausgelaugten deutschen Bevölkerung den Mut zu einer konstruktiven Lebenseinstellung finden zu lassen, ohne den der spätere Weg zur eigenständigen Demokratie nicht hätte beschritten werden können. Allerdings ist der kirchliche Rettungsanker auch von vielen benutzt worden, um über persönliche Beziehungen Entlastung dort zu erreichen, wo sie kaum angebracht war. Ratlosigkeit und Opportunismus gingen dabei nicht selten Hand in Hand. Obwohl auch hier umfassendere Untersuchungen noch ausstehen, wird man schon jetzt festhalten können, daß von kirchlichen Stellen Unbedenklichkeitsbescheinigungen – im Volksmund „Persilscheine" – zu zahlreich und zu schematisch ausgestellt wurden. Als besonders krasser Fall sei in diesem Zusammenhang die 1958 bekanntgewordene Tatsache erwähnt, daß Franz von Papen im Nürnberger Prozeß ein entlastendes Zeugnis des damaligen Nuntius Roncalli vorlegen konnte.[11] Und es gab eine Reihe weiterer spektakulärer Vorgänge, die nicht mit dem bloßen Hinweis auf die prinzipiellen Schwierigkeiten dieses Säuberungsprogramms beiseite geschoben werden sollten.

Trotz solcher Auswüchse darf nicht übersehen werden, daß kirchliche Stellen vielen berechtigte Hilfe zuteil werden ließen, denen im Schematismus der Entnazifizierungsprozesse Unrecht zu widerfahren drohte.

Über ihrer Kritik an der Kollektivschuldthese und deren praktische Auswirkungen vergaß die Kirche nicht, das Versagen des deutschen Volkes anzuerkennen. So wurde, entgegen landläufiger Annahme, in der ersten Nachkriegszeit durchaus auch offen und selbstkritisch über eigenes Fehlverhalten während der NS-Zeit diskutiert. Zu erinnern sei hier an die Aufsätze des Jesuiten Max Pribilla in den „Stimmen der Zeit", in denen, worauf jüngst Klaus Gotto hingewiesen hat, „im wesentlichen alle kritischen Fragen hinsichtlich des Verhaltens der Kirche" während der NS-Zeit, wie sie seit Beginn der sechziger Jahre diskutiert werden, angesprochen sind.[12] Schon damals vermerkte Pribilla, „daß der Protest der christlichen Kirchen nach Inhalt und Form nicht so klar und scharf gewesen ist, wie wir es als Christen angesichts der ungeheuren Verbrechen in nachträglicher Rückschau wünschen möchten".[13] Auch die Hirtenschreiben atmen keineswegs den Geist bloßer Selbstrechtfertigung. Durchaus repräsentativ für die bischöflichen Verlautbarungen sei hier der Erzbischof von Freiburg, Conrad Gröber, zitiert, der eingestand, daß auch Katholiken manche Schuld treffe: „Jetzt, wo wir geschlagen sind wie kaum je ein Volk, kann uns nur die Rückkehr zu Gott und zur christlichen Gedankenwelt retten."[14] Umkehr durch Verchristlichung, so hieß der Aufruf der Stunde.

„Als Repräsentanten der geistigen Gegenmacht zum Nationalsozialismus fühlten sich Kirche und Katholiken bestätigt und legitimiert, auf der Grundlage des Christentums eine neue Ordnung in Staat und Gesellschaft aufzubauen."[15] Die traditionelle Konfliktsituation gegenüber den säkularistischen Weltanschauungen, so schien es, hatte sich aufgelöst, die christliche Idee den Sieg davongetragen. „Der aus Renaissance und Reformation erwachende Geist des individualistischen Liberalismus hat zu einer Auflösung der gesellschaftlichen Ordnung geführt. Der Lehre von der religiösen und sittlichen Autonomie des Menschen folgte auch im gesellschaftlichen und politischen Bereich die Lehre von der völligen Freiheit und absoluten Bindungslosigkeit des Menschen. Der Mensch wurde nicht mehr in seinen natürlichen Seinszusammenhängen gesehen, sondern nur noch als abstraktes, aus allen naturhaften Bindungen gelöstes Individuum."[16]

Für Adolf Süsterhenn, von dem dieses Zitat stammt – und nicht nur für ihn –, war der Nationalsozialismus der Endpunkt einer historischen Fehlentwicklung, basierend auf materialistischer Ideologie, die er damit für widerlegt hielt.

Verchristlichung hieß jedoch nicht etwa Aufbau eines katholischen Staates; im Gegenteil. Das gemeinsame Erlebnis der Unterdrückung hatte Schranken zwischen den Konfessionen abgebaut. Da die spezifische Bedrohung kirchlicher Rechte durch den laizistischen Staat fortfiel, eine Bedrohung, die wesentlich zur politischen Vertretung kirchlicher Rechte durch die katholische Zentrumspartei seit Gründung des kleindeutschen Reiches geführt hatte, ja deren eigentliches Integrationsmoment darstellte, glaubte man auf eine Wiederbelebung spezifisch katholischer Organisationen im Verbandsbereich – auch im Parteienbereich – sogar weitgehend verzichten zu können.[17]

Die Zusammenarbeit zwischen den Konfessionen galt nach dem Erlebnis des Nationalsozialismus vielfach als selbstverständlich. Sie wurde auch durch eine veränderte Bevölkerungslandschaft nach der Niederlage gestützt.

Infolge der durch Krieg und Vertreibung verursachten Bevölkerungsfluktuation kam es zu einer weitreichenden Veränderung der konfessionellen

Landkarte, die bei allem Leid und aller Tragik, die mit diesem Vorgang verbunden war, doch auch die Voraussetzungen für ein selbstbewußteres Auftreten der deutschen Katholiken und für ein partnerschaftliches Verhältnis zwischen den Konfessionen brachte. Es gehört ja zu den Besonderheiten der deutschen Geschichte, daß die so schwerwiegende Glaubensspaltung zu einer über drei Jahrhunderte währenden territorialen Abschottung zwischen den Konfessionen geführt hatte. Trotz Bevölkerungsexpansion und Urbanisierung änderte sich an dieser Gegebenheit bis zum Zweiten Weltkrieg wenig.

Durch die Ausschließung Österreichs bei der Gründung des Bismarckschen Reiches entstand darüber hinaus ein deutscher Nationalstaat, in dem sich die Katholiken in einer Minderheitsposition befanden. Noch 1933 stellten sie nur ein Drittel der Gesamtbevölkerung. Die Bevölkerungsverschiebung nach 1945 hat die quantitativen Relationen für die Katholiken weit günstiger gestaltet, eine Tatsache, die sich später erheblich auf ihre Einstellung zum neuen Staat Bundesrepublik auswirken sollte. Durch Evakuierung, Flucht und Vertreibung wurde das traditionelle Grundmuster der Konfessionsgeographie zwar nicht aufgehoben – es ist ja noch heute landauf, landab erkennbar –, aber es hat sich in seiner Deutlichkeit verwischt.[18]

Für die katholische Kirche ergab sich aus dem Flüchtlingsproblem eine Fülle pastoraler, administrativer und organisatorischer Probleme. So klagte Ivo Zeiger in der wiederholt erwähnten Rede von 1948: „Wir sind, taktisch gesehen, durch die territoriale Umschichtung, durch die Massenverschiebung der Menschen innerhalb Deutschlands, ins offene Feld geworfen worden. Nicht mehr geborgen in einheitlicher Geschlossenheit, sondern der Einzelne steht dem Einzelnen gegenüber. Vor dieser Tatsache stand schon seit langem der Diaspora-Katholik, der Seelsorger in der Stadt. Heute muß jeder damit rechnen, bis ins letzte Dorf hinein."[19] Jetzt waren die Teilnahme am kirchlichen Leben, der Besuch des Gottesdienstes und der Empfang der Sakramente nicht mehr selbstverständlicher Bestandteil des gesellschaftlichen Lebens für den, der die Heimat verloren hatte, auch nicht mehr gestützt durch die soziale Kontrolle der traditionellen Gemeinschaft. Es war nicht nur die mangelnde Rücksichtnahme auf konfessionelle Gegebenheiten in der Umsiedlungspraxis der Alliierten – die Einweisung von Katholiken in rein protestantische Gebiete und umgekehrt –, sondern vor allem auch der Gegensatz zwischen „Einheimischen" und „Fremden", weiter die Tatsache sozialer Unterschiede, die anfänglich auch für die Kirche zu erheblichen Problemen führte (Besonderheiten der Glaubenspraxis spielten hier ebenfalls eine Rolle), wobei der ländliche Katholizismus die Probe der Integration, die ihm durch die Vertriebenen auferlegt war, wohl nur unvollkommen bestanden hat.[20]

Das Los der Vertriebenen war bitter. Dennoch sollten die langfristig positiven Auswirkungen der Bevölkerungsverschiebung nicht übersehen werden. Die Auflockerung starrer Konfessionsgrenzen hat das Zusammenrücken der Konfessionen begünstigt, sie hat darüber hinaus eine wichtige Vorbedingung für die Formierung einer neuen christlichen Integrationspartei verstärkt. Die Gründungen der CDU/CSU, die keiner einheitlichen Initiative entsprangen und die sich seit dem Sommer 1945 in kurzer Zeit zu einer übergreifenden großen Volkspartei verdichteten, die, den engen kirchenpolitischen Horizont des Zentrums überwindend, nach den gemeinsamen Erfahrungen der Christen im Dritten Reich bewußt ein gemeinsames, konfessionsübergreifendes Fundament erstrebten, entsprachen den geistigen, aber auch den sozialstrukturellen Tendenzen der Nachkriegszeit. Die Bischöfe und der Klerus haben im wesentlichen – ohne sich direkt gegen Zentrumsneugründungen zu wenden – der neuen Partei ihre Unterstützung zuteil werden lassen.[21]

Allerdings war das Verhalten der Kirche insgesamt eher von Enthaltsamkeit im politischen Bereich geprägt. Dem entsprach der Zug zur Spiritualisierung, die Konzentration auf das Religiöse, die Hervorhebung der Bedeutung der Gemeinde. Später ist auch innerhalb der Kirche kritisiert worden, daß nach 1945 der deutsche Katholizismus als organisierte und programmatisch ausgerichtete Kraft nicht genügend wiederhergestellt worden sei. In der Tat fehlte die spezifische Verbindung von Glauben, kirchlich bestimmter Alltagskultur und politikadäquat agierenden Laienorganisationen.[22]

Die Überzeugung, daß nach der Bewährungsprobe in der NS-Zeit alle wesentlichen Gruppierungen der Kirche positiv gegenüberstünden, und die aus historischer Erfahrung hergeleitete kritische Haltung gegenüber einer allzu engen Verquickung von Kirche und Politik, wie sie vor 1933 für den politischen Katholizismus kennzeichnend war, haben in kirchlichen Kreisen erhebliche Vorbehalte bezüglich der Wiederbegründung einer rein konfessionellen Partei und hinsichtlich der parteipolitischen Betätigung des Klerus aufkommen lassen. So legte man sich in Fragen praktisch-politischer Gestaltung weitgehende Zurückhaltung auf. Lediglich die Sicherung der Konfessionsschule gehörte von Beginn an zu den unüberhörbar vorgetragenen Forderungen.[23] Weiter einigte man sich darauf, der Bildung von Einheitsgewerkschaften nichts in den Weg zu stellen und die soziale Frage zu einer der zentralen politischen Aufgaben der Kirche zu machen.[24]

Die Tendenz zur „Entpolitisierung" bei Vertretern der deutschen Kirche stand in einem gewissen Kontrast zu dem wachen kirchenpolitischen Interesse des Vatikans, das auf die volle Wiederherstellung und die mögliche Verbesserung der staatskirchenrechtlichen Regelungen in Deutschland gerichtet war, die bis zum Abschluß des Reichskonkordates von 1933 in jahrzehntelangem politischen und diplomatischen Ringen erreicht werden konnten, um dann in der NS-Zeit in wesentlichen Bereichen mißachtet zu werden.

Von Pius XII. ist gesagt worden, daß er sich auch als Papst noch wie ein

Nuntius für Deutschland fühlte. Ludwig Volk (dessen Verlust für die Zeitgeschichtsschreibung schmerzlich spürbar ist) hat in einer eindrucksvollen Untersuchung die Beziehungen des Heiligen Stuhls zum Deutschland der Besatzungszeit auf der Grundlage eines breiten Quellenmaterials dargestellt.[25] Der Papst stand bis 1944 in einem regen Briefwechsel mit dem deutschen Episkopat, der erst im letzten Kriegsjahr unterbrochen wurde. Er war somit hervorragend über die Situation in Deutschland informiert.

Mit dem Fortfall deutscher Staatlichkeit und der Schließung aller ausländischen Missionen gab es zunächst auch für die vatikanische Diplomatie keinen direkten Ansprechpartner mehr, obgleich mit dem Nuntius Orsenigo, der im Februar 1945 aus Berlin nach Eichstätt geflohen war, sich nach wie vor ein päpstlicher Gesandter in Deutschland aufhielt. Schon im April, als die bedingungslose Niederlage Deutschlands de facto bereits besiegelt war, wandte sich der Papst an die deutschen Bischöfe mit der Bitte um einen Bericht zur Lage des Landes. Dem folgten verschiedene römische Erkundungsfahrten von Vatikanvertretern in die amerikanische Zone. Entscheidend für den weiteren Verlauf wurde die Tatsache, daß der Papst mit Pater Ivo Zeiger SJ, dem Rektor des Collegium Germanicum, einen hervorragenden Kenner der kirchenpolitischen Gegebenheiten in Deutschland für die päpstliche Mission auswählte.

Obwohl offiziell stets zweiter Mann, verkörperte er die Kontinuität der päpstlichen Bemühungen im besetzten Deutschland. Aus der Vatikanmission vom Oktober 1945 ist bald die „Kronberger Stelle" erwachsen, die künftig als wichtige Koordinierungsinstanz zwischen der Kurie, den westlichen Besatzungsmächten und dem deutschen Episkopat fungierte. Sie konnte größere Wirksamkeit – zunächst ausschließlich in der amerikanischen Besatzungszone zuständig für die Seelsorge der Displaced Persons – erst entfalten, als einem deutschstämmigen Amerikaner, dem Bischof von Fargo in Norddakota, Aloisius J. Muench, die Leitung der Vatikanmission übertragen wurde.

Obwohl die „Kronberger Stelle"[26] zunächst fast völlig durch die Probleme des Nachkriegselends absorbiert war, galt ihr eigentlicher Auftrag einem kirchenpolitisch brisanten Thema: die Konkordate über die rechtlich ungeklärte Situation nach der Aufhebung jeglicher deutscher Regierungsgewalt hinwegzuretten. Dabei war es dem Papst durch frühzeitige Kontaktaufnahme mit den Alliierten bereits gelungen, die Westmächte auf einen Kurs der faktischen Duldung der konkordatären Rechtslage zu bringen. Diese Haltung ist dann auch von ihnen im März 1947 im Kontrollrat eingenommen worden, als die sowjetische Seite eine Nichtigkeitserklärung des Reichskonkordats durchzusetzen versuchte.

In der weiteren staatsrechtlichen Diskussion in den westlichen Besatzungszonen verband sich schon vor der Weststaatsentwicklung die Frage der Fortgeltung der Konkordate aufs engste mit dem Problem der Kontinuität deutscher Staatlichkeit. Dabei war die schwierige Konkordatsmaterie, aufgrund der völlig anderen Gegebenheiten in den eigenen Ländern, den Besatzungsmächten nur wenig vertraut. Das Bemühen der „Kronberger Stelle" richtete sich vor allem darauf, ohne viel Aufhebens das Reichskonkordat über die staatsrechtlich ungeklärte Lage hinwegzutragen, um dann später selbstverständlich auf dessen Boden weiter praktizieren zu können.

Diese kirchenpolitische Aufgabenstellung änderte sich in ihrem Charakter, als in den Ländern der Besatzungszonen den Deutschen die Aufgabe der Verfassunggebung übertragen wurde.[27] Seit Frühjahr 1946 begannen Verfassungsberatungen in den Ländern, bei denen den Deutschen unter der Oberaufsicht der jeweiligen Militärregierung weitgehende Gestaltungsfreiheit zugebilligt wurde. Die Rolle der Kirche bei den Beratungen der Länderverfassungen ist bisher nur in einem Fall (Nordrhein-Westfalen) näher untersucht worden.[28] In ihm lassen sich bereits programmatische Unterschiede der Parteien zu kirchenpolitischen Anliegen herausschälen. Dem Versuch, der neuen moralischen und politischen Bedeutung der Kirche in den Verfassungen Ausdruck zu verleihen, war kein einheitlicher Erfolg beschieden. Die Spannweite der Lösungen reichte von der laizistischen Bremer Verfassung und ihrem Bekenntnis zur Gemeinschaftsschule bis zur rheinland-pfälzischen Konstitution, die sich stark an naturrechtlichen Vorstellungen orientierte.[29]

Erst mit den Beratungen zum Grundgesetz entbrannte der Streit um das Staat-Kirche-Verhältnis erneut in voller Schärfe. Die Kronberger-Taktik, an der bloß pragmatischen Reaktivierung des Reichskonkordats festzuhalten, war damit obsolet, und es trat genau das ein, was Ivo Zeiger hatte vermeiden wollen: eine breite Diskussion über die Fortgeltung der kirchenvertraglichen Grundlagen. Weltanschauliche Differenzen, die man längst auf dem Scherbenhaufen der Geschichte wähnte, flammten erneut auf und nahmen kulturkämpferische Züge an.

Die Kirche begann ihre Einflußmöglichkeiten zu intensivieren. Sie stellte persönliche und offizielle Kontakte auf verschiedenen Kanälen her, um bei den Abgeordneten des Parlamentarischen Rates und den politischen Parteien Gehör zu finden. Eine Petitionsflut, vergleichbar den Vorgängen von 1848[30], eine Mobilisierung des Kirchenvolkes von den Kanzeln dienten dazu, den Forderungen breiten Nachdruck zu verleihen. Die Parteien reagierten unterschiedlich. Am freundlichsten das Zentrum, das sich in der traditionellen Rolle als Hüterin kirchlicher Rechte schon deshalb kompromißloser verhalten konnte, weil es als konfessionelle Gruppierung nicht mit den Integrationsproblemen einer verschiedene Anschauungen und Interessen umfassenden Volkspartei zu kämpfen hatte.[31] Hier lagen die Schwierigkeiten der CDU/CSU, die zwar die Kirche weitgehend unterstützte, sich aber Kompromissen nicht verschließen konnte. Neben Zentrum und CDU/CSU stand auch die Deutsche Partei den kirchlichen Forderungen freundlich gegenüber.

Zur SPD bestanden nur offizielle Kontakte, während sich auf seiten der FDP vor allem Theodor Heuss als bedeutsamer Gesprächspartner entpuppte; denn aufgrund der Mehrheitsverhältnisse im Parlamentarischen Rat war eine einvernehmliche Regelung mit den Liberalen von größter Bedeutung.[32]

Was aber wollte die Kirche, was wollten Kardinal Frings und sein unentbehrlicher Berater Prälat Böhler, die zentralen Persönlichkeiten auf seiten des Episkopats? Eine staatliche Neuordnung auf dem Boden allgemeinpolitischer vorstaatlicher Rechte fand ohnehin, wenn auch in unterschiedlicher Begründung, einen breiten Konsens in der Verfassungsversammlung. Es waren vor allem folgende kirchenpolitische Forderungen, um deren Durchsetzung es ging (Prälat Böhler trug sie bei der Besprechung zwischen Vertretern des Episkopats und Vertretern der Parteien im Parlamentarischen Rat am 14. November 1948 vor)[33]:

1. Verfassungsrechtliche Regelung des Verhältnisses von Kirche und Staat.
2. Elternrecht und Schule im Zusammenhang mit der kirchlichen Kontrolle über den Religionsunterricht.
3. Anerkennung des Reichskonkordats durch die Verfassung.[34]

Vor allem die Aufnahme von Kirchenverträgen in das Grundgesetz erregte den Widerspruch von SPD, KPD und der Liberalen, die darin eine unzulässige Rangsteigerung und Begünstigung sahen. Auch innerhalb der gemischtkonfessionellen CDU/CSU herrschte eine spürbare Zurückhaltung gegenüber diesem Maximalkonzept. Konrad Adenauer hielt eine Aufnahme der Konkordate in die Verfassung für aussichtslos. Er taktierte auf einer Linie, die die „Kronberger Stelle" von Beginn an verfochten hatte: pragmatische Fortgeltung der bestehenden Vertragsverhältnisse. Als Weg bot sich an, die Konkordate in die Übergangsbestimmungen des Grundgesetzes einzubauen, ohne sie dort explizit zu erwähnen. Einem solchen Kompromiß – und das war für die Durchsetzung entscheidend – konnten auch Liberale zustimmen.[35]

Um die Fortgeltung des Konkordats nicht zu gefährden, hatte der Vatikan stets auf die strikte Beachtung aller Artikel eingewirkt und unter Berufung auf Art. 32 Reichskonkordat (Verbot von Parteibindungen für die Geistlichkeit) sogar von Kardinal Frings – worauf Rudolf Morsey erst jüngst näher eingegangen ist – nur drei Monate nach dem Parteibeitritt eine Revidierung dieses Schrittes gefordert.[36]

Doch nicht der Konkordatskompromiß – Fortgeltung ohne ausdrückliche Erwähnung –, sondern die Aufnahme des Elternrechts als Grundrecht sollte zum eigentlichen Kern des kirchlichen Verfassungskonflikts werden. Ihre politische Schärfe erhielt sie durch die enge Verknüpfung mit dem Problem der Konfessionsschule. Man glaubte deshalb, auf diese Absicherung keineswegs verzichten zu können. Vor allem die Bremer Landesverfassung, die die Gemeinschaftsschule mit konfessionell nicht gebundenem Bibelunterricht weiterbestehen ließ, erregte das äußerste Mißfallen.

Daß es über die Frage des Elternrechts nicht zum Scheitern des Verfassungskompromisses gekommen ist, wird man vor allem der Haltung Adenauers zuschreiben müssen. Daß dann nach Verabschiedung des Grundgesetzes nicht eine Ablehnung der Verfassung in einer öffentlichen Erklärung der Bischöfe erfolgte, bleibt dem Zusammenspiel zwischen Adenauer, der „Kronberger Stelle" und dem Gespann Frings/Böhler zu danken. Burkhard van Schewick hat in seiner Dissertation diese Zusammenhänge näher durchleuchtet. Hier seien noch einmal die entscheidenden Passagen aus dem Schreiben Adenauers an Kardinal Frings auf dem Höhepunkt des Konflikts am 7. Februar 1949 zitiert, die auch ein Dokument der Weitsicht des späteren Kanzlers sind: „So intolerant ich die Stellungnahme der SPD und der FDP finde (einer verfassungsrechtlichen Verankerung des Elternrechts auf keinen Fall zuzustimmen), glaube ich doch, daß niemand es würde verantworten können, gegen das Grundgesetz zu stimmen. Eine politische Konsolidierung Westdeutschlands ist innen- und außenpolitisch, sowohl vom deutschen wie vom westeuropäischen Standpunkt aus gesehen, eine absolute Notwendigkeit. Diese Konsolidierung ist nicht möglich, ohne Annahme dieses Grundgesetzes... Wer auffordern würde, gegen das Grundgesetz zu stimmen, weil bezüglich des Elternrechts nicht alles erreicht worden ist – das Elternrecht ist weder bejaht noch verneint –, würde m. E. mit Sicherheit sich dem vernichtenden Vorwurf aussetzen, daß er in der schlimmsten Notzeit des deutschen Volkes gegen dessen Interesse gehandelt haben würde."[37] Es bedurfte harter Überzeugungsarbeit, um den deutschen Episkopat von einer Verwerfung der Verfassung abzuhalten.

Prälat Böhler hat mit seinem „Bericht zur Frage Bonner Grundgesetz" vom 9. Mai 1949 nicht unwesentlich dazu beigetragen, die Willensbildung der westdeutschen Bischöfe auf einen Kompromiß hinzulenken.[38] Er betonte, daß sich trotz mancher Abstriche die kirchlichen Erfolge sehen lassen konnten: die Anrufung Gottes in der Präambel, Anerkennung der allgemeinen Menschenrechte, besonderer Schutz für Ehe und Familie, grundsätzliche Anerkennung des Religionsunterrichts. Nach seiner Meinung waren die Übernahme der Weimarer Kirchenartikel und die indirekte Einbeziehung des Reichskonkordats noch erträgliche Lösungen. Schmerzlich blieb die Frage des Elternrechts und die Anerkennung der „Bremer Klausel".

Die Verstimmung der Bischöfe über diesen letzten Punkt saß tief. Sie unterstrichen daher in ihrer Erklärung vom 23. Mai[39], in der sie zum Grundgesetz Stellung nahmen, die Vorläufigkeit und Revidierbarkeit des Verfassungswerkes. Entscheidend war jedoch, daß eine Ablehnung ausblieb. Sie ersparten damit der jungen westdeutschen Republik eine Hypothek, die die Stellung der Katholiken zum deutschen Nationalstaat seit seiner Bismarckschen Gründung belastet und sich in mangelnder Anerkennung niedergeschlagen hatte.

Die Katholiken konnten die Bundesrepublik von Beginn an auch als ihren Staat begreifen, an dessen demokratischer Fundierung sie selbst entscheidenden Anteil nahmen.

Daß sich die im „kirchlichen Hochgefühl" (B. Hanssler) der Nachkriegszeit genährte Hoffnung auf eine stärker christliche Prägung des neuen Staates nicht erfüllte, daß die Kirche von sich aus in kirchenpolitischen Fragen pragmatische Lösungen signalisierte, hat langfristig gewiß zur Herausbildung eines breiten demokratischen Konsens und zur Festigung der pluralistischen Grundlage der jungen Bundesrepublik beigetragen.

Anmerkungen

1 Vgl. dazu *Christoph Kleßmann*, Die doppelte Staatsgründung. Deutsche Geschichte 1945–1955, Bonn 1982. Bes. Kap. II, Die Zusammenbruchgesellschaft, 37–65.
2 Siehe u. a. *Helmut Schelsky*, Wandlungen der deutschen Familie in der Gegenwart, Stuttgart ⁵1967; auch *Friedrich H. Tenbruck*, Alltagsnormen und Lebensgefühle in der Bundesrepublik: *Richard Löwenthal/Hans Peter Schwarz* (Hg.), Die Zweite Republik. 25 Jahre Bundesrepublik Deutschland – eine Bilanz, Stuttgart 1974.
3 Dazu *Karl Forster*, Neuansätze der gesellschaftlichen Präsenz von Kirche und Katholizismus nach 1945: *Anton Rauscher* (Hg.), Kirche und Katholizismus 1945–1949, München – Paderborn – Wien 1977, 109–133.
4 *Ivo Zeiger*, Die religiös-sittliche Lage und die Aufgabe der deutschen Katholiken: Der Christ in der Not der Zeit. Der 72. Deutsche Katholikentag vom 1. bis 5. Sept. 1948 in Mainz, hg. vom Generalsekretär des Zentralkomitees der Katholiken Deutschlands zur Vorbereitung der Katholikentage, Paderborn 1949, 29.
5 Vgl. die eindrucksvolle Darstellung bei *Ivo Zeiger*, Kirchliche Zwischenbilanz 1945. Bericht über die Informationsreise durch Deutschland und Österreich im Herbst 1945, eingel. und komment. von *Ludwig Volk*: StZ, Nr. 5, 1975, 293–312.
6 *Adolf M. Birke*, Geschichtsauffassung und Deutschlandbild im Foreign Office Research Department: Hist.Jb. 104 (1984) 372–391. Bes. die Expertise von *E. R. Dodds*, The Churches in Germany (4. 7. 1944), ebd. 388 ff.
7 Dieser Satz ist unterstrichen. Abgedr. bei: *Albert E. J. Hollaender*, Offiziere und Prälaten. Zur Fuldaer Bischofskonferenz, August 1945: MÖSA 25 (1972) 205 (FS Hanns Leo Mikoletzky).
8 Die Akten der Control Commission for Germany, British Element (CCG/BE) sind nun freigegeben. Sie werden unter der Federführung des Deutschen Historischen Instituts London gemeinsam mit dem Bundesarchiv und der Niedersächsischen Archivverwaltung archivisch erschlossen. Eine Fülle von Beispielen über bischöfliche Interventionen bei *Frederic Spotts*, Kirchen und Politik in Deutschland, Stuttgart 1976, 49–102.
9 *Burkhard van Schewick*, Die katholische Kirche und die Entstehung der Verfassungen in Westdeutschland 1945–1950, Mainz 1980, 11.
10 Ansprache des Papstes vom 20. Februar 1946: Der Papst an die Deutschen. Pius XII. als Apostolischer Nuntius und als Papst in seinen deutschsprachigen Reden und Sendschreiben von 1917 bis 1956, hg. von *Bruno Wüstenberg/Jos. Zabkar*, Frankfurt 1956, 111. Vgl. auch *Ludwig Volk*, Der Heilige Stuhl und Deutschland 1945–1949: *A. Rauscher*, a. a. O., bes. 62–67.
11 Dazu Rudolf Morsey bei: *Günter Baadte*, Diskussionsbericht: *A. Rauscher*, a. a. O. 139 f.
12 *Klaus Gotto*, Zum Selbstverständnis der katholischen Kirche im Jahre 1945: Politik und

Konfession. Festschrift für Konrad Repgen zum 60. Geburtstag, hg. von *Dieter Albrecht, Hans G. Hockerts, Paul Mikat, Rudolf Morsey*, Berlin 1983, 468.
13 *Max Pribilla*, Deutschland nach dem Zusammenbruch, Frankfurt a. M. 1947, 37.
14 *Conrad Gröber*, Rückblick und Ausschau (Sonderheft über Hirtenbrief vom 8. Mai 1945), Freiburg (Herder), 17.
15 *Klaus Gotto*, Zum Selbstverständnis..., a. a. O. 469.
16 *Adolf Süsterhenn/Vinzenz Rufner*, Wir Christen und die Erneuerung des staatlichen Lebens. Mit Quellentexten zur Naturrechtslehre und Strafauffassung, KASP.P, Heft 12/13, Bamberg 1948, 17.
17 Zur Verzögerung bei der Wiederbelebung des Verbandskatholizismus in der unmittelbaren Nachkriegszeit vgl. *Karl Forster*, Neuansätze der gesellschaftlichen Präsenz von Kirche und Katholizismus nach 1945: *A. Rauscher*, a. a. O. 109–133.
18 Von den bis 1947 nach Westdeutschland Geflüchteten und Vertriebenen waren fast die Hälfte Katholiken. Die Vertriebenen waren gemäß den Potsdamer Beschlüssen ohne Berücksichtigung ihrer Konfessionszugehörigkeit auf die vier Besatzungszonen verteilt worden; damit wurde innerhalb der ehemals konfessionshomogenen Gebiete das Verhältnis der Konfessionsgruppen zueinander wesentlich aufgelockert. Zwar hat sich der Anteil der Katholiken in den drei Westzonen insgesamt nicht erhöht, doch führte die Teilung Deutschlands dazu, daß mit der Bundesrepublik ein Staat entstand, in dem (1950) 45,2% (1933 im Deutschen Reich waren es nur 32,9%) Katholiken und (1950) 51,2% Protestanten lebten. Die quantitativen Relationen waren damit fast ausgeglichen. Zum Konfessionsverhältnis nach 1945 vgl. *Hans Braun*, Demographische Umschichtungen im deutschen Katholizismus nach 1945: *A. Rauscher*, a. a. O. 9–25. Dazu auch *Walter Menges*, Wandel und Auflösung der Konfessionszonen: *Eugen Lemberg/Friedrich Edding* (Hg.), Die Vertriebenen in Westdeutschland, Bd. 3, Kiel 1959, 7 ff.
19 *Ivo Zeiger*, Die religiös-sittliche Lage..., a. a. O. 29. Auch *Ian Connor*, The Churches and the Refugee Problem in Bavaria 1945–49: Journal of Contemporary History, 20 (1985) 399–421.
20 *Otto B. Roegele*, Der deutsche Katholizismus im sozialen Chaos. Eine nüchterne Bestandsaufnahme: Hochl., Nr. 3, 1949, 220.
21 Vgl. dazu *Burkhard van Schewick*, a. a. O. 28, Anmerkung 147, mit weiteren Hinweisen. Auch *Karl Forster*, a. a. O. 120 ff.
22 Zu der entsprechenden Kritik Ivo Zeigers vgl. *Klaus Gotto*, Zum Selbstverständnis..., a. a. O. 474.
23 So schon die gemeinsamen Hirtenbriefe vom Juni und August 1945: Kirchlicher Amtsanzeiger Trier 1945, S. 1–5. 17–19.
24 Dazu *Karl Forster*, a. a. O. 110 ff. Auch *Rudolf Uertz*, Christentum und Sozialismus in der frühen CDU. Grundlagen und Wirkungen der christlich-sozialen Ideen in der Union 1945–1949, Stuttgart 1981.
25 *Ludwig Volk*, Der Heilige Stuhl und Deutschland 1945–1949: *A. Rauscher*, a. a. O. 53–87.
26 Zur „Kronberger Stelle" siehe auch *Colman J. Barry*, American Nuncio. Cardinal Aloisius Muench, Collegeville 1969; *Frederic Spotts*, a. a. O. 73–78.
27 Zur Entstehung der Länderverfassungen in der amerikanischen Besatzungszone jetzt *Barbara Fait*, „In einer Atmosphäre von Freiheit". Die Rolle der Amerikaner bei der Verfassunggebung in den Ländern der US-Zone 1946: VfZ 33 (1985) 420–455.
28 *Burkhard van Schewick*, a. a. O., Kap. II, Die Kirche und die Verfassung des Landes Nordrhein-Westfalen, 31–64.
29 Dazu *Bengt Beutler*, Die Stellung der Kirchen in den Länderverfassungen der Nachkriegszeit: *A. Rauscher*, a. a. O. 26–52.
30 Zur Mobilisierung der katholischen Gläubigen vgl. u. a. *Volker Otto*, Das Staatsverständnis des Parlamentarischen Rates. Ein Beitrag zur Entstehungsgeschichte des Grundgesetzes für die Bundesrepublik Deutschland, Bonn 1971, 85.

31 Seit dem „Oberhausener Parteitag" konnte sich das Zentrum wieder ganz in den Bahnen seiner traditionellen kulturpolitischen Postulate bewegen. Vgl. *Burkhard van Schewick*, a. a. O. 115.
32 Zur Besprechung zwischen Prälat Böhler und Theodor Heuss vom 14. Dezember 1948 und dem Gedankenaustausch am 10. Januar 1949 in Anwesenheit von Höpker-Aschoff vgl. *Burkhard van Schewick*, a. a. O. 101 ff.
33 Zur Besprechung mit den Fraktionsvorsitzenden des Parlamentarischen Rates mit den Vertretern beider Kirchen hatte Adenauer eingeladen. Erstaunlich war die Einmütigkeit, mit der die Vertreter der katholischen und der evangelischen Kirche ihre Forderungen vortrugen.
34 Der detaillierte Bericht Böhlers befindet sich im katholischen Büro Bonn (K 37). Dazu *Klaus Gotto*, Die Katholische Kirche und die Entstehung des Grundgesetzes: *A. Rauscher* (Hg.), a. a. O. 100; ausführlich: *Burkhard van Schewick*, a. a. O. 97 ff.
35 *Rudolf Morsey*, Adenauer und Kardinal Frings 1945–1949: Politik und Konfession, a. a. O. 483–501.
36 Ebd. 495 f.
37 Brief Adenauers an Frings vom 7. Februar 1949; vgl. *Burkhard van Schewick*, a. a. O. 116.
38 Katholisches Büro Bonn, K 29. Vgl. *Klaus Gotto*, Die Katholische Kirche..., a. a. O. 105 ff.
39 Gleichzeitig wurde ein „Hirtenwort der deutschen Bischöfe zum Grundgesetz der Bundesrepublik Deutschland" veröffentlicht. Vgl. *Burkhard van Schewick*, a. a. O. 126.

Werner Jochmann

Evangelische Kirche und Politik in der Phase des Neubeginns 1945–1950

Im ersten Nachkriegswinter 1945/46 informierte Pastor Werner Koch die Öffentlichkeit im evangelischen Nachrichtendienst des Londoner Rundfunks über die Lage im zerstörten und besetzten Deutschland.[1] Er wollte mit diesen Ansprachen seine deutschen Hörer – namentlich die Kriegsgefangenen, Flüchtlinge und Ausgebombten – aus der Lethargie reißen und ihnen wieder eine Zukunftsperspektive zeigen. Der Alltag der völlig überforderten und unzureichend versorgten Bevölkerung sei trostlos, so argumentierte er, Ansätze für einen Wiederaufbau und einen politischen Neubeginn seien nicht vorhanden, auf jeden Fall nicht erkennbar. In dieser geistigen und materiellen Not sei es nun aber ein Trost, daß wenigstens die Kirchen den Untergang der staatlichen Ordnung sowie aller gesellschaftlichen Organisationen und Institutionen überstanden hätten und den Menschen Hilfe und Halt geben könnten. Den evangelischen Christen, die unter den Gegensätzen in ihrer Kirche und oft auch unter den Verirrungen mancher Amtsträger und Pastoren gelitten hatten, böten sich nun endlich neue Möglichkeiten. Ihre Kirche habe sich im Verlauf des ihr von den nationalsozialistischen Machthabern aufgezwungenen Kampfes tiefgreifend verändert. Von ihr gingen nun nach dem großen Läuterungsprozeß weithin neue Impulse aus. „Aufs Ganze gesehen" werde jetzt überall im Lande „anders gelehrt, anders gepredigt, anders geschrieben und anders gehandelt... als es in der evangelischen Kirche der zwanziger und erst recht der dreißiger Jahre der Fall war".[2]

Koch vertrat hier eine Auffassung, die, unterschiedlich nuanciert, in weiten Kreisen des deutschen Protestantismus vorherrschte. Sie war zweifellos begründet, da nach den Jahren der Benachteiligung und Verfolgung endlich wieder frei gesprochen und gepredigt werden konnte. Aber es war nicht nur das Gefühl der Erleichterung und Befreiung, das sich nach dem Wegfall des Druckes ausbreitete, sondern auch ein verhaltener Stolz, daß sich die bekenntnistreuen Christen gegen ein allmächtiges Regime behauptet hatten. Die Macht war gescheitert, der Glaube aus allen Prüfungen gestärkt hervorgegangen. Diese bemerkenswerte Zuversicht stellte sich selbst bei Geistlichen ein, die zeitweilig mit den Machthabern zusammengearbeitet und weitgehende Zugeständnisse gemacht hatten. So schrieb der Hamburger Bischof

Tügel, der als Deutscher Christ in sein Amt gekommen war, am 28. Mai 1945 in seinem letzten „Kriegsbrief": „Hat die Kirche noch etwas zu melden? Mit einem Schlage hat diese Frage... eine unerhört klare Antwort gefunden. Tatsächlich ist die Kirche die einzige Macht, die alle gefallenen Größen überdauert, und – was wichtiger ist – deren Sache in erhobener Weltüberlegenheit sich selbst zu Wort meldet."[3]

Die Mitglieder der Bekennenden Kirche konnten zudem sehr selbstbewußt auf bemerkenswerte Taten verweisen. Innerhalb kurzer Zeit war es gelungen, die zerstörten Landeskirchen wieder aufzurichten und handlungsfähig zu machen. Darüber hinaus war Ende August 1945 in Treysa die Evangelische Kirche in Deutschland mit einem allseits akzeptierten Leitungsgremium an der Spitze etabliert worden. Die EKD klammerte damit das in vier Besatzungszonen aufgeteilte Land notdürftig zusammen. Sie betrachtete sich deshalb mit Recht als Wahrerin der nationalen Einheit und hat in der Folgezeit geduldig und konsequent für deren Erhaltung gestritten. Das haben nicht nur Christen in allen vier Besatzungszonen und später in den beiden deutschen Staaten anerkannt. Sie hielten sich an die Kirche, weil sie den Menschen trotz der Teilung helfen und übergroße Härten mildern konnte. Im Oktober 1945 stellte der Rat der EKD in Stuttgart die Verbindung mit der Ökumene wieder auf eine feste Grundlage und durchbrach damit die Isolierung, in die Hitler die Deutschen geführt hatte. Es gab mithin gute Gründe, hoffnungsvoll in die Zukunft zu schauen. Und die Kirche war Trägerin vielfacher Hoffnungen.

Nun konnte sich bei aller Genugtuung darüber, daß Kirche endlich wieder Kirche sein konnte, doch niemand mit dem Stand des Erreichten zufrieden geben. Mit der institutionellen Erneuerung waren ja doch nur die Voraussetzungen für die „notwendigen und sehr einschneidenden inneren Reformen" geschaffen. Ohne sie ließ sich auch der Öffentlichkeitsauftrag der Kirche nicht neu bestimmen, das Verhältnis zur staatlichen und gesellschaftlichen Ordnung schwerlich von Grund auf revidieren.[4] Viele glaubten an die Bewältigung eines so großen Auftrags. Sie vertrauten dabei auf die Entschlossenheit und Konsequenz der Bekenntnispfarrer, die ja nun in den Kirchenleitungen zu Einfluß gelangt waren und – wie Optimisten glaubten – in der EKD „die Führung" übernommen hatten.[5]

In der Realität war der Einfluß der Exponenten der Bekennenden Kirche in der EKD keineswegs bestimmend. Dazu kam, daß sie sich in der Abwehr der nationalsozialistischen Ideologie und namentlich der Kirchenpolitik einig gewesen waren, ihre politischen und sozialen Zukunftsvorstellungen aber weit voneinander abwichen. Das konnte auch nicht anders sein, waren sie doch durch sehr verschiedenartige Traditionen und Erfahrungen geprägt worden. Und der Kirchenkampf, in dem permanent auf Maßnahmen des Staates und Herausforderungen der Partei reagiert werden mußte, hatte kaum Zeit gelassen, die allgemeinen geistigen Voraussetzungen des Handelns zu reflektieren und zu revidieren. Ein solcher bewußtseinsverändernder Prozeß brauchte Zeit. Sie hatte aber vor 1945 gefehlt und sie stand auch nun, angesichts der Fülle neuer Aufgaben und Forderungen, nicht hinreichend zur Verfügung. Eine Neubestimmung des kirchlichen Verhältnisses zum Staat und zu den gesellschaftlich relevanten Kräften konnte also nur langfristig und in steter Auseinandersetzung mit den gesellschaftlichen Realitäten erfolgen.

Der Wille zur grundlegenden Erneuerung der Kirche stieß aber auch auf das Beharrungsvermögen der Institutionen. Die Ämter und Werke erlangten ihre Leistungsfähigkeit so rasch zurück, weil sie zum großen Teil ihre erfahrenen Beamten und Leiter behalten hatten. Sie arbeiteten souverän, jedoch nach Prinzipien, über deren politische und gesellschaftliche Voraussetzungen sie selten bewußt nachgedacht hatten. Ihnen lag der reibungslose Ablauf der Arbeitsgänge oft mehr am Herzen als das Interesse der Gemeinden. Dabei überwucherte nicht selten auch ein übersteigertes Amtsverständnis die Erfordernisse geistlichen Lebens. Bei der Bewertung dieser Faktoren darf allerdings nicht übersehen werden, daß Pfarrer und Gemeinden während des Kirchenkampfes die Kirchenämter und die selbstgewählten Vertretungskörperschaften nachdrücklich zur Behauptung ihrer Positionen gegen Staat und NSDAP aufgefordert hatten. Oft erwiesen sich kirchliche Amtsstellen zudem als kompetenter und souveräner als staatliche Behörden, die namentlich im Krieg an Auszehrung gelitten hatten und von der Partei entmachtet worden waren.[6] Das hatte das Selbstvertrauen der kirchlichen Administration ebenso gestärkt wie der Kompetenzenwirrwarr in der Schlußphase des Krieges im staatlichen Bereich, der nicht selten zur Lähmung der Kräfte beigetragen hatte.

Die Fülle der Aufgaben, die die Landeskirchen nach 1945 bei der Meisterung extremer Notsituationen zu lösen hatten, verstärkte das Schwergewicht der Verwaltung zwangsläufig noch einmal. So war es wohl verständlich, wenn Martin Niemöller bereits am 22. Juni 1946 in einem Brief an Hans Asmussen darüber klagte, daß die EKD „einen bürokratischen Charakter anzunehmen" drohe und auch in den Landeskirchen die Gemeinden „zugunsten eines unevangelischen Verständnisses des Amtes bzw. der Ämter" mehr und mehr „entmündigt" würden.[7] Diese Sorge war sicher nicht unberechtigt. Aber ebensowenig läßt sich das Argument des Ratsvorsitzenden entkräften, auch in der Kirche sei die Bürokratie „nirgends zu entbehren, wo die Einzeldinge sachlich und sorgfältig angefaßt werden sollen".[8]

In dieser Kontroverse handelte es sich letztlich nicht um eine Ablehnung oder Verteidigung der kirchlichen Ämter und Institutionen – die Spannung zwischen der Verwaltung und einer dynamischen und lebensnahen Gemeindearbeit konnte ja auch fruchtbar sein –, sondern um den Geist, in dem sie arbeiteten. Und hier hegten Niemöller und alle, die für eine Erneuerung der Kirche stritten, den Verdacht, daß die Kirchenämter Bastionen der Reaktion und Restauration seien. Sicherlich wurden die Amtsinhaber von der Last der Arbeit erdrückt und nicht selten auch von einer Verpflichtung zur anderen „gehetzt". Bei der Fülle der Anforderungen fehlten die Ruhe zur Einkehr und schon recht die Zeit für menschliche Zuwendung. Vor allen Dingen aber blieb nur wenig Zeit, über Versäumnisse und Unterlassungen in der Vergangenheit und neue Erfordernisse in der Gegenwart nachzudenken. So wirkten – um nur ein Beispiel zu nennen – Kirchenbeamte bei der Wiedergutmachung schweren Unrechts und der Beseitigung nationalsozialistischer Willkür mit, die vorher unter Berufung auf Gesetze und Erlasse solche Maßnahmen hingenommen oder gar mit durchgeführt hatten.

Am schwersten ließ sich der Wille, „ein Neues zu pflügen und die Erkenntnis der vergangenen zwölf Jahre mit ihren Konsequenzen ernst zu nehmen", aber den Gemeinden vermitteln. Und dort vollzog sich ja das Leben der Kirche. Die Mehrheit der kirchentreuen Menschen sah die Notwendigkeit einer Erneuerung nicht ein und verstand auch nicht, welche Konsequenzen aus der Vergangenheit gezogen werden sollten. Sie besaßen nicht jenen Erkenntnis- und Erfahrungsstand wie Niemöller und die maßgeblichen Mitglieder der Brüderräte, der sie zu einem solchen Neuanfang befähigt hätte. Sie dachten nicht darüber nach, ob ihr Tun „restaurativen" oder „reaktionären" Tendenzen Vorschub leistete, sie waren schlichte Christen, die am Hergebrachten festhalten wollten. Das gab ihnen Sicherheit und hatte sie auch in der Zeit des Nationalsozialismus vor vielen Versuchungen bewahrt.

Die meisten Synodalen und das Gros der Kirchenvorsteher, die ihre Kirche gegen Übergriffe der NSDAP und ihrer Gliederungen verteidigt hatten, waren konservativ und Anhänger des Nationalstaates. Sie hatten mehrheitlich das Hitlerregime begrüßt, weil sie sich von ihm entweder die Wiederherstellung der nationalen Größe oder aber auf jeden Fall eine Überwindung der inneren Spannungen erwartet hatten. In der Regel war damit auch die Hoffnung verbunden gewesen, daß auch die Kirche von einer solchen Entwicklung neuen Auftrieb erhalten könne. Als sie ihren Irrtum erkannten, lehnten sie sich gegen ideologische Gleichschaltung und gegen Rechtlosigkeit auf. Sie versuchten – mehr oder weniger entschlossen – in ihrem Einflußbereich Terror und Willkür einzudämmen und menschliche Not zu lindern. Aber sie waren bei alledem ihrer politischen Grundüberzeugung treu geblieben. Sie räumten nicht ein, daß sie sich geirrt hatten, sondern beschuldigten die braunen Machthaber des Wortbruchs und Verrats.

Es waren konservative Traditionen und Werte, für die protestantische Beamte und Offiziere, Grundbesitzer und Unternehmer, Wissenschaftler und Künstler einstanden und die sie zur Zurückweisung nationalsozialistischer Maßnahmen veranlaßten. Sie haben damit Hitler immer wieder zur Zurückhaltung in der Kirchenpolitik gezwungen. Aus eben diesem unreflektierten konservativ-traditionalistischen Erbe heraus gewannen Bauern,

Handwerker und Angestellte die Kraft, ihren Pastoren in den Auseinandersetzungen mit Parteistellen und Staatsorganen den Rücken zu stärken. Sie stritten oft sehr entschlossen für den christlichen Religionsunterricht in den Schulen, für die Erhaltung kirchlicher Einrichtungen und einen unbehinderten Gottesdienst.[9]

Im Alltag des Dritten Reiches dominierte die große Zahl der Menschen, die Parteigenossen waren, in Einzelbereichen aber doch abweichende Auffassungen vertraten. So sind auch viele gläubige Christen bis Kriegsende Mitglieder der NSDAP und ihrer Gliederungen geblieben. Und viele haben dabei keinerlei Unbehagen empfunden. Das traf namentlich für die Angehörigen der jüngeren Generation zu, die in das NS-Herrschaftssystem hineingewachsen waren und es als gegeben hinnahmen. Sie hatten ehedem Staat und Kirche lebensvoller und dynamischer gestalten wollen, weil ihnen die Republik in der schweren Wirtschaftskrise zu inaktiv erschienen war und kaum Zukunftsperspektiven gelassen hatte. Diese Christen hatte die Losung von der jugendlichen Kirche, die der Generalsuperintendent der Kurmark 1930 ausgegeben hatte, beeindruckt und überzeugt. Zur Begründung seines Vorstoßes hatte Dibelius in einem Rundbrief am 30. Oktober 1930 geschrieben, die evangelische Kirche sei „im Grunde eine Kirche der Älteren, die nicht nach Kampf, sondern nach Trost, nicht nach Arbeit, sondern nach Ruhe verlange".[10] Um dieses Erscheinungsbild zu ändern, hatte er die jungen Menschen angesprochen. Da er davon überzeugt war, daß nur „ein starker, fortreißender Wille" junge Menschen motivieren könne, hoffte er – wie viele andere Geistliche –, die Antriebskraft einer neuen politischen Partei auch für die Kirche nutzen zu können. Wenn die Kirche gegen sie Position beziehe, laufe sie Gefahr, an Einfluß zu verlieren und ins Abseits zu geraten.

Welche Motive die vielen staatstreuen, patriotischen Protestanten auch immer gehabt hatten, im Dritten Reich auf ihrem Platz zu bleiben und das zu tun, was sie für ihre Pflicht hielten, es machte ihnen nun große Mühe, das Geschehen zu begreifen und zu deuten. Sie vermochten nicht einzusehen, daß die Ideale, die sie beseelt, die Vorstellungen, die sie gehegt hatten, falsch gewesen waren, weil sie die Nationalsozialisten mißbraucht und pervertiert hatten. Wer davon überzeugt war, sein Bestes getan und anständig gehandelt zu haben, der weigerte sich, zu verdammen, was er vordem anerkannt hatte.

Die Schwierigkeit, sich nach dem Untergang des nationalsozialistischen Regimes in dem verwüsteten und besetzten Land zurechtzufinden und neu zu orientieren, galt für Christen und Nichtchristen gleicherweise. Ausländische und außenstehende Beobachter haben das viel klarer gesehen als die Deutschen selbst und namentlich die ungestüm auf Erneuerung und Umkehr drängenden Exponenten des kirchlichen und politischen Widerstandes. So schrieb Robert Weltsch, der langjährige Chefredakteur der „Zionistischen Rundschau", der das Land sieben Jahre nach seiner Flucht wieder besuchte, am 5. Dezember 1945 in einem Brief an Martin Buber: „Deutschland ist grauenhaft vernichtet, die besten Beschreibungen (die ich ja vorher alle gelesen hatte) können das nicht wiedergeben. Das Volk findet anscheinend gar keine Orientierung, weder geistig noch politisch."[11] Zu dieser Verwirrung und Ratlosigkeit trugen zweifellos auch Handlungen und Fehlentwicklungen der Besatzungsmächte bei, wie dies selbst Karl Barth besorgt registrierte.[12] Sie haben aber doch nur die Neigung zur geistigen Resistenz vieler Deutscher verstärkt. Um nicht den Halt zu verlieren, verschanzten sich viele Deutsche hinter den Wällen der Grundsätze und Doktrinen, hinter denen sie sich bislang sicher gefühlt hatten.

Berlins Bürgermeister Ernst Reuter trifft das Problem ganz zentral, wenn er 1946 nach der Rückkehr aus der Emigration schrieb: „Sicher ist das Volk politisch noch sehr konservativ, hat wohl immer noch nicht ganz verstanden, was eigentlich passiert ist und kann das wohl auch bei dem ständigen Kampf um das tägliche Brot kaum ganz verstanden haben... Schlimmer ist, daß wie ein Mehltau auf dem ganzen Lande die Untätigkeit liegt, die zwangsläufig dadurch entsteht, daß die Initiative trotz aller guten Absichten gelähmt wird... Die zahlreichen moralischen Belehrungen sind auch nicht sehr zweckvoll."[13]

Das Beharrungsvermögen, das die evangelischen Christen mit anderen Gruppen und Kräften des Volkes teilten, erhielt aber deshalb größeres Gewicht, weil viele Menschen, und nicht zuletzt die Besatzungsmächte, auf zukunftsweisende Impulse und Anstöße der Kirche hofften. Sie hatte als einzige Institution dem Totalitätsanspruch der Nationalsozialisten getrotzt und schien deshalb berufen, besondere Verantwortung bei der Schaffung einer neuen politischen Ordnung im Nachkriegsdeutschland zu übernehmen.

Es ist hier nicht der Platz, die Bedeutung des Kirchenkampfes zu erörtern. Auf eine Tatsache muß aber mit Nachdruck hingewiesen werden: Die Kirche hatte in den Jahren der Anfechtung und der massiven Bedrohung viele halbherzige Mitglieder und zahlreiche unentschiedene und profillose Diener verloren. Die Folge war, daß von den übrigen während des Zweiten Weltkrieges größere Entschiedenheit ausging und „mehr Evangelium gepredigt" wurde als während des Ersten Weltkrieges und in den Jahren danach.[14] Das förderte eine nüchterne und sachlichere Betrachtung und Beurteilung der staatlichen und gesellschaftlichen Ordnungen und Systeme.

Der Staat, einmal in den Dienst von Parteiinteressen gestellt und zum Vollstrecker einer menschenfeindlichen Ideologie gemacht, hatte viel von der Würde verloren, die ihm früher zuerkannt worden war. Da die evangelischen Christen aber nach wie vor an der Auffassung festhielten, daß der Staat nach Gottes Schöpfungsplan Zusammenleben und Wohlfahrt der Menschen auf dieser Welt zu gewährleisten habe, waren sie der Meinung, daß er wieder seine alten freiheitsschaffenden und rechtsetzenden Funktionen erhalten müßte. Voraussetzung dafür war nach der Auffassung vieler Christen, daß er vor dem Einfluß der Parteien und organisierten Gruppen bewahrt würde. Der Staat sollte mithin auch künftig über eine hinreichende Autorität verfügen, um nicht der Beeinflussung oder gar Fremdbestimmung durch organisierte Massen zu erliegen.

Noch ganz im Banne der Erfahrungen des Dritten Reiches, in dem Hitler jeden Widerstand gegen sein Regime durch das Aufgebot der ihm blind folgenden Massenpartei gebrochen und auch die Kirche immer wieder durch Massenaktionen unter Druck gesetzt hatte, zielte nun alles auf eine Bändigung dieser gefürchteten Massen ab. Sie wurden für alles Ungemach verantwortlich gemacht und als das Übel der Zeit angesehen. Deshalb mußte es, wie es Gerhard Ritter schon im August 1945 während der Konferenz der Bruderräte formulierte, zu der ersten und wichtigsten seelsorgerlichen Hilfe der Kirche für das deutsche Volk gehören, es „aus der Vermassung" herauszuführen und alle Anstrengungen zu unternehmen, um der Entstehung neuer Massenorganisationen entgegenzuwirken.[15] Während 1933 die demonstrierenden und jubelnden Anhänger Hitlers als Repräsentanten des Lebenswillens der Nation, als Garanten einer besseren Zukunft angesehen und begrüßt worden waren, traf sie nun der Schuldspruch. So hat Gerhard Ritter in seinem 1948 erschienenen Buch „Europa und die deutsche Frage" an erster Stelle das „Massenmenschentum der modernen Industriegesellschaft" für Aufstieg und Erfolg Hitlers verantwortlich gemacht. Vor allen Dingen diese „Massen" – der Begriff war bald in aller Munde und Ortega y Gassets „Aufstand der Massen" gehörte in den folgenden Jahren zu den meistgelesenen und -diskutierten Büchern – hätten mit den Freiheitsrechten der Verfassung nichts anfangen können, seien bereit gewesen, jedem Agitator zuzujubeln, „der in die Einförmigkeit ihres Lebens eine gewisse Bewegung gebracht und ihnen zudem ein besseres Auskommen versprochen" und „ihrem Selbstgefühl zu schmeicheln" verstanden habe.[16]

Diese Auffassung, der die Mehrheit der kirchlichen Amtsträger und viele Pastoren zuneigten, macht die Reserve allen demokratischen Neuordnungsvorstellungen gegenüber erklärlich. Der Staat müsse – nach dem überlieferten konservativen Leitbild – über den Parteien stehen, dürfe nicht gesellschaftlichen Gruppeninteressen ausgeliefert werden. Bischof Dibelius brachte die noch immer weit verbreitete Auffassung auf einen Nenner. Ein Staat, den „man selbst mit aufgerichtet hat", könne „nie dieselbe Autorität haben" wie einer, den „man als gegeben vorfindet". Da Hitler nun aber den Staat ausgehöhlt und endlich zerstört hatte, konnte ein neuer nur durch die gemeinsame Anstrengung aller Menschen geschaffen werden. Dieser, so Dibelius, werde nicht mehr „die Autorität für den Staatsbürger" darstellen, sondern dieser umgekehrt „die Autorität für seinen Staat" sein.[17] Allerdings hoffte Dibelius, der neu zu errichtende Staat werde dadurch, daß er das Gesamtleben des Volkes ordne und Gerechtigkeit gegen jedermann übe, wieder eine starke, unangefochtene Position erlangen. Der Vollzug der

Gesetze und die Arbeit zum Wohle der Gemeinschaft würden den Staatsorganen dann bald wieder „eine besondere Stellung geben, einen Anflug von Autorität", die sich sonst im gesellschaftlichen Bereich nicht entwickeln lasse. Diese Autorität, die allein der Dienst für den Staat und damit für alle Glieder des Volkes verleihe, müsse aber auch ständig „neu erwachsen, wenn das Leben der Nation nicht Schaden leiden" solle.[18]

Nun hatten die Erfahrungen der Vergangenheit aber gezeigt, welche Allmacht ein moderner Staat erlangen kann, wenn er immer mehr Bereiche des menschlichen Lebens kontrolliert und reglementiert. Er war dann in der Lage, die Bürger bis in den privaten Bereich hinein zu überwachen und zu beherrschen. Deshalb lag den Vertretern der Amtskirche daran, die Macht des Staates zu begrenzen. Dibelius formulierte, was eine Mehrheit der deutschen Protestanten mehr oder weniger bewußt dachte. „Der Staat hat immer mehr Lebensgebiete an sich gezogen", so argumentierte er in den „Prolegomena zu einer Neugestaltung der Staatsidee" 1948, „und mit dem Geist der Macht erfüllt. Und damit ist seine eigene Macht größer und größer geworden, bis schließlich der totale Staat da war, der nun grundsätzlich die gesamte Existenz eines Volkes und jedes einzelnen Bürgers mit den Mitteln seiner Macht beherrscht und als Werkzeug seiner Macht gebraucht. Macht ist wie Meerwasser; je mehr man davon trinkt, um so durstiger wird man. Das hat sich nirgends so deutlich gezeigt wie in der Entwicklung des modernen Staates."[19]

Die Macht und das Bemühen um deren Mehrung wurden also als Triebkraft staatlicher Politik ausgemacht. Sie zu bändigen und zu begrenzen, sah die Kirche als eine ihrer künftigen Aufgaben an. Diesem Ziel wurde höchste Priorität zugesprochen, weil jeder Macht die Dämonie innewohne und das Volk nie wieder einer solchen schutzlos ausgeliefert werden dürfe. Damit wichen nun allerdings die Protestanten – darunter auch maßgebliche Repräsentanten der Bruderräte – einer Analyse der Ursachen für die Entstehung und Entwicklung des Hitlerschen Herrschaftssystems aus. Die Frage nach der Verantwortung einzelner Menschen, sozialer Gruppen, politischer Parteien und auch der Kirche für das Geschehen wurde durch die ständige Beschwörung der dämonischen Kräfte übertönt, die das Individuum und das Volk überwältigt hätten. Gegen Menschen war Widerstand möglich, gegen Dämonen nicht.

Um nun im neuen Staat jede „Dämonie der Macht" zu bannen, sollten seine Machtbefugnisse beschnitten und alle die „Lebensgebiete" bestimmt werden, die künftig „dem Arm des Staates wieder entwunden" und frei von ihm gestaltet werden mußten. Ein solcher Prozeß, der ja einer tiefgreifenden „Neubildung der großen Lebensformen" gleichkam, ließ sich aber nur mit Hilfe von starken „Kräften des christlichen Glaubens" einleiten und durchführen. Damit war die Kirche gefordert; ihr sollte eine besondere Aufgabe zufallen.[20] Nicht demokratische und parlamentarische Institutionen sollten den Staat und seine Organe kontrollieren, sondern eine starke und geschlossene Kirche hatte diese Funktion zu erfüllen. In völliger Unabhängigkeit vom Staat war ihr die Aufgabe zugedacht, seine Macht nicht nur zu begrenzen, sondern auch seine Arbeit „wegweisend" zu begleiten. Die kirchlichen Leitungsgremien registrierten es deshalb mit Wohlwollen, wenn Politiker wie der sozialdemokratische Hamburger Bürgermeister Max Brauer „die Kirche als das Gewissen des Staates" bezeichneten. Sie sahen darin nicht zuletzt auch eine Bestätigung, ja sogar einen Erfolg aller Anstrengungen zur Rechristianisierung des Volkes, die mit aller Kraft weitergeführt werden sollte. Diese Rechristianisierung betrachteten viele Protestanten als das dringendste Gebot der Zeit, weil sich ihrer Meinung nach „in einer säkularisierten Welt sittliche Ordnungen nicht aufbauen" ließen.[21] Nicht zuletzt deshalb verhielten sich die evangelischen Christen der Demokratie gegenüber so reserviert und ablehnend, weil sie auch nichtgläubigen Minderheiten und Fürsprechern der Säkularisation Schutz und Entfaltungsmöglichkeiten zusicherte. Daß darin nun auch wieder eine Überhebung über Andersdenkende und Andersgläubige lag, ist in kirchlichen Kreisen wohl kaum bewußt geworden.[22]

Weil die Kirche in der Weimarer Republik von glaubenslosen Kräften in Frage gestellt, von der organisierten Freidenkerbewegung oft sogar hart attackiert worden war, die Nationalsozialisten ihrem Haß freien Lauf gelassen hatten, wurde nun den Indifferenten und Glaubenslosen die Verantwortung für alles politische Ungemach und letztlich auch für den Staat Hitlers angelastet. Die Frage nach den Versäumnissen und Fehlern der Christen kam nur selten auf. Die Erlebnisse des Kirchenkampfes, in dem sich die Christen gegen den Ungeist aufgelehnt hatten, beherrschten das Denken. Damit standen die Christen allerdings nicht allein, in den Parteien und sozialen Gruppen dominierte diese perspektivische Verzerrung ebenfalls.

Ein Konzept, wie nun eine Rechristianisierung des Volkes eingeleitet und durchgeführt werden sollte, gab es aber nicht. An erster Stelle stand der Wunsch, Einfluß auf die Erziehung der Jugend zu nehmen. Für den Gedanken, Einfluß in den Parteien und über die Parteien auszuüben, konnten sich zunächst nur wenige Protestanten erwärmen. Ihre Mehrheit wollte von Parteien überhaupt nichts wissen, weil sie noch immer unter dem Eindruck des „Parteienstreits" der Weimarer Republik stand. So fand ein engagiertes Mitglied der „Arbeitsgemeinschaft christlich-demokratischer Gruppen" in Hamburg viel Zustimmung, als es in einer Sitzung Ende August 1945 erklärte: „Noch heute werde weiten Kreisen unseres Volkes elend, wenn sie das Wort Partei hörten."[23] Nicht wenige sträubten sich auch gegen eine Neubildung von Parteien, weil sie ihrer Auffassung nach erneut der „Vermassung" Vorschub leiste. Sie plädierten – so besonders Gerhard Ritter – für die „Bildung von politisch verantwortlichen Notabeln-Gruppen".[24] Da sich aber schon bald die Erkenntnis durchsetzte, daß dies nicht praktikabel war und die Bevölkerung nicht wieder entmündigt werden konnte, zumal die einfachen Bürger oft instinktsicherer und verantwortungsbewußter gehandelt hatten als Angehörige der Bildungsschicht, mußten Parteien als notwendig akzeptiert werden. Dazu trug auch die Erfahrung bei, daß angesichts der allgemeinen Lage selbst die Gemeinden jede Predigt „politisch" hörten. So entschlossen sich die kirchlichen Leitungsgremien zögernd, Empfehlungen zur Mitarbeit und Unterstützung der Parteien zu geben, mehrheitlich zugunsten der CDU.

Die Entscheidung zugunsten der CDU wurde vielen Protestanten dadurch erleichtert, daß mit einer Union etwas Neues entstand, in der Namensgebung der Wille zum Zusammenschluß zum Ausdruck kam und dies Zukunft zu haben schien. Damit verband sich auch die Hoffnung auf eine Eindämmung der Ideologien, die ohnehin als überlebt betrachtet wurden. Den Ausschlag für eine mehrheitliche Entscheidung zugunsten einer neuen christlichen Partei gab schließlich die Sorge, die nach 1945 eingeleiteten Gespräche und Verhandlungen zwischen Sozialdemokraten und Kommunisten könnten endlich doch noch zu einer Vereinigung der beiden Parteien und damit zu einer erdrückenden Übermacht der organisierten Arbeiterschaft in einem neuen Staat führen.

Hier war ein neuralgischer Punkt berührt. Die Vorbehalte gegen die Sozialdemokraten und die Gewerkschaften waren auch nach der zwölfjährigen nationalsozialistischen Herrschaft noch nicht überwunden. Noch immer herrschte Mißtrauen, weil es starke Kräfte in der sozialistischen Arbeiterschaft gegeben hatte, die der Kirche mit harter Kritik begegnet waren, ja sie sogar abgelehnt und bekämpft hatten. Es gab nicht wenig protestantische Theologen und Laien, die noch immer im Widerspruch zu den Realitäten glaubten, die „Linksparteien und vor allem auch die SPD" hätten durch ihr Festhalten am Klassenkampfgedanken zur Auflösung menschlicher Bindungen, zur Unterhöhlung der Gemeinschaft beigetragen und damit dem glaubensfeindlichen Nationalsozialismus den Aufstieg erleichtert.[25] Es gab aber doch schon zahlreiche Christen, die die Erfahrungen anders deuteten. Sie konstatierten, gegenüber dem NS-Regime hätten Gläubige wie Ungläubige „versagt". In der Begründung zu dieser Stellungnahme heißt es dann: „In Christus hat nur der Glaube Geltung, der seine Wirksamkeit durch die Liebe erweist. Im Glauben ohne Liebe liegt die Schuld der Christen und ihr Beitrag zu dem allgemeinen Niedergang. Darum steht der Glaube des Christen genau so vor der Entscheidung wie der Unglaube des anderen."[26]

Eindeutig grenzten sich die kirchlichen Amtsstellen von den Kommunisten ab. Von ihnen ging nach weithin übereinstimmender Überzeugung die Gefahr einer Entchristlichung der Kultur aus.[27] Das schien auch das Verhalten der im Gefolge der Roten Armee in die sowjetisch besetzte Zone zurückgekehrten Kommunisten ebenso zu bestätigen wie viele Einzelerscheinungen in Ost und West. Auch wenn die Erfahrungen, die Dibelius und zahlreiche

Synodale und Pastoren im Umgang mit der sowjetischen Besatzungsmacht und deren deutschen Parteigängern gemacht hatten, in ihrem Gewicht richtig eingeschätzt werden, ist doch nicht zu übersehen, daß der antibolschewistische Kurs der Kirche – der die Ängste unter den Gläubigen noch verstärkte – die Christen im anderen Teil Deutschlands in Bedrängnis brachte. Er beförderte zudem eine neue Polarisierung der Gesellschaft und führte zu einer Annäherung an Kräfte, die im Lager der Nationalsozialisten aktiv gewesen waren.[28]

Das Verharren in bürgerlich-nationalen Traditionen zeigte sich auch im starken Engagement zugunsten der Kriegsgefangenen, Vertriebenen und der von der Entnazifizierung betroffenen Menschen. Dabei spielte die Sorge, diese Millionen der Kirche zu erhalten oder zurückzugewinnen, eine ausschlaggebende Rolle. Noch vor Kriegsende hatten Geistliche besorgt auf die Gefahr hingewiesen, daß den Flüchtlingen mit dem Verlust der Bindung an die Heimat auch „der letzte Halt" im Väterglauben verloren zu gehen drohe.[29] So nahmen sich die Gemeinden mit großer Hilfsbereitschaft der Entwurzelten und Gedemütigten an, versorgten sie mit Kleidung und Hausrat, leisteten Beistand bei der Arbeitssuche und bei Nachforschungen über das Schicksal von Angehörigen und Verwandten. Es war eine selbstverständliche Pflicht der kirchlichen Hilfswerke, den Gefangenen, Internierten und aus der Bahn Geworfenen sowie deren Familien beizustehen.

Hilfe und Zuwendung durfte nach christlichem Verständnis gewiß auch den Nationalsozialisten nicht versagt werden, die aus ihren Ämtern und Stellungen entlassen waren und nicht selten in Sorge um die Zukunft ihrer Familien lebten. Das Verfahren, das die Besatzungsmächte anwandten, um Deutschland vom Geist des Nationalsozialismus und Militarismus zu befreien, war sicherlich nicht zweckmäßig und verursachte viele Härten. Sehr oft wurden weniger verantwortliche Mitläufer härter betroffen als maßgebliche Funktionäre. Gleichwohl konnten es Bevölkerungskreise, die unter dem Nationalsozialismus gelitten hatten, nicht verstehen, warum die Kirchenleitungen und viele Pastoren sich so engagiert für Anhänger Hitlers einsetzten, zumal sie selbst auf solches fürsorgliches Interesse nicht immer rechnen konnten. Nicht zu Unrecht wurde hier ein Bestand an nationaler Gemeinsamkeit vermutet, der Christen und Nationalsozialisten trotz kirchenpolitischer Gegensätze verband. Zur Stärkung dieses Zusammengehörigkeitsgefühls hatte besonders der Krieg beigetragen, der das Wiedererwachen nationaler Solidarität in der Bekennenden Kirche nachhaltig gefördert hatte.[30] In der Schlußphase des Krieges hatte angesichts des drohenden Untergangs ein Gefühl schicksalhafter Verbundenheit Christen und Nationalsozialisten geeint.[31]

Bei allem Verständnis für die Irrtümer und Illusionen vieler Nationalsozialisten war doch an einer Tatsache nicht zu zweifeln: Sie hatten ein Regime gestützt, dessen Unrechtscharakter im Laufe der Jahre auch ihnen bewußt geworden war. Das zeigt die im Mai 1945 weitverbreitete Furcht vor der „Rache" der Sieger. Deshalb erregte es Befremden, als Landesbischof Wurm 1947 in einem öffentlichen Brief das Entnazifizierungsverfahren einen „unblutigen Bürgerkrieg" nannte. Anschließend rechnete er die deutsche Schuld gegen die des Auslandes auf. Die ausländischen Regierungen hätten, so schrieb er, „durch ihre große Nachgiebigkeit gegen Hitler" dessen innenpolitische Autorität gestärkt und damit „wesentlich mitverschuldet, daß viele Deutsche mit einer langen Dauer des ihnen unsympathischen Systems rechnen mußten und um der Erhaltung ihrer wirtschaftlichen Existenz willen den Anschluß an die Partei suchten".[32]

Eine solche Stellungnahme enttäuschte und empörte sogar viele Kirchenanhänger. So waren der Zulauf zur Partei Hitlers, die Begeisterung der Millionen, der Eifer bei der Ausführung vieler schlimmer Befehle und Aufträge, das Mittun oder zumindest die Passivität angesichts offenkundiger Unrechtshandlungen und der Terrorisierung Andersdenkender und Andersgläubiger nicht zu erklären. Zudem waren die ausländischen Regierungen Hitler entgegengekommen, weil die Deutschen ihn an die Macht gebracht hatten und ihm dann begeistert gefolgt waren. Wurm erleichterte damit den Nationalsozialisten und der großen Schar ihrer Mitläufer die Rechtfertigung, entband sie von der Notwendigkeit zur Einkehr und Buße.

Im Gegensatz zu diesem Eintreten für die Anhänger und Gefolgsleute des Regimes stand die weitgehende Teilnahmslosigkeit, die die Kirche den Gegnern und Opfern des Dritten Reichs gegenüber bewies. Das betraf nicht nur die Überlebenden der Konzentrationslager, die Verurteilten und körperlich Geschädigten, sondern auch diejenigen, die sich der Verfolgung durch die Emigration ins Ausland entzogen hatten und die nicht selten im Krieg von einem Zufluchtsland ins andere gehetzt worden waren. Sie erfuhren wenig Entgegenkommen, in der Regel begegneten sie vorsichtiger Distanz, nicht selten sogar Mißtrauen.[33] Offenbar ist die zentrale Aufgabe, durch Wiedergutmachung und Wiedereingliederung der Verfolgten für die Wiederherstellung des Rechts in Deutschland zu sorgen, nicht erkannt worden.[34] Gerade das war aber um so bemerkenswerter, als sich die Bekennende Kirche entschieden gegen die Zerstörung des Rechts gewandt hatte. Die größten Schwierigkeiten bereitete es Kirchenleitungen, Pastoren und Gemeinden, das Verhältnis zu den Juden zu überdenken und neu zu bestimmen. Die hier vorhandene geistige Not ist nicht auf Reformunwilligkeit zurückzuführen, sondern auf die Unfähigkeit, eine in Jahrhunderten entstandene Legierung aus theologischen Lehrmeinungen, gesellschaftlichen Vorurteilen und politischen Doktrinen als verhängnisvoll zu erkennen und aufzulösen. Nichts zeigt deutlicher, wie tief das deutsche Volk in das Geschehen des Dritten Reichs verstrickt war. Hitler hatte mit seinem Entschluß, die Juden aus der deutschen Gesellschaft auszuschließen, vielen geheimen, aus ganz unterschiedlichen Motiven gespeisten Wünschen und Hoffnungen des Volkes

Rechnung getragen, wenn auch die Mehrheit nicht an Gewalttat und Mord dachte.

Teilnahmslosigkeit und Gleichgültigkeit dem Schicksal der Juden gegenüber, die Überzeugung von ihrer Verwerfung und Schuld bis hin zum politisch und sogar rassisch motivierten Antisemitismus waren unter evangelischen Christen bis weit in die Reihen der Bekenntnisfront hinein weit verbreitet.[35] Diese Positionen sind unter dem Eindruck des Geschehens von einzelnen modifiziert oder aufgegeben worden, zu einer öffentlichen Stellungnahme gegen die Aktionen des Regimes seitens einer Gruppe oder Amtsstelle ist es aber nicht gekommen. Die Maßnahmen der rechtlichen und sozialen Ausschließung der Juden aus der deutschen Lebensgemeinschaft wurden akzeptiert.[36] Noch die „Vorschläge für eine Lösung der Judenfrage in Deutschland", die sich in der Anlage zu der am Kriegsende entstandenen bedeutenden Denkschrift des Freiburger Bonhoeffer-Kreises befinden, verraten eine große Voreingenommenheit und Verhaftung in überlieferten Traditionen.[37]

Das Ringen Bonhoeffers um neue theologische Positionen, seine und seiner Freunde Mahnungen sind während des Kirchenkampfes kaum rezipiert worden und damit auch nicht fruchtbar geworden.[38] So blieb es bei der Vorstellung, das Aufkommen des Ungeistes in keiner Weise mitverschuldet zu haben. Diese Überzeugung findet ihren Niederschlag in einem Satz der Denkschrift, die die vorläufige Leitung der Bekennenden Kirche im Mai 1936 an Hitler sandte. Dort hieß es: „Wenn dem Christen im Rahmen der nationalsozialistischen Weltanschauung ein Antisemitismus aufgedrängt wird, der zum Judenhaß verpflichtet, so steht für ihn dagegen das christliche Gebot der Nächstenliebe."[39]

Es ist hier weder der Platz für den Nachweis, daß der Antisemitismus den Christen nicht aufgedrängt wurde, noch für einen solchen, wie bescheiden das Gebot der Nächstenliebe Juden gegenüber praktiziert wurde. Die in dem Satz der Denkschrift von 1936 vertretene Überzeugung kehrt auch in der Aussage der Stuttgarter Erklärung vom Oktober 1945 wieder, daß die kirchentreuen Protestanten „lange Jahre hindurch im Namen Jesu Christi" entschlossen gegen jenen „Geist" gekämpft hätten, „der im nationalsozialistischen Gewaltregime seinen furchtbaren Ausdruck gefunden" habe.[40]

Es wurde deshalb kein Anlaß gesehen, zum Verhalten der Kirche den Juden gegenüber Stellung zu nehmen. Wie dringend aber hier ein grundsätzliches und wegweisendes Wort sofort nach Kriegsende gewesen wäre, läßt sich an zahlreichen Beispielen aus der praktischen Gemeindearbeit nachweisen. So notierte ein noch ganz in seiner Überlieferung befangener Pfarrer, der aufrechtes Mitglied der Bekennenden Kirche gewesen war, am 22. Mai 1945 nach der Lektüre eines „Bußgedichtes" von Franz Werfel im „Nachrichtenblatt der Militärregierung" in sein Tagebuch: „Gegenüber der jüdischen Journaille, bis hin zu Werfel, möchte man ein stillschweigendes Einverständnis des deutschen Volkes wecken, sie vollkommen abzulehnen, wie überhaupt die Juden."[41]

Diese Auffassung war weit verbreitet. Sie zeugte von einem belasteten Gewissen, zumal sie zumeist mit der Befürchtung einherging, die geflüchteten und geretteten Juden könnten zurückkehren, um Rechenschaft zu fordern oder Rache zu nehmen.[42] Da seit Jahrzehnten – von Ausnahmen abgesehen – kein wirkliches Gespräch zwischen Christen und Juden stattgefunden hatte, die Protestanten auch immer nur postulierten, wie sich Juden in Deutschland zu verhalten hätten, herrschte tiefe Unsicherheit. Es fiel schwer, den Juden zu begegnen, nach dem furchtbaren Geschehen angemessene Antworten zu finden. So gab es für die Mehrheit weiterhin eine „Judenfrage". Sie rangierte nach Auffassung des Hamburger „Lutherischen Gemeindeblattes" in der Rangfolge hinter der Aufgabe „einer völligen Neuorganisation der menschlichen Gesellschaft" sowie der Beherrschung der „Atomenergie" an dritter Stelle.[43] Diese hohe Eingruppierung zeigt, wie stark die Verantwortung für die Überlebenden der Vernichtungslager empfunden wurde, jene in Notunterkünften untergebrachten jüdischen „Displaced Persons" aus allen Staaten Europas, deren Zahl durch Flüchtlinge aus Osteuropa noch vermehrt wurde, weil sie dort erneut verfolgt wurden.

Aus einer traditionellen theologischen Position oder aus neuer Unsicherheit heraus, beunruhigt auch durch das Fortleben antisemitischer Ressentiments, schien es für die Kirche nur eine Lösung des Problems zu geben: die Mission. 1948 legte Otto von Harling im „Amtsblatt der Evangelischen Kirche in Deutschland" ein den Zeitverhältnissen angepaßtes Konzept der „Judenmission" vor.[44] Der Hamburger Pastor Weber verstärkte die Forderung und lieferte zugleich auch die Begründung für die Notwendigkeit dieses kirchlichen Auftrages. Er war der Auffassung, daß es „Gott, unserem Antisemitismus zum Spott und unserer Schuld zum Trotz, in seiner Güte gefallen hat, unser Vaterland unversehens zum Judenmissionsgebiet zu machen, wie es Deutschland wohl kaum je gewesen ist: Es gibt in unserem Vaterlande jetzt nicht nur die in unseren Städten zerstreut wohnenden erschütternd spärlichen Überreste der deutschen Judenschaft, sondern daneben eine große Zahl von geschlossen in Lagern lebenden Juden, die als Verschleppte, Flüchtlinge, Auswanderer unfreiwillig in Deutschland hängengeblieben sind..."[45] Auf sie alle sollten sich die Bemühungen der christlichen Missionare konzentrieren.

Ob sich diese Juden, die den Holocaust überlebt hatten und denen auch durch Christen schweres Leid zugefügt worden war, überhaupt missionieren lassen wollten, ist – so weit sich erkennen läßt – nicht erörtert worden. Sie spürten dazu angesichts der mangelnden Bußbereitschaft der meisten Pastoren und Gemeinden wenig Neigung, und zudem war ihnen auch das Festhalten an der christlichen Substitutionstheorie und an Restbeständen völkischen Denkens bei Amtsträgern der Kirche nicht verborgen geblieben. So hatte der oldenburgische Landesbischof Wilhelm Stählin in einer Erklärung zur „Judenfrage" im Februar 1948 unumwunden erklärt, daß „die Unterschiede der Herkunft und der völkischen Art in ihrer letzten trennenden Bedeutung" durch die Taufe zwar für die Gottesdienstgemeinschaft, nicht aber „für das öffentliche und kulturelle Leben" beseitigt würden.[46] Er gab den Juden mithin zu verstehen, daß sie auch nach der Taufe keine vollberechtigten Bürger würden.

Eine Entspannung im Verhältnis der evangelischen Christen zu den Juden begann, als der Staat Israel gegründet worden war und sich in einem langen, schweren Krieg gegen seine arabischen Nachbarn behauptet hatte. Die meisten der in Deutschland lebenden Juden verließen das Land, die Verpflichtung, sich mit ihnen und ihrer Existenz, die ja nach Auschwitz eine ständige Herausforderung darstellte, auseinanderzusetzen, wurde nicht mehr als belastend empfunden. Die Voraussetzungen für eine sachliche, emotionsfreie Erörterung einer schwer belasteten Vergangenheit waren geschaffen. Den ersten Vorstoß in dieser Richtung unternahm die EKD-Synode von Weißensee, die am 27. April 1950 eine Erklärung verabschiedete. In ihr hieß es: „Wir sprechen es aus, daß wir durch Unterlassen und Schweigen vor dem Gott der Barmherzigkeit mitschuldig geworden sind an dem Frevel, der durch Menschen unseres Volkes an den Juden begangen worden ist."[47]

Diese Erklärung war nur halbherzig, denn sie ließ den aktiven Anteil der Christen am Frevel gegen die Juden außer acht. Zudem zeitigte sie in den Gemeinden auch noch keine nennenswerten Wirkungen. Dennoch leitete sie den Prozeß der Besinnung und des Wandels ein. An zahlreichen Stellen im Lande begannen Diskussionen, in denen Christen Bereitschaft zeigten, auf ihre jüdischen Gesprächspartner einzugehen. Nun erst fingen sie an zu prüfen, was Juden Christen zu sagen und zu geben hatten, unterließen sie es, Verhaltensvorschriften zu machen. Die Last der Tradition konnte behutsam abgetragen werden.

Kurz nach Kriegsende fanden sich die evangelischen Kirchen in Treysa unter einem Notdach wieder zu gemeinsamer Arbeit zusammen. Sie wollten verantwortungsbewußt an der Trümmerbeseitigung mitwirken und einen Weg in eine bessere Zukunft bahnen helfen. Dabei war die entscheidende Frage, ob auf den erhalten gebliebenen Fundamenten aufgebaut werden sollte oder – um der Zukunft willen – vorher auch diese noch zu beseitigen seien. Eine bessere Staats- und Gesellschaftsordnung für Deutschland schien nach einer weit verbreiteten Auffassung nur möglich, wenn von Grund auf erneuert wurde. Bischof Wurm wandte sich in Treysa für die Kirche gegen eine Restauration der früheren Zustände, lehnte aber ebenso entschieden den Bruch mit jeder Tradition ab.[48] Er ließ sich dabei von der Überlegung leiten, daß nach der Zerstörung geistiger und materieller Werte den Menschen nicht auch noch das genommen werden dürfe, was sie bewahrt und gerettet hatten. Das Festhalten an überlieferten Leitbildern und traditionellen Glaubensinhalten hat ohne Zweifel die Entwicklung behindert und die Kräfte der Reform gehemmt. Aber diese waren doch stark genug, um die Traditionalisten ständig herauszufordern.

Da die Kirche nach 1945 auch ihren Öffentlichkeitsauftrag ernst nahm, mußte sie sich ständig mit der Frage der staatlichen und gesellschaftlichen Entwicklung auseinandersetzen. Und in diesem permanenten Ringen mit Fragen der deutschen Einheit, der Existenz der Christen in zwei Staaten mit unterschiedlichen Gesellschaftssystemen, der Gestaltung eines menschenwürdigen Daseins im eigenen Land vollzog sich schrittweise die Loslösung von fragwürdigen Traditionen. Endlich hat auch die Mitarbeit in der Ökumene zu mehr Weltoffenheit geführt. Die evangelischen Christen erkannten mehr und mehr, daß die Zukunft nicht in der Abgrenzung, sondern in der Öffnung zur Welt lag.

Anmerkungen

1 Die Vorträge wurden bald darauf in Deutschland veröffentlicht: *Werner Koch*, Die Bekennende Kirche, gestern und heute, Stuttgart 1946.
2 Ebd. 8.
3 Vgl. die Protokolle zahlreicher Synoden. Bezeichnend auch die Formel von der „Stunde der Kirche", die bald in aller Munde war. Am 13. Juni 1948 notierte ein Oberkonsistorialrat: „Ich höre noch Generalsuperintendent Stoltenhoff sagen, welch kirchenpolitisches Ereignis über Jahrhunderte hin Treysa sei" (Privatbesitz). Da der Verfasser skeptisch war, registrierte er diese Einschätzung besonders genau; *Gerhard Ritter* schrieb in einem Neujahrsgruß 1947: „Wie unendlich groß waren die Hoffnungen, mit denen die evangelische Christenheit auf die Gründung der neuen Evangelischen Kirche Deutschlands in Treysa geblickt hat, wie trostreich das Ereignis, daß hier, über unendliche Hemmungen hinweg, wirklich der Anfang mit einem Neubau gewagt wurde, während sonst alles in Scherben und Trümmer ging!": Amtsblatt der EKD 1. Jg., Nr. 2, Neujahr 1947. – *Bischof Tügel*, 69. Kriegsbrief, 28. 5. 1945. Staatsarchiv Hamburg, Staatsverwaltung E IV A 2.
4 *Koch*, a. a. O. 68.
5 Ebd. 70.
6 Der Breslauer Oberkonsistorialrat Schwarz klagte ständig über den Instanzenwirrwarr. Die staatliche Verwaltung sei nur noch eine „Ruine", in der es zwar noch Beamte gäbe, sie seien aber nicht mehr informiert und besäßen zudem oft keinerlei Kompetenzen mehr. Notizen vom Sept. 1941, April 1944, Jan. 1945 (Privatbesitz).
7 Zentralarchiv der Ev. Kirche in Hessen und Nassau Best. 36/2.
8 Ebenda, Brief Wurms an Niemöller vom 14. Juli 1946.
9 Ich greife aus der Fülle der Beispiele nur wenige heraus. Der hessische Pfarrer Lenz berichtet, daß die Parteileitung seines Ortes „aktiv auf der Seite der Bekennenden Kirche" gestanden habe. „Der Ortsgruppenleiter [der NSDAP], ein alter Parteigenosse, legte... sein Amt nieder, und das – wie er ausdrücklich betonte – aus Glaubensgründen." *Hans-Friedrich Lenz*, „Sagen Sie, Herr Pfarrer, wie kommen Sie zur SS?", Gießen – Basel 1982, 29 f.; ein Mitglied des schlesischen Konsistoriums notierte am 29. September 1941 über die Sitzung der Gemeindeältesten einer Kleinstadt: „Heftige Erregung der einfachen Gemeindeältesten gegen die Einflüsse der HJ und des BdM. Ein Parteigenosse rief die Eltern auf, mutig den Kirchgang für ihre Kinder... zu fordern." Und am 6./7. Juni 1942 heißt es über die Lage in

einer anderen Stadt: „Im Gemeindekirchenrat sitzt der Bürgermeister; der Kantor, der den Kirchenrat leitet, ist Parteigenosse und Amtsträger...": Wojewodschaftsarchiv Wroclaw, Slaski Konsyst. Ewang. Wroclaw I/2448.

10 Der Generalsuperintendent der Kurmark. Rundbrief 6, 1930, 30. Okt. 1930, Archiv Forschungsstelle Hamburg 11-D27.
11 *Martin Buber*, Briefwechsel aus sieben Jahrzehnten, III: 1938–1965, hg. von *Grete Schaeder*, Heidelberg 1975, 96.
12 *Karl Barth* an Rabbiner Robert Raphael Geis am 15. Februar 1946: „Im übrigen hört und liest man aus Deutschland leider vieles, was Grund zur Sorge gibt. Die Alliierten haben dort bis jetzt keine sehr weise Politik getrieben und das Resultat ist, daß die Reaktion vielfach aufs Neue Feld gewonnen hat." Leiden an der Unerlöstheit der Welt. *Robert Raphael Geis 1906–1972. Briefe, Reden, Aufsätze*, München 1984, 107.
13 Brief vom 12. Dezember 1946 an Fritz Neumark: *Ernst Reuter*, Schriften – Reden, III: Artikel – Briefe – Reden 1946–1949, bearbeitet von *Hans J. Reichhardt*, Berlin 1974, 80.
14 Notiz OKR Schwarz vom März 1943. Wojewodschaftsarchiv Wroclaw, Slaski Konsyst. Ewang. Wroclaw I/2448.
15 Protokoll der Bruderratssitzung am 22. August 1945. Zentralarchiv der Ev. Kirche in Hessen und Nassau Best. 36/1.
16 *Gerhard Ritter*, Europa und die deutsche Frage. Betrachtungen über die geschichtliche Eigenart des deutschen Staatsdenkens, München 1948, 188.
17 *Otto Dibelius*, Prolegomena zu einer Neugestaltung der Staatsidee. Festgabe zum 80. Geburtstag von Landesbischof D. Th. Wurm, Beilage zum Amtsblatt der EKD Jg. 1948, Heft 11.
18 Ebd.
19 Ebd.
20 Ebd.
21 Auf die Äußerung von Bürgermeister Brauer wird hingewiesen in dem Artikel „Christlicher Anarchismus?": Lutherisches Gemeindeblatt, 3. Jg., Nr. 5, Hamburg 6. 3. 1949. – *Otto Dibelius*, Kirchliches Jahrbuch 1945–1947, 214 ff.
22 Erwin Gross weist 1947 in einem Artikel auf diesen Zusammenhang bei der Erörterung der Stuttgarter Erklärung hin. „Man schilt heute in der Kirche auf das vergangene Jahrhundert, man sieht darin nur Irrtum, der die Kirche überfremdet habe. Man malt in weiß und schwarz. Das taten, wenn man sich recht besinnt, auch die Kulturpolitiker des Dritten Reiches auf ihre Weise. Wie damals politisch, so scheint man auch heute in einer möglichst weitgreifenden Verurteilung dieses Geistes den Nachweis der eigenen theologisch-kirchlichen Zuverlässigkeit erbringen zu wollen. Aber niemand kommt auf den Gedanken, daß die Kirche und ihre Theologie mit ihrem Griff nach der Grenze und ihrem Schritt über die Grenze, die Gott gezogen hat, gerade dasselbe tut, was jene taten! Keiner erwägt den Gedanken, daß die Kirche damit in ihrer Sphäre dasselbe ist und übt, was der Nationalsozialismus tat und jede Macht tun wird, die sich überhebt." *Erwin Gross*, Die Schuld der Kirche. Fragen an die Bekenner und Bekämpfer des „Stuttgarter Schuldbekenntnisses": Die Wandlung, Jg. 2, 1947, 141.
23 Protokoll der Arbeitsgemeinschaft christlich-demokratischer Gruppen in Hamburg v. 30. August 1945 (Privatbesitz). In dieser Arbeitsgemeinschaft sammelten sich die Männer und Frauen, die am 1. Oktober 1945 die CDU in Hamburg gründeten.
24 Gerhard Ritter in der Sitzung des Bruderrates am 22. August 1945. Vgl. Anm. 15.
25 So Hans Asmussen in einem Brief an den Ratsvorsitzenden, Bischof Wurm, vom 2. November 1946. Zentralarchiv der Ev. Kirche in Hessen u. Nassau 62/539.
26 Wo fällt die Entscheidung?: Lutherisches Gemeindeblatt, 3. Jg., Nr. 5, Hamburg, 6. März 1949.
27 Der Generalsuperintendent der Kurmark. Rundbrief 2, 1930, 24. März 1930, Archiv Forschungsstelle 11-D 27.

28 *Hermann Diem*, Der Antibolschewismus als Frage an die Kirche: Sine vi – sed verbo. Aufsätze – Vorträge – Voten, München 1965, 147 ff.
29 Superintendent Dr. Moderegger am 16. März 1945. Evangelisches Zentralarchiv Berlin. Generalia EOK IX, Abt. 68, Bd. I, Beiheft 3.
30 Ernst Wolf, Die evangelischen Kirchen und der Staat im Dritten Reich, Zürich 1963, 35.
31 Notiz des OKR Schwarz am 30. Januar 1943: „Zehn Jahre! Eine kurze Zeit. Es ist zuviel verlangt, die Reden im Rundfunk zu hören. Eine andere Welt! Wenngleich schon klar ist, daß wir zusammenstehen müssen zum Äußersten gegen die Flut des Ostens, vor der wir alle anderen Dämme zerbrochen haben" (Privatbesitz).
32 „Ein unblutiger Bürgerkrieg". Landesbischof *Wurm* zur Entnazifizierung: Lutherisches Gemeindeblatt, 1. Jg., Nr. 10, Hamburg, 29. 6. 1947.
33 Ich weise hier nur auf einige Beispiele hin. Hans Asmussen in seinem Referat vor der vorläufigen Gesamtsynode am 14. August 1945 in Rendsburg. Er sprach von den Pfarrern der BK, die nach den Jahren der Verfolgung und Haft wieder zu ihrer Arbeit zurückgekehrt seien. Dann fuhr er fort: „Wir legen Wert darauf, daß wir nicht verwechselt werden mit Emigranten, die Rache heischend remigrieren." Veröffentlicht bei *Kurt Jürgensen*, Die Stunde der Kirche. Die Evangelisch-lutherische Landeskirche Schleswig-Holsteins in den ersten Jahren nach dem Zweiten Weltkrieg, Neumünster 1976, 269; ferner *Wilhelm Stählin*, Via Vitae. Lebenserinnerungen, Kassel 1968, 502; Tagebuch von Pastor W. vom 22. Mai 1945 (Privatbesitz); über Stählins Haltung gegenüber Karl Barth in Treysa vgl. auch *Annemarie Smith-von Osten*, Von Treysa 1945 bis Eisenach 1948, Göttingen 1981, 107.
34 Erik Blumenfeld (CDU) am 23. April 1949 in der Hamburger Bürgerschaft, Hamburg 1947, 20. Grundsätzlich zu dieser Thematik neuerdings: *Ursula Büttner*, Not nach der Befreiung: Das Unrechtsregime. Internationale Forschung über den Nationalsozialismus, II: Verfolgung – Exil – Belasteter Neubeginn, hg. von *Ursula Büttner*, Hamburg 1986, 372 ff.
35 *Eberhard Bethge*, Barmen und die Juden – eine nicht geschriebene These?: Das eine Wort für alle. Barmen 1934–1984. Eine Dokumentation, hg. von *Hans-Ulrich Stephan*, München 1986, 114 ff. – *Heinrich Grüber*, Erinnerungen aus sieben Jahrzehnten, Köln – Berlin 1968, 103 ff.
36 Materialreich ist hier die Hamburger theologische Dissertation von *Wolfgang Gerlach*, Zwischen Kreuz und Davidstern. Bekennende Kirche in ihrer Stellung zum Judentum im Dritten Reich, Hamburg 1970.
37 In der Stunde Null. Die Denkschrift des Freiburger „Bonhoeffer Kreises", Tübingen 1979, Anlage 5: Vorschläge für eine Lösung der Judenfrage in Deutschland, 146 ff. *Helmut Thielicke* weist in seiner Einleitung aus dem Jahre 1979 auf den Grad der „Einseitigkeit" und „Zeitgebundenheit" dieser Vorschläge hin, die auch ihn als damaligem Mitglied des Kreises betroffen machte.
38 Neben Bonhoeffer, der von Anfang an klar Position bezog, der aber mit seiner Auffassung weithin allein blieb, gab es einzelne mutige Pfarrer, die Stellung bezogen oder sich zu Wort meldeten. Ich greife hier nur ein Beispiel heraus. In der Osterausgabe 1933 der „Frankfurter Zeitung" schrieb Pfarrer *Rudolf Wintermann* einen Artikel „Die Judenfrage und das Christentum". Dort hieß es u.a.: „Gottes Wille ist, daß allen Menschen geholfen werde, daß alle zur Erkenntnis der Wahrheit kommen, daß alle die ihnen zugewiesene Aufgabe erfüllen können." Und später: „Die Judenfrage wird zur Christenfrage, d. h. zu der Frage nach der Echtheit und dem Ernst unseres Christentums".
Der langjährige Präsident des Ev. Kirchentages, *Frh. von Pechmann*, hat seit 1933 mit Bischöfen, Professoren und Amtsträgern gerungen, um die Kirche zu einer klaren Stellungnahme zur Judenverfolgung zu bewegen. Am 15. August 1934 bemerkt er, im Gegensatz zu früher sei er nun für sich „allein ein konzentrierter Verein zur Abwehr des Antisemitismus geworden". Nach dem Novemberpogrom 1938 drängte er Bischof Meiser, gegen die „Judenverfolgung" zu protestieren, „die für das deutsche Volk eine kaum wieder gutzumachende Niederlage ohnegleichen bedeutet..." Zudem versuchte Pechmann auch immer

wieder, den Widerstand der Kirche gegen die unbarmherzige „Judenchristen-Verfolgung" zu wecken. Er fand aber kaum Zustimmung und Unterstützung. Bayer. Staatsbibliothek München, Pechmanniana I, 1.
39 *Wilhelm Niemöller*, Die Bekennende Kirche sagt Hitler die Wahrheit. Die Geschichte der Denkschrift der vorläufigen Leitung vom Mai 1936, Bielefeld 1954, 14.
40 *Martin Greschat* (Hg.), Die Schuld der Kirche. Dokumente und Reflexionen zur Stuttgarter Schulderklärung vom 18./19. Oktober 1945, München 1982, 102.
41 Tagebuch eines Gemeindepastors. Notizen vom 16. Mai und 22. Mai 1945 (Privatbesitz).
42 Referat von Hans Asmussen am 14. August 1945 in Rendsburg. Vgl. Anm. 33. Auch Bremens zweiter Bürgermeister Dr. Theodor Spitta sprach 1945 wiederholt von den Befürchtungen, die Juden würden aus der Emigration zurückkehren, um Rache zu nehmen. Das Tagebuch wird zur Veröffentlichung vorbereitet.
43 Vgl. Anm. 26.
44 *Otto von Harling*, Die Judenmission: Amtsblatt der Evangelischen Kirche in Deutschland, 2. Jg., Nr. 10, 15. 5. 1948.
45 *H. Weber*, Judenmission heute: Lutherisches Gemeindeblatt, 2. Jg., Nr. 15, Hamburg, 25. 7. 1948.
46 Evangel. Presse-Dienst, 5. Februar 1948. Über die Wirkung, die diese und andere Erklärungen auf überlebende deutsche Juden, besonders auch auf sogenannte „Judenchristen" hatten, vgl. *U. Büttner*, Anm. 34, a. a. O. 394 ff.
47 Zitiert nach *E. Bethge*, Anm. 35, a. a. O. 118.
48 *A. Smith-von Osten*, Anm. 33, a. a. O. 113.

KURT MEIER

Volkskirchlicher Neuaufbau in der sowjetischen Besatzungszone

Daß die evangelischen Landeskirchen im Bereich der sowjetischen Besatzungszone sich nach der Befreiung Deutschlands vom Hitler-Regime durch die Streitkräfte der Antihitler-Koalition im Frühjahr 1945 als kircheninstitutionelle Faktoren eines volkskirchlichen Bewußtseins erwiesen, steht außer Frage. In seiner schon unter informativem Gesichtspunkt erdrückenden Fülle läßt das kirchengeschichtliche Quellenmaterial diesen Trend unbestreitbar hervortreten. Das generell beobachtbare, verschieden motivierte verstärkte Interesse an Kirche und Christentum nach 1945 in Deutschland, triumphalistisch als Resakralisierung begrüßt oder auch kritisch-aversiv als antisäkularistisch-klerikalistische Tendenz beargwöhnt, ist zeitgeschichtlich gleichwohl im Blick auf Traditionsverursachung und Kontextbedingtheit zu befragen. Die ekklesiologische Kritik an dem volkskirchlichen Rekonstruktionstrend nach 1945 neigte mit oft vereinfachenden Alternativen wie „Restauration oder Neuanfang"[1] nicht selten dazu, die Kontinuitätsbedeutung von Tradition und realhistorischer Geschichtsdialektik als Voraussetzung der unmittelbaren Nachkriegsentwicklung des evangelischen Kirchentums in Deutschland zu bagatellisieren.

1. Integrationskonsequenz aus der Kirchenkampfzeit

Die nationalsozialistische Religionspolitik, die sich in einem auch ressortpolitisch höchst komplizierten, im einzelnen oft konträren und widersprüchlichen Prozeß entwickelte, hatte über den Versuch einer mißglückten Total*gleich*schaltung zum Programm einer zunächst verschleierten Total*aus*schaltung geführt.[2] Diese in der Kriegszeit schon effiziente religionspolitische Verdrängungskonzeption hatte je länger desto mehr die Gefahr einer Ghettoperspektive für Kirche und Christentum heraufbeschworen, die kirchlicherseits die Notwendigkeit einer Frontverbreiterung erkennen ließ. War doch die zeitgenössische Wirkungsgeschichte der Barmer Theologischen Erklärung trotz ihrer anfänglich unverkennbaren konzentrativ-aktivierenden Funktion im Kirchenkampfgeschehen ambivalent geblieben. Zur

Formierung einer evangelischen Front, die über den in sich zerspaltenen Bekenntnisbereich hinausging, bedurfte es einer theologischen Orientierung, die nicht von inhaltlichen wie formalen Kontroverspunkten der Barmer Theologischen Erklärung beeinträchtigt war. Am bedeutungsvollsten und realhistorisch effektivsten war der übrigens auch von Dietrich Bonhoeffer gutgeheißene Koordinierungsversuch des „Kirchlichen Einigungswerkes" des württembergischen Landesbischofs Wurm, dessen Initiativen auch die Konferenz der Landesbruderräte unter Pfr. Heinrich Held und Pfr. Heinz Kloppenburg mitverantwortet hat.[3] Das seit Ende 1941 inaugurierte Einigungswerk hat während des Zweiten Weltkrieges zwar nicht alle kirchenbewußten Kräfte und Kreise in der Deutschen Evangelischen Kirche integrieren können, hat sich aber tendenziell als durchsetzungsfähige Konzeption für die kirchliche Rekonstruktionsphase im Jahre 1945 und danach erwiesen. In allen Landes- und Provinzialkirchen der sowjetischen Besatzungszone Deutschlands ist die Neuformierung der kirchlichen Leitungsverhältnisse mehr oder weniger nach dem Integrationsmodell des Einigungswerkes erfolgt. Es wurde auch hier weder eine bruderrätliche Leitungsstruktur übernommen noch eine „Machtergreifung" der Bekennenden Kirche allein oder einer Gruppe in ihr durchgesetzt. Unter weitgehender Ausschaltung des deutschchristlichen Elements wurden vielmehr Leitungsgremien geschaffen, die bei unterschiedlichem Übergewicht des bekenntnismäßigen Anteils auch kirchenbewußte Exponenten der volkskirchlichen Mitte einbezogen.

Eine landes- und provinzialkirchliche Analyse der sich 1945 anbahnenden Leitungslösungen läßt den Trend erkennen, auf das Traditionsprinzip legaler Rechtskontinuität nicht zu verzichten. Noch an vereinzelter Kritik mancher bruderrätlicher Kreise der Bekennenden Kirche wird die Tatsache deutlich, daß nicht die streng an der Bekenntnissynode zu Dahlem orientierte, im Dritten Reich ohnehin nur ganz partikulär realisierte notrechtliche Lösung, sondern eine auf volkskirchliche Breite angelegte kirchenrechtlich-traditionelle Legalitätstendenz sich geltend machte.

Dieser Gesichtspunkt gewinnt an Bedeutung, wenn man sich vergegenwärtigt, daß alle Landes- und Provinzialkirchen in der sowjetischen Besatzungszone sogenannte „zerstörte Kirchen" gewesen waren, also der „Intaktheit" ihrer kirchenverfassungsmäßig legalen Leitungsverhältnisse entbehrten, die sich die lutherischen Bischofskirchen Württemberg, Bayern und auch Hannover bewahrt oder doch wieder errungen hatten.[4]

Die lutherischen Landeskirchen in der Ostzone (Sachsen, Thüringen, Mecklenburg) waren im Dritten Reich deutschchristlich-nationalkirchlich beherrscht gewesen. In Sachsen waren die positiven Auswirkungen, die die Tätigkeit des Landeskirchenausschusses für die vorher arg bedrängte Bekennende Kirche seit Ende 1935 gebracht hatte, lediglich Episode geblieben.[5] Seit 1937 hatte die vom Reichsstatthalter abhängige Kirchenleitung Klotsche als „nationalsozialistische Kirchenführung" fungiert. In Thüringen und Mecklenburg hatten die nationalkirchlichen Kirchenleitungen ebenso wie in Anhalt bis 1945 die Macht behaupten können. Auch die altpreußische Unionskirche war 1933/34 dem Ansturm der deutschchristlichen Kirchenrevolution erlegen; ebenso ihre Provinzialkirchen, von denen Berlin-Brandenburg, Provinz Sachsen, Restpommern und Restschlesien im Bereich der Ostzone lagen.

Die kirchenpolitischen Integrationstendenzen, die sich beim kirchlichen Neuaufbau seit 1945 beobachten lassen, resultierten im Osten also nicht aus vorhandenem kirchenverfassungsmäßig intaktem Kirchentum, sondern stärker aus dem Einstellungsverhalten ihrer bekenntniskirchlichen Leitungsgremien und dem Verhältnis, das diese gegenüber anderen kirchenbewußten Kräften im Laufe des Kirchenkampfgeschehens gewonnen hatten. Die Stabilität intakter Landeskirchen im Kirchenkampf und ihr Refugiumcharakter für Geistliche der Bekennenden Kirche in den zerstörten Kirchengebieten waren insgemein deutlich geworden. Die Zusammenarbeit der lutherischen Bekenntnisgemeinschaften Sachsens, Thüringens und Mecklenburgs mit den intakten lutherischen Landeskirchen Württemberg, Bayern und Hannover hatte nachhaltig beeindruckt. Aber auch die unierten Kirchen der sowjetischen Besatzungszone erkannten die Bedeutung traditioneller kirchlicher Leitungsstrukturen und ihrer realhistorischen Legalitätserfordernisse volkskirchlichen Zuschnitts.

Die wegweisende Bedeutung der Zusammenarbeit im kirchlichen Einigungswerk für die Kirchenprovinz Sachsen ist unbestritten und spielte eine wichtige Rolle für die Bildung einer neuen Kirchenleitung im Jahre 1945 und ihre fast reibungslose Anerkennung durch die Pfarrerschaft. Hier war zumal während des Krieges an einem starren Festhalten an dahlemitischen Prinzipien nicht mehr zu denken. Wesentlich war die stark integrative Haltung der Mehrheit des Provinzialbruderrats unter Superintendent Ludolf Müller, der 1947 zum Bischof gewählt wurde.[6]

Auch in der 1934 kurzfristig der altpreußischen Unionskirche eingegliederten Landeskirche Anhalts geschah der Neuanfang im Zeichen des Einigungswerks. Der aus Bekennender Kirche und Wittenberger Bund gebildete Landeskirchenrat in Dessau wurde 1946 durch eine neugewählte Synode bestätigt. Die späteren Jahre des Kirchenkampfes hatten Unterschiede des kirchenpolitischen Kurses unwesentlich erscheinen lassen, hatte sich doch der vom Ortsbruderrat in Köthen vertretene Dahlemer Kurs hier als nicht durchsetzbar erwiesen.[7]

Besonders augenfällig war die volkskirchliche Integrationskonsequenz in der pommerschen Provinzialkirche der altpreußischen Union, die durch die Kriegsfolgen auf ein Drittel ihres früheren Bestandes reduziert wurde. Nach dem Tod des DC-Provinzialbischofs Karl Thom 1935 hatte sich hier ein konsistorialer Vermittlungskurs ergeben, der auch die Bekennende Kirche neben Exponenten des Wittenberger Bundes in die geistliche Leitung der Kirchenprovinz einbezog. Von der Leitung des Provinzialbruderrats der Bekennenden Kirche hatte sich der pommersche Bruderkreis unter Konsistorialrat Boeters abgezweigt, der die dahlemitische Notrechtskonzeption als unvertretbar zurückwies. Es hatte sich schon vor dem Krieg die bekenntniskirchliche Pfarrerschaft in einen Weg A, der die Zuordnung zur Leitung des Provinzialbruderrates aufrechterhielt, und einen Weg B aufgegliedert, der die Bekennende Kirche nur noch als Gesinnungsgemeinschaft verstehen wollte. Der nach dem Vorbild Berlin-Brandenburgs gebildete Beirat, der sich dem von Stettin nach Greifswald verlegten Konsistorium zuordnete, verschmolz schon Herbst 1945 zu einer kirchenleitenden Instanz, in der ein Vertreter des Provinzialbruderrates der Bekennenden Kirche zunächst nicht vertreten war. Nicht nur personelle Verstimmungen zeigten die nicht bruderratsgemäße Besetzung der neuen Kirchenleitung in Greifswald, deren Präses und spätere Bischof der frühere Vorsitzende des Provinzialkirchenausschusses, Sup. Karl v. Scheven, geworden war. Eine bruderrätliche Aktion, die pommersche Restkirche an Berlin-Brandenburg anzuschließen, gelangte nicht zum Ziel; sie hätte auch dem allgemein beobachtbaren Selbständigkeitsbedürfnis der altpreußischen Kirchenprovinzen widersprochen, die innerhalb der Ostzone zwar die Zuordnung zur altpreußischen Unionskirche wünschten, aber natürlich nicht durch Anschluß an eine andere Kirchenprovinz einfach liquidiert werden wollten.[8]

Auch in Berlin-Brandenburg wurde nach Kriegsende eine Leitungslösung ins Werk gesetzt, die als Integrationskonsequenz aus der Entwicklung zumal des Berliner Bruderrats verstanden werden kann.[9] Mochte auch die das Dahlemer Notrecht als weitgehend überholt nachweisende Denkschrift, die der Vorkriegspräses der Berliner Bekennenden Kirche, Pfr. Gerhard Jacobi, 1942 herausgegeben hatte, mancher Kritik ausgesetzt sein, so hatten sich selbst ihre Kritiker zu pragmatischen Lösungen verstanden. So hat Pfr. Dr. Hans Böhm 1943 den Anspruch der bekenntniskirchlichen 2. Vorläufigen Leitung auf die Bekennende Kirche begrenzt. Dadurch war z. B. in Berlin-Brandenburg die altpreußische Landeskirchliche Konferenz als schon seit Jahren kooperationsbereite Mittelgruppe in ihrer kirchlichen Legitimität nicht mehr in Frage gestellt.

Daß der 1933 zwangspensionierte kurmärkische Generalsuperintendent Otto Dibelius bei Kriegsende die kirchenleitende Initiative ergriff und dem Restkonsistorium in Berlin einen Beirat zuordnete, der zum Leidwesen radikaler bruderrätlicher Kreise nur zu drei Viertel aus Vertretern der Bekennenden Kirche zusammengesetzt war, entsprach der Konzeption des Einigungswerkes. Die auch für die altpreußische Unionskirche insgemein getroffene Lösung, dem Restbestand des Konsistoriums als synodales Element provisorisch einen Beirat zuzuordnen, fand auch anderwärts (so in der lutherischen Landeskirche Sachsens) Resonanz und diente als praktikable

Lösung, bis auf kirchenverfassungsmäßig legalem Wege kirchliche Körperschaften durch Kirchenwahlen gebildet werden konnten.

Die durch Vertreter des altpreußischen Bruderrates und der Provinzialkirchenleitungen vornehmlich des Westens (Rheinland und Westfalen) erstrebte Konzeption (APU-Konvention), wonach an die Stelle der Berliner Behörde eine bruderrätliche Leitung mit wechselndem Vorsitz trat und der Evangelische Oberkirchenrat nur noch eine untergeordnete Stellung als vorläufige Verwaltungsstelle erhalten sollte, hat Dibelius im Blick auf die besondere Situation der Ostzone, die eine stärkere Zusammenfassung der altpreußischen Gliedkirchen voraussetze, korrigiert, so daß der Evangelische Oberkirchenrat in seiner bisherigen Rechtsstruktur noch für mehrere Jahre existent blieb.[10] Wenn die unter dahlemorientiertem ekklesiologischem Kalkül getroffene Beurteilung der berlin-brandenburgischen Nachkriegsentwicklung zu dem Schluß kam, mit den beiden Spandauer BK-Synoden Juli und Oktober 1945 ende das wegweisende synodale Wirken der Bekennenden Kirche Berlins und Brandenburgs, so zeigt sich daran besonders nachdrücklich die mangelnde Geschichtsmächtigkeit des bruderrätlichen Modells.[11]

Die „alten Dahlemiten" waren – sofern nicht vereinzelt kirchenleitend integriert und kirchenregimentlichen Erfordernissen angepaßt – in volkskirchlicher Gemeindearbeit engagiert. Für die folgende Provinzialsynode zeigt sich trotz unterschiedlicher Kritik im einzelnen die Durchsetzungskraft und Attraktivität des kirchlichen Einheitsfrontdenkens. Geschichtlich-situationär irreal erwiesen sich für die Ostzone Ende Juli 1945 auf der BK-Synode Berlin in Spandau geäußerte Gedanken des Erziehungsausschusses, den Religionsunterricht als ordentliches Lehrfach der Schule beizubehalten, ebenso wie die Forderung nach kirchlicher Mitarbeit bei der Gestaltung aller Lehrbücher. Im übrigen erfolgte die Übertragung bisher nur noch rudimentär behaupteter kirchenleitender Ansprüche der Bekennenden Kirche Berlin-Brandenburgs an die offizielle Kirchenleitung nicht ohne den Versuch, Wächteramtsfunktionen in der Volkskirche auszuüben und die kirchlich nicht durchsetzbaren bekenntniskirchlich-bruderrätlichen Leitungsstrukturen durch eine aus Erfahrungen des Kirchenkampfes gewonnene Lebensordnungspraxis verbindlichen Christseins in der Volkskirche zu kompensieren.

Legalistische Anknüpfungstendenz und Betonung volkskirchlicher Breite bei der kirchenregimentlichen Umstrukturierung der Landeskirchen läßt sich situationsbedingt unterschiedlich akzentuiert auch bei den lutherischen Landeskirchen Thüringen, Mecklenburg und Sachsen beobachten. In Thüringen, das bis Anfang Juli 1945 durch amerikanische Truppen besetzt war, sprechen die langwierigen Übergabeverhandlungen mit dem DC-Kirchenpräsidenten Rönck eine deutliche Sprache. Der Führungsanspruch der lutherischen Bekenntnisgemeinschaft unter Pfr. Mitzenheim berücksichtigte im neuen Landeskirchenrat von vornherein Vertreter der kirchenpolitisch ungebundenen Pfarrer (Pfr. Dr. Hertzsch), des Wittenberger Bundes

(Pfr. Oskar Ziegner) und Pfr. Gerhard Phieler (Innere Mission) und entsprach hierin dem in Thüringen bereits während des Kirchenkampfes sichtbaren Miteinander aller bekenntnisorientierten und gegen deutschchristlich-nationalkirchliche Überfremdung gerichteten Kräfte.[12] Auch in Mecklenburg, im Westteil zunächst amerikanisch, dann englisch besetzt, ehe es Juli 1945 ganz unter sowjetische Besatzung und Militärverwaltung kam, war der Landesbruderrat der Bekennenden Kirche ebenfalls auf schriftliche Übergabeerklärungen des inhaftierten Landesbischofs Schultz bedacht.[13] In der Landeskirche Sachsen war für den westsächsischen Raum westlich der Zwickauer Mulde, den die Amerikaner bis Ende Juni besetzt hielten, eine Verbindung mit dem Landeskirchenamt in Dresden nicht möglich, das zu dem von sowjetischen Truppen befreiten ostsächsischen Gebiet gehörte.[14]

Die kirchliche Reorganisation ging hier von den regionalen Zentren Dresden, Leipzig und Zwickau aus, von denen die beiden letzten bis zur möglichen Kontaktaufnahme mit Dresden Sommer 1945 von vorläufigen Leitungsgremien in Zwickau und Leipzig kirchlich verwaltet wurden. Die Zusammensetzung des provisorischen Konsistoriums in Leipzig, auf Anregung der theologischen Fakultät mit amerikanischer Genehmigung ins Leben gerufen, knüpfte an „noch vorhandene kirchliche Rechtsträger" an und hatte neben dem bekenntniskirchlich orientierten Neutestamentler Albrecht Oepke in Stadtsuperintendent D. Heinrich Schumann – einem führenden Mann der sächsischen „Mitte" während der Kirchenkampfzeit – eine aktive Kraft. Für die Verhältnisse in Dresden war es charakteristisch, daß der im Kirchenkampf dienstenthobene juristische Oberlandeskirchenrat Erich Kotte kurzerhand die Leitung des Landeskirchenamtes übernahm. Pfr. Lic. Franz Lau, von der Dresdener Pfarrerschaft mit der Leitung beider Superintendenturen betraut, wurde als Landessuperintendent zum geistlichen Leiter der Landeskirche bestellt. Lau, 1940 aufgrund von Konzeptionskontroversen mit dem bald darauf verstorbenen Bruderratsvorsitzenden Pfr. Karl Fischer aus der Bekennenden Kirche Sachsens ausgetreten, hat die geistliche Leitung der Landeskirche bis zur Rückkehr von Sup. Hugo Hahn Herbst 1947 ausgeübt, der 1938 aus Sachsen ausgewiesen worden war und nunmehr sächsischer Landesbischof wurde.

Es war bezeichnend für die sächsische Linie, daß man bei dem Mitte September 1945 konstituierten Beirat – wie übrigens schon bei der Zusammensetzung des neuen Landeskirchenamtes – vermied, nur Angehörige der Bekennenden Kirche zu berufen, die freilich dominant blieb. Es wurden auch Glieder der im Kirchenkampf zur „Mitte" gehörenden Sächsischen Pfarrbruderschaft, Vertreter der verschiedenen Arbeitszweige wie Innere und Äußere Mission, Jugendarbeit u. a. berücksichtigt und damit auf volkskirchliche Breite geachtet. Der Beirat, aus zehn Geistlichen und zehn Laienmitgliedern bestehend, später auf 25 Personen erweitert, sollte die kirchenverfassungsmäßigen Befugnisse des „Ständigen Synodalausschusses" und des „Landeskirchenausschusses" wahrnehmen, auch die Wiederherstellung der den Vorschriften entsprechenden obersten Führung und Verwaltung der Landeskirche sollte zu den Aufgaben des Beirates gehören, der bis zur Synodalneubildung Frühjahr 1948 bestand. Die Anknüpfung an kirchenverfassungsmäßige Rechtsstrukturen durch Exponenten kirchlicher Verantwortung, deren Auswahl sich nahelegte, war eine aktuelle Notwendigkeit, die aber nicht kraft bekenntniskirchlichen Notrechts erfolgte.[15]

2. Zum Verhältnis von Kirche und Besatzungsmacht unter volkskirchlichem Aufbauaspekt

Nach dem Rückzug amerikanischer und englischer Truppen hinter die Demarkationslinie als Grenze zwischen den westlichen und der sowjetischen Besatzungszone gelangte die gesamte thüringische Landeskirche unter sowjetische Militärverwaltung, ebenso die zunächst westalliiert besetzten Teile der lutherischen Landeskirche Sachsens, der provinzsächsischen und brandenburgischen Kirche, der anhaltischen Landeskirche und der lutherischen Landeskirche Mecklenburgs. Der ostzonale Bestand der pommerschen und schlesischen Provinzialkirche war im Osten durch die Oder-Neiße-Linie ebenso begrenzt wie die brandenburgische Provinzialkirche der altpreußischen Union. Das restschlesische Görlitzer Kirchengebiet der Oberlausitz stand bis Frühjahr 1947 unter berlin-brandenburgischer kirchlicher Treuhandverwaltung. Die 1945 bei Kriegsende in Breslau konstituierte bekenntniskirchliche Leitung der schlesischen Kirche unter Präses Hornig hatte vorübergehend gemeint, das schlesische Kirchengebiet östlich der Neiße der UNO unterstellen zu können. Nach ihrer Ausweisung aus Schlesien Ende 1946 hat sie von Görlitz aus auch weiterhin das schlesische Kirchengebiet östlich der Neiße kirchenregimentlich zu beanspruchen versucht, bis die Integrierung des dortigen minimalen gemeindlichen Restbestands in die polnische lutherische Kirche auch dies gegenstandslos machte.[16]

In Berlin, von Streitkräften der Roten Armee erobert und besetzt, rückten im Juli 1945 amerikanische, britische und französische Besatzungstruppen in die westlichen Sektoren ein. Es war für die Folgezeit nicht unerheblich, daß sich hier die Hauptmächte der Antihitler-Koalition auf engem Raum begegneten! Berlin stellte als Schnittpunkt und Berührungsfläche der Weltsysteme auch ein kirchlich bedeutsames Problem- und Konfliktpotential dar.[17] Kirchenpolitisch gewann die berlin-brandenburgische Kirche – in Berlin innerhalb der vier Sektoren problemreich genug – auch als Sitz der Leitung der altpreußischen Unionskirche mit ihren für die Ostzone enger verbundenen Provinzialkirchen (Berlin-Brandenburg, Provinz Sachsen, Restpommern und Restschlesien) Relevanz.

Der Kontext von Erwartungshaltungen gegenüber der unmittelbaren

Nachkriegssituation war auch durch die Tatsache bestimmt, daß während des Zweiten Weltkrieges innerhalb der evangelischen Kirche eine auch von Ideologieträgern und Sicherheitsorganen des NS-Regimes argwöhnisch beobachtete volkskirchliche Stabilisierungstendenz sich geltend machte, die trotz aller mit Kriegserfordernissen kaschierten religionspolitischen Restriktionsmaßnahmen der Nazis beobachtbar war.[18] So blieb in den letzten Kriegsmonaten neben der Sorge um das rein physische Überleben angesichts der Kriegshandlungen und des Bombenterrors für das von der Roten Armee befreite Gebiet die Frage nach der Zukunftsperspektive von Christentum und Kirchen in besonderer Weise gestellt. Unklarheiten und Ungewißheit rührten auch daher, daß der religionspolitische Integrationsprozeß, in den sich die russisch-orthodoxe Kirche im Zweiten Weltkrieg hineingenommen sah[19], ebensowenig ins Bewußtsein getreten war, wie die seit 1935 von der Kommunistischen Internationale inaugurierte bündnispolitische Strategie im Kampf gegen den Faschismus in den deutschen Kirchen zur Kenntnis genommen war.[20] Das Nationalkomitee Freies Deutschland in der Sowjetunion mit seinem auch kriegsgefangene deutsche Geistliche beider Konfessionen umfassenden kirchlichen Arbeitskreis hat entsprechend der sowjetischen Kriegszielpropaganda klar zwischen dem Hitlerregime und dem deutschen Volk unterschieden und den Kirchen auch in der antifaschistisch-demokratischen Ordnung Nachkriegsdeutschlands klare Existenzperspektiven aufgezeigt, die bei Würdigung der partiell-antifaschistischen Funktion und des Widerstands der Kirchen gegen das Hitler-System auch Garantien für die kirchlichen Institutionen und das kirchliche Eigentum einschlossen.[21] Solche Informationen blieben angesichts des Terrors gegen jedwede Feindpropaganda während des Krieges stark eingegrenzt. Irritierend trat hinzu, daß kirchlicherseits nicht selten als apologetische Schutzformel ein die Kirchen mit dem NS-Staat verbindender Antibolschewismus propagiert worden war, der aber auch einem vorgängigen soziostrukturell unterschiedlich ausgeprägten Mentalitätsvorbehalt entsprach, der sich dem Kommunismus gegenüber aversiv artikulierte.

Um so größer war das Erstaunen in der Bevölkerung, auch Funktionäre der Arbeiterbewegung nicht ausgenommen, als die sowjetischen Kreis- und Ortskommandanten die Pfarrerschaft anwiesen, dafür Sorge zu tragen, daß wieder die Glocken geläutet und Gottesdienste gehalten wurden. Waren im Zusammenhang mit der Kampfsituation des Frontgebiets auf deutschem Boden in tragischer Weise gelegentlich auch Bekenntnispfarrer ums Leben gekommen und sahen sich 1945 auch bekenntniskirchlich führende Rittergutsbesitzer Repressivmaßnahmen ausgesetzt, ohne daß ihr kirchliches Einstellungsverhalten im Dritten Reich zur Geltung kommen konnte, so zeigte sich bei Kriegsende nun allgemein die klare Tendenz, die Kirche als Institution zu schonen und – entsprechend auch interalliierten Vereinbarungen – das gottesdienstliche Leben wieder in Gang setzen zu lassen. Bereits im

Befehl Nr. 1 vom 28. April 1945 gab der Stadtkommandant von Berlin, Generaloberst Bersarin, die Erlaubnis zur Abhaltung von Gottesdiensten in der Hauptstadt Berlin.[22] Im „Jahrbuch für schlesische Kirche und Kirchengeschichte" sind verschiedene kirchliche Erlebnisberichte für das positive Verhalten der Roten Armee gegenüber der Kirche abgedruckt, das – wie beim Empfang der Kirchenvertreter durch den Breslauer Stadtkommandanten Oberstleutnant Lapunoff am 12. Mai 1945 – betontermaßen zentralen Anweisungen aus Moskau entsprach und Aktionsanweisung für die Gottesdienste und Schutzzusicherung für die Kirche enthielt.[23] Auf das Tragen der Amtskleidung der Geistlichen oder auch des Amtskreuzes wurde Wert gelegt, kleine Ausweise der Besatzungsmacht sicherten persönlichen Schutz zu; Geistliche waren gelegentlich auch durch eine entsprechende Armbinde gekennzeichnet, Pfarrhäuser erhielten – ähnlich wie schon im vorübergehend westalliiert besetzten Teil der sowjetischen Zone – Schilder nun auch mit russischem Text. Im Rundbrief vom 27. Mai 1945 teilte man aus dem Landeskirchenamt in Dresden mit, daß die kirchliche Arbeit „ohne Unterbrechung weitergegangen" sei: „Besatzungsbehörde und kommunale Selbstverwaltung haben sich wohlwollend gezeigt."[24] Ende Juni konnte kirchlicherseits über die Lage im sowjetisch besetzten Teil Sachsens berichtet werden, „daß die Besatzungskommandanten oder die Spitzen der gemeindlichen Selbstverwaltung den Kirchen freies Arbeiten zugesichert" haben.[25] Es beeindruckte im übrigen auch kirchliche Kreise, daß die Disziplin im eroberten Gebiet unter den Mannschaften in aller Regel kurzfristig durchgesetzt und im Besatzungsbereich durch die Kommandanturen etwaige Verstöße (Plünderungen und Belästigung) durchweg rigoros geahndet wurden. Kirchenamtliche Berichte in Sachsen konnten resümieren: die Rote Armee begegnete „der Kirche mit Achtung".[26] Man spürte, daß die Soldaten der Roten Armee „mit Ehrfurcht den Gotteshäusern und Kruzifixen begegneten. Ausnahmen sind anscheinend ganz selten."[27]

Als nach Abzug der Amerikaner am 1. Juli 1945 sowjetische Truppen in Leipzig eingezogen waren, konnte das gottesdienstliche Leben ungehindert seinen Fortgang nehmen. Stadtsuperintendent D. Heinrich Schumann, der auch in der Folgezeit „mit zahlreichen sowjetischen Offizieren vom General bis zum Leutnant zu verhandeln" hatte, berichtet in seinen Lebenserinnerungen, daß sie „seine Berichte und Anliegen mit wohlwollendem Interesse für das ihnen fremde Leben einer evangelisch-lutherischen Kirche entgegengenommen" hätten, und einigen von ihnen wisse er sich „für die Förderung, die sie ihm zuteil werden ließen, besonders dankbar".[28]

Erfahrungen aus anderen Landeskirchen der sowjetischen Zone ergeben ein ähnliches Bild: Der Oberkirchenrat in Schwerin teilte in einem Pfarrerrundschreiben am 6. September 1945 mit[29]: „Unsere Landeskirche hat bei der russischen Militärregierung und der Landesverwaltung Mecklenburg wohlwollendes Verständnis gefunden und ist dankbar dafür. Es besteht

Religionsfreiheit. Die Kirche kann ungehindert arbeiten." Für die kommenden sechs Wochen war eine „Haussammlung für die Erhaltung und den Dienst der Landeskirche" genehmigt worden, die der Sicherstellung der Besoldung von Pfarrern und kirchlichen Mitarbeitern diente und für gemeinnützige Aufgaben der kirchengemeindlichen Krankenpflege, besonders der Erteilung des Religionsunterrichts in Schulen dienen sollte, der in kirchliche Hand übergegangen war. Auf die ebenfalls für alle Landeskirchen wichtige Beschlagnahmefreiheit der Pfarrhäuser wurde hingewiesen.

Vor der Bekenntnissynode der brandenburgischen Provinzialkirche Oktober 1945 in Berlin-Spandau konnte Sup. Lic. Dr. Günter Harder mitteilen: „Aus allen Teilen der Provinz wird berichtet, daß die russischen Besatzungsstellen sich der Kirche gegenüber freundlich, ja sogar zuvorkommend verhalten haben."[30] Für den volkskirchlichen Neuaufbau konstruktive Kontakte zu den Offizieren der Sowjetischen Militäradministration in Deutschland (SMAD) sind aus allen Landeskirchen der sowjetischen Zone belegt, in Sachsen zu dem damaligen Kulturoffizier Kotschetow und seinen Mitarbeitern.[31] Hier wie auch sonst war es für die neuen Leitungsgremien der evangelischen Landeskirchen wichtig, daß sie die Anerkennung der sowjetischen Besatzungsmacht fanden, die die Kirche als wertvolles Element für den gesellschaftlichen Neuaufbau schätzte. Generalsuperintendent Otto Dibelius, der für den Umgang mit der Besatzungsmacht den wirkungsvolleren und unmißverständlichen Titel Bischof angenommen hatte, betonte noch im autobiographischen Rückblick ähnlich wie der zum Propst an der Marienkirche berufene Kaulsdorfer Pfarrer Heinrich Grüber das enge Zusammenwirken mit der SMAD, insbesondere mit dem für die Kulturpolitik zuständigen Ressort von General Tulpanow, dessen zentrale Weisungsbefugnis auch für die staatliche Zivilverwaltung der sowjetischen Zone von Bedeutung war.[32]

Eine Audienz des 1938 wegen seiner bekenntniskirchlichen Aktivitäten aus Sachsen landesverwiesenen Superintendenten von Dresden-Land, Hugo Hahn, im Jahre 1947 bei Tulpanow war für seine Rückkehr nach Dresden ausschlaggebend und ermöglichte es ihm, das Amt des Landesbischofs zu übernehmen.[33] Andererseits wurde beispielsweise Landessuperintendent Franz Lau in Dresden seitens der SMAD an Bischof Dibelius in Berlin gewiesen, wenn es um die Gesamtzone betreffende kirchliche Fragen ging, da dieser zentrale kirchliche Bezugsperson am Sitz der SMAD war.[34]

Ein besonders sachlich-konstruktives Verhältnis entwickelte sich in der Thüringischen Landeskirche zwischen Bischof Mitzenheim und Generalmajor Kolesnitschenko, der den Bischof als „Thüringer Landeskirchenvater" bezeichnet hat.[35] Hatte die Thüringer Kirchenleitung infolge der erst seit Juli 1945 erfolgten sowjetischen Besetzung im September zwar schon mit zivilen Stellen Kontakt, aber noch keinen mit der SMAD in Thüringen, so war dieser im November 1945 bereits in vollem Gange.[36]

Eine wichtige Rolle spielte zunächst auch die Frage der Entnazifizierung der Pfarrerschaft. Bei dem besonders guten Verhältnis, das der Thüringische Landeskirchenrat zu Besatzungsmacht und Landesregierung fand, gelang es Landesbischof Mitzenheim, die Überprüfung der Geistlichen und kirchlichen Angestellten durch eine vom Staat unabhängige Spruchkammer, die durch Kirchengesetz vom 12. Dezember 1945 eingerichtet wurde, selbst in die Hand zu nehmen, obwohl das Staatsgesetz des Landes Thüringen, an das sich das Kirchengesetz strukturell anlehnte, Körperschaften des öffentlichen Rechts einschloß.[37] Die in allen Landeskirchen der sowjetischen Besatzungszone durchgeführte kircheninterne Reinigung der Pfarrerschaft entsprach dem in der Kirchenkampfzeit erstrebten Leitbild bekenntniskirchlicher Volkskirchenautonomie. In Sachsen hat Landessuperintendent Lau 1945 in verschiedenen Fällen ein kirchenbehördliches Eingreifen in Konfliktfällen durch Absprache mit der Besatzungsmacht erreichen können, noch ehe die auch hier vorgenommene Selbstreinigung der Kirche durch kirchenamtliche Verfügung allgemein ins Werk gesetzt war.[38] Ein noch ausstehender Vergleich der kirchlichen Entnazifizierungsbestimmungen mit der jeweiligen Praxis in den Kirchen der sowjetischen Besatzungszone dürfte differenzierteres Vorgehen, starke Berücksichtigung der tatsächlichen Belastung der Gemeindeverhältnisse durch nationalsozialistische oder deutschchristliche Betätigung der betreffenden Amtsträger während der Kirchenkampfzeit und Bemühung um seelsorgerliche Hilfen für die dienstenthobenen oder zu nur vikarischem Dienst degradierten und versetzten Geistlichen erkennen lassen. Da auch BK-Pfarrer der NSDAP zugehört hatten, ebenso natürlich Pfarrer der „Mitte", wurde weniger die Zugehörigkeit zur NSDAP oder einer ihrer Gliederungen und angeschlossenen Verbände als vielmehr offensichtliche „Irrlehre" und kirchenschädigendes Verhalten, vor allem innerhalb der Nationalkirchlichen Bewegung Deutsche Christen, als Beurteilungskriterium genommen.[39]

Während in Westdeutschland besonders in der amerikanischen Zone neben dem Re-Education-Programm der Gesichtspunkt der massenweisen individuellen Sühne mit bürokratischer Penetranz zur Geltung kam und selbst von kirchlichen Kreisen im Blick auf die durchgängig beobachtbaren Aversionen und Verhärtungserscheinungen kritisch in Frage gestellt wurde, dominierte in der sowjetischen Zone die Zerstörung der sozialökonomischen Basis des Faschismus, die an die Stelle einer massenhaften individuellen Sühne die strukturelle Entnazifizierung setzte: Enteignung von Großgrundbesitzern und der Großindustrie. Angesichts der Tatsache, daß Justiz, Verwaltung und Schule Herbst 1945 von Mitgliedern der NSDAP gesäubert wurden, mußte es als erstaunliches Entgegenkommen der Besatzungsmacht gegenüber der Institution Kirche in der sowjetischen Zone gelten, daß sie den neu installierten Kirchenleitungen die innerkirchliche Entnazifizierung ihrer Geistlichen, Kirchenbeamten und kirchlichen Angestellten korporativ selbst überließ. Bei Lehrern, die wegen Zugehörigkeit zur NSDAP Herbst 1945 aus dem Schuldienst entlassen worden waren, stieß die Verwendung als Katecheten mitunter zunächst vor allem deshalb auf Schwierigkeiten, weil der Religionsunterricht in Räumen der Schule abgehalten wurde. Gelegentliche Presseattacken gegen eine nicht genügend durchgreifende oder zu zögerliche Entnazifizierung veranlaßten die Kirchenleitungen, die entsprechenden Maßnahmen innerhalb der Landeskirche zu Nachweiszwecken gründlich zu erfassen.

Als infolge formaler Anwendung entsprechender Befehle der SMAD einige thüringische Kreiskommissionen für Entnazifizierung Herbst 1947 die Arbeit der kirchlichen Spruchstelle zu gefährden schienen, konnte die grundsätzlich kirchenautonome Reinigung des Pfarrerstandes durch Verhandlung mit dem thüringischen Ministerpräsidenten dahingehend geregelt werden, daß für Entnazifizierungsverfahren gegen Geistliche allein die Landeskommission zuständig sei, die vorher sich mit dem Landeskirchenamt in Verbindung setzte, um Diskrepanzen bei den Entscheidungen zu vermeiden. Damit wurde auch in rein politisch gelagerten Fällen eine kirchenkonforme Regelung erstrebt, die sich nur auf landespolitischer Ebene sicherstellen ließ.[40] Der bei der Lutherratssitzung der Ostzone am 20. September 1948 von Bischof Mitzenheim angeregte Austausch von Geistlichen, „die vielleicht in ihrer Heimatkirche, vor allem um der Konsequenzen willen, nicht tragbar sind, die aber um einer echten inneren Wandlung willen in anderen Kirchen einen Neuanfang machen und im Segen wirken könnten"[41], schuf Möglichkeiten der Wiederverwendung von in ihrer Landes- oder Provinzialkirche zu exponiert gewesenen Geistlichen deutschchristlicher Observanz, deren Wiedereinstellung als wünschenswert erschien.

Der kriegsbedingte akute Pfarrermangel, der beispielsweise in der Thüringer Landeskirche bis August 1947 u. a. durch 150 Pfarrer aus den abgetrennten Ostgebieten und andere Umsiedlerpfarrer sowie durch Einstellung von 40 Pfarrassistenten abgebaut werden konnte (die Zahl der Stelleninhaber konnte von 352 auf 692 erhöht werden), ließ die Reintegrierung von längerfristig suspendierten oder dienstentlassenen Geistlichen sinnvoll erscheinen.[42] Verhandlungen über erhöhte Zulassungsquoten zum Theologiestudium zielten in die gleiche Richtung. Im Blick auf die Kirchliche Hochschule Berlin-Zehlendorf wurde eine konfessionell-lutherische Betreuung dort studierender Studenten aus der Ostzone durch das Lutherische Kirchenamt angestrebt. Pläne auf Schaffung einer „Kirchlichen Hochschule" in der Ostzone, die den lutherischen Charakter der Theologie besser sicherstelle als die auch reformierte Akzente stärker betonende Kirchliche Hochschule in Zehlendorf, kamen nicht zum Ziel, weil die SMAD in Berlin auf eine stärkere Nutzung des Potentials der Theologischen Fakultäten an den sechs Universitäten der Ostzone verwies. Doch wurde im Jahre 1949 als Projekt zusätzlicher kircheneigener Pfarrerausbildung eine Kirchliche Hochschule des Ostens, „die zunächst weiter die Bezeichnung Missionsseminar behalten würde", durch Verhandlungen mit dem Missionsseminar in Leipzig durch die drei lutherischen Landeskirchen Sachsen, Thüringen und Mecklenburg ins Auge gefaßt.[43]

Die Regelung des Verhältnisses zwischen Staat und Kirche, das in der sowjetischen Besatzungszone von vornherein auf dem Trennungsprinzip beruhte, hat sich besonders sichtbar darin ausgewirkt, daß der Religionsunterricht in den Schulen in kircheneigene Verantwortung überging. Die Möglichkeit, den nunmehr bald als „Christenlehre" bezeichneten Religionsunterricht im zeitlichen und räumlichen Zusammenhang mit dem Schulunterricht zu erteilen, oblag nach den Länderverfassungen innerhalb der Ostzone und den entsprechenden Ausführungsbestimmungen der Kirche selbst. Obwohl grundsätzlich auch die Möglichkeit für Lehrer evangelischen Bekenntnisses bestand, kirchlichen Religionsunterricht zu erteilen, war durch die demokratische Schulreform und die Entlassung der Lehrer, die der NSDAP angehört hatten, dieser Weg nur sehr begrenzt gangbar.[44] Der Aufbau eines kircheneigenen Katechetenstandes aus primitivsten Anfängen heraus konnte im Rückblick auf das unmittelbare Nachkriegsjahrfünft für die Kirche in der Ostzone „bei allen... anhaftenden Mängeln... als Bewährungsprobe ihrer lebendigen Kräfte" beurteilt werden. Im Blick auf „die Hunderttausende evang. Kinder der Ostzone", die unterwiesen werden mußten (in Berlin allein wurde die Zahl auf 300000 beziffert), ein volkskirchlich breites religionspädagogisch zu betreuendes Feld, galten Einsatz der Kirche, Anmeldungswilligkeit seitens der Eltern und finanzielle Opferbereitschaft als erstaunlich groß.[45] Obwohl der Religionsunterricht schließlich vielfach auch in kirchliche Räume verlegt wurde – zumal die Verwendung als Parteigenossen entlassener Lehrer als katechetische Kräfte, nicht selten auch mit dem Kantorendienst verbunden, anfangs problematisch erschien –, konnten schulische Räume noch bis weit in die fünfziger Jahre hinein kirchlich genutzt werden. Die SMAD hat diesen kirchlich-katechetischen Dienst durch Genehmigung zur Eröffnung der ersten katechetischen Seminare in der Ostzone, die der Ausbildung von Katecheten dienten, ermöglicht, und Bücher, Zeitschriften, Geldsammlungen genehmigt. Die neben der Zeitschrift „Die Zeichen der Zeit" (seit 1947) speziell für katechetische Kräfte gedachte Zeitschrift „Die Christenlehre" begann als monatliches Periodikum April 1948 zu erscheinen.[46]

Der im Kirchenkampf dem thüringischen Landesbruderrat der Bekennenden Kirche angehörende Pfarrer Walter Zimmermann (Altenburg), 1945 Mitglied der Thüringer Kirchenleitung, 1946 von den drei lutherischen Kirchen der Ostzone als Oberkirchenrat in die Kirchenkanzlei der EKD, Berliner Stelle, entsandt, hat im Juni 1946 im Amtsblatt der EKD über „Not und Verheißung der Kirche im Osten"[47] einen Situationsbericht gegeben, der die schnell überwundenen Anfangsschwierigkeiten der Kirchen mit der sowjetischen Besatzungsmacht, die es auch gab, auf dem Hintergrund der stark kultuskirchlichen Situation der russisch-orthodoxen Kirche in der Sowjetunion versteht, die sich von den stärker öffentlichkeitsbezogenen kirchlichen Aktivitäten des deutschen Protestantismus unterschied[48]: „Es ist Tatsache, daß durch die an zentraler Stelle mit der Besatzungsmacht geführten Verhandlungen die entstandenen Schwierigkeiten in zunehmendem Maße beseitigt werden. Die Kirche hat ihre Bibelschulen zur Ausbildung ihrer Religionslehrkräfte eröffnen können. Krankenpflegeschulen der Diakonissenhäuser sind wieder genehmigt worden. Die Kirche kann eigene Kindergärten unterhalten und neu eröffnen. Sie kann öffentlich Haussammlungen durchführen. Sie hat in der evangelischen Verlagsanstalt einen eigenen Verlag... Sie hat... ihre eigenen kirchlichen Blätter. Ihr Hilfswerk ist über die Zonengrenzen hin anerkannt. Schulräume sind für die kirchliche Unterweisung zur Verfügung gestellt, für die die ersten Hunderttausend eines Religionslehrbuches gedruckt werden konnten. Dies sind die gegenwärtigen Tatsachen. Es bleiben Wünsche offen, aber es bleibt auch die Möglichkeit weiteren Verhandelns. Von grundsätzlicher Bedeutung ist hierbei, daß Einverständnis darüber herrscht, daß Religion und Politik getrennt werden sollen und daß diejenigen, die den Weg der ‚Deutschen Christen' mit anderem Vorzeichen gehen möchten, von der Kirche aus gesehen als eine religiöse Sekte betrachtet werden würden und eine Wiederholung des Kirchenkampfes bedeuten müßten." Die Gefahr, daß Pfarrer ohne zwingenden Grund nach dem Westen gingen oder dort blieben, erfordere Abhilfemaßnahmen der kirchenleitenden Stellen. Es sei Aufgabe der Kirche, „das auf die primitivsten Lebensbedürfnisse konzentrierte Denken in die Weite geistigen Lebens zu erlösen, wie sie unserer geschichtlichen Vergangenheit entspricht". Als Chance der kirchlichen Nachkriegssituation in der Ostzone wurde die Möglichkeit ruhiger Erörterung der konfessionellen Frage und das Schwinden alter kirchenpolitischer Unterschiede gesehen: „Wir nehmen der Bekennenden Kirche damit nicht ihren Wert, aber in einer Lage, in der jeder Diener der Kirche die Möglichkeit hat zu neuer Bewährung oder zur Wiederholung alter Irrtümer, wandelt sich notwendig die kirchenpolitische Situation."[49]

Bischof Mitzenheim hob im Ensemble der ermöglichten Einzelaktivitäten volkskirchlicher Tätigkeit den Gesichtspunkt geordneter Beziehungen hervor, der sich bis zur Krankenhaus- und Strafanstaltsseelsorge erstreckte; auch die Aufgabe der Kirche für Zivilinternierte und deren Familien wurde bedacht.[50] Die notwendige liturgische Vereinheitlichung war in der ehemals von der Nationalkirchlichen Einung Deutsche Christen beherrschten Landeskirche Thüringen von besonderem Gewicht. Bei Verhandlungen mit der sowjetischen Besatzungsmacht und der Landesverwaltung Thüringen fand Bischof Mitzenheim Verständnis und Entgegenkommen. Er wurde in die Landesversammlung gewählt. Legte man kirchlicherseits zunächst Wert darauf, daß eine einseitige parteipolitische Festlegung der Pfarrerschaft abzulehnen sei, so schien ein faktisches Mitwirken für die öffentlichen Belange indes durchaus geboten, sofern es in Abstimmung mit gesellschaftspolitischen Leitvorstellungen der Kirchenbehörde stand.[51] Das Leitbild staatsunabhängiger, aber gesellschaftsoffener Volkskirchlichkeit, das sich im Kurs der Thüringer Kirchenleitung in spezifischer Weise zeigte, hat auch sonst in der Folgezeit konfliktlösende Funktionen im gesellschaftlichen Implikationsbereich der Kirchen in der DDR auszuüben vermocht.

Für die gesellschaftspolitische Kooperationsfähigkeit der evangelischen Landeskirchen in der Phase der antifaschistisch-demokratischen Ordnung der unmittelbaren Nachkriegsjahre sind verschiedene politikrelevante Impulse konstatierbar. Man denke an die Stellungnahme der lutherischen Landeskirchen Sachsen und Mecklenburg zur Bodenreform im Herbst 1945, an das Wort der sächsischen Landeskirche zum Volksentscheid über die Enteignung großindustrieller Betriebe Juni 1946. Seit 1947 gewann der deutschlandpolitische Aspekt in der Konzeption der „Volkskongreßbewegung für Einheit und gerechten Frieden" kirchliche Kooperationsbedeutung. Die Beteiligung auch kirchenleitender Persönlichkeiten an der Volkskongreßbewegung (so Bischof Mitzenheim, Bischof Beste in Mecklenburg) sei hier hervorgehoben. Auf Landesebene hat auch die sächsische Landeskirche sich grundsätzlich positiv zu den propagierten Zielen der Volkskongreßbewegung auch unter friedens- und einheitspolitischem Kalkül geäußert.[52] Das hier mögliche institutionskirchliche Engagement galt den politisch dominierenden gesellschaftlichen Kräften als durchaus politikrelevant. General Kolesnitschenko hat die Bedeutung der Kirche „im Kampf des deutschen Volkes für ein freies, einiges und unabhängiges Deutschland" beim Empfang der Kirchenvertreter der EKD auf der Wartburg anläßlich der Kirchenversammlung in Eisenach Mitte Juli 1948 unterstrichen. Auch die Vertreter der Territorialbehörden haben in ihren Grußworten die gesamtdeutsch-einheitspolitische Relevanz des föderativen Zusammenschlusses der deutschen evangelischen Landeskirchen innerhalb der EKD kräftig betont.[53] Zur innenpolitisch wichtigen Kooperationsbedeutung des damals noch in soziologischer Breite einflußintensiven Landeskirchentums als eines kulturell-gesellschaftlichen Faktors in der Ostzone gesellte sich also die zonenübergreifende gesamtdeutsche Klammerfunktion, die evangelischem Kirchentum im damaligen Nachkriegsdeutschland eignete.

Da die im Potsdamer Abkommen vom 2. August 1945 bekräftigte Deutschlandpolitik der Antihitler-Koalition sich nicht als tragfähig erwies und eine Polarisierung im Ost-Westverhältnis der Hauptsiegermächte sich mit dem Beginn des „Kalten Krieges" und der Containment-Politik der USA seit 1947 auch deutschlandpolitisch konfrontativ auswirkte, gewannen die Kirchen in der sowjetischen Besatzungszone wie das Kirchentum in Deutschland überhaupt eine aktuelle deutschlandpolitische Relevanz bis hin zum sowjetischen Angebot einer Neutralisierung Deutschlands, das angesichts der faktisch vollzogenen Einbindung Westdeutschlands in das sich erweiternde westliche Bündnissystem unrealisiert blieb.[54] Der mit der Gründung zweier deutscher Staaten sich abzeichnende eigenstaatliche Konsolidierungsprozeß der DDR und der Aufbau des Sozialismus brachten dann für die Kirchen im Osten Deutschlands neue Probleme mit ideologischen und sozialgeschichtlich relevanten Implikationen. Die gesamtdeutsche Klammerfunktion des kirchlichen Zusammenschlusses der Evangelischen Kirche in Deutschland – wenn auch noch für eine gewisse Zeit wichtig – erwies sich durch die Rückbindung der Landeskirchen in der DDR an das westdeutsche Kirchentum und seinen gesellschaftspolitischen Kontext hemmend bei der anstehenden Bewältigung DDR-spezifischer kirchlicher Lebensprozesse. Wenn kirchliche Aktivitäten ins Zwielicht staatsschädigender oder die gesellschaftliche Entwicklung störender oder hemmender Machinationen gerieten, mußte es zu Konfliktsituationen kommen. Lebensordnungskriterien und Wächteramtskonzeptionen (nicht selten aus Kirchenkampferfahrungen im Dritten Reich gewonnen und bekenntniskirchlich als Gegensatz zu unverbindlicher Volkskirchlichkeit verstanden) verschärften das Konfliktpotential im kirchlichen Einstellungsverhalten gegenüber dem marxistischen Ideologieanspruch, der im gesellschaftspolitischen Bereich dominierte. Davon war besonders der Erziehungs- und Bildungsbereich betroffen.

War auch die kritisch-kooperative Haltung der Kirchen in der antifaschistisch-demokratischen Neuordnungs- und Übergangsphase innerhalb der Ostzone bis 1949 nicht linear komplikationsfrei gewesen, so war sie für Besatzungsmacht und die gesellschaftlich dominierenden Kräfte von bündnispolitischem Belang. Der Problemkomplex, dem sich die Kirchen durch die weitergehende gesellschaftliche Umwälzung auch ideologisch gegenübergestellt sahen und der sich in der polemisch-distanzierten Rede vom „atheistischen Weltanschauungsstaat" spiegelte, überstieg zunächst die kirchliche Rezeptionsfähigkeit.

Gewiß hatte sich schon „sich entwickelndes neues kirchliches Leben in der SBZ – im Gegensatz zu den westlichen Besatzungszonen, auf neue, auf veränderte gesellschaftliche und politische Ansprüche einstellen" müssen.[55] Doch konnte für die Übergangsphase der antifaschistisch-demokratischen Ordnung nach Programmatik der KPD und der SED wie für die dominierende sowjetische Besatzungspolitik gelten: evangelisches Kirchentum in der Ostzone sah sich in der Praxis des volkskirchlichen Neuaufbaus in einen eher konservativen Trend hineingenommen, dessen kulturpolitische Auswirkungen kircheninstitutionell förderliche Tendenzen aufwiesen. Von daher versteht sich auch eine Kontrastwirkung, die durch die im Zusammenhang mit der Staatsgründung der DDR ins Werk gesetzte sozialistische Entwicklung und ihre soziostrukturellen und ideologischen Auswirkungen auf das herkömmliche Verhältnis von Staat und Kirche sich zwangsläufig ergab. Hier wurde auch für evangelisches Kirchentum eine neue Ortsbestimmung notwendig, für die noch keine historischen Erfahrungen vorlagen.[56]

Anmerkungen

1 Vgl. die zeitgenössische kritische Studie von *Hermann Diem*, Restauration oder Neuanfang in der evangelischen Kirche?, Stuttgart 1946, mit landeskirchlichen Neuordnungsvorschlägen, aversiv gegen Bestands- und Positionssicherungstendenzen des Landeskirchentums nach 1945. Die Feststellung, „daß der ganze Kirchenkampf mit seinem gewaltigen Aufwand überhaupt kein Ergebnis gehabt hat" (ebd. 34), bestätigt indirekt die geschichtliche Kontinuitätsbedeutung des kircheninstitutionellen Traditionsprinzips beim volkskirchlichen Neuaufbau nach Kriegsende.
2 Vgl. *John S. Conway*, Die nationalsozialistische Kirchenpolitik 1933–1945. Ihre Ziele, Widersprüche und Fehlschläge, übersetzt von *Carsten Nicolaisen*, München 1969. – *Kurt Meier*, Kirche und Nationalsozialismus. Ein Beitrag zum Problem der nationalsozialistischen Religionspolitik: Zur Geschichte des Kirchenkampfes. Gesammelte Aufsätze, Göttingen 1965 (AGK 15), 9–29.
3 Vgl. *Jörg Thierfelder*, Das Kirchliche Einigungswerk des württembergischen Landesbischofs Theophil Wurm, Göttingen 1975 (AKiZ B 1). Zur Stellung Bonhoeffers im Blick auf das Einigungswerk vgl. *Eberhard Bethge*, Dietrich Bonhoeffer. Theologe – Christ – Zeitgenosse, München 1967, 774.
4 Im Vollsinn intakt waren auch die süddeutschen Landeskirchen nicht geblieben; ihre Landesbischöfe regieren aber aufgrund traditioneller kirchenregimentlicher Legalität ebenso wie in der lutherischen Landeskirche Hannovers, die 1934 ihre „Intaktheit" wiedergewann.
5 Detaillierte Darstellung besonders der Kirchenausschußzeit 1935 bis 1937 bei *Joachim Fischer*, Die sächsische Landeskirche im Kirchenkampf 1933–1937, Göttingen 1972 (AGK. E 8). – Zu den einzelnen evangelischen Landes- und Provinzialkirchen vgl. auch *Kurt Meier*, Der evangelische Kirchenkampf. Gesamtdarstellung in drei Bänden, Halle (Saale) – Göttingen, Bde. 1 u. 2: 1976; Bd. 3: 1984.
6 Vgl. *Martin Onnasch*, Um kirchliche Macht und geistliche Vollmacht. Ein Beitrag zur Geschichte des Kirchenkampfes in der Kirchenprovinz Sachsen 1932–1945, Diss. theol. A, Halle (Saale) 1979, 3 Bde.; bes. Bd. 1, 268–280: „Der ungewöhnliche Erfolg des Wurmschen Einigungswerkes in der Kirchenprovinz Sachsen beruht auf der Tatsache, daß der Provinzialbruderrat sich seit längerer Zeit zur Mitte hin orientiert hatte… Die volle Auswirkung der Arbeit wurde nicht mehr während der Kriegszeit erreicht. Vielmehr zeigt sich ihre eigentliche Bedeutung erst nach dem Zusammenbruch des Dritten Reiches, als die vorbereitenden Verhandlungen um eine neue Leitung der Kirchenprovinz Sachsen an der Arbeit des Vertrauensrates und dessen Mitglieder anknüpfen konnte" (272).
7 *Meier*, Der evangelische Kirchenkampf, Bd. 3, 374f.; vgl. auch: Informationen der Evangelischen Landeskirche Anhalts, Nr. 1/2, 1985, 1–3.
8 *Meier*, a.a.O., Bd. 3, 274–295.
9 Ebd. 225–261; vgl. *Christian Stappenbeck* Eine Kirche in der Übergangsperiode. Die Entwicklung der Evangelischen Kirche in Berlin-Brandenburg im Spiegel ihrer Provinzialsynoden von 1945 bis 1960/61, Diss. theol. A, Berlin 1981. – Teilveröffentlichung: *Ders.*, Die Kirche Berlin-Brandenburgs vor der Aufgabe der Neuordnung. Bekenntnissynoden und erste Provinzialsynode in den Jahren 1945/46: HerChr 1983/84, hg. v. *Karl-Heinz Blaschke*.
10 *Walther Elliger* (Hg.), Die Evangelische Kirche der Union. Ihre Vorgeschichte und Geschichte. Unter Mitarbeit von *Walter Delius* und *Oskar Söhngen*, Witten 1967, 155–161. – KJB 1951, 43 ff.
11 *Stappenbeck*, Eine Kirche in der Übergangsperiode, a.a.O. 33.
12 *Meier*, a.a.O., Bd. 3, 474–494. – Landeskirchliches Archiv Hannover (LKAH): D 15 I L Thür.
13 *Meier*, a.a.O., Bd. 3, 375–386. – LKAH: D 15 I L Me.
14 *Meier*, a.a.O., Bd. 3, 494–537. – LKAH: D 15 I L Sa. – Vgl. auch *Erich Stegmann*, Der

Kirchenkampf in der Thüringer evangelischen Kirche 1933–1945. Ein Kapitel Thüringer Kirchengeschichte, Berlin 1984, 109–116 (XIV. Ende und neuer Anfang). Instruktiv auch Kurzbiographien wichtiger Personen der Thüringer evangelischen Kirche 1933–1945 und danach (ebd. 121–131).

15 In Sachsen war es aus grundsätzlichen und situationsbedingten Gründen faktisch nicht möglich, daß etwa der Landesbruderrat einfach das Kirchenregiment übernommen hätte. Geheimrat Erich Kotte übernahm aufgrund seiner nie aufgegebenen Rechte als Oberlandeskirchenrat im Landeskirchenamt die Leitung der Verwaltung. Die geistliche Leitung der Landeskirche fiel fast zwangsläufig auf den von der Dresdener Stadtgeistlichkeit „notrechtsweise" eben gewählten Stadtsuperintendenten Lau, der der Bekennenden Kirche seit 1940 nicht mehr angehörte. Es handelte sich um ein sich aus der Situation des Kriegsendes ergebendes notwendiges kircheninstitutionelles Handeln, keinesfalls um eine Berufung auf das bekenntniskirchliche Notrecht der BK-Synode von Dahlem.

16 Vgl. Chronik des Kirchengebietes Görlitz (MS, 74 S., Verf.: Pfr. i.R. *Werner Heimbach*; deponiert beim Evang. Konsistorium Görlitz). Zu Problemlage und Hergang vgl. auch *Gerhard Besier*, Altpreußische Kirchengebiete auf neupolnischem Territorium. Die Diskussion um „Staatsgrenzen und Kirchengrenzen" nach dem Ersten und Zweiten Weltkrieg, Göttingen 1983. – *Ernst Hornig*, Die Bekennende Kirche in Schlesien 1933–1945. Geschichte und Dokumente (AGK. E 10), Göttingen 1977.

17 Präses *Kurt Scharf* (Die Evangelische Kirche von Berlin-Brandenburg, ABlEKD (1) 1947, Sp. 81–84) verweist auf die „Begegnung der Kirche im Berliner Stadtstaat mit den vier die Politik der gesamten Welt bestimmenden Siegermächten". Das leitende Amt der Kirchenprovinz Berlin-Brandenburg – von Visser't Hooft als eine „ökumenische Schlüsselstellung" bezeichnet – stehe damit in einem besonders diffizilen Verantwortungsbezug.

18 *Meier*, a.a.O., Bd. 3, 133–146: Religionspolitische Restriktionsmaßnahmen und volkskirchliche Stabilisierungstendenzen im Altreich.

19 Vgl. *Hans-Dieter Döpmann*, Die Russische Orthodoxe Kirche in Geschichte und Gegenwart, ²1981, 262–272.

20 *Gerhard Wolter*, Die Strategie und Taktik der KPD und SED bei der Einbeziehung christlicher Kräfte in die Lösung der Lebensfragen der deutschen Nation (1933–1950), Habilitationsschrift, phil. Fak., Leipzig 1968.

21 *Klaus Drobisch*, Christen im Nationalkomitee „Freies Deutschland". Eine Dokumentation, Berlin 1973.

22 Die Europäische Beratungskommission aus Vertretern der Sowjetunion, der USA und Großbritanniens, die bereits am 14. Januar 1944 ihre Tätigkeit begann, hat in die Erörterung der Ergänzungsbestimmungen für den Kapitulationstext auch religiöse Angelegenheiten einbezogen. Im Potsdamer Abkommen vom 2. August 1945 hieß es unter Abschnitt A. Politische Grundsätze, Ziffer 10: „Unter Berücksichtigung der militärischen Sicherheit wird die Freiheit der Rede, der Presse und der Religion gewährt. Die religiösen Einrichtungen sollen respektiert werden."

23 JSKG 32 (1953) 90; 33 (1954) 138; 42 (1963) 145. – *Ulrich Bunzel*, Kirche unter dem Kreuz, Bielefeld 1947, 23. – *Ernst Hornig*, a.a.O. 65. 346.

24 Rundbrief Nr. 1 vom 27. Mai 1945.

25 Rundbrief Nr. 3 vom 29. Juli 1945.

26 Brief von Pfr. Helm (Zwickau) im Namen des vorläufigen Kirchenausschusses für Südwestsachsen und im Namen der Bekennenden Pfarrer Südwestsachsens an Bischof Wurm vom 20. Juli 1945.

27 Ebd. – Sup. Hans Jacobshagen schrieb am 10. Oktober 1945 aus der im Gebiet der sowjetischen Zone gelegenen Enklave des Kirchenkreises Hohnstein (Konsistorium Ilfeld), die zur lutherischen Landeskirche Hannover gehörte, an Landesbischof Marahrens: „Seit der Besetzung des alten Kreises Ilfeld durch die Russen ist das kirchliche Leben ungestört seinen Gang weitergegangen. Gottesdienste und kirchliche Veranstaltungen sind ungestört geblieben. Die Pfarrhäuser und Kirchen sind als solche geachtet."

28 *Heinrich Schumann*, Die Innere Mission in Leipzig 1869–1959 (hekt., 476 S.), o.J., 218 ff., Zit.: 220.
29 LKAH: E 6–155. – Vgl. auch *Bruno Theek*, Die Evangelische Kirche Deutschlands im Widerstandskampf gegen den Faschismus: *Wilhelm Bondzio* (Hg.), Christlicher Widerstand gegen den Faschismus, Berlin 1955, 12. Pfr. Theek, aus KZ-Haft befreit, erhielt als Bürgermeister von Ludwigslust vom sowjetischen Stadtkommandanten den Hinweis auf sofortige „Weiterarbeit" der Kirchen.
30 Zit. nach *Reinhard Scheerer*, Evangelische Kirche und Politik 1945 bis 1949. Zur theologisch-politischen Ausgangslage in den ersten Jahren nach der Niederlage des „Dritten Reiches", Köln 1981, 81.
31 Teilnachlaß Franz Lau, Archiv Wissenschaftsbereich Kirchliche Zeitgeschichte (AWBKZG), Sektion Theologie Leipzig: Instruktive Einzelbelege für enge Kooperation mit der SMAD und der Landesverwaltung Sachsens, begünstigt durch den Sitz des Landeskirchenamtes in Dresden. – Für Thüringen vgl. beispielsweise *Stegmann*, a.a.O. 114: „Es wirkte sich für die Thüringer Kirche günstig aus", daß Landesoberpfarrer Mitzenheim, dem 1946 der Bischofstitel verliehen wurde, „nachdem seit dem 1. Juli 1945 Thüringen sowjetisches Besatzungsgebiet geworden war, mit dem Militärgouverneur, Gardegeneralmajor Kolesnitschenko in Weimar, zu einem Vertrauensverhältnis kam. So gelang es ihm z. B., sehr bald die Wiedereröffnung der Universität Jena und besonders ihrer Theologischen Fakultät zu erwirken. Auch die Genehmigung des Wiedererscheinens der Thüringer Kirchenzeitung ‚Glaube und Heimat', die Herausgabe und Wiederherstellung des Sophienhauses in Weimar und vieles andere hat er erwirken können."
32 *Otto Dibelius*, Ein Christ ist immer im Dienst. Erlebnisse und Erfahrungen in einer Zeitenwende, Stuttgart ²1963, 210. 232. 241. 294 u. ö. – *Heinrich Grüber*, Erinnerungen aus sieben Jahrzehnten, Köln – Berlin ²1968, 231 ff.
33 *Georg Prater* (Hg.), Kämpfer wider Willen. Erinnerungen des Landesbischofs von Sachsen D. Hugo Hahn aus dem Kirchenkampf 1933–1945, Metzingen 1969, 230. 308. – *Heinrich Herzog*, Die Neuordnung der Evangelisch-Lutherischen Landeskirche Sachsens nach dem Zusammenbruch des „Dritten Reiches". Grundlinien und Beitrag zu einer Dokumentation: HerChr 1973/74 (Beiträge zur deutschen Kirchengeschichte, Bd. IX), Berlin 1975, 199–212; hier: 203.
34 Nach mündlicher Äußerung von Prof. D. Franz Lau.
35 Standpunkt. Evangelische Monatsschrift (8) 1978, 208. – Vgl. *Jürgen Seidel*, Moritz Mitzenheim – Bischof und Landesvater: Lutherische Kirche in der Welt. Jahrbuch des Martin-Luther-Bundes, Folge 32, Erlangen 1985, 69–81.
36 *Jürgen Seidel*, Abkehr vom „Deutschen Christentum". Die „Thüringer evangelische Kirche" im Jahre 1945: KiS 6/83, 39–47. In den in den „Beiträgen zur Geschichte Thüringens" herausgegebenen Erinnerungen von *I.S. Kolesnitschenko*, von 1945 bis 1949 Chef der Verwaltung der SMA in Thüringen (Erfurt 1985), besuchte Mitzenheim bereits im Juli 1945 den Gardegeneralmajor Kolesnitschenko, um die Restaurierung des von den Nazis entfernten goldenen Kreuzes auf dem Turm der Wartburg in Eisenach zu erbitten.
37 Ebd. 44. Im 1. Rundschreiben an die Pfarrerschaft vom 19. November 1945 (EZAB, Bestand: EKD 136 B) berichtet Mitzenheim, der Landeskirchenrat stehe laufend in Verbindung „mit der Thüringer Regierung sowie mit der Sowjet-Militär-Administration, um Fragen zu regeln, die den Staat und die Kirche berühren. Wir dürfen dankbar sagen, daß wir im allgemeinen Entgegenkommen gefunden haben."
38 Nach mündlicher Äußerung von Prof. D. Lau. Vgl. allgemein die beiden gezielt belegten Überblicke von *Jürgen Seidel*: Neubeginn in Leipzig. Die „Evangelisch-Lutherische Landeskirche Sachsens" nach Kriegsende: KiS 2/84, 31–37; Von Leipzig nach Dresden. Die „Evangelisch-Lutherische Landeskirche Sachsens" nach Kriegsende: KiS 3/84, 35–46; zur Entnazifizierung vgl. KiS 3/84, 41 f. – Am 13. Dezember 1945 hatte Landessuperintendent Lau an den sowjetischen General Dubrowski geschrieben. Es handelte sich um die Anregung einer Weihnachtsamnestie für nominelle Parteigenossen. Bei einer Unterredung mit

Präsident Dr. Friedrichs in der Landesverwaltung Dresden im Beisein von Staatssekretär Dr. Menge-Glückert am 22. Dezember 1945 wurde die Eingabe für problematisch gehalten, weil der Kontrollrat (dort besonders die Amerikaner) die Entlassung aller Parteigenossen gefordert habe. Lau und Kotte hatten Gelegenheit, „unter Hinweis auf die von uns getroffenen Maßnahmen wie auch auf die Lage in anderen Kirchengebieten alle unsere Einwendungen gegen eine schematische Übernahme der staatlichen Praxis vorzubringen". Die dabei kirchlicherseits „schätzungsweise angegebene Zahl von etwa 200 Pgs. bei 1258 Geistlichen wurde als zu gering bezeichnet..." (Niederschrift über eine Unterredung mit Präsident Dr. Friedrichs in der Landesverwaltung...; Teilnachlaß Lau, AWBKZG).

39 Im noch maschinenschriftlichen Verordnungsblatt des Vorläufigen Kirchenausschusses für Südwestsachsen vom 26. Juni 1945 unter dem BK-Pfarrer Walter Helm (Zwickau) hatte es geheißen, nur bei gestörtem Vertrauensverhältnis des Pfarrers in den Gemeinden komme Versetzung in Betracht: „Die Zugehörigkeit zur Partei als solche begründet keine Einwände gegen den Amtsträger, es sei denn, daß seine politische Betätigung innerhalb der Gemeinde Anstoß erregt oder feststellbaren Schaden gestiftet hat." Eine undifferenzierte Pauschalbelastung von Pfarrern wegen Zugehörigkeit zur NSDAP wurde hier abgewiesen. – Für die Kirchenprovinz Sachsen vgl. Richtlinien über die Auswertung der Fragebogen betr. „Deutsche Christen" und Mitglieder der NSDAP als Amtsträger der Kirche, die am 17. Oktober 1945 den Superintendenturen zugestellt wurden (Abschrift in Teilnachlaß Lau): Hauptgesichtspunkt: „Die Klärung der Frage, wie es bei den ‚Deutschen Christen' und den Mitgliedern der NSDAP unter den Amtsträgern der Kirche zu halten ist, erfolgt durch die Kirche selbst. Maßgebend für die Kirche sind dabei der Grundsatz der öffentl. Vertrauenswürdigkeit ihrer Diener und das Gebot der seelsorgerl. Sorgfalt gegenüber jedem Einzelfalle. Sie ist dafür verantwortlich, daß öffentlicher Anstoß an der Verkündigung und persönlichen Haltung ihrer Amtsträger nicht unbehoben bleibt, und sie nimmt diese Verantwortung in eigener Initiative wahr." Dabei wurde grundsätzlich unterschieden zwischen der „Deutschchristlichen Bewegung", bes. in Gestalt der „Thüringer nationalkirchlichen Einung" und der Zugehörigkeit zur NSDAP. Bei DC-Angehörigkeit dieser Art galt Verbleib in einem leitenden kirchlichen Amt nicht möglich, sonst Versetzung in anderes Pfarramt oder Wartestand, zunächst Beurlaubung. Bei NS-Zugehörigkeit von Pfarrern wurde zwischen Aktivisten und nominellen Mitgliedern unterschieden. Leitende Ämter sollten von Pfarrern, die Parteigenossen waren, nicht bekleidet werden (Superintendent oder Mitglied des Konsistoriums). Die Erfüllung des Ordinationsgelübdes spielte die Rolle eines Kriteriums: „Als Aktivisten gelten diejenigen nicht mehr, die wegen ihres parteigegnerischen Verhaltens nachweislich aus der NSDAP oder deren Gliederungen ausgeschlossen, ihrer Freiheit beraubt oder unter Anklage und Bedrohung gestellt worden sind." Die Richtlinien galten zunächst für Geistliche, waren aber sinngemäß auch auf die kirchlichen Beamten anwendbar. Ein Ausschuß, den die Vorläufige Kirchenleitung der Kirchenprovinz Sachsen eingesetzt hatte, sollte für die Durchführung der Richtlinien verantwortlich sein.

40 5. Rundbrief Bischof Mitzenheims vom 22. Dezember 1947. Bereits am 7. Juni 1946 wurde den thüringischen Pfarrämtern vom Landeskirchenrat in Eisenach mitgeteilt, Presseangriffe mit unrichtigen Darstellungen der Reinigung der Thüringer Kirche von nazistischen Elementen hätten den Landeskirchenrat veranlaßt, die bisherigen kirchlichen Selbstreinigungsmaßnahmen der Landeskirche mit Zahlenmaterial der SMAD darzustellen. Um Erfassung der Zugehörigkeit zur NSDAP auf kirchgemeindlicher Ebene (Kirchvorsteher, Kirchgemeindebeamte usw.) zu Nachweiszwecken wurde ersucht, da die Kirchenregierung sich nur mit Entnazifizierung der Pfarrer und des Landeskirchenrats beschäftigt habe.

41 LKAH: D 15 – I L Me (Bericht OKR Praters vom 23. September 1948).

42 Schreiben d. Thür. Landeskirchenrats vom 15. August 1947 (LKAH: D 15 I L Thür.). – Vgl. *Peter Steinbach*, Nationalsozialistische Gewaltverbrechen. Die Diskussion in der deutschen Öffentlichkeit nach 1945, Berlin 1981 (Beiträge zur Zeitgeschichte, Bd. 5), bes. 31–37 (4. Entnazifizierung). – Zur strukturellen Entnazifizierung in der sowjetischen Zone *Rolf Badstübner/Siegfried Thomas*, Restauration und Spaltung. Entstehung und Entwicklung

Volkskirchlicher Neuaufbau 233

der BRD 1945–1975, Köln 1975, 136 ff. – *Lutz Niethammer*, Entnazifizierung in Bayern. Säuberung und Rehabilitierung unter amerikanischer Besatzung, Frankfurt/M. 1972 (umfassendes Literaturverzeichnis).
43 LKAH: D 15 – I F 1 (Sitzung 12.–14. September 1949 im Lutherischen Kirchenamt [Ost] in Berlin).
44 Vgl. Rundschreiben des Thür. Landeskirchenrats Nr. 9 vom 19. Juli 1946 zur Christenlehre: Einstellungsstop von Lehrern, die der NSDAP angehört haben, für den katechetischen Dienst. Der mecklenburgische Oberkirchenrat in Schwerin teilte noch am 24. Februar 1947 den Landessuperintendenten mit, daß von der Schule herkommende Lehrkräfte, wenn sie sich überhaupt anböten, „bisher nicht in Betracht gezogen werden können, da ihre politische Belastung ihre Anstellung hindert". Man behalf sich vorwiegend mit Vierteljahrskursen zur Ausbildung von Hilfskatecheten (LKAH: D 15 I L Me). Da die Entnazifizierungsaktion in der Ostzone am 27. April 1948 für beendet erklärt werden konnte, entfielen auch für den katechetischen Bereich weitgehend voraufgehende Anstellungsprobleme bei dienstentlassenen Lehrern.
45 LKAH: D 15 – I G (Vortrags-MS von OKR Walter Zimmermann, undatiert, EKD-Synode Bethel 1949 unmittelbar vorausgesetzt, 18 S., Zit.: 7 f.).
46 Vgl. dazu auch *Günter Wirth*, „Die Zeichen der Zeit" 1947 bis 1949. Vorläufiger Versuch der Wertung und Würdigung in der Sicht eines Publizisten, Berlin 1981.
47 ABlEKD (1) 1947, Nr. 12/13, Sp. 77–82.
48 Ebd., Sp. 78. – Für das Verständnis, das die volkskirchliche Situation des Protestantismus in der Ostzone bei der sowjetischen Besatzungsbehörde fand, ist der kirchenamtliche „Vermerk über die Aussprache in der kirchlichen Ostkonferenz mit Oberleutnant Jermolajew (Berlin-Lichtenberg) in Dresden am 22. Oktober 1947" (10 S., EZA 2/1/49) aussagekräftig. Jermolajew, als Referent für kirchliche Angelegenheiten im Stabe Tulpanows bei der Sowjetischen Militäradministration in Berlin, stand der Ostkonferenz zu einer ausführlichen Beratung kirchlicher Fragen zur Verfügung. Das als Gesprächsprotokoll abgefaßte Aktenstück kann als ein charakteristischer Beleg für effektive Unterstützungs- und Problemklärungsbereitschaft der Kirchen gegenüber gelten. Es zeigt u. a. die Erhöhung der Zulassungsquoten für das Theologiestudium und der Auflagen landeskirchlicher Gemeindeblätter, die klare Akzeptanz der kirchlichen Jugend-, Frauen- und Männerarbeit auf kirchengemeindlicher Basis, wobei die amtskirchliche Integrierung dieser Arbeit vorgängige vereinsautonome organisatorische Formen zu vermeiden hatte. Möglichkeit kirchlichen Religionsunterrichts in Schulräumen aufgrund der Bestimmungen der neuen Länderverfassungen in der sowjetischen Zone und Wünsche der Interniertenseelsorge waren Gesprächsgegenstände. Zur „Frage der Bevorzugung der Pfarrersöhne bei Neuzulassung" äußerte Jermolajew: „Es ist gewiß gut, aus den berühmt gewordenen deutschen Pfarrhäusern Nachwuchs zu bekommen. Es kann aber auch die Meinung bestehen, daß die Gefahr, daß der geistliche Stand eine geschlossene Kaste werde, vermieden werden sollte. Das Theologiestudium soll wie alle Gebiete sämtlichen Schichten des Volkes offen stehen."
49 ABlEKD (1) 1947, Sp. 78.
50 Ebd., Sp. 83–88 (Bericht Mitzenheims über Thüringer Landeskirche). Vgl. LKAH: D 15 I L Thür. (Sammelrundschreiben 4/48 betr. Seelsorge an Internierten und deren Angehörigen).
51 Ebd. Mitzenheim betont die gute Zusammenarbeit mit der SMAD und der Landesverwaltung Thüringens. Bei politischer Beteiligung werden die Pfarrer, da ihr Dienst die gesamte Gemeinde betrifft, zu parteipolitischer Zurückhaltung ermahnt. Das kirchliche Engagement war durch Aufnahme des Landesbischofs in die Thüringer Landesversammlung dokumentiert. Konzeptionelle Einmütigkeit, beim Auftreten von Pfarrern und Superintendenten, schien durch Orientierung an landeskirchlichen Verlautbarungen gewährleistet (so „Wort zum Frieden", Frühjahr 1949).
52 Bischof Mitzenheim sprach auf dem ersten „Deutschen Volkskongreß für Einheit und gerechten Frieden" 1947 in Berlin. Vgl. dazu *Gerhard Lotz*, Moritz Mitzenheim, Reihe Christ in der Welt, H. 10, Berlin 1966, 30. Auch Bischof Beste hatte sich Anfang Dezember

1947 den Bemühungen um den Volkskongreß in Berlin zur Verfügung gestellt und war in die Delegation gewählt worden, die – aus 17 Delegierten bestehend – auf der Londoner Konferenz die Stimme des deutschen Volkes für Einheit und gerechten Frieden zum Ausdruck bringen sollte. Die Delegation erhielt von der britischen Regierung keine Einreisegenehmigung. Angesichts gewisser kirchlicher Kritik betonte Beste, er fühle sich „in Übereinstimmung mit dem Landesbischof Mitzenheim und Propst Grüber". Auch die Landeskirche Sachsens hatte sich an der Landeskonferenz der Volkskongreßbewegung beteiligt, verzichtete aber Frühjahr 1948 auf eine erneute Beteiligung, ebenso wie Mecklenburg, das auf das bevorstehende Wort der EKD Anfang März 1948 verwies und – da die Kirche nicht als Organisation neben den anderen Organisationen und Parteien angesehen werden könne – von besonderer Abordnung und Wahl einer Delegation zum zweiten Volkskongreß im März 1948 absah (LKAH: D 15 I A, Schreiben an Landesausschuß Mecklenburg vom 29. Februar 1948; D 15 I L Me, Schreiben Beste an Lutherrat vom 12. Dezember 1947). Zur Bodenreform vgl. *Meier*, a.a.O., Bd.3, 536f. – In Mecklenburg wurde eine Stellungnahme zur Bodenreform politischerseits ausdrücklich gewünscht. Konzeptionelle Hinweise für Ansprachen von Geistlichen bei Landzuteilungsfeiern an Neusiedler wurden vom Oberkirchenrat zur Verfügung gestellt. In Sachsen sind Bedenken gegen ein kirchliches Wort im Zusammenhang mit dem Volksentscheid zur Enteignung von Großindustriellen im Gespräch mit der Landesverwaltung beim Landeskirchenamt ausgeräumt worden.

53 Vgl. Abendpost Nr. 157 vom 15. Juli 1948; Thür. Tageblatt Nr. 84 vom 15. Juli 1948, Thüringer Volk Nr. 160 vom 16. Juli 1948.
54 Vgl. die auch forschungsgeschichtlich relevante Sichtweise von *Wilfried Loth*, Die doppelte Eindämmung. Überlegungen zur Genesis des Kalten Krieges 1945–1947: HZ 238 (1984) 611–631.
55 *Horst Dähn*, Konfrontation oder Kooperation? Das Verhältnis von Staat und Kirche in der SBZ/DDR 1945–1980. Mit einem Vorwort von *Reinhard Henkys* (Studien zur Sozialwissenschaft, Bd. 52), Wiesbaden 1982, 14f.
56 Auf die Tatsache, daß kirchliche Kreise wegen eines vermeintlichen Interregnum-Charakters der DDR das geschichtliche Novum des Aufbaus des Sozialismus in einem Land mit überwiegend protestantischer Bevölkerung auch theologisch zunächst nicht zureichend bewältigen konnten, ist kirchenintern wie auch von gesellschaftspolitischer Seite schon in den fünfziger Jahren hingewiesen worden. Vgl. etwa die entsprechenden Passagen in Reden *Otto Nuschkes* aus den Jahren 1955/56, der darin ein Erklärungsmuster für vorhandenes Konfliktpotential sah (Auf dem Wege zur gemeinsamen humanistischen Verantwortung. Eine Sammlung kirchenpolitischer Dokumente 1945 bis 1966 unter Berücksichtigung von Dokumenten aus dem Zeitraum 1933 bis 1945, Berlin 1967, 259f. 271ff.). Dem entspricht die retrospektive Beurteilung des beiderseitigen „Lernprozesses" im Blick auf die Entwicklung des Kirche-Staat-Verhältnisses.

Kurt Nowak

Gerhard Ritter als politischer Berater der EKD (1945–1949)

Der Freiburger Neuzeithistoriker Gerhard Ritter (1888–1967) zählt zu den bedeutenden Laienpersönlichkeiten des deutschen Protestantismus im 20. Jahrhundert. Diese Feststellung ist zunächst kaum mehr als eine Arbeitshypothese. Die kirchliche Zeitgeschichtsforschung hat seinem Leben und Werk bislang keine tiefer dringende Aufmerksamkeit geschenkt. Ritter ist keine Persönlichkeit, an der sich die Geister befrieden. Nach dem Zweiten Weltkrieg galt er zeitweilig als „der repräsentative deutsche Historiker schlechthin". Indes war diese Repräsentanz – ein Produkt mannigfacher Faktoren, die nicht allein in Ritters wissenschaftlichen Leistungen zu suchen sind – zu keinem Zeitpunkt völlig unangefochten.[1]

Die uneinheitlichen Urteile über Ritter sind für die kirchliche Zeitgeschichtsschreibung, sofern sie sich anschickt, den Ort des Freiburger Historikers im deutschen Protestantismus der Nachkriegsjahre zu bestimmen, nicht ohne Reiz. Er steigert sich noch, wenn man gewahr wird, daß Ritters kirchliches Nachkriegsengagement bislang lediglich von seinem wohl schärfsten Kritiker, dem Leipziger Historiker Werner Berthold, einer genaueren Betrachtung für wert befunden wurde: „Kirchenpolitik im Dienste des Imperialismus".[2] Da Bertholds Materialbasis wegen der sachlichen Zwänge, denen seine noch zu Lebzeiten Ritters verfaßte Monographie unterlag, recht schmal gewesen ist, zudem das Anliegen des Autors, in Ritter einen „Typus" zu decouvrieren[3], den Weg in die dornige Empirie weitgehend erübrigte, muß die Aufgabe einer Nachzeichnung und Bewertung von Ritters kirchlichem Wirken in der Nachkriegszeit nach wie vor als unabgegolten angesehen werden.

Die kirchengeschichtliche Bedeutung des evangelischen Laien Gerhard Ritter bestimmt sich nach der Eigenart seines theologischen und historisch-politischen Weltbildes und der in ihm beschlossenen Reichweite im Protestantismus Deutschlands. Da sich Ritter niemals ernstlich an den Hebeln praktischer Kirchenpolitik betätigen konnte, stehen die ideellen Verflechtungen, die sich in seiner Person und Gedankenwelt bündeln, im Vordergrund der Betrachtung. Hier eröffnen sich Zusammenhänge, die für die geistige Physiognomie repräsentativer Schichten des deutschen Protestantismus nach 1945 von Belang sind.

1.

Unübersehbar ist die Kontinuitätslinie von Ritters Wirksamkeit in der Bekennenden Kirche und im Freiburger Widerstandskreis zu seinen kirchlichen Nachkriegsaktivitäten. Ein gewichtiger Beleg dafür ist die Denkschrift „Politische Gemeinschaftsordnung. Ein Versuch zur Selbstbesinnung des christlichen Gewissens in den Nöten unserer Zeit" aus dem Jahr 1942/43. Aus ihr lassen sich wesentliche Motive für Ritters kirchliches Nachkriegswirken erschließen. Auf die Freiburger Denkschrift zu blicken, kommt einer Intention Ritters selbst entgegen, denn diese Ausarbeitung ist für den Historiker und Christen über das Ende des Dritten Reiches hinaus ein Merkposten und Anhaltspunkt seines Selbstverständnisses gewesen. Wenige Wochen nach der Befreiung ließ Ritter die bis dahin nur in drei Exemplaren vorhandene Denkschrift vervielfältigen. 1947 gab er seiner für die Amsterdamer Weltkirchenkonferenz bestimmten Denkschrift einen Teil der Freiburger Denkschrift als Anlage bei.[4] Ein Jahr später druckte Ritter in der Zeitschrift „Neubau" den ersten Hauptteil der Freiburger Denkschrift („Das politische Chaos unserer Zeit und seine Ursachen") mit nur geringfügigen Veränderungen, die vor allem die Überschrift und den Schluß betrafen, ab.[5] Offenbar sah Ritter, obschon sich die politische Lage grundlegend gewandelt hatte, die 1942/43 getroffenen Aussagen in ihrer Substanz als unverändert gültig an.

Die Freiburger Denkschrift in den von Ritter konzipierten Teilen ist das Dokument einer Theorie der Neuzeit und der neuzeitlichen Christentumsgeschichte. Ihre entscheidende Kategorie, um die sich alle weiteren Bestimmungen gruppieren, heißt „Säkularisation". Wenn man so will, ist diese Säule der Neuzeittheorie Ritters nicht gerade originell. Säkularisation bzw. Säkularismus war seit der Weltmissionskonferenz von 1928 in Jerusalem ein protestantischer Gemeinplatz. Der Begriff Säkularisation diente zur polemischen Charakteristik der Neuzeit als Geschichte des Abfalls des Menschen von Gott. Zwischen 1928 und 1933 und dann wiederum nach 1945 begegnete er als die Chiffre der Neuzeitdeutung schlechthin. Sein Zurücktreten in den Jahren des Dritten Reiches erklärte sich aus der zeitweiligen theologiepolitischen Dominanz deutsch-christlicher Geschichtstheologie, die in der „nationalen Revolution" und in der Gestalt des „Führers" neuerlich die Gegenwart Gottes im geschichtlichen Geschehen zu erleben vermeinte.

Ritter ist als Teilnehmer der Barmer Bekenntnissynode und durch sein Ja zur Barmer Theologischen Erklärung der deutsch-christlichen Geschichtstheologie hart entgegengetreten. Auch sein Verhältnis zur neulutherischen Ordnungstheologie, die gemäß den ihr eigentümlichen Voraussetzungen ebenfalls Gott und Geschichte zusammenführte, ist distanziert gewesen. Diese Zurückhaltung ging auf sein von Karl Holl und Otto Scheel mitbestimmtes Gottesbild zurück. Ritter war zutiefst von der numinosen Macht des biblischen Gottes durchdrungen. Der „Deus absconditus" war inkommensurabel gegenüber aller Geschichts- und Ordnungstheologie. Auch dem Kulturprotestantismus und seinem Anliegen, Transzendenz und Immanenz über die Vermittlerschaft des neuzeitlichen Subjekts wechselseitig in Schwingung zu bringen, hat sich Ritter nach dem Ersten Weltkrieg verweigert. Der „vielberufene Kulturprotestantismus" war für Ritter die „Frucht einer säkularisierten, humanisierten liberalen Theologie". Der Gang der Geschichte hatte das Vertrauen in das Walten der göttlichen Vorsehung zunichte gemacht. Die „dunklen Rätsel des Weltlaufs" im 20. Jahrhundert waren für eine Harmonisierung von Gott-Mensch-Welt nicht mehr geeignet. Die Erfahrung des Hitlerregimes hat diesen Aspekt vertieft. So schrieb Ritter denn auch am 15. Juni 1946 an Ronald Bainton, er sei an Luther nicht mehr wie in früheren Jahren als Deutscher interessiert, „sondern als Zeuge der Wirklichkeit Gottes in einer Welt, die von der Gottesferne, vom nackten Nihilismus auf das schwerste bedroht ist".[6] Der Mensch vermochte nur in der paradoxalen Glaubensdialektik von Sündenerkenntnis, Buße und Gnadenzuspruch in Jesus Christus des verborgenen Gottes ansichtig zu werden. In der Welt blieben die Spuren des göttlichen Herrschers hinter „Mummerei" und „Narrenspiel" verborgen. Dennoch stützte sich Ritter auf eine geschichtstheologische Grundüberzeugung: Gott saß im Weltregiment. Der Mensch verfehlte seine individuelle und soziale Bestimmung, wenn er die Herrschermacht Gottes nicht anerkannte und sich im gläubigen Gewissen an Gottes Gebote gebunden sah.

Ritters Neuzeit- und Christentumstheorie zufolge ist die Gottesbindung des Menschen bis in das 18. Jahrhundert die Grundlage der europäischen Kultur gewesen. Umschlagpunkt in Ritters neuzeittheoretischen Position war die Französische Revolution. Mit der Revolution und ihren Folgewirkungen in der Herrschaft Napoleons zerfiel die abendländische Völkerfamilie in zwei feindliche Gruppen. „Vor allem" aber: „die Säkularisation der Welt wurde durch die Revolution mit einem Schlage vollendet, die Verantwortung der Staatenlenker vor dem christlichen Gott wurde ersetzt durch die Verantwortung vor der Nation". Der „Wille zur Nation" avancierte zur politischen Letztinstanz und bereitete dem politischen Abenteuertum den Weg. So trug die eine große Zerstörungsmacht der Neuzeit für Ritter den Namen „Nationalismus". Die andere hieß „Vermassung". Nationalismus und Vermassung standen in Ritters historisch-politischem Weltbild eng beieinander. Sie waren in ihrer Eruptivität und Unkontrollierbarkeit Widersacher jener Staatsvernunft, die sich gewissensmäßig an Gott gebunden wußte und in ruhiger Erwägung den Raum des politischen Möglichen ausschritt. Das große Menetekel einer entgotteten Welt war im 20. Jahrhundert der

Erste Weltkrieg. Als moderner Massenkrieg sich bis in den Tod befehdender Nationalismen, der keine humanen Konventionen mehr kannte, bedeutete er nach Ritter die endgültige Zerstörung der „völkerrechtlichen und geistigen Grundlagen" der europäischen Staatsgemeinschaft. Italienischer Faschismus, Nationalsozialismus, Bolschewismus bildeten auf diesem Hintergrund Varianten einer zerstörerischen Vergötzung der Staatsgewalt.[7]

Die kirchlich-theologische Deutungschiffre „Säkularismus" für Geschick und Schicksal der Neuzeit begegnet bei Ritter in der konkret-geschichtlichen Anschauungsweise des Historikers. Das unterscheidet Ritters Modell von den damals in Theologenkreisen gern und oft geübten Pauschalisierungen. Zugleich läßt es auch die Varietät von neuzeitlichen Entwicklungslinien erkennen: die einen enden in der Sackgasse, ja in der Katastrophe, andere sind stecken- oder liegengeblieben, gleichwohl produktiv. Eindeutig ist freilich, und zwar im Stichwort Französische Revolution, daß Ritter Heil und Heilung zumindest der deutschen Neuzeit aus den geschichtlichen, intellektuellen und geistlichen Potenzen Deutschlands selbst entwickelte und erwartete: Anknüpfung an Impulse der altständisch-liberalen Ideen des 18. und des beginnenden 19. Jahrhunderts (preußische Reformzeit), Anknüpfung an die in Luther gesetzte Freiheit eines Christenmenschen und Befreiung des Menschen vom Druck von Technokratie, Bürokratie, Demagogie; Anknüpfung schließlich auch an die Ideen sozialen Ausgleichs, die einem als doktrinär empfundenen Sozialismus entrissen werden sollten. Innerhalb dieser historisch-politischen und säkularisationstheoretischen Gedankenbestände vollzogen sich bei Ritter über drei „Epochen" hinweg (Weimarer Republik, Drittes Reich, Nachkriegszeit) tiefgreifende Transformationen, die für ein neues Verständnis von Nation, Gemeinschaft und vor allem auch der Staatsmacht nach 1945 wichtig wurden.

Prinzipiell ging der lutherische Pastorensohn Ritter mit dem theologischen Gebrauch der Säkularismusthese darin überein, daß der zentrierende Focus aller Deutung die Gott-Mensch-Beziehung ist. Deren Destruktion zerstörte menschliches Leben bis auf den Grund. Es gibt freilich noch eine andere Komponente in Ritters Geschichts- und Neuzeitbild, die in die Dimension der methodologischen Grundlagenbesinnung hineinführt: das Ringen um die „Wahrheit" im Sinne der Vermittlung von Empirie und überzeitlichen sittlich-ethischen Normen, die sich dem Subjekt über die Gewissensinstanz vermitteln. Jedenfalls macht Ritters Neuzeittheorie und deren theologischer Kern die außerordentliche Importanz erklärlich, die er nach 1945 der erneuernden Kraft von Christentum und Kirche beilegte. In einem Zeitschriftenkommentar zur Amsterdamer Weltkirchenkonferenz, geschrieben aus der unmittelbaren Augenzeugenschaft des Delegierten, hat Ritter dies unumwunden ausgesprochen. Die Konferenz sei nicht nur ein „kirchengeschichtliches Ereignis ersten Ranges", sondern gleichzeitig eines der „bemerkenswertesten politischen Symptome unserer Epoche".[8] Die christliche Besinnung auf die Grundlagen menschlichen Zusammenlebens sollte fundamental und total sein – entsprechend der Fundamentalität und Totalität der in Nationalismus und Vermassung sichtbaren Abfallsgeschichte der Neuzeit.

2.

Eine der ersten Spuren von Ritters nachkriegszeitlichem Wirken findet sich in der Kirchenführerkonferenz von Treysa vom 27.–31. August 1945. Die gegenwärtig noch relativ unklare Quellenlage hinsichtlich des Zustandekommens und der Redaktion der Treysaer Konferenzdokumente – schon A. Boyens hat gegen die einschlägige Publikation Söhlmanns berechtigte Bedenken angemeldet[9] – läßt es nicht als verwunderlich erscheinen, daß Ritters Autorschaft für eines der Treysaer Dokumente kaum bekannt ist. Gemeint ist das „Wort zur Verantwortung der Kirche für das öffentliche Leben".[10] Dieser wichtige Text für die Beschreibung des Verhältnisses von Kirche und Gesellschaft nicht allein im Blick auf Ritter, sondern auch auf protestantische Führungspersönlichkeiten wie Wurm und Asmussen, hat nach meinem Dafürhalten noch längst nicht die Aufmerksamkeit gefunden, die er, gleichsam als ein Leitseil protestantischen Selbstverständnisses auf Kirchenführerebene, verdient. Der Treysaer Entschließung ging ein Diskussionsbeitrag Ritters über die „Beteiligung der Kirche an den politischen Neubildungen der Zeit" voraus. Ein „besonderer Ausschuß" zur Behandlung dieser Frage – bestehend aus Ritter, Lilje und Theodor Steltzer – besaß wohl nur interimistische Bedeutung.[11]

Terminologie und Gedankenführung des Treysaer Wortes verklammerten sich unmittelbar mit dem neuzeittheoretischen Ansatz der Freiburger Denkschrift, nunmehr bezogen auf das engere geschichtliche Feld der zurückliegenden Jahre der NS-Herrschaft.[12] Gleichwohl ist die Treysaer Entschließung auch ein handfestes Instrument praktischer Kirchenpolitik gewesen. Dieser Befund ergibt sich mit einiger Deutlichkeit aus der Forderung, beim Rat der EKD einen „Ständigen Ausschuß" zu schaffen, der in enger Zusammenarbeit mit fachkundigen Laien und Theologen alle grundsätzlichen Probleme des öffentlichen Lebens bearbeitete. Darüber hinaus sollten durch Gutachten und Ratschläge den Kirchenführern Denk- und Entscheidungshilfen geliefert werden. Ständiger Ausschuß und Gutachtertätigkeit verdienen in unserem Zusammenhang deshalb besondere Hervorhebung, weil sich Ritters kirchliches Nachkriegsengagement unmittelbar mit ihnen verbunden hat. Was die Gutachtertätigkeit angeht, so hat Ritter auf Veranlassung von EKD-Kirchenkanzlei-Präsident Hans Asmussen (auch er einstiger Teilnehmer am Freiburger „Bonhoeffer-Kreis" und Ritters hauptsächlicher kirchlicher Ansprechpartner bis 1948) vom Dezember 1945 bis zum April 1949 sechs Denkschriften zur Welt-, Europa- und Deutschlandpolitik ausgearbeitet.¹³ Asmussen brachte diesem für den Rat der EKD bestimmten Analysenmaterial hohe Wertschätzung entgegen und hätte es gern in den Händen breitester Kreise gesehen. Eine Sonderstellung in Ritters Gutachterarbeit nimmt seine (auch institutionell anders zugeordnete) Denkschrift für die Weltkirchenkonferenz von Amsterdam ein.¹⁴ Über Ritters Denkschriftenarbeit wird bei anderer Gelegenheit im Zusammenhang zu unterrichten sein. So konzentriert sich unser Interesse auf den „Ständigen Ausschuß".

Bei der Eröffnung einer Juristenfreizeit in Bad Boll am 29. September 1945 – es war die erste Tagung einer „Evangelischen Akademie" – hatte Landesbischof Wurm erklärt, Beratungen und Zusammenkünfte dieser Art seien nichts Neues in der evangelischen Kirche. Neu sei aber das Anliegen, Angehörige bestimmter Berufsarten und Lebensgebiete zusammenzuführen und mit ihnen die besonderen Probleme ihres Gebietes zu besprechen.¹⁵ Für den im Treysaer Wort als Desiderium angesprochenen „Ständigen Ausschuß" läßt sich Ähnliches sagen wie zu der von Wurm in Bad Boll angesprochenen Perspektive: eine unter den Erfordernissen der Gegenwart nicht gänzlich neue, doch qualitativ veränderte Arbeitsform, setzt man sie in Kontrast zu bisheriger kirchlicher Ausschußarbeit, etwa zu den im Januar 1920 ins Leben gerufenen Unterausschüssen des Deutschen Evangelischen Kirchenausschusses. In einem kurzgefaßten Strategiedokument zum Ausschuß- bzw. „Kammer"-Projekt (wohl von November 1945) hat Kirchenkanzlei-Präsident Asmussen betont, bei der Zusammensetzung des entsprechenden Gremiums sei der personelle Aspekt mit besonderer Sorgsamkeit zu behandeln.¹⁶ Daß Ritter in den allerengsten Anwartschaftskreis gehörte, war keine Frage. Er war vielfach empfohlen: als Glied der Bekenntnisopposition in seiner badischen Heimatkirche während der Jahre des Dritten Reiches, als Mitglied des Freiburger Kreises und gewiß auch durch Aktivitäten anderer Art, die seine kirchliche Verbundenheit bekundeten. Erwähnt sei in diesem Zusammenhang das schon 1944 angelaufene Projekt einer „Historischen Kommission" der damaligen DEK und späteren EKD.¹⁷ Eine sachliche Schwierigkeit bei der Planung des Kammer-Projekts war das kirchenverfassungsrechtlich weitgehend unklare Verhältnis zwischen dem Rat der EKD und den Landeskirchen. Aus der Erwägung, landeskirchlichen Initiativen ähnlicher Art nicht von vornherein den Wind aus den Segeln zu nehmen¹⁸, legte sich vorerst ein behutsames Anlaufen des Projekts nahe. Asmussen dachte an eine theologische Kammer, eine Kammer für Rechtsfragen, an eine Sozial- und Wirtschaftskammer, an eine Kammer für Mission und Ökumene und an eine politische Kammer. Damit war Ritters Anregung zu einem „Ständigen Ausschuß" zu einer Mehrzahl von Ausschüssen auf relevanten kirchlichen und gesellschaftlichen Feldern erweitert.

Es ist der Präsident der Kirchenkanzlei gewesen, der die Fäden organisatorisch und ideell in der Hand hielt. Die früheste Erwähnung des Kammer-Projekts findet sich in zwei Schreiben Asmussens vom 20. September 1945, das eine an Ritter, C. v. Dietze, Erik Wolf, das andere an Theodor Steltzer.[19] Asmussen hat in den Herbstmonaten des Jahres 1945 einen lebhaften Schriftverkehr entwickelt, um z.B. für die geplante Theologische Kammer, die Kammer für Rechtsfragen, auch für die Kammer für Mission und Ökumene einen personellen und sachlichen Vorlauf zu schaffen. Über die dabei verfolgte Gesamtintention gibt Asmussens Positionspapier Aufschluß. Das Papier fußte auf der „normaltheologischen" Säkularismustheorie. „Die Welt, und besonders die Welt unserer Tage leidet daran, daß sie kein Gegenüber hat. Sie hat sich dessen im Übermut entledigt. Nun sind ihre Gespräche Monologe geworden. Darunter leiden sichtbar Presse und Rundfunk. Aber Einsichtige wissen, daß auch die Kunst und die Wissenschaft, und nicht zuletzt auch die Politik darüber zu Grunde gehen. Die Arbeit der Kammern, die in der Bildung begriffen sind, soll dem dienen, daß alle Gebiete des Lebens wieder ihr Gegenüber bekommen, mit dem ein echtes Gespräch möglich ist."[20]

Das kirchliche Einwirken auf die Politik hat Asmussen als eine Konsequenz aus der Stuttgarter Schulderklärung angesehen: als ein „Zeichen der Bußfertigkeit", mit dem die Kirche sich vom Weg eines bloß innerlich-individualistischen Heilsverständnisses trennte. Buße der Kirche sollte ein Zurückfinden in das Priestertum aller Gläubigen bedeuten. Das allgemeine Priestertum war bei den Inhabern weltlicher Berufe gedacht als eine Gestaltung ihres Wirkungsbereiches aus evangelischer Haltung. Die theologische Grundlage dafür sollte eine dynamisch geöffnete Zwei-Reiche-Lehre sein. Jenseits von Eigengesetzlichkeit der Welt auf der einen und Vermischung der beiden Reiche auf der anderen Seite war der Herrschaftsanspruch Gottes in Christus über die Welt zu bezeugen und lebensmäßig zu bewähren. „Mit dem allen bricht die Frage auf, ob unsere Väter und wir die Reformation richtig verstanden haben in dem, was diese von den beiden Reichen lehrte."[21]

Das Drängen der Kirche nach gesellschaftlicher Mitgestaltung auf dem Hintergrund der Säkularismustheorie war in der Nachkriegszeit ein durch die Kirchen Europas und der USA gehendes Phänomen.[22] Insofern wäre es eine Verkürzung des Urteils, aus einer bloß germanozentrischen Perspektive über diesen Sachverhalt in den deutschen Kirchen mehr oder minder kritisch zu reflektieren.[23] Asmussen jedenfalls konnte den eingeschlagenen Weg, der seinen theologischen Ausdruck im „Wächteramt" der Kirche fand, schon deshalb mit ruhiger Überzeugung gehen, weil er sich von maßgeblichen Christen und Kirchenführern des Auslandes bestätigt sah. Er meinte sogar, es gäbe Christen in der Welt, die am Weg der Kirche in Deutschland irre würden, an dem Kampf, den die Bekennende Kirche geführt habe, „wenn sie nun ihr Wächteramt nicht mehr ausüben" wolle. „Wir nehmen das mit Dankbarkeit hin. Mit besonderer Dankbarkeit deshalb, weil es gerade sehr häufig die Vertreter der feindlichen Mächte sind, die uns in dieser Weise ansprechen."[24]

In Anbetracht des hohen Engagements von Asmussen, seines Mitstreiters Ritter und weiterer Persönlichkeiten überrascht es nun doch, daß bis zur Geburt der „Kammer" ein unverhältnismäßig langer Zeitraum verstreichen sollte.[25] Die politische Denkschriftenarbeit, die wegen Arbeitsüberlastung des ebenfalls dafür vorgesehenen Theodor Steltzer[26] von Anbeginn allein auf den Schultern Ritters lag, verstand sich wohl als ein vorläufiger Ersatz für die Tätigkeit der Kammer. 1947 bestellte die Kirchenkanzlei Ritter offiziell zum Berater der EKD.[27] Auch nach dem Abgang Asmussens aus der Kirchenkanzlei hat Ritter seine Denkschriftenarbeit bis zum April 1949 fortgesetzt. Daß sie dann zu einem Ende kam, erklärt sich aus der zu diesem Zeitpunkt endlich erfolgenden Konstituierung der Kammer. Sie nannte sich in Anlehnung an einen Vorschlag Ritters von 1945 („Kammer für das öffentliche Leben") endgültig „Kammer für öffentliche Verantwortung". Wie nicht anders zu erwarten war, ist Ritter vom Rat der EKD als Mitglied berufen worden.[28] Vorsitzender wurde der Berliner CDU-Politiker Dr. Robert Tillmanns. Die weiteren Mitglieder waren Ministerialdirektor Dr. Bleibtreu (Düsseldorf), Prof. Dr. Oskar Hammelsbeck (Wuppertal), Konsistorialpräsident Dr. Hofmann (Magdeburg), OBM Dr. Ludwig Metzger (Darmstadt), Kirchenpräsident Dr. Hans Stempel (Pfalz), OKR Hans-Jürg Ranke (Schwäbisch-Gmünd/Bonn), Dr. Fricke (Hannover), Generalsuperintendent Dr. Günter Jacob (Cottbus), Prof. Dr. Walter Künneth (Erlangen), Bergwerksdirektor Dr. Krüger (Dortmund) und Staatsrat Dr. Hans Meinzolt (München).[29] „Ich freue mich", hat Ritter seine Kammerberufung bestätigt, „über das Vertrauen, das diese Berufung ausspricht und bin bereit, dem Ruf zu folgen, soweit es meine Zeit und meine Kräfte erlauben." Dieser positiv bekundete Wille war keine Floskel.[30]

3.

Der durch universitäres Lehramt, Vorsitz des Historikerverbandes und eine umfangreiche Publizistik erheblich belastete Ritter hat seine Kammertätigkeit eingeordnet gesehen in ein weiträumiges welt- und europapolitisches Konzept und die ihm zugehörige „deutsche Frage", zugleich in das Bemühen, dem Luthertum in seiner politischen Ethik neue Horizonte zu erschließen. Im Kräftefeld des Nachkriegsprotestantismus hat Ritter seine Position unbeirrt und selbstbewußt vertreten. Auch bei theologischen Fachauseinandersetzungen verspürte er keine Berührungsängste.

Im Urteil einiger seiner Kritiker erscheint Ritter als schwer belehrbar. So mag es überraschen, daß er ein entschiedener Anhänger und Verfechter der Stuttgarter Schulderklärung war. Die Notwendigkeit der deutschen Selbstreinigung war nicht zu hintergehen – auch nicht im Blick auf die Beschwernisse der Besatzungspolitik und des verwickelten historisch-politischen Problems der deutschen und Weltkatastrophe. Ritter war Vorsitzender des politischen Säuberungsausschusses an der Universität Freiburg. Daß sich die Evangelische Landeskirche Baden durch Beschluß ihrer ersten Nachkriegssynode die Stuttgarter Schulderklärung zu eigen machte, geht u. a. auf Ritter zurück.[31] Ritter hat den Widerspruch in der deutschen Öffentlichkeit gegen diese „gute und klare Erklärung" lebhaft bedauert.[32] Gleichwohl hatte Ritter mit kollektivistischen Pauschalisierungen der deutschen Verantwortung für den Aufstieg des Nationalsozialismus nichts im Sinn. Diese Haltung kann nicht ohne weiteres als eine Abschleifung der schmerzhaften Kanten des Schuldbekenntnisses interpretiert werden. Das Hitlertum in Deutschland war nach Ritter keine folgerichtige Auswirkung deutscher Traditionen, schon deshalb nicht, weil totalitäre Diktaturen nach seiner Einsicht aus Bedingungen entstanden, die generell für moderne Gesellschaften charakteristisch waren: aus dem Umschlag von demokratischen Massenkulturen mit unfester politischer Wertwelt in autoritäre Staatsverfassungen unter dem Einfluß von Demagogen. Dennoch, so Ritter in seinem großen Essay „Europa und die deutsche Frage", „haben wir Deutschen allen Anlaß, in rücksichtsloser Selbstprüfung uns der besonderen Gefahren bewußt zu werden, die von jeher (sic!) im deutschen Wesen gelegen haben mögen, die aber erst jetzt ganz deutlich erkennbar geworden sind".[33]

Im Gegensatz zur Stuttgarter Schulderklärung war Ritters Position zum Darmstädter Bruderratswort vom 8. August 1947 höchst kritisch. „Ich habe diese Kundgebung sehr bedauert... Mit Herrn Iwand hatte ich schon in Frankfurt und Treysa 1945 über diese Frage sehr erhebliche Differenzen." Ritter vermißte an ihr politischen Sachverstand und fand sie auch aus theologischen Gründen bedenklich.[34] Asmussen unterstützte die Rittersche Optik. „Ihre Auffassung über das politische Wort des Bruderrates teile ich vollkommen. Ich habe einen sehr harten Kampf gekämpft gegen diese marxistischen Liebeleien."[35] Wirklichkeitsnähe im Politischen bestimmte sich für Ritter nach völlig anderen Maßgaben als denen des Darmstädter Bruderratswortes. Ungeachtet der aktuellen Formulierungen von Darmstadt war Ritters Abgrenzung gegen „Linkstrends" von lange her angelegt. Zmarzlik hat in seinem Freiburger Gedenkvortrag vom 13. Oktober 1967 hervorgehoben, daß wesentliche Elemente der deutschen Geschichte für Ritter im historischen Schatten geblieben sind: Aufklärung, Demokraten und Radikale des Vormärz, der historische Materialismus und naturwissenschaftliche Positivismus nebst ihren weltanschaulichen Derivaten und deren „humanisierende Bedeutung für breite Unterschichten", schließlich auch die gesellschaftlichen Reformbewegungen seit den 1880er Jahren.[36] Auch in der deutschen Nachkriegslandschaft hat sich Ritter nicht zu einer Option für die parlamentarische Demokratie entschließen können. Noch 1950 meinte er, „daß die Demokratie, als Mehrheitsprinzip im modernen Massenstaat verstanden, keinerlei Garantien enthält gegen den jähen Umschlag in eine neue Diktatur".[37]

Ritter sah die Neuordnung von Gemeinschaft in Deutschland unter drei Postulaten. In ihnen lebte neben altständisch-liberalen Idealen ein entschiedener Abgrenzungswille gegen das für ihn in der Sowjetunion repräsentierte Gesellschaftsmodell: 1. Umbildung eines „verängstigten, dumpfen Massenmenschentums" zu echter Gemeinschaft. 2. Sicherung des Personencharakters des Menschen gegen „Kollektivismus" und „Anarchie". 3. Zähmung der stets doppeldeutigen Macht nicht durch „künstliche Mittel", sondern in der Gesinnung der Handelnden. Ritter hat die gesellschaftliche Gestaltungsaufgabe der Gegenwart in der Gewinnung eines gemeinschaftsvermittelten Persönlichkeitsideals gesehen.[38] Hier sind die Verweisungen auf die Gesellschaftspläne des deutschen Widerstandes mit Händen zu greifen.[39] Jenseits eines bloß individualistischen liberalen Freiheitsbegriffs auf der einen, eines sozialistischen Gleichheitsbegriffs („Gleichmacherei") auf der anderen Seite waren Individuum und Gesellschaft, bis hin zur Gestaltung des wirtschaftlichen Lebens, zu einer neuen Qualität zusammenzuführen. In ihr sollten die Anliegen von Liberalismus und Sozialismus aufgehoben sein. Ritters politisch-ethischer Kernbegriff ist als „verantwortliche Freiheit" definierbar.[40] Im Vergleich mit Ritters ethisch-politischen Reflexionen in den zwanziger und dreißiger Jahren hat das evangelisch-ethische Anliegen in der Nachkriegszeit einen noch höheren Rang eingeräumt bekommen. Die Gestaltung der Gesellschaft war auf evangelische Freiheit und Verantwortung zu stellen. Die in der Suche nach dem Deus absconditus als entgottet erfahrene Welt erfuhr sich so in einen höheren Auftrag zurückgebunden. Die Spannung zwischen Sittengebot und politischer Tat, zwischen Ideal und Wirklichkeit war in der Angefochtenheit des zeitlichen Daseins auszuhalten. In parteipolitischer Hinsicht hat Ritter seine gesellschaftlichen Zielvorstellungen trotz mancher Bedenken in der CDU aufgehoben gesehen. Dennoch hat er das Gespräch mit dem politisch organisierten Sozialismus der Nachkriegszeit nicht zurückgewiesen und eine Versöhnung von Kirche und Sozialismus unter bestimmten Voraussetzungen nicht für unmöglich gehalten.[41]

Ritters Distanz zum Darmstädter Bruderratswort erklärt sich noch aus einem weiteren Punkt. Wenn er Asmussen mitteilte, er sei vom politischen Sachverstand Karl Barths und seiner Jünger, eine Formulierung, die den Verfasserkreis des Wortes etwas großräumig umgriff, nicht sehr überzeugt, so meinte dies auch Unschärfen in der Bestimmung des Wesens von Macht, Staat, Gesellschaft. Ritter, durch dessen historische Arbeiten sich eine nie zur Ruhe kommende Auseinandersetzung mit der Macht zieht, war äußerst sensibel gegen vorschnelle Abflachungen in der Bestimmung des Verhältnisses von Macht, Recht, Ethik. In der „Dämonie der Macht" hat Ritter die „wesenhafte Antinomie" des Politischen als ein spannungsvolles Ineinander von kämpferischer Machtballung und dem Willen zur Herstellung einer „friedlichen Dauerordnung" beschrieben und als unaufhebbar angesehen. Es konnte nur um eine Annäherung dieser Spannungspole durch Umbesetzung des Begriffs Kampf gehen: Kampf nicht mehr als Vernichtung, sondern als lebenssteigernder Wettbewerb der Völker und Staaten.[42] Unter diesen Voraussetzungen war Ritter nicht geneigt, in einen theologischen Optimismus des Politischen einzumünden. Überdies mußte es Ritter aus den Voraussetzungen seines antisäkularistischen Weltbildes als unbegreiflich erscheinen, wie eine protestantische Öffnung gegenüber jenen von ihm nach wie vor als „widerchristlich" angesehenen Mächten möglich sein konnte.

Als Christ lutherischer Identität hat Ritter eine politisch-ethische Position außerhalb von Moralismus, die dem von ihm nur bedingt gewürdigten humanistischen Traditionsgut verpflichtet war, außerhalb der „Eigengesetzlichkeit" von Staat, Recht, Wirtschaft, schließlich auch außerhalb der Lehre von der Königsherrschaft Christi zu beziehen versucht. Ritter fand die ihm vor Augen stehenden Gedankengänge Karl Barths, Jacques Elluls und die ihnen verbundene Position von Ernst Wolf unbrauchbar. Er bestritt den von Barth behaupteten Zusammenhang zwischen Rechtfertigung und Recht. Diese Analogie half nach seiner Einsicht ebensowenig weiter wie die Analogie Christengemeinde – Bürgergemeinde.[43]

So ist Ritter auch gegen Ellulsche und an dessen Konzeption angelehnte Versuche zur Begründung einer christologischen Rechtsauffassung allergisch gewesen. Ritter war kein Rechtspositivist. Daß er mit der für ihn fundamentalen theologischen Dialektik von praktischer Vernunft und Gewissensbindung an Gott in diesen Verdacht geraten konnte, hat ihn wenig verdrossen. Auch bei anderen Gelegenheiten, zum Beispiel im Jahre 1946 gelegentlich des von Oskar Hammelsbeck aufgestellten „Politischen Katechismus", hat er sich nicht gescheut, das Maß seiner Zustimmung, mehr aber noch seiner Ablehnung in deutlichsten Worten zu bekunden.[44]

4.

Die erste Sitzung der neugegründeten „Kammer für öffentliche Verantwortung" fand am 26./27. September 1949 in Königswinter statt. Es ging in dieser Konstituierungsphase um eine Fülle von grundsätzlichen Problemen. Sie umfaßten die Abgrenzung der Tätigkeitsfelder der „Kammer für öffentliche Verantwortung" und der „Kammer für soziale Ordnung", die Koordinierung der Kammeraktivitäten mit der Laienarbeit des Evangelischen Kirchentages (innerhalb des Kirchentages war ein „Ausschuß für öffentliche Verantwortung" vorgesehen), und die Festigung der Verbindung der Evangelischen Kirche mit der Bundesregierung. Während der Rat der EKD bereits mit der Bestellung von Superintendent Kunst zum Bevollmächtigten des Rates der EKD in Bonn befaßt war, mithin die Verbindung nun doch in die Hand eines Theologen und Kirchenmannes legte, hielt die Kammer weiterhin am Konzept der Laienaktivität fest. Es sollte „jeder Anschein eines hierarchischen Anspruchs der Kirche" den Parlamenten und obersten Verwaltungsbehörden gegenüber vermieden werden. „Es sei zweckdienlich, aus diesem Grunde nicht Geistliche, sondern Laien mit der Aufgabe der Verbindung zur evangelischen Laienschaft auf dem Gebiet der politischen Verantwortung zu beauftragen."[45]

Diese ambitionierte Laienkonzeption erfuhr freilich im Spannungsfeld einer voranschreitenden „Verkirchlichung" erhebliche Einschränkungen. Manche Klage Ritters über den zweifelhaften Nutzen seiner Arbeit in der Kammer ist auf diesem Hintergrund zu sehen. Die Aufgabe der Kammer, die Beratung des Rates der EKD, sollte eigene Initiativen nicht ausschließen. Darüber hinaus wollte die Kammer gesichert sehen, daß der Rat der EKD vor der Herausgabe von Verlautbarungen zu Fragen der öffentlichen Verantwortung die Kammer zur Abgabe von ratsamen Gutachten hinzuzog. Auch dies ist mehr ein selbstbewußter Wunsch der Kammer gewesen als eine kirchenpraktische Realität. So ist die Kammer z. B. im Zusammenhang mit der Vorlage von Bischof Dibelius zum Friedenswort von Weißensee doch wohl eher beratend-redaktionell aktiv gewesen als eigengestalterisch.[46] Hier traf in besonderem Maße jenes in kirchlichen Kreisen umlaufende Diktum zu, welches einen episkopalen Führungsstil charakterisierte: „I've made up my mind, please don't confuse me with facts."

In der Konstituierungsphase der Kammer trat Ritter, den man einen der Väter des Kammer-Projekts nennen darf, außerordentlich aktiv hervor. So hat er auf der Kammersitzung in Königswinter vorgeschlagen, der Rat der EKD solle sich vordringlich mit der Frage des Nationalismus befassen und dazu eine warnende Stellungnahme vorbereiten. Die Erarbeitung einer entsprechenden Vorlage nahm der Freiburger Historiker gleich selbst in die Hand. Es hieß dort: „Wir Christen haben schon einmal versäumt, rechtzeitig und mit der nötigen Kraft und Deutlichkeit Warnrufe zu erheben vor dem Geist des Hasses, der hemmungslosen Lüge und der Anmaßlichkeit, der in der Predigt einer ‚nationalen Revolution' verkündet wurde, bis zu unheilvoller Verwirrung und Vergiftung alles politischen Denkens. Wir dürfen heute nicht wieder versagen! Gott selbst ruft uns auf, zu warnen und zu helfen, damit unser Volk nicht abermals abgleite auf Wege, die ins Verderben führen."[47] Ein Wort zum Nationalismus im Herbst 1949 als vordringlich anzusehen, mag überraschen. Auch Prof. D. Dr. Walter Künneth (Erlangen), der als Berichterstatter zur Ritterschen Vorlage bestellt war, schien von der Gefahr neuerlicher nationalistischer Selbstüberhebung der Deutschen nicht sonderlich überzeugt. „Woher weiß das der Rat der EKD, daß dies der Fall ist? Ich selber konnte, obwohl ich über wesentliche Vorgänge recht gut informiert bin, solche Beobachtungen noch nicht machen." Künneth bezweifelte, ob solche schwer belegbaren Urteile politischer Art in die offizielle Zuständigkeit der Kirche gehörten.[48] Kanzleivizepräsident Dr. Ernst-Victor Benn hatte ähnliche Beschwernisse. Ihm fehlte die materielle Grundlage, um über die Gefahr nationalistischer Strömungen zu sprechen.[49] Schließlich zeigte auch die Diskussion der Vorlage in der zweiten Sitzung der Kammer für öffentliche Verantwortung (3./4. Dezember 1949 in Darmstadt) manche Bedenken und Vorbehalte. Tenor der Debatte war, die nationalistische Gefahr werde im Ausland künstlich aufgebauscht. Das evangelische Kirchenvolk stünde dem Nationalismus so fern wie nie gegenüber.[50]

Damit waren die Weichen nicht eben auf freie Fahrt gestellt. Das Wort hatte nur geringe Chancen, zu einer offiziellen EKD-Verlautbarung heranzureifen. Höchst ungünstig für das Schicksal des Ritter-Wortes erwies sich zudem das partiell mit ihm konkurrierende Wort des Reichsbruderrates (Hauptverfasser H. Vogel) „Gebt Gott recht" vom 14. Oktober 1949. Das Bruderratswort berührte den Nationalismus allerdings nur peripher und sah sein Hauptanliegen in dem dringlichen Appell an die Machtträger in Ost und West, den Menschen nicht politisch zu instrumentalisieren. Es suchte den Brückenschlag der Verständigung zwischen den beiden Weltblöcken.[51] Da der Rat der EKD das Bruderratswort zur Verlesung in den Gottesdiensten empfahl[52], war es noch schwieriger, dem Ritterwort offizielle Geltung zu verschaffen.

Bei der Glätte, die auch das kirchenpolitische Parkett aufzuweisen pflegt, wird man wenig Zweifel zu hegen brauchen, daß Ritters ungenügend vorbereiteter Vorstoß in Sachen Nationalismus für ihn mit einem Prestigeverlust verbunden war. Die Art seines Vorgehens, nämlich gleich ein definitives „Wort des Rates" vorzulegen, statt sich mit einer Zuarbeit zu bescheiden, hat Befremden hervorgerufen.[53] Ungeachtet seines Mangels an kircheninstitutioneller Prägekraft bietet das Ritter-Wort hinreichenden Anlaß zu historischer Aufmerksamkeit. An ihm lassen sich wesentliche Elemente von Ritters politischer Konzeption in der Nachkriegszeit ablesen.

Ritter hat zeitig zu sehen vermeint, daß die politische Einheit der Nation vorerst keine reale Möglichkeit war. Nach seiner Auffassung waren die politischen Klammern der Einheit zerbrochen. Bereits im Januar 1948 hat er in der „Ostzone" eine Sonderentwicklung feststellen zu müssen geglaubt, die auf die Zementierung des östlichen Teildeutschland unter Preisgabe der gesamtdeutschen Linie hinauslief. Die Absetzung von Jakob Kaiser als Vorsitzender der CDU in der Sowjetischen Besatzungszone, einem der entschiedensten Verfechter der Idee der „nationalen Repräsentation", galt ihm dafür als ein Beleg. Auf der anderen Seite sah er auch in der CDU und SPD des Westens Tendenzen, die auf die Devise hinausliefen, den Weg in die westliche Integration der Ungewißheit eines in seinen politischen Konturen fragwürdigen Gesamtdeutschland vorzuziehen. „Da und dort wagt sich schon die Meinung hervor, daß eine Abstoßung dieses östlichen Deutschlands und eine Verringerung von dessen Einfluß zum Vorteil der deutschen Entwicklung sei..."[54] Angesichts der von ihm beobachteten innenpolitischen Tendenzen in Ost und West und im Hinblick auf die besorgniserregende weltpolitische

Gesamtlage, die jegliche Destabilisierung verbot[55], hat Ritter zu dem Resümee kommen können: „Nicht also im Politischen liegt für das deutsche Volk die Möglichkeit an seiner Einheit als Nation festzuhalten. Sie kann allein nur noch auf dem elementaren Willen beruhen, eine Nation sein zu wollen. In der kirchlichen und kulturellen Sphäre, die zum großen Teil in ganz Deutschland gleich geblieben ist, ist allein noch das Band zu suchen, das im Augenblick ganz Deutschland verbindet. Das elementare Gefühl, daß jenseits und diesseits der Grenze, hüben und drüben Deutsche wohnen, muß gepflegt werden. Daraus kann die Stimme des Protestes gegen seine Zerreißung erwachsen."

Das Festhalten an den elementaren „vorpolitischen" Klammern war auf die politische Zukunft hin konzipiert. Es bezeichnet den allgemeinen Rahmen, innerhalb dessen Ritters EKD-Kundgebungsentwurf zum Nationalismus seinen Stellenwert gewinnt. Mit dem deutschen Einheitskonzept, mochte es auch im „vorpolitischen" Raum angesiedelt sein, war eine sensible Zone berührt: die des Nationalismus. Es ist bereits deutlich geworden, welche negativen Sprengkräfte Ritter gerade hier schlummern sah. Das nationale Einheitsstreben hatte sich dem Bild einer „Völkergemeinschaft" zu vermitteln, in welcher der „Geist wahrer Gemeinschaft" herrschen sollte. In seiner Denkschrift für Amsterdam hat sich Ritter verbis expressis zu diesem Punkt geäußert.[56] Insbesondere die deutschen Kirchen als prominente Platzhalter des nationalen Einheitswillens waren wegen ihrer nationalistischen Verstrickungen in der Vergangenheit zu besonders kritischer Wachsamkeit gegen sich selbst zu mahnen. Da Ritter davon ausging, daß im Ausland die deutsche Einheit „nationalistisch" interpretiert werde, als der Versuch zu einem Retablissement des „borussischen Deutschland", er andererseits die Sorge hegte, die Deutschen des Westens würden in der Befürchtung, ein geeintes Deutschland würde „östlich-totalitär" sein, „den deutschen Osten auf alle Zeiten abschreiben"[57], sah er offenbar die Frage von Nationalismus und Nation in einem doppelten Spannungsfeld. In der Absage an einen schädlichen Nationalismus und in der Bekundung der Beugung des deutschen Volkes unter das „Gericht Gottes" sollte ein legitimes Nationaldenken vorbereitet und der Gefahr gewehrt werden, die Vermittlung dieses Denkens zur Gemeinschaft der Völker zu versäumen. Hinzu kam bei Ritter, der als Mitglied des Freiburger Widerstandskreises den Umsturz des NS-Regimes einschließlich der Tötung Hitlers aktiv bejaht hatte, eine besondere Wachsamkeit gegen jene Kräfte, die den Attentätern des 20. Juli 1944 insgeheim oder offen nationale Ehrlosigkeit vorwarfen und so den Boden für eine neuerliche „Dolchstoßlegende" zu lockern schienen.[58] Was die außenpolitische – kirchlich gesprochen, die ökumenische – Dimension seines Kundgebungsentwurfs anlangte, so ist Ritter damit bei der britischen „Christian Action", die unter dem Patronat des ehemaligen britischen Botschafters in Moskau, Ministers unter Churchill und Mitglieds des Labour-Kabinetts von

1945, Sir Stafford Cripps, stand, auf erhebliche Sympathie gestoßen. Cripps war ein „engagierter Christ und asketisch lebender Intellektueller".[59] Chairman der „Christian Action" ist L. John Collins (St. Paul's Cathedral – London) gewesen.

Während der Kammer-Tagung in Darmstadt am 3./4. Dezember 1949 war in der Aussprache über den Ritterschen Entwurf, die trotz aller einschränkenden Bemerkungen noch kein eindeutiges Votum über sein mögliches Schicksal erbracht hat, hervorgehoben worden, der Rat der EKD bedeute als institutioneller Träger für das Wort wenig. Besser sei es, wenn unter Vermeidung des brisant-mehrdeutigen Begriffs „Nationalismus" verschiedene Persönlichkeiten das Gemeinte in verschiedener Form zum Ausdruck bringen würden. Gleichwohl gab die Kammer die Empfehlung, das Wort als ein „ratsames Gutachten" den Ratsmitgliedern zu beliebiger Unterrichtung der Öffentlichkeit – Presse, Staatsstellen, Ökumene, Hohe Kommissare – zur Verfügung zu stellen. Die Kammer fand, es sei nach Veröffentlichung des Bruderratswortes ungünstig, sofort ein öffentliches Wort ähnlicher Richtung nachzuschicken. Allerdings „sei es notwendig, die in der Erklärung zusammengefaßten Gedanken in der Kirche und in der gesamten Öffentlichkeit zur Geltung zu bringen".[60]

Der Kundgebungsentwurf ist am 14. Dezember 1949 den Ratsmitgliedern zugeleitet worden.[61] Er sollte zu einem Gegenstand der EKD-Ratssitzung vom 17./18. Januar 1950 in Halle werden. Die EKD-Synode in Berlin-Weißensee war zu diesem Zeitpunkt in der Vorbereitungsphase. Im Vordergrund der Synode sollte das Thema „Was kann die Kirche für den Frieden tun?" stehen. Diese der aktuellen Weltlage verpflichtete Themenstellung mußte den auf die nationalistischen Schuldspuren der Christen Deutschlands in Vergangenheit und Gegenwart fixierten Kundgebungsentwurf Ritters – zumal die historisch-politische und gegenwartsaktuelle Tiefendimension, die für den Autor mit Begriff und Sache des Nationalismus mobilisiert war, im Entwurf selbst nicht gegenwärtig ist – als bloßes Teilstück eines wesentlich umfassenderen Komplexes erscheinen lassen.

In Anbetracht all dieser Umstände erschien „*zur Zeit* eine Stellungnahme des *Rates* (Hervorhebungen im Original) zu dem speziellen Problem des Nationalismus nicht tunlich. Nach den Vorbereitungen im Rat ist damit zu rechnen, daß über den Nationalismus im Rahmen des Gesamtthemas der Synode gesprochen wird". Für die Verteilung des Ritter-Wortes an die Synodalen war „gegebenenfalls" zu sorgen.[62]

Indes stand die Vorbereitung der EKD-Synode von Weißensee wegen des sich zuspitzenden Antagonismus der Siegermächte unter solchen Spannungen, daß das Rittersche Anliegen vollends ins Gedränge geraten mußte. Hinzu kam die Konkurrenz der Friedensvoten von Dibelius und des Reichsbruderrats.[63] Die allenfalls denkbare Möglichkeit, in der Kammer-Sitzung vom 27. März 1950 in Frankfurt/M., in der die Dibelius-Vorlage den hauptsächlichen Gegenstand der Beratung bildete, das Rittersche Votum mit zur Geltung zu bringen, konnte nicht wahrgenommen werden. Ritter hat an dieser Sitzung nicht teilgenommen.[64] Einen Nachglanz in indirekter Form erlebte Ritters Warnung vor dem Nationalismus im Entwurf eines ratsamen Gutachtens der Kammer von 1951 gegen den NS-Nationalismus in Person und Anhängerschaft des berüchtigten einstigen Generalmajors Otto Ernst Remer.[65]

Ein Resümee von Ritters politischer Beraterfunktion auf der Ebene der EKD, von Treysa I bis zum Frühjahr 1949 in zunächst institutionell wenig gefestigten Bahnen, seit der Gründung der „Kammer für öffentliche Verantwortung" dann innerhalb dieses Gremiums, scheint an dieser Stelle nicht angebracht. Erst die weitere Spurensicherung von Ritters Aktivitäten während der folgenden Jahre wird zu grundsätzlicheren Urteilen berechtigen können.

Überblickt man in aller Vorläufigkeit die Phase 1945–1949, so hat Ritter zu einem gewiß beachtenswerten Teil aus den Voraussetzungen seines historisch-politischen Weltbildes und seiner lutherischen Grundhaltung dazu beigetragen, die Kontur des westdeutschen Nachkriegsprotestantismus mitzuprägen. Mit ihm teilt er dessen Ambivalenz. Eine dieser Ambivalenzen mag man in dem 1945 unbezweifelbaren Willen des deutschen Protestantismus sehen, zur Organisation einer neuen Gesellschaft und eines neuen Staates vorzustoßen, und dennoch der eigenen Herkunft und deren kontrainnovatorischen Gewichten nicht entgehen zu können. Die Option für die parlamentarische Demokratie etwa war ein mehr pragmatischer denn aus der Substanz einer protestantischen Ethik des Politischen geborener Prozeß. Bei Ritter ist dieses Spannungsverhältnis mit Händen zu greifen. Bei jüngeren Theologen und Kirchenführern, denen nicht mehr die Schwächen Weimars so deutlich vor Augen standen wie Ritter, ist auf dem Hintergrund der NS-Diktatur freilich auch ein Prozeß existenzieller Verinnerlichung des parlamentarisch-demokratischen Gedankens in Gang gesetzt worden, dessen produktive Kraft für die endvierziger und fünfziger Jahre nicht zu übersehen ist, indes später auf Schwächen der „Freiheitlich-Demokratischen Grundordnung" offenbar nicht sensibel genug reagierte – Anlaß zu neuerlichen Spannungen im Protestantismus der Bundesrepublik Deutschland, die bis auf den heutigen Tag unausgetragen geblieben sind.

Eine andere Ambivalenz war der Wille zur Versöhnung der Völker und Nationen – Ritters Wort zum Nationalismus ist dafür ein sprechender Beleg – und dennoch das Festhalten an einem Kampfkurs gegen die „widerchristlichen" Mächte des Ostens im Kontext von Totalitarismustheorie und Säkularisierungstheorem. Der darin liegende Trend zur politischen Polarisierung hat sich in nachhaltigen Bekenntnissen zur Idee des christlichen Abendlandes ausgedrückt, die in den USA ihren stärksten Garanten zu haben schien. Das „unchristliche Morgenland", in dem schließlich ebenfalls Menschen, gleichviel ob christlichen Bekenntnisses oder nicht, wohnten, geriet dabei als Probe auf den Versöhnungswillen aus dem Blick. Für die amerikanische Option war der während des Zweiten Weltkrieges durch die USA erworbene hohe moralische Kredit ein primärer Ursachenfaktor. Deshalb auch konnte Ritter 1947 an Helmut Thielicke schreiben: „Der religiöse Glaube der Amerikaner an die Menschenrechte und an das christliche Naturrecht gewinnt doch heute ein neues Gesicht, wenn man bedenkt, wohin die Welt käme, wenn die Amerikaner etwa aufhörten, daran zu glauben und dafür ihre Macht einzusetzen."[66]

Eine dritte Ambivalenz schließlich: der Wille zur Einheit der Nation und dennoch das Hineinfluten des bundesrepublikanischen Protestantismus in den Kurs der Westintegration. Die leidenschaftlich diskutierte Frage der Wiederbewaffnung war dafür ein besonders prägnanter Ausdruck. Ritters Optionen sind davon nicht ausgenommen. Ritter meinte: die Frage der Wiederaufrüstung „kann unmöglich im Volk entschieden werden".[67] Entscheidung des Volkes ließ augenscheinlich eine Absage an die Wiederaufrüstung befürchten, die Ritter – schweren Herzens – für weltpolitisch unabdingbar hielt, auch wenn dadurch die Kluft zwischen den beiden deutschen Staaten weiter vertieft wurde.

Als Heinemann am 21. November 1951 die „Notgemeinschaft für den Frieden Europas" gegründet hatte, teilte ihm Ritter knapp acht Wochen später mit, es sei ihm unverständlich, wie jemand nach den vergeblichen Verhandlungserfahrungen mit der östlichen Siegermacht noch heute an einen „‚Friedensvertrag aller Siegermächte' ohne den Druck militärisch-gleichwertiger Macht glauben" könne.[68] „Realpolitisches" Denken und die Vision eines geläuterten nationalen Bewußtseins im Fernziel einer Wiedergewinnung der deutschen Einheit in einer befriedeten Völkergemeinschaft lagen im schier unauflöslichen Widerstreit.

Anmerkungen

1 Vgl. *Klaus Schwabe/Rolf Reichardt* (Hg.), Gerhard Ritter. Ein politischer Historiker in seinen Briefen, Boppard a. Rh. 1984 (Schriften des Bundesarchivs 33), 1; Nr. 143. 145. 147. 152. 159. 162. – *Peter Schumann*, Gerhard Ritter und die deutsche Geschichtswissenschaft nach dem 2. Weltkrieg: Mentalitäten und Lebensverhältnisse. Beispiele aus der Sozialgeschichte der Neuzeit. Rudolf Vierhaus zum 60. Geburtstag, Göttingen 1982, 399–415; 399 (G. Barraclough an H. Heimpel v. 24. Mai 1951). – *Johann Albrecht von Rantzau*, Individualitätsprinzip, Staatsverherrlichung und deutsche Geschichtsschreibung: Die Sammlung. Zeitschrift für Kultur und Erziehung, 5 (1950) 284–299. – *Immanuel Geiss*, Studien über Geschichte und Geschichtswissenschaft, Frankfurt/M. 1972, 149f.
2 *Werner Berthold*, „...Großhungern und Gehorchen". Zur Entstehung und politischen Funktion der Geschichtsideologie des westdeutschen Imperialismus, untersucht am Beispiel von Gerhard Ritter und Friedrich Meinecke, Berlin 1960, 142–144.

3 Ebd. 15 f.: Ritter verkörpere jenen „gesellschaftlichen Typus, der vom deutschen Imperialismus in mehr als einem halben Jahrhundert geprägt worden ist... in seiner intellektuellen und ideologischen Ausprägung mit ungewöhnlicher Intensität".
4 Druck der Denkschrift in: In der Stunde Null. Die Denkschrift des Freiburger „Bonhoeffer-Kreises". Politische Gemeinschaftsordnung. Ein Versuch zur Selbstbesinnung des christlichen Gewissens in den politischen Nöten unserer Zeit. Eingeleitet von Helmut Thielicke mit einem Nachwort von Philipp von Bismarck, Tübingen 1979, 26–151; jetzt auch *Schwabe/Reichardt* (Hg.), a. a. O. 655–774. Zur Entstehungsgeschichte der Denkschrift *Christine Blumenberg-Lampe*, Das wirtschaftspolitische Programm der ‚Freiburger Kreise'. Entwurf einer freiheitlich-sozialen Nachkriegswirtschaft. Nationalökonomen gegen den Nationalsozialismus, Berlin (West) 1973, 21–29 (Volkswirtschaftliche Schriften 208), und *Schwabe/Reichardt* (Hg.), a. a. O. 629–634. Zu den philologischen Differenzierungen zwischen der leicht überarbeiteten hektographierten Fassung, die Thielickes Edition zugrunde liegt, und dem Handexemplar Ritters ebd. 632f. – Die im Rahmen der „Studiengemeinschaft der Evangelischen Akademie" für Amsterdam erarbeitete Denkschrift, die auf der zweiten Plenarversammlung der Studiengemeinschaft vom 19.–22. September 1947 in Bad Boll „zur Kenntnis genommen" wurde, trägt den Titel: „Kirche und internationale Ordnung. Ein deutscher Beitrag zum Studienwerk des Ökumenischen Rats der Kirche". – Anlage II: „Aus einer deutschen Denkschrift von 1942" („Außenpolitik. I. Gestaltung des künftigen Friedens. II. Politische Erziehung der Völker"). – Fundstelle der Amsterdam-Denkschrift Ritters: Landeskirchliches Archiv der Evangelischen Kirche von Westfalen (AEKvW) Generalia (neu) Nr. C 2–22 Bd. I.
5 *Gerhard Ritter*, Untergang und Wiedererweckung der abendländischen Idee. Eine Zeitbetrachtung von 1942: Neubau. Blätter für neues Leben aus Wort und Geist, 2 (1947) 290–297 und 342–350 (290: „Einzelne Ausführungen sind... gestrichen, gekürzt oder ergänzt worden, jedoch ohne etwas Wesentliches zu ändern"). – Auch sonst finden sich immer wieder Hinweise auf die fortdauernde Bedeutung, die Ritter der Denkschrift von 1942/43 beilegte, z. B. in Ritters Stellungnahme zur Studie 47 E/311 B. Dr. J.H. Oldham: „Die freie Gesellschaft". Teil II (3 Schreibmasch.-Seiten mit Anschreiben Ritters an Oldham v. 21. Januar 1949). (NL Ritter [BA Koblenz] Nr. 233); außerdem *Schwabe/Reichardt* (Hg.), a. a. O., Nr. 137. 147 u. ö.).
6 *Gerhard Ritter*, Luthertum, katholisches und humanistisches Weltbild (1946). Druck: *Gerhard Ritter*, Die Weltwirkung der Reformation, 3. unv. Auflage, München 1969, 47–65. 49. 50. 54. 56; ders., Luther. Gestalt und Tat, 4. Auflage, München o. J. (1947), 283; *Schwabe/Reichardt* (Hg.), a. a. O., Nr. 144.
7 Vgl. hierzu wie zum Folgenden „Politische Gemeinschaftsordnung" (Druck: In der Stunde Null, a. a. O.), I. Hauptteil.
8 *Gerhard Ritter*, Das Weltkonzil in Amsterdam: Die Gegenwart. Eine Halbmonatsschrift, hg. von Bernhard Guttmann, Robert Haerdter, Albert Oeser, Benno Reifenberg. Mitbegr. von Ernst Benkardt†, 3 (1948), Nr. 67, 13–15; 13. – Ms im NL Ritter (BA Koblenz) Nr. 223.
9 *Armin Boyens*, Treysa 1945. Die evangelische Kirche und der Zusammenbruch des Dritten Reiches: ZKG 82 (1971) 29–53.
10 Ritters Autorschaft ist durch eine Reihe von Indizien wahrscheinlich zu machen: 1. Ritter an Asmussen v. 17. November 1945: „...Ich bitte Sie aber, dafür zu sorgen, daß Ihre Kanzlei mich besser mit Informationen über die Tätigkeit der EKiD versorgt. Bisher habe ich nicht einmal die *Leitsätze* erhalten, *die ich selbst in Treysa aufgesetzt hatte, und deren Konzept ich Ihnen übergab* (Hervorhebung K.N.), obwohl ich annehme, daß sie inzwischen den Landeskirchen zugegangen sein werden." 2. Asmussen an Ritter v. 28. November 1945: „...Was die Treysaer Beschlüsse anlangt, so bin ich fast in derselben Lage wie Sie. Immerhin habe ich feststellen können, daß das *Wort von Treysa, das Sie mir übergaben* (Hervorhebung K.N.), schon Ende September an Sie abgegangen ist." 3. Ritter an Asmussen v. 23. November 1945: „...besitze ich noch nicht einmal einen Abdruck der *von mir für*

Treysa aufgestellten Richtlinien betr. Kirche und öffentliches Leben, auch kein Manuskript" (Hervorhebung K. N.). 4. Ritter an Wurm v. 9. Januar 1947: „Meine grundsätzlichen Anschauungen... ist (sic!) Ihnen ja bekannt aus den *Grundsätzen, die ich der Kirchenkonferenz von 1945 vorlegte* und die mit Ihrer Unterschrift damals den Kirchen zuging." – Die Briefe unter 1.–3. in EZA (EKD) 2/1/193; der Brief unter 4. in NL Ritter (BA Koblenz Nr. 402). Teildruck bei *Schwabe/Reichardt* (Hg.), a.a.O., Nr. 141, wo freilich die Rittersche Erwähnung der „Grundsätze" von Treysa mit dem Vermerk „nicht aufgefunden" kommentiert wird.
11 Bericht über die Kirchenführerkonferenz in Treysa (27.–31. August 1945) vom 6. September 1945 von H. Brunotte (EZA [EKD] 2/63), Bl. 10 f.
12 *Fritz Söhlmann* (Hg.), Treysa 1945. Die Konferenz der evangelischen Kirchenführer 27.–31. August 1945. Mit einem Bericht über die Synode der Bekennenden Kirche in Berlin-Spandau 29.–31. Juli 1945 und über die unmittelbar vorangegangenen Tagungen des Reichsbruderrates und des Lutherischen Rates, Lüneburg 1946, 102–104 (Punkt 1).
13 Die Denkschriften befinden sich (abgesehen von der Ausarbeitung vom April 1947) in EZA/EKD 1/234b–1/237.
14 AEKvW Gen. (neu) Nr. C 2–22. Bd. I. – Zur Genese Ritter an Dr. A. Merzyn v. 5. August 1947 (EZA [EKD] 1/235).
15 Ansprache D. Wurms bei der Eröffnung der Juristenfreizeit in Bad Boll am 29. September 1945 (EZA [EKD] 2/1/193).
16 3 Seiten Schreibmasch.-Ms (EZA [EKD] 1/2/193).
17 Material zu Intention und Schicksal der „Historischen Kommission" der EKD, die auf Anraten von EKD-Ratsmitglied Prof. D. Dr. Rudolf Smend 1946 „zu Grabe getragen oder zumindest auf Eis gelegt" wurde (Archiv-Amt der EKD [W. Lampe an Merzyn] v. 31. Dezember 1946) in EZA (EKD) 2/1/90. – Ritter hatte im November 1944 eine Denkschrift mit dem Titel „Vorläufige Skizze einer Publikationsreihe der ‚Historischen Kommission der DEK' betr. das Sachgebiet: ‚Die Weltwirkung der Reformation'" vorgelegt (vgl. Smend an Ritter v. 26. Oktober 1946 (EZA [EKD] 2/1/90).
18 Dies um so mehr, als Ritter in seinem Treysaer Gesprächsbeitrag selbst gemeint hatte, neben einem die „Kirchenleitung" beratenden Ausschuß seien ähnliche Ausschüsse auch den Landeskirchen zu empfehlen („Bericht..." Brunottes, a.a.O. [Anm. 11], Bl. 11).
19 NL Ritter (BA Koblenz) Nr. 256; EZA (EKD) 2/1/193.
20 Wie Anm. 16. – Im NL Asmussen (ACDP – St. Augustin/Bonn) finden sich mannigfache Ausarbeitungen zur Konkretion des Verhältnisses von Kirche – Öffentlichkeit – Politik, z.B. „Der Öffentlichkeitswille der Kirche" (VIII, 8); „Ein Wort der Kirche zur gegenwärtigen Lage Deutschlands. Vortrag gehalten in Schwäbisch Gmünd, 3. März 1946" (VII, 9); „Die Lage der Kirche innerhalb des politischen Geschehens". Vortrag v. 19. März 1947 (in Bremen?), (VII,22).
21 Ebd. (VII, 8: „Der Öffentlichkeitswille...").
22 Belege dafür finden sich in den Dokumenten der Weltkirchenkonferenz von Amsterdam 1948, insbesondere von Sektion IV.
23 Jüngste Kritik am politisch-sozial konservativen Charakter des Säkularismustheorems im deutschen Nachkriegsprotestantismus ohne Berücksichtigung der außerdeutschen Diskussion in diesem Bereich (mit der Ausnahme von *Emil Brunner,* Die geistigen Voraussetzungen des Neuaufbaus: NSR, N.F. 13 [1945], H. 3 und dessen darauf fußendem Beitrag zur Amsterdamer Weltkirchenkonferenz 1948) bei *Harry Noormann,* Protestantismus und politisches Mandat, Band 1, Gütersloh 1985, 44 ff.
24 NL Asmussen (ACDP – St. Augustin/Bonn): „Die Lage der Kirche..." (VII, 22).
25 Einer der hauptsächlichen Gründe dafür wird, zumal bis zur offiziellen EKD-Gründung 1948, im Spannungsfeld von Rats-Kompetenz und landeskirchlicher Autonomie zu suchen sein, wie auch schon Asmussen in seinem Kammer-Positionspapier von 1945 dargelegt hatte: „Es ist schwierig, aber verheißungsvoll, daß wir in einem so komplizierten Gebilde

wie der EKD diese Arbeit zu leisten haben. Die EKD ist beides: Eine Einheit, welche ein Eigenleben führt, und eine Summe von Einheiten, die jede für sich eine Stimme haben" (Positionspapier in EZA [EKD] 2/1/193).
26 Steltzer an Asmussen v. 17. Dezember 1945: „...Die von Ihnen gewünschte Darstellung über die innere und äußere Lage kann ich frühestens in den Weihnachtstagen schreiben, in denen ich hoffentlich etwas mehr Ruhe habe" (EZA [EKD] 1/2/193). – Soweit ich sehe, ist es zu dieser Darstellung nicht gekommen.
27 Das geht indirekt aus einem Brief Ritters an Asmussen v. 4. Dezember 1947 (EZA [EKD] 1/234c) hervor: „Auf Ihre Anfrage erkläre ich mich gerne bereit, dem Rat der EKD mich zur Verfügung zu stellen in politischen Fragen..." Wenige Monate später war angesichts der unmittelbar bevorstehenden EKD-Gründung und der Verabschiedung ihrer Ordnung die Statusfrage schon wieder unsicher geworden. Deshalb schrieb Asmussen an Ritter am 18. März 1948 (EZA [EKD] 1/234c): „Mit großer Freude würde ich Ihren Rat heranziehen in allen Fragen, die das öffentliche Leben betreffen. Wie weit das nun praktisch werden wird angesichts der bevorstehenden Ordnung der EKD, kann ich nicht sagen. Es kommen ja auch immer eine Fülle technischer Schwierigkeiten hinzu, die das Einholen des Rates schwierig machen. Aber was in meinen Kräften steht, soll doch getan werden."
28 EKD-Kanzlei (OKR Ranke) an Ritter v. 25. Mai 1949 (NL Ritter [BA Koblenz] Nr. 402).
29 Die Mitglieder nach Verteilerschlüssel für die Einladung v. 6. August 1949 zur ersten Kammertagung (EZA [EKD] 2/043/1).
30 Ritter an Ranke v. 14. Juni 1949 (EZA [EKD] 2/043/1).
31 Verordnungs- und Nachrichtenblatt der Evangelischen Landeskirche Badens Nr. 12, 1945, S. 4; zur aktiven Rolle Ritters bei der Beschlußfassung sein Brief an Asmussen v. 15. Dezember 1945 (NL Ritter [BA Koblenz] Nr. 402).
32 Ritter an Wurm v. 13. Dezember 1945 (EZA [EKD] 2/1/161).
33 *Gerhard Ritter*, Europa und die deutsche Frage. Betrachtungen über die geschichtliche Eigenart des deutschen Staatsdenkens, München 1948, 199f. Ritter sah die deutsche Mitverantwortung am Nationalsozialismus vor allem in den unversöhnlichen politischen Antagonismen der Weimarer Republik, die der Staatsvernunft keine Durchsetzungschancen mehr boten. „An diesem Punkt liegt die eigentliche Verantwortung des deutschen Volkes für sein späteres Schicksal" (ebd. 198).
34 Ritter an Asmussen v. 4. Dezember 1947 (EZA [EKD] 1/234c).
35 Asmussen an Ritter v. 18. März 1948 (EZA [EKD] 1/234c).
36 *Hans-Günter Zmarzlik*, Lebendige Vergangenheit. Eine Würdigung Gerhard Ritters: HZ 207 (1968) 55–74; 71. – Ein Jahr vor seinem Tode hat Ritter selbstkritisch angemerkt: „Blicke ich auf mein eigenes Lebenswerk zurück, so sehe ich, daß darin die Fragen des wirtschaftlich-sozialen Lebens verhältnismäßig am wenigsten zu ihrem Recht gekommen sind..." (Filmdokumente zur Zeitgeschichte G 106/1967: Gerhard Ritter, Freiburg i. Br. 1966, Institut für den wissenschaftlichen Film – Göttingen 1967).
37 Ritter an Winfried Martini vom 25. Juli 1950 (*Schwabe/Reichardt* [Hg.], a.a.O., Nr. 163).
38 *Gerhard Ritter*, Christentum und Selbstbehauptung, Tübingen – Stuttgart 1946, 11. 12. 15 (Schriftenreihe der Evangelischen Akademie I/1).
39 So gilt auch für Ritters historisch-politisches Denken: „Die gesellschaftlichen Vorstellungen des deutschen Widerstandes müssen aus den Voraussetzungen der Zeit beurteilt werden, die sich als Epoche des Übergangs, der Zerstörung der gewachsenen geschichtlichen Formen begriff und die nach neuen universalen Lösungen suchte, ohne die Bindung an die historische Kontinuität preiszugeben (*Hans Mommsen*, Gesellschaftsbild und Verfassungspläne des deutschen Widerstandes. Neuabdruck in: *Herbert Graml* [Hg.], Widerstand im Dritten Reich. Probleme, Ereignisse, Gestalten, Frankfurt/M. 1984, 14–91; 86f. [Fischer Taschenbuch 4319]).
40 So *Andreas Dorpalen*, Gerhard Ritter: *Hans-Ulrich Wehler* (Hg.), Deutsche Historiker I, Göttingen 1971, 86–99; 89. Vgl. auch ders., Historiography as History: The Work of Gerhard Ritter: JMH 34 (1962) 1ff.

41 Bereits das Treysaer Wort hatte bei Betonung der grundsätzlichen Distanz der Pastoren zum politischen Tages-Kampf (Pkt. 6) das „Wohlwollen" für eine Partei, „die sich selbst auf christliche Grundsätze verpflichtet", nicht ausgeschlossen (*Söhlmann* [Hg.], a. a. O.103). – Am 9. Januar 1947 schrieb Ritter an Wurm, welcher der CDU mit einer gewissen Distanz gegenüberstand, er halte die Entwicklung einer „starken CDU" für äußerst dringlich und das Hinzutreten des evangelischen Elements für geboten. Ein Zusammengehen von Sozialismus und Christentum hielt Ritter dann für möglich, wenn „die Sozialdemokratie sich vom Marxismus und historischen Materialismus löst und zu einer Partei wird, die den Sozialismus als ein Reformprogramm auffaßt, das zu wahrer sittlicher Gemeinschaft führt..." (NL Ritter [BA Koblenz] Nr. 258). – Laut Schreiben vom 26. Juli 1948 an den CDU-Politiker und Konstanzer Bürgermeister Hermann Schneider, war Ritter badisches CDU-Mitglied: „Ich schreibe Ihnen heute als Vorstandsmitglied der CDU..." *Schwabe/Reichardt* (Hg.), a. a. O., die diesen Brief gekürzt unter Nr. 154 drucken, bemerken demgegenüber in ihrer Einleitung (12): „Einer Partei hat er (scil. Ritter) nur einmal zwei Jahre lang angehört – der Deutschen Volkspartei von 1929 bis 1931. Nach dem Zweiten Weltkrieg stand er zeitweise dem protestantischen Flügel der CDU nahe."

42 *Gerhard Ritter*, Die Dämonie der Macht. Betrachtungen über Geschichte und Wesen des Machtproblems im politischen Denken der Neuzeit, 5. umgearb. Aufl. des Buches „Machtstaat und Utopie", Stuttgart 1947, 197.

43 „Notizen über die Diskussion des Referates von Prof. Dr. Ernst Wolf – Göttingen – anläßlich der Sitzung der Kammer für öffentliche Verantwortung am 3. und 4. 12. 1949 in Darmstadt über das Thema ‚Kirche und Recht'" (EZA [EKD] 2/043/1, Bl. 1 f.).

44 Ritter an Hammelsbeck v. 23. April 1946 (NL Ritter [BA Koblenz] Nr. 258).

45 Protokoll der Kammertagung in Königswinter v. 26./27. September 1949 und „Beschlußfassung der Kammer für öffentliche Verantwortung" (2 Bl.) (EZA [EKD] 2/043/1).

46 EZA [EKD] 2/043/1 (Niederschrift über die Sitzung der Kammer für öffentliche Verantwortung der EKD am 27. März 1950 in Frankfurt/M., mit Anlage: Entwurf D. Dr. Dibelius). – In einem Schreiben OKR Rankes an Brunotte v. 29. März 1949 (EZA [EKD] 2/043/1) zur Kammertagung ist zu lesen: „Die Kammer nahm von einer Umformulierung des Statements auf Grund der Beratung Abstand. Bischof Dibelius behielt sich die Neuformulierung des Statements auf Grund der Verhandlung der Kammer persönlich vor."

47 Der Entwurf des Wortes zum Nationalismus ist auf Anfang Oktober 1949 zu datieren. Leicht redigierte Abschrift („Kirchliche Stellungnahme zum Nationalismus. Entwurf an die Herren Mitglieder des Rates der EKD" [Brunotte] vom 14. Dezember 1949 in EZA [EKD], 2/043/1).

48 Künneth an OKR Ranke/Kanzlei der EKD v. 3. November 1949 (EZA [EKD] 2/043/1).

49 EKD-Kanzlei/Vizepräsident Dr. Benn an Brunotte v. 22. Dezember 1949 (EZA [EKD] 2/043/1).

50 Ebenda (Niederschrift über die Tagung der Kammer für öffentliche Verantwortung am 3./4. Dezember 1949 in Darmstadt).

51 Druck: Kirchliches Jahrbuch 1949, 97 ff., mit Einführung H. Vogels.

52 Vgl. *Noormann*, a. a. O. 230.

53 Benn an Brunotte v. 22. Dezember 1949 (vgl. Anm. 49).

54 „Über unsere politische Lage". 5. Bericht, Januar 1948, a. a. O. (Anm. 13), Bl. 21.

55 „Unsere politische Lage" (6. Bericht, April 1949), a. a. O. (Anm. 13). – Dieser politische Lagebericht Ritters ist in den kirchlichen Spitzengremien umgehend verteilt worden: 1. An die Leitungen der evangelischen Landeskirchen in den Westzonen. 2. An das kirchliche Außenamt der EKD. 3. An das Zentralbüro des Hilfswerkes der EKD. 4. An den Central-Ausschuß für die Innere Mission. 5. An die Mitglieder der Arbeitsgemeinschaft christlicher Kirchen in Deutschland (Anschreiben der EKD-Kirchenkanzlei/Dr. Merzyn v. 24. April 1949). – AEvKW (2-03. Bd. 1).

56 „Kirche und internationale Ordnung", a. a. O. (Anm. 4), Bl. 11.

57 „Über unsere politische Lage". 5. Bericht, Januar 1948, a. a. O. (Anm. 13), Bl. 21.

58 Ritter an Heinrich von zur Mühlen vom 19. Februar 1949: *Schwabe/Reichardt* (Hg.), a.a.O., Nr. 157.
59 Diese Charakteristik bei *Klaus-Dietmar Henke*, Großbritannien: *Wolfgang Benz/Hermann Graml* (Hg.), Europa nach dem Zweiten Weltkrieg 1945–1982. Das Zwanzigste Jahrhundert II, Frankfurt/M. 1983, 82 ff.; 89 (Fischer Weltgeschichte 35).
60 Wie Anm. 50 (Kammer-Niederschrift).
61 „Betr.: Kirchliche Stellungnahme zum Nationalismus. Entwurf an die Herren Mitglieder des Rates der EKD" (Brunotte) mit Abschrift des leicht redigierten Entwurfs des Ritterwortes (EZA [EKD] 2/043/1) vom 14. Dezember 1949.
62 Vermerk Brunottes v. 25. Januar 1950 (EZA [EKD] 2/043/1).
63 *Johanna Vogel*, Kirche und Wiederbewaffnung. Die Haltung der Evangelischen Kirche in Deutschland in den Auseinandersetzungen um die Wiederbewaffnung der Bundesrepublik 1949–1956, Göttingen 1978, 83 ff. (AKiZ B 4).
64 Ritters Fehlen hängt u. U. mit der Verschiebung der Sitzung vom ursprünglich 2. März 1949 auf den 27. März 1949 zusammen. Vgl. „Entwurf. An die Mitglieder der Kammer für öffentliche Verantwortung. gez. Dr. Tillmanns" (EZA [EKD] 2/043/1).
65 „Entwurf eines ratsamen Gutachtens... über die der Kirche aus dem Auftreten des politischen Radikalismus und der Soldaten-Bünde erwachsenden Aufgaben." Entstanden ist der Entwurf im Zusammenhang mit der Klärung des soldatischen Eidesproblems im Rückblick auf den 20. Juli 1944 (ausgelöst durch Äußerungen des ehemaligen Generalobersten Frießner in der Presse sowie durch Besorgnisse Frankreichs hinsichtlich eines Neuauflebens der NS-Generalität) und im Vorausblick auf einen künftigen Fahneneid. Über dieses Problem hinaus versuchte der Entwurf das Thema des radikalen Nationalismus grundsätzlich zu fassen. Vgl. dazu auch OKR Edo Osterloh an OKR Ranke v. 28. September 1951 (Beide Dokumente in EZA [EKD] 2/043/2).
66 Ritter an H. Thielicke vom 17. Juni 1947: *Schwabe/Reichardt* (Hg.), a.a.O., Nr. 148.
67 Ritter an Hedwig Kappe vom 22. Dezember 1950 (Ebd., Nr. 170).
68 *Diether Koch*, Heinemann und die Deutschlandfrage, München 1972, 283.

GERHARD BESIER

Evangelische Kirche und Entnazifizierung in Hannover. Ein Arbeitsbericht*

Einführung in den Stand der Forschung und Problemskizze

Betrachtet man das Thema aus der Perspektive des Inhabers weltlicher Macht, gehört es in den großen Zusammenhang der britischen Deutschland- und Besatzungspolitik 1945–1949. Obwohl hierzu in den letzten Jahren eine ganze Reihe von Arbeiten erschienen sind – zuletzt die von Josef Foschepoth und Rolf Steininger herausgegebene Veröffentlichung des Deutschen Historischen Instituts London –[1], gibt es zur Entnazifizierung in der britischen Besatzungszone eigentlich nur die 1982 veröffentlichte Dissertation von Wolfgang Krüger.[2] Aber auch Krüger läßt eine Zielgruppe aus, der man besondere Konditionen einräumte und deren Entnazifizierungsverfahren darum charakteristisch von den anderen abwich: die Pastorenschaft. Er vermerkt dazu lediglich:

„Für die Überprüfung der Geistlichkeit wurden besondere Fragebogen benutzt, die von der Militärregierung gedruckt worden waren. Für die wissenschaftliche Forschung hat die deutsche Bischofskonferenz die Entnazifizierungsakten von katholischen Geistlichen gesperrt. Die Akten der entnazifizierten evangelischen Pfarrer sind nicht auffindbar."[3]

Richtig an dieser Feststellung ist jedenfalls, daß die Kirchen – wie übrigens auch manche Staatsarchive der Länder – sich schwer tun, das Material freizugeben.

Für die Region Schleswig-Holstein hat Kurt Jürgensen eine Rekonstruktion der Geschichte der dortigen Landeskirche für die ersten Jahre nach dem Zweiten Weltkrieg vorgenommen. Auf der Grundlage von auch britischem Archivmaterial geht er in dieser Arbeit kurz auf die Entnazifizierung von Geistlichen in Schleswig-Holstein ein.[4]

Obwohl die Briten den Grundsatz einer strikten Gleichbehandlung aller Kirchen in ihrer Zone verfolgten, gelang ihnen die praktische Umsetzung dieser Maxime nur auf der Ebene von Direktiven. Diese sind bei Irmgard Lange, Wolfgang Krüger und Kurt Jürgensen im wesentlichen genannt und z. T. analysiert.[5]

Wegen der unterschiedlichen Bedingungen, die die Besatzungsbehörden in den einzelnen Landeskirchen antrafen, mußten sie die ihnen vorgegebenen Direktiven oft in spezifischer Weise interpretieren. Hinzu kamen die besonderen personellen Konstellationen sowie die sehr selbständige Verwaltungspraxis in den einzelnen Provinzialmilitärregierungen. Jochen Thies hat den administrativen Wirrwarr und die Koordinationsprobleme der britischen Militärverwaltung hinreichend geschildert.[6]

Nicht nur im Bewußtsein der Besatzungsmächte, auch für viele deutsche Theologen und Kirchenmänner, die aus dem Kirchenkampf kamen, war Hannover ein besonderer Fall, denn die hannoversche Landeskirche galt als vom Nationalsozialismus besonders affiziert. Die unmittelbar nach dem Krieg von deutscher Seite gegen Hannover erhobenen Vorwürfe wurden von den Betroffenen selbst in einer Denkschrift aus dem Jahr 1946 zusammengestellt und Gegenargumente aufgeführt.[7] Eine zentrale Stellung im Rahmen dieser Beschuldigungen wie der Versuche, sie zu entkräften, nahm die Person des hannoverschen Landesbischofs ein.[8] Besonders aus der ökumenischen Zentrale in Genf erhielten die Deutschen mehrfach den entschiedenen Hinweis, daß man im Zusammenhang der kirchlichen „Selbstreinigung" den Rücktritt von Marahrens erwarte. Diese Forderung entsprach nicht nur der Haltung des Genfer Stabes[9], sondern gerade auch des Britischen Kirchenrates, der im Sommer 1945 an Visser't Hooft schrieb: „The Confessional Churchmen are expected by British Church opinion to cleanse the German Churches of all collaborators with the Nazi régime, who are still in the ministry, beginning with men like Marahrens, Mueller, Haeckel, etc."[10]

Über die prinzipielle Notwendigkeit einer „Reinigung" des deutschen öffentlichen Lebens vom Nationalsozialismus gab es zwischen den deutschen Kirchen auf der einen und den Alliierten wie der Ökumene auf der anderen Seite keinen Dissens – wohl aber über die dabei zu beschreitenden Wege und vor allem über das Ausmaß der ganzen Prozedur. Konnten die deutschen Kirchen einem umfassenden Eliminations- und Umerziehungskonzept zustimmen, das darauf hinzielte, „to stamp out the whole tradition on which German nation has been built up" und „to look to Great Britain and to the English speaking world as their exemplar"?[11] Ganz davon abgesehen, daß die Kirchen selbst einen Teil dieser Tradition bildeten, setzte das Programm die Einsicht in die generelle Untauglichkeit der deutschen und die sittlich-moralische Superiorität der angloamerikanischen Denk- und Lebensweisen voraus. Beides war nicht der Fall. Denn sowohl den aufgezeigten historischen Argumentationslinien zuungunsten der Deutschen[12] wie den aktuellen Verhaltensweisen der Alliierten fehlte es an letzter Überzeugungskraft.[13] So mußten die Besatzungsbehörden sehr bald erkennen, daß selbst in den Kirchen die Grenzen für ein „fundamental re-thinking" enger gesteckt waren, als sie ursprünglich gehofft hatten.[14] Hinzu kam der Anspruch der Kirchenleitungen, ihre inneren Angelegenheiten nach spezifisch kirchlichen Gesichtspunkten selbst regeln zu wollen. In diesem Sinne schrieb der Präsident der EKD-Kanzlei, Hans Asmussen, am 24. September 1945 an alle Kirchenleitungen:

„Die Militär-Regierung in Frankfurt hat unter dem 26. April Richtlinien erlassen, welche die deutsche Kirchenpolitik betreffen... Aus diesen Richtlinien geht hervor, dass die Militär-Regierung keine Pfarrer und Kirchenbeamten in öffentlicher Tätigkeit glaubt dulden zu können, welche brennend dem Nationalsozialismus zugetan waren.

Für die christliche Kirche können nur kirchliche Gesichtspunkte massgebend sein, wenn sich die Frage entscheidet, wer in ihr ein Amt haben darf und in welcher Weise dieses ausgeübt wird. Sie wird also in allen fraglichen Fällen zu prüfen haben, ob das Ordinationsgelübde verletzt und Ärgernis angerichtet wurde. Dieses zu entscheiden wird die Aufgabe der Kirchenleitungen sein. Im übrigen liegt es auf der Hand, dass in dieser Sache ein gleichmässiges Vorgehen der deutschen Landeskirchen dringend erforderlich ist. Wir schlagen vor, wie folgt zu verfahren: Wo die Militär-Regierung auf der Versendung von Fragebogen an die Pfarrer besteht, wird am leichtesten ein reibungsloses Verfahren möglich sein, wenn die Fragebögen durch die Kirchenleitungen verteilt und nach Ausfüllung wieder eingesammelt und der Militär-Regierung übergeben werden. Es liegen bereits Fälle vor, in denen Vertreter der Militär-Regierung ihre Bereitschaft bekundeten, in dieser Weise vertrauensvoll mit den Kirchen zusammen zu arbeiten. Wenn dann nach Übergabe der Fragebögen an die Militär-Regierung diese ihre Anstände gegenüber der Kirchenleitung geltend gemacht hat, wird die Kirchenleitung nach kirchlichen Gesichtspunkten ernsthaft prüfen, welche Verpflichtungen sich aus dem vorliegenden Fall für sie ergeben. Es ist kein Zweifel, dass wir auf diesem Wege auch die Anliegen der Militär-Regierung am wirkungsvollsten vertreten werden."[15]

In den ersten Nachkriegsjahren dürfte es kaum eine andere Frage gegeben haben, in der sich die einzelnen Gliedkirchen so einvernehmlich und dauerhaft an einer EKD-Empfehlung zu orientieren suchten. Auch die hannoversche Landeskirche folgte im wesentlichen diesen Sätzen und kollidierte nicht zuletzt auch deswegen immer wieder mit den Grundsätzen britischer Kirchenpolitik.

1. Grundsätze britischer Kirchenpolitik

Ähnlich wie bei den Amerikanern bestanden detaillierte Pläne, wie das besiegte Land kirchlich zu reorganisieren sei, vor der Kapitulation Deutschlands nicht. Auch die britische Religions- und Kirchenpolitik blieb bis Mai 1945 auf die Formulierung von Grundsätzen beschränkt, deren Umsetzung in praktikable Schritte abhängig sein sollte vom konkreten Zustand der kirchlichen Organisationen.[16] Zum Verhältnis der amerikanischen und britischen Kirchen- und Entnazifizierungspolitik gilt für die großflächige Betrachtung nach wie vor Fürstenaus Feststellung, daß die Briten – bis zum 14. Juli 1945 in einem Hauptquartier (SHAEF) mit den Amerikanern vereinigt – „im wesentlichen, obwohl sehr viel vorsichtiger und mit weniger Überzeugung, der Politik ihrer amerikanischen Bundesgenossen folgten".[17] Das heißt, auch in der britischen Besatzungszone orientierten sich die Maßnahmen in der ersten Phase zunächst an den amerikanischen Richtlinien, so wie sie in der Direktive JCS 1067 vom 26. April 1945 festgelegt worden waren.[18] Auch im *Allied Religious Affairs Committee* (ARAC), in dem die Alliierten seit August 1945 ihre Religions- und Kirchenpolitik koordinierten, dominierten zunächst eindeutig die Amerikaner. So gelang es ihnen, ihre Direktive JCS 1143 durchzusetzen, die den Grundsatz der Nichteinmischung in kirchliche und religiöse Angelegenheit vertrat.[19] Dies heißt freilich ebensowenig wie in anderen Bereichen – das hat Donald Watt gezeigt[20] –, daß Britannien – nicht zuletzt wegen seiner bekanntermaßen starken wirtschaftlichen, aber auch außenpolitischen Abhängigkeit von den USA – ganz auf die Verwirklichung eigener Vorstellungen verzichtet hätte. Schon im Stadium der Orientierungsphase beschritten die Briten andere Wege als die Amerikaner. Armin Boyens hebt in seiner Studie über die „Kirchenpolitik der amerikanischen Besatzungsmacht" wesentliche Unterschiede bereits hervor.[21] Allerdings scheint dieses Urteil stark aus der Perspektive amerikanischer Selbstkritik gefällt zu sein, denn die britischen Fehleinschätzungen und Vorurteile gegenüber den deutschen Kirchen standen denen der USA kaum nach, wie gleich zu zeigen sein wird.

Die vielleicht schärfste Kritik an der Kirchenpolitik seines Landes übte der Amerikaner Stewart W. Herman.[22] Über seinen Freund Donald Heath, den persönlichen Sekretär des politischen Beraters der amerikanischen Militärregierung, Robert Murphy[23], suchte er durch Interviews und Reports[24], die er als Vertreter des Ökumenischen Rates der Kirchen angefertigt hatte, auf die Maßnahmen der USA einzuwirken. Immer wieder verwies er auf das britische Vorbild. Dort seien mit Unterstützung von Field Marshall Alexander, aber gegen den Widerstand von Religious Affairs, elf Kapläne damit beauftragt worden, Kontakte zu den deutschen Kirchen herzustellen und aufrechtzuerhalten und einmal monatlich darüber zu berichten. Diese Berichte gingen an den British Council of Churches, den International Missionary Council und an den Erzbischof von Canterbury, Fisher. Weiterhin sei unter Chief Chaplain Druit eigens Cpt. Iain Wilson als Verbindungskaplan ernannt worden. Er setze fort, was Willie Tindal als Staff Chaplain der 21. Armeegruppe bereits in der zweiten Julihälfte mit einer Erkundungsfahrt durch die britische Zone begonnen und deren Ertrag er am 11. August 1945 in seinen „First Impressions of the German Evangelical Church – July 1945" zusammengefaßt habe.[25] Mit diesen Interventionen setzte Herman die seit 1943 angestellten Bemühungen der Ökumenischen Zentrale fort, durch Berichte und Analysen entscheidenden Einfluß auf die Behandlung der Kirchen in Nachkriegsdeutschland zu nehmen. So hatte Visser't Hooft beispielsweise schon im Dezember 1943 an den Erzbischof von Canterbury,

William Temple (†1944)[26], über „The Place of the German Church in the Post-War World" geschrieben:

„The degree of readiness to collaborate with the churches of other countries will largely depend on the attitude which these churches will take toward the German church and to the German nation. If that attitude would be one of sentimental reconciliation which takes the responsibility of the German Church less seriously than the German Church takes it itself, the process of inner change which now goes on in that church will not be helped but hindered. If, on the other hand, the other churches take a merely condemning attitude, no basis for collaboration can be found. A repentant sinner whose repentance is not taken seriously, is not liberated from his sin, but a repentant sinner who meets with a pharizaic attitude may well become a hardened sinner. The post-war German Church will no doubt eliminate those of its leaders who have not resisted or even helped National Socialism in its attempt to subordinate the church to its aims and will give places of influence to men who have stood for the independence of the church. The attitude of these leaders in international problems will depend very largely on the way in which Germany will be treated at the time of the Armistice and of peace-making. If Germany is allowed to do its own house-cleaning, these men will be among the most trustworthy and active supporters of a complete overhauling of national life. But if the process of cleaning will be carried out under foreign auspices and leadership, they will probably not collaborate in it. In any case, it is not to be expected that any of them will show readiness to act directly or indirectly as an agent of a foreign power which would treat Germany as a vassal state. But it may be expected that they will collaborate in a solution of the German problem which, while curtailing German political and military power, allows the German people to have its own place among the other nations."[27]

Hermans positives Bild von der britischen Religionspolitik mag vor allem von dem Sachverhalt bestimmt gewesen sein, daß die britische Besatzungsmacht den Kirchen von vornherein eine ganz besondere Beachtung schenkte und dabei auch den Genfer Gesichtspunkten Rechnung trug. Allerdings sah man im Stab des Generalmajors Templer im Blick auf die evangelischen Kirchen gleich zu Anfang strukturelle Probleme. „The Roman Catholic Church ... is well organised" hieß es in einer frühen Instruktion, während in der evangelischen Kirche chaotische Zustände herrschten und man sich darum über den Weltrat der Kirchen erst einmal ein „Who is Who" geben lassen müsse.[28] Als die britische Militärregierung den erst am 19. April 1945 inthronisierten Erzbischof von Canterbury, Geoffrey Fisher, um Rat und Hilfe anging, reagierte das Oberhaupt der Church of England prompt. Er legte am 3. Juli 1945 ein Memorandum „The Church and Germany" vor, in dem es gleich eingangs heißt:

„The German Churches must play a leading part in the redemption and renewal of Germany. The Roman Catholic Church there has on the whole been anti-Nazi throughout and is comparatively easy to deal with, but the Lutheran and Reformed Churches are also an essential element more difficult to deal with because the

Lutheran doctrine of submission to the State went deep and many Lutheran Pastors were actively or passively pro-Nazi."[29]

Mit dieser Einschätzung hängt zusammen, daß man den katholischen Würdenträgern zunächst sehr viel größeres Vertrauen entgegenbrachte als den evangelischen. Denn nach den ersten Berichten der britischen Armeekapläne gehörten ca. 60% der protestantischen Pastoren in die Pro-Nazi-Kategorie. Diese Zahlen leiteten sie aus Gesprächen mit ihren deutschen Kollegen und kleinen Fragebogenaktionen ab.[30] Aus mehreren Gründen verlor die katholische Kirche mit der Zeit allerdings ihren Sympathievorsprung. Einmal wegen der bekannten Probleme, die die britische Militärregierung mit prominenten Bischöfen, z.B. Graf von Galen, hatte[31]; zum anderen zeigte sich die katholische Kirche bei der Entnazifizierung ihrer Geistlichen so wenig kooperativ, daß die „Times" in ihrer Ausgabe vom 26. Juni 1946 über die katholische Obstruktion berichtete; am Schluß des Artikels hieß es gar, „daß die katholische Geistlichkeit eher einen nationalistischen als einen demokratischen Einfluß auf das deutsche Leben ausübte, während die Protestanten eine duldsamere und liberalere Haltung einnähmen".[32] Zu diesem Stimmungsumschwung mag auch die Tatsache beigetragen haben, daß im ersten Besatzungsjahr der Direktor der Religious Affairs Branch, Col. Sedgwick, Mitglied der römisch-katholischen Kirche war. Unter dem Einfluß des Bischofs von Chichester, Bell, der die Personalvorschläge machte, gehörten seine Nachfolger stets einer protestantischen Denomination an.

Fisher empfahl, nicht unmittelbar in die innerkirchlichen Auseinandersetzungen einzugreifen; der nicht dem Nationalsozialismus verfallene Teil der evangelischen Kirche müsse sich selbst durchsetzen, wenn nicht der Eindruck entstehen solle, es handele sich bei diesem Personenkreis um Agenten der Sieger. Dann schlug er vor, Armeekapläne zur Erkundung der Lage freizustellen und den schon erwähnten Tindal als Spezial-Verbindungsoffizier Montgomerys in Kirchenangelegenheiten zu etablieren. Montgomery übernahm nicht nur sachlich die Vorschläge des Erzbischofs; in einer Anweisung an seinen Stab gebrauchte er bis in den Wortlaut hinein die Formulierungen Fishers.[33] Drei Tage später legte auch George Bell ein Memorandum über „The Church in Germany, with special reference to Protestants" vor[34], das Fisher nicht an Montgomery weitergab. Unter dem Einfluß von Julius Rieger (Pastor an der deutschen St. Georgs-Gemeinde in London)[35] machte sich Bell den Standpunkt der Ökumenischen Zentrale zu eigen, Bischof Wurm und sein Kirchliches Einigungswerk zu stützen.[36] Er empfahl, dem württembergischen Landesbischof und seinen Mitarbeitern seitens der britischen Behörden jegliche Unterstützung zu gewähren und Tindal mit der Nachricht nach Stuttgart zu schicken, „that it is Montgomery's wish to give full support to the Confessional Church in its religious relief and welfare activities".[37] Das dritte Grundsatzpapier stammte vom Foreign Office. Es faßte die Anregungen von Fisher und Bell zusammen und formulierte die erwünschten Ziele der britischen Kirchenpolitik: In den britischen Kirchen, heißt es da, herrsche Einigkeit darüber, „that all the latent Christian forces in Germany should be employed to rebuild German Society and re-educate the German character".[38] Dabei war an einen pädagogischen Zweischritt gedacht: Internationale Kirchenbünde, vor allem Genf, und der Britische Kirchenrat sollten durch persönliche Kontakte Einfluß auf die deutschen Kirchen nehmen, um sie zu ökumenisieren und zu humanisieren, und die deutschen Kirchen wiederum sollten, gewissermaßen als Sauerteig, dann in der deutschen Nachkriegsgesellschaft entsprechend tätig werden. Das ganze Konzept war offensichtlich von dem missionarischen Bewußtsein getragen, die christlichen Kirchen der Welt müßten auf dem beschriebenen Wege eine moralische Erneuerung Deutschlands bewirken. Die diesen Restrukturierungsprozeß flankierende offizielle Haltung der britischen Regierung gegenüber den deutschen Kirchen wird als „a policy of freedom and encouragement" definiert, solange die deutschen Kirchen nicht zum Trojanischen Pferd für unerwünschte Propaganda würden.[39]

Tindals Rundreise durch die britische Besatzungszone ließ den Briten die deutschen Verhältnisse im wesentlichen so sehen, wie der Leiter der Betheler Anstalten, Friedrich von Bodelschwingh, das wünschte. Zusammen mit dem deutschen Reisebegleiter Tindals, Gottfried Michaelis, der während der Unternehmung in ständigem Gedankenaustausch mit Bethel stand, wurden Reiseroute und Kontaktpersonen festgelegt. So konnte Michaelis beispielsweise mit Hilfe Liljes eine geplante Begegnung Tindal – Marahrens verhindern.[40]

Das Ergebnis der Sondierungen Tindals brachte auch darum wenig Neues; vielmehr bestärkte es Fisher und Montgomery in ihrer Sicht der Dinge. So heißt es beispielsweise zur Bekennenden Kirche, sie sei eine Bewegung, die von Bischof Wurm geführt werde. Als Programm der BK nennt Tindal in seinem Bericht Wurms „13 Sätze über Auftrag und Dienst der Kirche" vom April 1943[41], die er seinem Bericht als Anhang in vollem Wortlaut beigibt. Überhaupt münden nach seiner Darstellung alle bekenntniskirchlichen Bestrebungen, ja der Kirchenkampf insgesamt, im Kirchlichen Einigungswerk Wurms, das von der überwiegenden Mehrheit aller Pastoren bejaht würde. Als Ziel der bevorstehenden Kirchenkonferenz von Treysa gab Tindal an: „The purpose is to regulize church appointments, restore men to office, strengthen the democratic and lay elements, and generally to take counsel for the life and work of the German Evangelical Church."[42]

Die kirchlichen Stellungnahmen und Tindals Memorandum beeinflußten die kirchenpolitische Position der britischen Militärregierung so nachhaltig, daß es der *Religious Affairs Branch* schwer fiel, mit allmählich wachsenden Einsichten in die tatsächlichen Verhältnisse, ein differenzierteres Bild zu vermitteln und entsprechend modifizierte Maßnahmen durchzusetzen.

Die Religious Affairs Branch war eine Unterabteilung der Internal Affairs & Communication Division der britischen Kontrollkommission[43] und trug für beinahe vier Jahre die Verantwortung für alle religionspolitischen Entscheidungen in der britischen Besatzungszone. Sie stand unter dem starken Einfluß der Church of England, die – wie schon erwähnt – bei den Stellenbesetzungen der Religionsabteilung maßgeblich mitwirkte. Bei den leitenden Mitarbeitern der Religious Affairs Branch handelte es sich zunächst um demobilisierte Armeekapläne. Trotz der kirchlichen Unterstützung gelang es der Branch aber nur selten, ihre Vorstellungen gegen die politische und die Sicherheitsabteilung der Militärregierung durchzusetzen, weil sie innerhalb der Besatzungshierarchie nur eine recht untergeordnete Rolle spielte.[44] Zu ihren Aufgaben gehörte auch die Überwachung der Entnazifizierung von Geistlichen. Ihre Tätigkeit auf diesem konfliktreichen Feld beeinträchtigte oft eine wirklich vertrauensvolle Zusammenarbeit mit den deutschen Kirchen in anderen Bereichen. Andererseits brachte das meist größere Verständnis für die deutschen kirchlichen Probleme die Mitarbeiter der Branch gegenüber anderen Einrichtungen der Militärverwaltung in große Schwierigkeiten. Während beispielsweise die Public Safety Branch auf einen sofortigen Rücktritt von Marahrens drängte, versuchte die Religious Affairs Branch den Kollegen vergeblich zu verdeutlichen, aus welchen Gründen ein gewaltsames Vorgehen nicht opportun sei.[45] So nahm die Religionsabteilung eine undankbare Position zwischen den Stühlen ein, die manche ihrer Aktivitäten scheitern ließ.

2. Die Entnazifizierung von Geistlichen in Hannover

Ende Mai/Anfang Juni 1945 erarbeitete die Education & Religious Affairs Branch einen besonderen „Fragebogen für Geistliche", weil der Standard-Fragebogen für die Zielgruppe nicht angemessen sei. Nachdem die Political Division und die Public Safety Branch den Spezialfragebogen geprüft und gutgeheißen hatten, versuchten die Briten – um der einheitlichen Vorgehensweise willen – auch die US-Amerikaner zur Benutzung ihres Bogens zu bewegen, stießen dabei jedoch auf glatte Ablehnung.[46] Damit begann auf diesem Sektor eine getrennte Entwicklung.

Der „Fragebogen für Geistliche" unterschied sich von dem Standard-Fragebogen vor allem dadurch, daß die Mitgliedschaft in der NSDAP bzw. der ihr angeschlossenen Verbände sehr pauschal erfragt wurde, während man über die binnenkirchliche Karriere ausführliche Auskünfte einholte. Wegen der unterschiedlichen Akzentuierung der Bögen herrschte zwischen den Dienststellen Uneinigkeit, ob die Pastoren nun beide oder nur den „Fragebogen für Geistliche" ausfüllen sollten. Da die Anweisungen aus dem Hauptquartier in Bünde widersprüchlich waren, verfuhren die Dienststellen entsprechend unterschiedlich.[47] Als die Gesamtprozedur dann Mitte September in Gang kam, erhielt die Kirchenleitung über den Ablauf des Verfahrens mehrfach so unterschiedliche Instruktionen, daß die Verwirrung vollständig wurde. Das tat aber dem guten Verhältnis zwischen dem zuständigen Oberlandeskirchenrat, Stalmann, und Marahrens auf der einen und den Offizieren von der Education & Religious Affairs Branch auf der anderen Seite keinen Abtrag. Bis Juni 1946 wurden bei Vierertreffs in freundlicher Atmosphäre ca. 80 Fälle durchgesprochen.[48] Dabei wechselten die britischen Vertreter ständig, während für die hannoversche Kirchenleitung kontinuierlich Stalmann, meistens in Begleitung von Marahrens, die Verhandlungen führte. Die schlecht eingearbeiteten Briten verhielten sich entsprechend unsicher, so daß die deutschen Kirchenmänner leichtes Spiel hatten und ihren Vorteil auch geschickt zu nutzen wußten. Sobald endgültige negative Entscheidungen drohten, also Amtsentlassungen, beantragten sie die Vertagung des Falles, bis weitere Berichte und Auskünfte über den betreffenden Pastor eingeholt worden seien.

Anfang März teilte Stalmann dann seinen Verhandlungspartnern mit, der Vorläufige Kirchensenat habe am 22. Januar 1946 auf der Rechtsgrundlage einer „Notverordnung über Maßnahmen bei Verletzung der Amtspflicht in den Jahren 1933–1945" ein *Außerordentliches Kirchengericht* eingesetzt[49], dem künftig die ernsteren Fälle vorgelegt würden. Gleichzeitig sprach er die Erwartung aus, „daß die Entscheidung dieses Gerichtes... auch für das Urteil der militärischen Behörde von besonderem Gewicht sein würde".[50] Die Briten widersprachen nicht. Mit der Etablierung dieses Außerordentlichen Kirchengerichtes entsprach Hannover ganz den am 19. Oktober 1945 vom Rat der EKD verabschiedeten „Richtlinien für die Verordnung zur Wiederherstellung eines bekenntnisgebundenen Pfarrerstandes".[51] Wie die hannoversche Kirchenregierung den Umfang der ihr notwendig erscheinenden Säuberung einschätzte, macht die Zahl der insgesamt vor dem Außerordentlichen Kirchengericht verhandelten Fälle deutlich: Von ca. 1300 Pastoren wurde gegen 23 ein Verfahren angestrengt, das in 6 Fällen mit Entfernung aus dem Dienst endete.[52]

Welche Entnazifizierungsmaßnahmen die hannoversche Landeskirche für unbedingt erforderlich hielt, war – im Gegensatz zu den etwas wirren und widersprüchlichen britischen Vorstellungen – völlig klar: Die Mitgliedschaft oder Betätigung in der NSDAP oder bei den „Deutschen Christen" genügte noch nicht, um ein kirchliches Verfahren gegen einen Pastor anzustrengen; vielmehr mußte ein positiver Verstoß gegen die Ordnung oder das Bekenntnis der Landeskirche vorliegen, der mit der politischen oder kirchenpolitischen Haltung des betreffenden Geistlichen in einem ursächlichen Zusammenhang stand. Mit diesem Grundsatz stand die Landeskirche allerdings im völligen Gegensatz zu den Ansichten der Public Safety Branch, die schon eine bloß passive Mitgliedschaft in einer NS-Organisation für strafwürdig hielt.[53] Anders als die hannoversche Kirchenleitung unterließ man es aber auf britischer Seite, von vornherein eindeutig zu sagen, welche Gesichtspunkte für die Reinigung des Pastorenstandes leitend sein würden, und daß an diesen Prinzipien auf dem Verhandlungsweg auch nicht zu rütteln sei. Wahrscheinlich konnte man so aber gar nicht vorgehen, weil zwischen den verschiedenen Abteilungen der Militärregierung Kompetenzschwierigkeiten und tatsächlich unterschiedliche, wenn auch insgesamt diffuse Vorstellungen herrschten. Erstaunlich bleibt nur, daß man diese Probleme über Jahre hinweg vor den Deutschen verbergen konnte.

Auf deutscher Seite ging man darum von der fiktiven Rechtssituation aus, zwei gleichrangige Verhandlungspartner träfen vertragsähnliche Abmachungen und zeigte sich sichtlich befriedigt über das günstige Ergebnis. Wegen der fehlenden Kenntnisse über Struktur und Hierarchie der britischen Militärregierung nahm das hannoversche Landeskirchenamt bis Sommer 1946 an, die mit ihm verhandelnden Offiziere besäßen die Vollmacht, verbindliche und dauerhafte Absprachen zu treffen, und es käme folglich nur auf das Verhandlungsgeschick des Kirchenvertreters an. Welchem Irrtum man damit aufgesessen war, erfuhr Stalmann im Juni 1946. Ohne Ahnung, welche Konsequenzen die neuen Entnazifizierungsverordnungen haben würden, einigte man sich noch einvernehmlich auf die Bestellung einer *kirchlichen Entnazifizierungs-Jury* mit Sitz in Hannover nach den Vorschriften der Zonen-Instruktion Nr. 3, Anhang B vom 24. April 1946.[54] Vier Wochen später teilten die Briten dann mit, die mündlichen Verhandlungen mit der Kirchenleitung würden nun eingestellt, weil dafür die Jury zuständig sei.[55] Dazuhin müßten alle bereits besprochenen Fälle erneut vor der Jury verhandelt werden. Gleichzeitig beauftragte man einen neuen Offizier mit der Angelegenheit, der im Unterschied zu seinen Vorgängern einen sehr bestimmten Ton anschlug und die Kommunikation vorwiegend auf schriftliche Anweisungen beschränkte. Trotz dieser eindeutigen Signale nahm das Landeskirchenamt den Stimmungsumschwung anscheinend nicht ernst genug. Anders läßt sich nicht erklären, daß man seitens der Kirchenregierung zwei durch NS-Vergangenheit belastete Jury-Mitglieder für den kirchlichen Entnazifizierungsausschuß nominierte und nicht darauf drängte, daß die Jury strengere Maßstäbe anlegte.[56] Auch Stalmanns fortgesetzte Versuche, gegen den ihm bekannten Wortlaut der Zonen-Instruktion Nr. 3, Anhang B das kirchliche Entnazifizierungsverfahren auf alle kirchlichen Mitarbeiter, also auch auf die Nichtgeistlichen, auszudehnen, spricht für eine Fehleinschätzung der Gesamtlage.[57] Anfang November erhielten die Kontrolloffiziere einen scharf gehaltenen Brief, „to be on their guard and to review very carefully the Fragebogen as they come back from the Panel".[58] Es stehe zu erwarten, daß man in vielen Fällen den Befund der Jury nicht akzeptieren könne. Auf jeden Fall müsse die Kirche ihr Haus in Ordnung bringen, wenn sie weiterhin öffentlichen Einfluß ausüben wolle. In den bisher behandelten 570 Fällen sei in keinem Falle eine Entlassung ausgesprochen worden. Einer der Gründe liege möglicherweise darin, daß Marahrens die Jury nominiert habe. Mitte Dezember kam es dann zum Eklat, weil das Intelligence Office bei einer nochmaligen Überprüfung entdeckte, daß zwei der fünf Jury-Mitglieder der NSDAP bzw. dem „Stahlhelm" angehört hatten.[59] Die Sicherheitsabteilung forderte eine sofortige Entlassung der beiden und schlug vor, ihre Plätze durch zwei neue Mitglieder „of Left Wing sympathies" einnehmen zu lassen. Diesem politischen Auswahlkriterium widersprach der stellvertretende Direktor der Religious Affairs Branch mit Entschiedenheit und schlug vor, es bei der alten Kommission zu belassen.[60] Damit konnte er sich aber nicht durchsetzen. Ende Januar 1947 wurde das Landeskirchenamt darüber informiert, daß der alte Entnazifizierungsausschuß mit sofortiger Wirkung suspendiert sei und alsbald ein neuer berufen werden solle; man bitte um entsprechende Vorschläge.[61] Alle von der alten Jury überprüften Fälle mußten noch einmal das Verfahren durchlaufen. Die alte Kommission hatte insgesamt 825 Fälle geprüft; dabei war es zu 7 Entlassungen gekommen – ebenso viele wie in der Braunschweigischen Kirche; in Oldenburg hatte man im gleichen Zeitraum 165 Fälle überprüft und 8 Entlassungen ausgesprochen.[62]

Die unterschiedlichen Größenordnungsverhältnisse fielen auch der Denazification Section im Hauptquartier in Bünde auf. Gwynne, der Direktor der Religious Affairs Branch, erhielt darum einen Brief mit der Forderung, er möge in Hannover energischer durchgreifen und die Ergebnisse des Ausschusses kritischer prüfen. Gwynne ersuchte daraufhin seine Religious Affairs Officers in den verschiedenen Regionen um detaillierte Berichte.[63]

Ernsthafte Anstrengungen, den kirchlichen Selbstreinigungsprozeß effizienter zu gestalten, wurden freilich nicht mehr unternommen, weil seit April 1947 feststand, daß man Ende des Jahres den deutschen Behörden die Verantwortung für die Durchführung der Kontrollratsdirektiven Nr. 24 und 38 übertragen werde.[64] Als Interimsmaßnahme diente die *Policy Instruction* Nr. 10 vom 7. Mai 1947, die u. a. festschrieb, daß die Entnazifizierung von Geistlichen in kirchlicher Verantwortung bleiben müsse.[65] Im Oktober 1947 wurde die *Ordinance 110 – Transfer to Land Governments of Responsibility for Denazification* bekanntgegeben. Sie enthielt nur einen einzigen Paragraphen (Art. 2, Ziffer 15), der sich auf die Entnazifizierung von Geistlichen bezog: „The Leaders of the Churches shall be fully consulted before any change is made in the existing procedure for the Denazification of the Clergy."[66]

Am 8. Januar 1948 erbat die Religious Affairs Branch einen vorläufigen Abschlußbericht über die Tätigkeit des Außerordentlichen Kirchengerichts und der kirchlichen Entnazifizierungs-Jury für die Zeit unter britischer Oberaufsicht. Schon drei Tage später machte das Landeskirchenamt recht genaue Angaben. Das *Außerordentliche Kirchengericht* hätte über 23 Fälle verhandelt und dabei folgende Entscheidungen gefällt:

„In 10 Fällen wurde darauf erkannt, daß kein Anlaß zum Einschreiten sei. In 1 Fall wurde die Angelegenheit zur weiteren Behandlung an die Disziplinarkammer abgegeben, in 2 Fällen wurden Geldbußen verhängt, in 3 Fällen Gehaltskürzungen ausgesprochen, in 1 Fall Versetzung in den Wartestand verfügt, in 3 Fällen auf Entfernung aus dem Amt mit Kürzung der Bezüge auf die Hälfte, in 1 Fall auf Entfernung aus dem Dienst mit Geldbezügen in Höhe der Hälfte der sonst verdienten Ruhegehaltsbezüge und in 2 Fällen auf Entfernung aus dem Dienst ohne Bezüge erkannt."[67]

Über die Tätigkeit der kirchlichen Entnazifizierungs-Jury berichtete das Landeskirchenamt folgendes:

„Es wurden insgesamt 775 Fragebogen für Geistliche kategorisiert, und zwar in 3 Fällen nach Kategorie III, in 78 Fällen nach Kategorie IV, in 327 Fällen nach Kategorie V und in 367 Fällen wurde entschieden, daß der betreffende Geistliche von dem Entnazifizierungsgesetz nicht betroffen sei. Der Jury liegen z.Zt. noch 231 Fragebogen zur Erledigung vor. Weitere, etwa 350 Fragebogen müssen noch von der Militärregierung an die kirchliche Entnazifizierungs-Jury zur Kategorisierung abgegeben werden."[68]

Nach anfänglichen Kompetenzstreitigkeiten zwischen dem niedersächsischen Staatskommissar für Entnazifizierung und dem Landeskirchenamt[69], handelte das Ministerium für Entnazifizierung mit der Kirchenregierung im Frühjahr 1948 eine Vereinbarung aus, die die Einbeziehung der Kirche in die „Verordnung über das Verfahren zur Fortführung und zum Abschluß der Entnazifizierung" ermöglichte.[70] Diese Verordnung wurde am 15. April 1948 mit knapper Mehrheit vom Niedersächsischen Landtag verabschiedet, erlangte aber keine Gesetzeskraft, weil die Besatzungsmacht ihre Zustimmung zu dem nachsichtigen Kategorisierungsverfahren verweigerte. Bis zur Verabschiedung des 2. Abschlußgesetzes am 18. Dezember 1951 wurde die Entnazifizierung aufgrund der „Rechtsgrundsätze der Entnazifizierung im Lande Niedersachsen" fortgeführt.[71]

Mit der Übergabe der Verantwortung für die Entnazifizierung an die deutschen Behörden setzte erneut die Diskussion über die dem Verfahren zugrundeliegenden Kriterien ein, an der sich auch der hannoversche Landesbischof Lilje beteiligte. Er gehörte zu denen, die sich energisch für eine „positive Entnazifizierung" einsetzten, also für eine Gesetzgebung, die den Betroffenen, soweit man dabei kein Sicherheitsrisiko einging, die allmähliche Reintegration in die demokratische Gesellschaft ermöglichte. In einer bloßen Straf- und Sühnegesetzgebung sah Lilje die Gefahr der Entwicklung eines neuen Nationalismus mit nihilistischen Zügen gegeben.[72] Die niedersächsischen Revisionsverordnungen zur Entnazifizierungsgesetzgebung zeigen, daß seine Argumente auf fruchtbaren Boden fielen oder doch zumindest das artikulierten, was man auf staatlicher Seite ähnlich einschätzte. Die allmählich auslaufende Prozedur war nämlich vor allem gekennzeichnet durch staatliche und sich daran anschließende kirchliche Verordnungen zur schrittweisen Rehabilitation der Entnazifizierten. So wurden die Geistlichen auf Antrag ein Jahr nach Inkrafttreten ihres Einreihungsbescheides in die nächstniedrigere Kategorie überführt, was unmittelbare Konsequenzen für ihre Versorgungsbezüge etc. hatte.[73] Im Februar 1952 stellte der kirchliche Entnazifizierungsausschuß seine Tätigkeit ein.[74] Ein knappes Jahr später legte Landeskirchenrat Wiese einen kurzen Abschlußbericht zur kirchlichen „Entnazifizierung" vor. Danach wurden insgesamt 1460 Fragebogen, darunter auch 64 Fragebogen von Geistlichen, die einer Freikirche angehörten, im Einvernehmen mit den Leitungen dieser Kirchen überprüft. Dabei stufte man 23 Geistliche in die Gruppe IV und 265 Geistliche in die Gruppe V ein. Eine Einstufung in Gruppe III erfolgte in keinem Falle. Bei 1172 Geistlichen stellte der Ausschuß fest, daß sie von dem Entnazifizierungsverfahren nicht betroffen seien. In vier Fällen mußte der Berufungsausschuß tätig werden. Abschließend heißt es:

„Die Landeskirche hat... ihr Augenmerk nicht nur auf eine ordnungsmäßige und gerechte Durchführung der Entnazifizierung ihrer Geistlichen und kirchlichen Amtsträger gerichtet, sondern darüberhinaus laufend versucht, Einfluß auf die Entnazifizierungsgesetzgebung und die allgemeine Handhabung der bestehenden Vorschriften zu erlangen. Insoweit wird insbesondere auf die Grundsätze über eine ‚positive Entnazifizierung' hingewiesen, die Anfang 1948 von dem Herrn Landesbischof aufgestellt und den politischen Instanzen zugeleitet worden waren. Auch das Landeskirchenamt hat wiederholt in Verfolg dieser Grundsätze im kritischen Sinne zu den seinerzeit vorliegenden Entwürfen für eine deutsche Entnazifizierungsgesetzgebung gegenüber dem nieders. Ministerium für die Entnazifizierung und gegenüber den politischen Parteien mit Erfolg Stellung genommen."[75]

Die Tatsache, daß mit dem Wechsel in der Verantwortung von britischen auf deutsche Stellen zielstrebig am Abbau der Entnazifizierung gearbeitet wurde, belegt letztlich, daß es der britischen Besatzungsmacht nicht gelungen war, Kirche und Gesellschaft dauerhaft von der inneren Notwendigkeit einer Selbstreinigung als Element einer „policy of educational reconstruction" zu überzeugen. Das Verfahren wurde je länger je mehr als vom Sieger aufgenötigte ideologische Tributleistung, der man widerwillig, bis an die Grenze der Verweigerung gehend, Folge leistete, verstanden. Die dreimalige Wiederholung der Gesamtprozedur im Bereich der hannoverschen Landeskirche, bisweilen offenkundige Inkompetenz der britischen Offiziere, wirre Verantwortungsstrukturen und Willkürmaßnahmen trugen außerdem dazu bei, das ganze Säuberungsverfahren zu desavouieren.

Einer der beteiligten Kontrolloffiziere schrieb später einmal: „Denacification was the substitute for the revolution which Germany never had."[76] Damit überschätzte er doch wohl die Wirkung der Entnazifizierung auf die deutsche Gesellschaft beträchtlich. Inwieweit „De-nazification" und „Re-education" tatsächlich eine „integration of mind"[77] der Deutschen in die westliche Welt bewirkt haben, darf bis zu einer schlüssigen Beweisführung zumindest als offen bezeichnet werden. Daß Robert Birleys Erfolgskriterium für alle westalliierten Anstrengungen, Deutschland müsse befähigt werden, „a stable and lasting democratic government" zu schaffen[78], als erfüllt gelten kann, sollte nicht dazu verleiten, allzu einfache Ursachen-Wirkungs-Zusammenhänge zu rekonstruieren, die andere, am Ende bedeutsamere historische Variablen vernachlässigen.

Anhang

I. The Church and Germany [Geoffrey Fisher]

(1) The German Churches must play a leading part in the redemption and renewal of Germany. The Roman Catholic Church there has on the whole been anti-Nazi throughout and is comparatively easy to deal with, but the Lutheran and Reformed Churches are also an essential element more difficult to deal with because the Lutheran doctrine of submission to the State went deep and many Lutheran Pastors were actively or passively pro-Nazi.

(2) There is evidence, however, that many Lutherans have remained sound throughout, or if they acquiesced did so reluctantly. Some pastors are openly preaching German guilt and the necessity of repentance. Many of them are in a position to lead their people back into the way of health, but obviously careful discrimination between pastors is necessary.

(3) While everything possible must be done to help the sound part of the Lutheran and Reformed Churches to get back to active and vigorous life they must do the thing themselves and avoid all appearance of being agents of, or dependent upon, the victors.

(4) From this country help can be given and contacts made in three ways – – (a) through the Chaplains; (b) through the Church of England and the Free Churches through the British Council of Churches; (c) more widely, through the World Council of Churches with its centre at Geneva.

(5) The World Council is already making its contacts chiefly in the American and French zones. It is important that high policy should be the same in all the zones, including if possible the Russian, and at some time through the World Council an inter-allied conference might be desirable. But that is looking further ahead.

(6) At the moment what is needed so far as the British zone is concerned is a reliable estimate of the position in the light of which the controlling authorities can form a policy, the Chaplains can be instructed by their own Church authorities how to operate it, and the British Council of Churches can know in what means help can be given to the German Churches.

(7) It does not appear that the Internal Affairs Department of the Control Commission is at all well staffed for this kind of work. Clutton Brock attached to the Berlin zone does not know German and has not the right background. Cotter who is on Riddie's staff is not well qualified. What is needed is that somebody outside this organisation and responsible direct to Field Marshal Montgomery should be charged with making a survey, advising the Field Marshal; the Chaplain General; and through, the Archbishop of Canterbury, both the Church of England and the British Council of Churches.

(8) Tindall seems to be a man for the job. He is already a Chaplain and could be detached for this special work at once and attached to the D.C.G. under Field Marshal Montgomery. In a month or two he could make a survey on which policy could be based by all concerned.

(9) It is worth adding that from one source I have heard that the choice before Germans is between Communism and Christianity, and from another source I have been told that the Roman Catholics are hard at work representing that the only choice is between Communism and Roman Catholicism. This makes it yet more urgent that everything should be done to establish the Protestant Churches.

G.C.
[Geoffrey Cantuar]

Lambeth Palace.
3rd July 1945.

(Lambeth Palace Library, London, Fisher Papers, Germany, Vol. 7, 80–82)

II. The Church in Germany, with special reference to Protestants
[George Bell]

Basis.

(a) On the Protestant side, the Confessional Church is the Church which from 1933–1945 consistently fought against Hitler. All those who belong to it in any part of Germany can be relied upon as unflinching anti-Nazis.

(b) The leadership of the Confessional Church is vested in Bishop Wurm at Stuttgart, and a Reich Advisory Council, including men of marked courage and ability. This Reich Council was set up in 1944 to prepare for the situation certain to arise immediately after Hitler's defeat. It has Central Working Committees under it, for relief, welfare and self-help, as well as for spiritual care. The Secretary of the Central Working Committees is an experienced social worker, and has a high reputation with other Churches, and the full confidence of various circles of the population, including the working classes.

(c) Side by side with the Reich Advisory Council and the Central Working Committees under Bishop Wurm, there are smaller committees working under the same leadership in different parts of Germany. Both the Central and the provincial committees are in close touch with Roman Catholics, who have made similar preparations for the emergency.

Recommendations.

(1) That Padre Tyndale [sic.!] be instructed to see Bishop Wurm at Stuttgart, and inform him that it is F. M. Montgomery's wish to give full support to the Confessional Church in its religious, relief and welfare activities.

(2) That full support be given by the military authorities throughout the British Zone, to any Pastors and others working under the authority of Bishop Wurm.

(3) That any facilities or reasonable assistance that may be required to enable the above relief, welfare, religious and general self-help work to be done, be given by the competent British authorities.

(4) That a printing press be put at the disposal of Bishop Wurm, together with a licence to print and sufficient paper, with a view to facilitating communications between Bishop Wurm and the pastors and parishes, and the distribution of the necessary literature.

(5) The facilities be given for the holding of Synods or Conventions of Pastors, for the furtherance of the work of the Church.

(6) That where churches or church halls are in need of repair, permits be given to use the necessary building material.

(7) Where no church buildings are available, temporary buildings or huts be loaned, so as to enable the Church to carry on its religious, relief, and social activities for the benefit of the population.

(8) That facilities be given for communication between Pastors and parishes in other parts of Germany.

(9) That authority be given to procure German Bibles through the British and Foreign Bible Society, as may be required: also authority to procure other religious literature.

(10) That Padre Tyndale be appointed liaison officer representing F. M. Montgomery, for all purposes of contact with the authorities of the Confessional Church.

---

(11) That similar facilities, in consultation with the authorities of the Roman Catholic Church, be available for Roman Catholics.

6th July, 1945.

(Lambeth Palace Library, London, Fisher Papers, Germany, Vol. 7, 84 f.)

III. First Impressions of the German Evangelical Church – July 1945
[William Tindal]

These impressions have been obtained by personal contact with representative clergy in a tour undertaken in the last half of July through widely separated parts of the British Occupied Zone.

The Religious Situation in General

Clergy, with whom I met, spoke of three groups in Germany in these last years before the capitulation.

(1) Those who gave their allegiance to substitute religions as typified by Rosenberg and the Nazi Party Cult.

(2) Those whose outlook was simply irreligious, who no longer believed in anything.

(3) Those of the Christian faith many of whom had been involved in a continuous struggle with the State.

The Nazi Cult

This dangerous political religion was in most of its rites an imitation of Christianity. For baptism it substituted the dedication of youth, for marriage according to Christian rites a Nazi wedding ceremony. It had its own liturgy. Where the Lutherans read lessons from the Bible, it read passages from „Mein Kampf". „Mein Kampf" lay on an ‚altar' on a Nazi flag, as the Bible lies on Lutheran altars. Christian Churches were not used, but old historic buildings. There was a special branch of the Nazi government, „Amt fur Feiergestaltung" (Department for the arrangement of religious ceremonies), and to this Department orations to be delivered at Nazi religious ceremonies had to be submitted for approval.

This substitute religion received strong official support, but now that all political support has ceased it is withering rapidly. Those who spoke of it roundly declared it was dead and done with.

The Irreligious Group

Very many of the youth went through Nazi education and took part in Nazi rites. There was now with them a vacuum in thought and for faith. Youth of the ages between 16 and 24 with whom important decisions about Germany's future must lie are now saying: „We do not believe in anything any more". There may be a few who still hold to Hitler and believe him to be in Japan and that he will come again to judge the world. There were many, however, who never gave lodgement to Nazi ideas. With them there were few positive effects, but serious negative ones:

(a) They had no true historical view about their own country; no Christian outlook on history nor about Christianity in their own land.

(b) The Bible had become a strange unknown book.

(c) They were taught to be insincere. A sinister dualism developed. Thus they would attend rites where flamboyant speeches were made, and afterwards utter the most scandalous jokes about the whole ceremony. The clever ones were completely cynical from start to finish. The simpler amongst them were deeply disillusioned, with the result that they have no more faith in anything.

The Christian Groups

Within the German Evangelical church there were three contending parties: the Confessional Church, the German Christians, and a Mediating Group. The framework of the Evangelical Church was never so closely knit as the Roman Catholic. In the past Lutheran and Reformed Churches have been aware of the need of closer integration but the organization set up has never carried much authority. The Nazi regime set out to enforce a single organization under a Reichsbischof. Pastor von Bodelschwingh of Bielefeld was nominated to the new post but Hitler refused to ratify the appointment and put in Muller instead. Muller was one of the German Christian party and the readiness of that group to accord something like divine honours to Hitler, their efforts to introduce Nazi racialism and anti-Semitism into the Church, and the fact that they really considered being German more important than being christian, called forth the lively protest of a party in the Church who became known as the Confessional Church. This Confessional Church took its stand on the earlier Christian confessions and was composed of those willing to come out into the open and confess their faith when it was dangerous to do so. „To have suffered imprisonment is to possess theological virtue"! This Confessional Church was and is a movement within the Protestant Churches of Germany, and it is round this movement, led by Bishop Wurm of Stuttgart, an old man of 76, that the German Evangelical Church is taking new shape.

At Easter 1943, in an endeavour to re-think the order and office of the Evangelical Church and to bring together the genuine Christian forces, the Bishop set down 12 points which he regarded as crucial in the situation then confronting the Church. These 12 points set out the programme of the Confessional Church [...], e.g. the Church must be free to order its own life; to have the right of public assembly; to preach the Gospel; to celebrate the sacraments even in concentration camps; to instruct the youth in the Christian religion; to proclaim that the Christian religion is for the whole world. Stress was laid on restoring laymen to their rightfull place. This document was sent to every pastor and congregation within the German Evangelical Church who were asked to give a Yes or No. Some areas like Bavaria, Wurttemberg, and Baden were 100% with Bishop Wurm, Rhineland 70–80%, Westphalen 90%, Hamburg and Hannover 95%, Mecklenburg and Thuringia which were strongly German Christian 70% and 60%.

To next step was to appoint an advisory Reich Council of seven men. These were: Dr. Meiser of Bavaria, Dr. Otto Dibelius of Berlin, Pastor Held of Essen, Dr. Volkmar Herntrich of Hamburg, Dr. Hans Lilje of Hanover, Pastor Braun of the „Innere Mission", and Dr. Eugen Gerstenmayer of Stuttgart.

These set to work to achieve a common mind concerning the pastoral functions and the leadership of the Church. This, however, is a complicated business. The Evangelical Churches include within them several distinctive traditions [...]. The ‚Order of

Battle' is not easy to grasp. Lutheran and Calvinistic traditions co-exist in the same areas and within the same district churches, and there are areas where the traditions are quite distinct. Some of the Lutheran churches especially pride themselves on having weathered the storm „intakt", and now with the disappearance of the Nazi Church Affairs Ministry and the division of the country into zones of occupation it is hard to be sure that any one authority will really be accepted.

This is partly because of the third group within the German Church, the Mediating Group. This was composed of those who would say, for example, that politically they agreed with Hitler though religiously they had hesitations. They felt in the Nazi movement a force to which they responded and from which it seemed wrong to stand aloof. Leaders like Bishop Marahrens of Hanover at one time belonged to this group.

It would appear, however, that now, in August 1945, the general leadership of Bishop Wurm is unchallenged within the Evangelical Church. The Bishop can rely on small groups up and down the country amongst whom there has been a quickening of faith. As well as the outward, violent, propagandist happenings there has been a hidden history of Germany. More than once men said that the finest thing had been the power of the Gospel in the quiet congregation. In the times of the great air raids people met for their devotions in cellars and amidst the ruins of churches and listened to the proclamation of the Gospel with new intentness. Such people are to be reckoned with in the coming days.

The Plans of the German Evangelical Church

1. To set their house in order

Bishop Wurm and his advisers already in July were undertaking certain journeys with this view, and as a result some offices have been resigned by men who were too much compromised by their past adherence to Nazism. The Advisory Reich Council plans to hold a conference at TREYSA near Cassel (in the American Zone) August 27–31. The purpose is to regularize church appointments, restore men to office, strengthen the democratic and lay elements, and generally to take counsel for the life and work of the German Evangelical Church.

2. To revive pastoral work in the Parishes

It was often said to me: „The hour of the pastor has come", „These war years were the finest and richest that I have had as a pastor".

Experiments in „Evangelical Weeks" and adult education are beginning. There is little doubt that church attendance is on a greater scale, and one British observer, the C.O. of a Mil. Gov. Detachment, remarked that the children seemed „to know the form". In certain districts especially the family as an institution has been able successfully to resist party pressure. In the Ruhr valley the pastors sensed a new attitude to the Church on the part of the industrial workers who were by long tradition anti-clerical. Bismarck once commented that there had been no Wesley in Germany, but now the workers are more ready to send their children and to look with new eyes on the Church. One pastor, who at present lives among the ruins of Essen, wants to see the young clergy, at present prisoners of war, set free to come and build a Church amidst the cellars and broken-down houses, and to share the privations of winter with the people. Another leader insisted that the Church in Germany to-day must be the Church of a defeated people enduring the hard consequences of that defeat. They did not wish to be separate from their people.

3. To re-organize religious instruction

In this matter they look to their youth pastors, to the Deacons and Deaconesses of the „Innere Mission" (a very large influential home mission body which runs kindergarten, hospitals, homes for the aged, etc.), and to the German Y.M.C.A. I met two of the youth pastors, Hauptpastor Dr. Volkmar Herntrich of Hamburg and Pastor Wilhelm Busch of Essen, both recognised specialists in youth work.

Busch said that in the past two years of the Nazi regime the Hitler youth were not under control. His own son never attended the meetings of the Hitlerjugend though this was a legal duty. Even under the Nazis he had large attendances of two to three hundred boys at his scripture lessons. Anything supposedly attractive was forbidden, but he managed to make the Bible exciting and in addition read them stories of missionary adventure! Now for many boys there is a spiritual vacuum. No cinema, no theatre, no games, no books, yet „Jesus walks in the ruins; our youth must see Him". Busch holds his meetings in private houses, in basements, in the open air. Considerable numbers come, but many boys are still with the Army which in the last months conscripted boys as young as 15. He confines himself mainly to the Bible teaching. I asked about other activities. The answer was that much time had to be spent in the struggle for bare existence – repairing houses, carrying water, standing in queues.

Herntrich reported that as youth pastor he had travelled at the time of the air raids, but everywhere he had found the churches filled at the special youth services.

4. To further the work of the Inner Mission

Some of the children's homes and state institutions formerly run by Nazi Welfare are now being handed over to the Inner Mission or to Caritas (the corresponding Roman Catholic organization). The Inner Mission with its HQ in Berlin has Mother Houses and Institutions for Deacons where young men and women are trained for many forms of social work. A parallel organization is that of the world-famous institutions at Bethel, Bielefeld, connected with the name of Pastor von Bodelschwingh. Deacons and Deaconesses trained at Bethel carry out a variety of social work in the Ruhr and Rhineland.

The Westphalian Church desires that some of its returned young pastors should belong to a community dedicated to charity and service, and with this in mind plans to hold theological and pastoral training courses in a college at Bethel.

It is planned to resume in a small way the Voluntary Labour Service on a Christian basis. Boys of about 15 years are being gathered in the countryside and live in a community where, as von Bodelschwingh says, „new goals become visible and new songs are to be heard".

5. To organize relief work

Both the German Evangelical and the Roman Catholic Churches plan to proclaim in the near future the re-organization of their educational and relief work. People from very different social groups are getting together on social questions. Many valuable contacts have been made through the Army, through concentration camps, through A.R.P. work. The organization of material relief is being planned by a Central Committee under Bishop Wurm who proposes to work through local bodies composed of representatives of the Inner Mission, „Caritas", the medical profession, members of labour welfare organizations, Red Cross, and industrialists. They plan to establish liaison offices to keep in touch with the Allied Control Commission of each zone. An office for Post-War Relief in Germany is to be established in Geneva to co-ordinate all relief work offered by the churches and relief organizations of other countries. Amongst the activities planned are:

(1) The work of re-uniting families whose members are scattered in different zones.

(2) Establishment of two centres for the education and training of a Christian elite.

(3) Provision and distribution of additional nourishment especially for mothers, children, and prisoners of war.

(4) Establishing emergency food kitchens.

(5) Collection of second-hand clothes.

6. To work amongst Prisoners of War and Internees

It seems that there are opportunities for the right kind of pastoral work. Some of the camps have witnessed a religious revival on a small scale. There have been large attendances at Holy Communion. Bread and Wine for the Sacrament were offered by people in the surrounding villages.

There is concern about the full-blown Nazis in interment camps. Bishop Wurm's Council has appointed a young pastor to prepare for such work should permission be granted.

Certain general pre-occupations

(a) The disintegration of families. Older soldiers say that in the last war they knew when the end came they had a home to go to, a roof to shelter them, a bed to sleep in, a table to gather round, a family to greet; but now they often return to find their home destroyed or, if a part is habitable, occupied and possessed by complete strangers.

(b) Religious instruction. Some want to insist on confessional schools, others again from past experience believe that such schools lead to hypocrisy and that some other entry must be found by the Church for religious teaching in the community school (Volksschule).

There is a similar conflict about the training of pastors. Some want to see separate theological seminaries, others press for few but good theological faculties and insist that they must be alongside the other faculties, so that theological students are compelled to mix in with the main body of students.

(c) They can all talk of certain key men at present shut up who they insist were never real Nazis or, if they were, had shown real repentance, and, in the case of pastors, are urgent in the need of freeing those now in PW camps.

(d) There is a great shortage of Hymn Books, Bibles, Service Books. The German Evangelical Church made immense use of the parish magazine and finds the printing shortage very onerous.

(e) They are very conscious of isolation both from one another (the zones and especially the size of the Russian Zone have upset many of their calculations) and from other Christians. They speak much of the one Church throughout the world and would welcome visits from British Church representatives.

(f) The coming winter. Will Germany get through it without going under overwhelmed by a wave of despair and nihilism? Some think that if they do get through without complete breakdown there is a real chance of a return to sanity and a life with more modest claims on the world and the world's attention.

(g) The possibility of founding a labour party in the political world which is neither radically anti-religious nor yet with a Christian label.

Certain matters on which they want to disabuse our minds

(1) That the Nazi outlook had gone deep with the majority. „You must not think that all were involved in Nazism. There was a silent Germany waiting for the hour when God would speak." Those who insisted on this think of Nazism as a dark movement that had to work out to its dreadful conclusion.

(2) Once a Nazi, always a Nazi. They assert that some who were responsible members of their nation saw in the Nazi movement good possibilities, e. g. of overcoming certain class barriers. They went into it with some such hope and later found it impossible to remain.

(3) More Christians than we had believed were waiting on our coming as liberators.

What next?

Basic needs of food, clothing, shelter, anxiety about relatives, fear for the winter, all make great demands on men's thought and enegery; yet nearly all the pastors I have spoken with spoke of a chance – a real chance for a better day dawning. The very ignorance about the Christian faith gives an immense opportunity. All sorts of unexpected people begin to listen to Christian teaching with strange intensity. There are strong Christian forces to be counted on – pastors who were not afraid to speak unpalatable truths [...], pastors who take thought for religious education, for the training of the clergy, for work in parishes and devastated areas, for the structure of the German Evangelical Church and its need for unity. There are Church leaders, who have experienced co-operation with Roman Catholic clergy and now together plan for the coming winter. It is also true that with many, and not far under the surface, is an awareness of „the German situation that seems to be rather hopeless". In this mood they have threatening phrases to us, the occupying power. „Do this or Bolshevism", „Do this or Nihilism", „Do this or else Despair!" – self pity has a rich vocabulary. In such a situation, what next?

What can R. A. Ch. D. Chaplains do?

(1) Establish contact with local German clergy. Chaplains could be a useful liaison between them and Mil. Gov. Detachments. It is important for Chaplains to get clear on Mil. Gov.'s responsibility towards the German Churches.

(2) Discuss youth work with them. There is plenty of experience on both sides in club work and scouting etc.

(3) Interchange of theological books. Begin again the theological battle that must still go on (T. E. Jessop's „What should be done with Germany" would be an atomic bomb to drop and start the discussion). Above all, to understand what it was that hounded on the German nation down their frightful course, to face them with what we think of them, and to be faced by what they think of us.

Aid from outside B. L. A.

(1) Rather informal visits. There is much value in visits from chosen people who might in any case be coming out under Y. M. C. A. or other voluntary organizations and who in the course of their work with British troops could also make contact with the German clergy.

(2) The British Council of Churches, the Committee for Christian Reconstruction in Europe, and the International Missionary Council. The German clergy would welcome a delegation in the second half of September of early October, i.e. after the Treysa Conference.

(3) The World Council of Churches. That Council could be specially helpful in achieving that one Church policy was followed by each of the occupying powers, and in re-establishing Church contacts with countries like Sweden and Switzerland, and, what is even more important, contacts with France, Belgium, Holland and Norway.

Not so long ago, Hitler danced at the fall of Paris and the German people seemed to be behind the grandiose ambitions for world power. Germany to-day is fallen and deeply wounded, but it is not I think the wound so deep that it does not hurt. It hurts desperately. They know themselves to be humiliated but still a great people. „Lebensraum" is still a challenging rousing word. It may be that they will be more modest in their demands for physical earth, but they are sure to demand spiritual elbow room. How, in the future, they will use their elbows, or whether in fact they will stretch out hands rather than fend with their elbows, depends largely on the meeting of churchman with churchman. Chaplains of the R. A. CH. D. are to-day inescapably leaders in that meeting.

11th August 1945   (Sgd) W. J. Tindal
                                    Staff Chaplain
                                    H. Q. 21 Army-Group

(Public Record Office London, FO 1050/1682, 24B)

Anmerkungen

* Unter dem Titel „'Selbstreinigung' unter britischer Besatzungsherrschaft. Die ev.-luth. Landeskirche Hannovers und ihr Landesbischof Marahrens 1945–1947" ist inzwischen (1986) im Verlag Vandenhoeck & Ruprecht eine ausführliche Monographie von mir erschienen. Bei dem hier vorliegenden Beitrag handelt es sich um einen für die kirchliche Zeithistoriker-Tagung auf Schloß Hünigen/Bern am 28. September 1985 angefertigten Bericht über Teilergebnisse der oben genannten Studie.

1 *Josef Foschepoth/Rolf Steininger* (Hg.), Britische Deutschland- und Besatzungspolitik 1945–1949. Eine Veröffentlichung des Deutschen Historischen Instituts London, Paderborn 1985 (Lit.).
2 *Wolfgang Krüger*, Entnazifiziert! Zur Praxis der politischen Säuberung in Nordrhein-Westfalen, Wuppertal 1982.
3 Ebd. 41.
4 *Kurt Jürgensen*, Die Stunde der Kirche. Die Ev.-luth. Landeskirche Schleswig-Holsteins in den ersten Jahren nach dem zweiten Weltkrieg, Neumünster 1976, bes. 161 ff.
5 *Irmgard Lange*, Entnazifizierung in Nordrhein-Westfalen. Richtlinien, Anweisungen, Organisation, Siegburg 1976. – *W. Krüger*, a. a. O. – *K. Jürgensen*, a. a. O.
6 *Jochen Thies*, What is going on in Germany? Britische Militärverwaltung in Deutschland 1945/46: *Claus Scharf/Hans-Jürgen Schröder* (Hg.), Die Deutschlandpolitik Großbritanniens und die Britische Zone 1945–1949, Wiesbaden 1979, 29–50; vgl. auch *Ulrich Reusch*, Die Londoner Institutionen der britischen Deutschlandpolitik 1943–1948. Eine behördengeschichtliche Untersuchung: HJ 100 (1980) 318–443. – *Ders.*, Deutsches Beamtentum und britische Besatzung 1943–1947, Stuttgart 1985 (Lit.). – *Albrecht Tyrell*, Großbritannien und die Deutschlandplanung der Alliierten 1941–1945, Frankfurt/M. 1987 (Lit.).
7 *Eberhard Klügel*, Die lutherische Landeskirche Hannovers und ihr Bischof 1933–1945, Bd. 2, Berlin – Hamburg 1965, 215 ff.
8 Vgl. *Annemarie Smith-von Osten*, Von Treysa 1945 bis Eisenach 1948. Zur Geschichte der Grundordnung der Evangelischen Kirche in Deutschland, Göttingen 1980, 25 ff. 33 f. 73 f. 103 ff. – *Gerhard Besier*, Auf dem Weg nach Treysa. Weichenstellungen in der evangelischen Kirche nach der Kapitulation: LM 24 (1985) 306–308. – *Ders./Gerhard Sauter*, Wie Christen ihre Schuld bekennen. Die Stuttgarter Erklärung 1945, Göttingen 1985, 17 ff.
9 *G. Besier/G. Sauter*, Wie Christen ihre Schuld bekennen, a. a. O. 24 f. 52 f.
10 Sammlung Stewart W. Herman, Shelter Island, N. Y. Herman selbst hatte schon am 17. Oktober 1944 an Allen Dulles geschrieben: „Unfortunately Bishop Marahrens ... has proved to be a relatively weak charakter" (ebd.).
11 *Nicholas Pronay/Keith Wilson* (Hg.), The Political Re-Education of Germany & her Allies after World War II, London 1985, 27; 2. Der erste Ausspruch stammt aus einem Memorandum von John Troutbek, Adviser für Germany im Foreign Office. Vgl. dazu auch *Kurt Jürgensen*, British Occupation Policy after 1945 and the Problem of ‚Re-Educating Germany': History 68 (1983), bes. 229, und *ders.*, The Concept and Practice of ‚Re-Education' in Germany 1945–50: *N. Pronay/K. Wilson* (Hg.), a. a. O., bes. 87 f. Eine entscheidende Veränderung dieser Sicht der Dinge trat erst Anfang 1947 ein, als Robert Birley Educational Adviser des Militärgouverneurs wurde (ebd. 233. 236 ff.); Birley schätzte die deutsche Kultur und sah Anknüpfungspunkte für eine „Umerziehung der Deutschen" in ihren eigenen liberalen Traditionen. Siehe auch *Robert Birley*, The German Problem and the Responsibility of Britain, London 1947, sowie *Hans Kohn*, The Mind of Germany. The Education of a Nation, New York 1960.
12 Vgl. dazu *Hartmut Ludwig*, Die Entstehung des Darmstädter Wortes: JK 8/9 1977 (Beiheft), 14 f. (Lit.).
13 *G. Besier/G. Sauter*, Wie Christen ihre Schuld bekennen, a. a. O. 20. Die Tagebuchaufzeichnungen Hartensteins (LKA Stuttgart) über die Besetzung Stuttgarts machen deutlich, wel-

chen Eindruck z. B. die für den Wiederaufbau so wichtige württembergische Landeskirche von den ethischen Qualitäten der Siegermächte gewinnen mußte.

14 Schon bei einem Empfang durch die Militärregierung am 10. Mai 1945 sagte Wurm „als Sprecher der ganzen bekennenden Kirche in Deutschland" im Blick auf zu erwartende Sühnemaßnahmen einschränkend: „Das Herz des deutschen Volkes schlug für den Frieden, der Krieg war ein Parteikrieg. Ebendeshalb sollte man nicht das ganze deutsche Volk als verantwortlich für die Gewalt- und Schreckensmethoden eines Systems ansehen, das von einer weit überwiegenden Mehrheit innerlich abgelehnt worden ist. Man muß sich nur deutlich machen, in welcher Weise wir von der Kenntnis der wirklichen Tatsachen abgesperrt waren und welches Terrorsystem bis ins einzelne, bis in die Familie hinein jede Auflehnung unmöglich machte. Besonders die ganze Beamtenschaft stand unter einem ungeheuren Druck. Daß trotzdem nicht wenige gewagt haben zu widersprechen, beweisen die Konzentrationslager und was man dort entdeckt hat. Es würde die Arbeit der Kirche und der Schule und den inneren Gesundungsprozess sehr erleichtern, wenn Straf- und Sühnemaßnahmen auf den Kreis der an einzelnen Handlungen unmittelbar Schuldigen beschränkt würden und wenn in Bezug auf die Versorgung der Bevölkerung und die Ankurbelung der Wirtschaft bei Männern, die sich Ihnen zur Verfügung gestellt haben, großzügige Förderung zuteil würde. Es gehört in jeder Hinsicht Mut dazu, jetzt eine öffentliche Verantwortung zu übernehmen. Ich bitte Sie, das Vertrauen, das diese Männer zu Ihnen und zum Volk gezeigt haben, zu rechtfertigen. Das Aufkommen einer Verzweiflungsstimmung, wie sie in den Inflationsjahren nach dem ersten Weltkrieg weite Kreise erfaßte, kommt erfahrungsgemäß nur extremen umsturzlustigen Elementen zu gut. Eine Verzögerung der dringendsten Hilfsmaßnahmen könnte die schlimmsten Folgen für Ordnung und Sicherheit und für den Gesundheitszustand in unserem Lande und darüber hinaus nach sich ziehen" (LKA Stuttgart, Nachlaß Wurm). Vgl. auch Wurms Bericht in Treysa: *F. Söhlmann* (Hg.), Treysa 1945. Die Konferenz der evangelischen Kirchenführer 27.–31. August 1945, Lüneburg 1946, 12–22, bes. 18. 20 f.

15 EZA, Berlin, EKD 1/280a, Bd. 1. Zur Haltung der EKD in der Entnazifizierungsfrage zuletzt *Harry Noormann*, Protestantismus und politisches Mandat 1945–1949, Bd. 1, Gütersloh 1985, 109 ff.

16 Vgl. PRO [Public Record Office], London WO 220/214 (Military Government Handbook) und WO 220/228 (Military Government instructions, education and religion).

17 *Justus Fürstenau*, Entnazifizierung. Ein Kapitel deutscher Nachkriegspolitik, Neuwied – Berlin 1969, 30.

18 Siehe dazu *James F. Tent*, Mission on the Rhine. Reeducation and Denazification in American-Occupied Germany, Chicago – London 1982, 40 f. 50 ff.; vgl. 23 ff. – *A. Tyrell*, Großbritannien, a. a. O. 287 ff.

19 Vgl. den Text bei *Armin Boyens* u. a. (Hg.), Kirchen in der Nachkriegszeit. Vier zeitgeschichtliche Beiträge, Göttingen 1979, 68 f. Siehe auch *Reinhard Scheerer*, Kirchen für den Kalten Krieg. Grundzüge und Hintergründe der us-amerikanischen Religions- und Kirchenpolitik in Nachkriegsdeutschland, Köln 1986, 91 ff.

20 *Donald C. Watt*, Hauptprobleme der britischen Deutschlandpolitik 1945–49: *C. Scharf/H.-J. Schröder* (Hg.), a. a. O. 15–28.

21 *A. Boyens*, a. a. O. 27 f.

22 Zu *Herman* und seiner Einschätzung der Entnazifizierung vgl. sein Buch „Die 7000 Zeugen. Kirchen im Durchbruch", München 1946, bes. 78 ff. Siehe auch *G. Besier* (Hg.), Ökumenische Mission in Nachkriegsdeutschland. Die Berichte von Stewart W. Herman über die Verhältnisse in der evangelischen Kirche 1945/46: Kirchliche Zeitgeschichte. Internationale Halbjahresschrift für Theologie und Geschichtswissenschaft 1 (1988).

23 Zu *Murphy* vgl. seine Erinnerungen: Diplomat unter Kriegern. Zwei Jahrzehnte Weltpolitik in besonderer Mission, Berlin 1966, bes. 276 ff. 342 ff. Im Oktober 1945 berichtete Murphy nach Washington: „...it should be emphasized that the British are already pursuing in their

zone a vigorous policy towards the rehabilitation and reconstruction of the German churches, particularly the Lutheran Church. By explicit order of Field Marshal Montgomery British chaplains and German church officials are maintaining very close contacts for the purposes of supplying advice and assistance. Further, such high British clerics as the Bishops of Chichester and Winchester have either already made or shortly will make visits to this country" (NARS [National Archives and Record Service], Washington, RG 84, Box 36, Folder 3).

24 Vgl. die Schreiben St. W. Hermans an Donald Heath vom 13. August 1945 („The fundamental aim of the World Council is to bring the German churches back into the fellowship of ecumenical Christianity and to assist them in the important role they will play as architects of a new nation"), 18. September 1945 und 14. Dezember 1945 sowie die Auflistung der an Murphy gegangenen Berichte Hermans in Murphys Schreiben nach Washington vom 3. Oktober 1945 (NARS, Washington, RG 84, Box 36, Folder 3).

25 LPL [Lambeth Palace Library], London, Fisher Papers, Germany, Vol. 7, 134–143; vgl. NARS, Washington, RG 84, Box 36, Folder 3.

26 Vgl. *F. A. Iremonger*, William Temple. Archbishop of Canterbury. His Life and Letters, Oxford 1949, bes. 540 ff.

27 WCC, Genf, Box 284 (43), 2; vgl. auch *Willem A. Visser't Hooft*, The Place of the German Church in post-war Reconstruction: Christianity and Crisis, Vol. 5, No. 12, 4–7. Siehe auch *Johannes Michael Wischnath*, Kirche in Aktion. Das Evangelische Hilfswerk 1945–1957 und sein Verhältnis zu Kirche und Innerer Mission, Göttingen 1986, 19f.

28 Relations of Military Government with the German Churches, 21 June, 1945 (PRO, London, FO 1050/1681, 4A; vgl. 1050/1682, 2B).

29 LPL, London, Fisher Papers, Germany, Vol. 7, 80. In seiner Schrift „Die evangelische Kirche in Deutschland nach dem Zusammenbruch des Dritten Reiches" (Zürich 1945, 54) erwähnt auch *Karl Barth*, daß der Katholizismus durch die Besatzungsmächte stark protegiert werde. Das Memorandum Fishers ist im Anhang (Dokument I) vollständig wiedergegeben. Siehe zum grundsätzlichen Problem auch *John S. Conway*, Die Rolle der Kirchen bei der „Umerziehung" in Deutschland: Ursula Büttner (Hg.), Das Unrechtsregime. Internationale Forschung über den Nationalsozialismus, Bd. 2, Hamburg 1986, 359–372.

30 PRO, London, FO 1050/1460, 15B.

31 PRO, London, FO 1050/40; vgl. *Heinrich Portmann*, Cardinal von Galen, London 1957 (Übersetzung ins Englische mit einem Vorwort von Sedgwick) sowie den Aufsatz von *Konrad Repgen* in diesem Band.

32 The Times, June 26, 1946.

33 PRO, London, FO 1050/1681, 24C und 1050/40, 14A.

34 LPL, London, Fisher Papers, Vol. 7, 84. Zu Bell vgl. *Ronald C. D. Jasper*, George Bell. Bishop of Chichester, London 1967, bes. 288 ff. Das Memorandum Bells ist im Anhang (Dokument II) vollständig wiedergegeben.

35 Briefwechsel Bell – Rieger in LPL, London, Bell Papers, Vol. 45, bes. 60 ff.

36 Schon in dem oben (Anm. 27) genannten Bericht Visser't Hoofts an Temple vom Dezember 1943 heißt es:

„... a concentration of forces has taken place under the leadership of Bishop Wurm in which the regional churches of Bavaria and Württemberg, the Provisional Church Government of the Confessional Church, and the Brotherhood Councils all take part. The common platform has been defined in thirteen theses concerning the mission and task of the church which have met with a very wide response. These theses affirm that the only criterion of the Church's message and life is the Bible and reject all interference from the outside. They underline that the church has the right and duty to proclaim its message publicly as the Word of God for the people and the State. This body of churchmen which represents the truly vital elements of Protestantism of Germany, is now planning actively for the future and will no

doubt take the leadership of the whole Protestant Church when the National Socialist state breaks down."
37 LPL, London, Fisher Papers, Germany Vol. 7, 85.
38 PRO, London, FO 1050/1681, 24D.
39 Ebd.
40 Vgl. dazu näherhin die Akte „Tindal-Trip 1945" im HAB Bethel sowie die Akten 1/C–107B und 2/38–240, ebd.
41 Vgl. dazu *Jörg Thierfelder*, Das Kirchliche Einigungswerk des württembergischen Landesbischofs Theophil Wurm, Göttingen 1976, 94 ff.
42 PRO, London, FO 1050/1682, 24B. Das Memorandum Tindals ist im Anhang (Dokument III) ohne den Appendix wiedergegeben.
43 Im Unterschied zu der amerikanischen Religious Affairs Section, die erst 1948 Selbständigkeit erlangte, wurde die britische Religionsabteilung schon im Sommer 1946 aus der gemeinsamen Education & Religious Affairs Branch ausgegliedert und zu einer eigenen Branch erhoben.
44 Vgl. den Bericht Gwynnes über „Status und Organisation" der Religious Affairs Branch (LPL, London, Fisher Papers, Vol. 29, 70ff.).
45 PRO, London, FO 1050/1515.
46 PRO, London, FO 1050/1274.
47 PRO, London, FO 1050/1596.
48 Aktenvermerke Stalmanns vom 17. 9. 45; 15. 10. 45; 23. 11. 45; 6. 12. 45; 20. 12. 45; 20. 2. 46; 2. 3. 46; 26. 3. 46 und 5. 6. 46 (LKA Hannover, Gen. 2056, Bd. 1).
49 Vgl. Kirchl. Amtsblatt vom 15. 2. 1946, Nr. 13 und Kirchl. Amtsblatt vom 22. 5. 1946, Nr. 44.
50 LKA Hannover, Gen. 2056, Bd. 1, 30 c.
51 EZA, Berlin, EOK Gen. VI/No. 34, Bd. I, 5; vgl. KJ 1945–1948, Gütersloh 1950, 186 f. 200 f. Bereits in Treysa (August 1945) standen „Maßnahmen der Kirchenzucht (DC-Pfarrer und DC-Beamte; Amtshandlungen der DC, Behandlung der Wiederaufnahmegesuche)" auf Punkt 8 der vorläufigen Tagesordnung (LKA Stuttgart, D 1/201); dieser Punkt kam aber nicht zur Verhandlung. Vgl. dazu auch die „Treysa"-Protokolle von Happich (LKA Kassel, Nachlaß Happich, Fasc. Gesamtkirche), Herman und Lapp (NARS Washington, RG 84, Box 36, Folder 3), W. Michaelis (Gnadauer Verband, „D. Marahrens wurde fallengelassen ...") und Kloppenburg (LKA Oldenburg, A LVI–191). In dem letztgenannten heißt es: „*Ritter*: Es gibt noch Männer in leitenden kirchlichen Ämtern, die dazu beigetragen haben, die innere Autorität der Kirche durch Anpassung an das nationalsozialistische Regiment zu zerstören. Fortsetzung am Nachmittag: *Marahrens* gibt einen persönlichen Bericht und versucht, seine Haltung zu rechtfertigen. Typisch für ihn, daß er das nicht in freier Gegenrede auf den scharfen Angriff tut, sondern daß er vorliest, was er am bestimmten Ort berichtet hat darüber, was er bei einer bestimmten Gelegenheit gesagt hat."
52 Abschlußbericht über die Tätigkeit des Außerordentlichen Kirchengerichtes durch seinen Vorsitzenden, Hagemann (LKA Hannover, Gen. 2051, Bd. 1).
53 PRO, London, FO 1050/1596.
54 Text: *I. Lange*, a. a. O. 233–242. 243 ff.; vgl. *W. Krüger*, a. a. O. 27 ff.
55 LKA Hannover, Gen. 2056, Bd. 1, 77.
56 PRO, London, FO 1050/1620.
57 LKA Hannover, Gen. 2050, 123.
58 FO 1050/1596, 5; 21.
59 Ebd. 19 ff.
60 Ebd.
61 LKA Hannover, Gen. 2056, Bd. 1.
62 PRO, London, FO 1050/1596, 50. Vgl. die davon etwas abweichenden deutschen Angaben bei *H. Noormann*, a. a. O., Bd. 1, 124. Zum Vergleich die amerikanischen Ergebnisse ihrer

Bemühungen um „Denazification of Clergy": In einem Bericht des Office of Military Government for Germany (US.), Internal Affairs and Communications Division, Education and Religious Affairs Branch (APO 742) vom August 1946 heißt es: „In general, Military Government has been lenient with the churches regarding denazification. Every effort has been made to permit and encourage them to cleanse their own organizations of Nazi influences and while some churches have responded very effectively in this regard, others have not produced the desired results. In no instance has a clergy-man been removed as a result of direct action by the Office of Military Government for Germany (U.S.), and only in rare instances have such removals been made at other Military Government levels. On the basis of reports submitted by Land Religious Affairs Officers and by the churches concerned, the following number of clergymen and major lay church employees have been removed since May 1945 by church officials in the respective Laender: Greater Hesse 136; Bavaria 41; and Württemberg-Baden 144. Latest figures indicate that alightly less than four per cent of all German churchmen have been placed in the, Non-employment Mandatory category [Kategorie I] by Special Branch tabulators. Of these, the vast majority are members of the Evangelical Church" (NARS, Washington, RG 260, Box 194, Folder 22); siehe auch: History of Negotiations re Nazi Clergymen in American Sector of Berlin, APO 755, US Army, 16 October 1946 (NARS, Washington, RG 260, Box 169, Folder 7); weitere Berichte und Statistiken über den Fortschritt von Entnazifizierungsmaßnahmen in den Kirchen der US-Zone: NARS, Washington, RG 260, Box 169, Folder 8.
63 PRO, London, FO 1050/1596, 51 ff.
64 *I. Lange*, a. a. O. 52 ff.
65 PRO, London, FO 1050/1596, 59.
66 LKA Hannover, Gen. 2050, 132; vgl. *W. Krüger*, a. a. O. 55 ff.
67 LKA Hannover, Gen 2051, Bd. 1.
68 PRO, London, FO 1050/1619, 180. Zur Kategorisierung vgl. *W. Krüger*, a. a. O. 45 ff.
69 LKA Hannover, Gen. 2056, Bd. 1; PRO, London, FO 1050/1620.
70 LKA Hannover, Gen. 2053, Bd. 1 und Gen. 2056, Bd. 1, 185; Nieders. Gesetz- und Verordnungsblatt Nr. 10, 1948, 41 ff. Siehe auch *Ullrich Schneider*, Der Kampf um Demokratisierung in Wirtschaft und Gesellschaft. Niedersachsen unter britischer Besatzung 1945–1947, Hamburg 1980, 85 ff. – *Ders.*, Niedersachsen 1945/46. Kontinuität und Wandel unter britischer Besatzung, Hannover 1984, 65 ff.
71 Vgl. *J. Fürstenau*, a. a. O. 133.
72 Ebd. 162; LKA Hannover, Gen. 2050 (Korrespondenz Liljes mit dem Militärgouverneur General Robertson und General Lingham).
73 Vgl. Kirchl. Amtsblatt f. d. ev.-luth. Landeskirche Hannovers vom 17. 2. 1949, 10; 27. 10. 1949, 90; Niedersächs. Gesetz- und Verordnungsblatt, Nr. 34, 1949, 132; Nr. 25 vom 23. 6. 1951, 139 und Nr. 44 vom 18. 12. 1951, 231 ff.
74 LKA Hannover, Gen. 2050, 215.
75 Ebd. 201.
76 *A. J. Ryder*, Twentieth-Century Germany: From Bismarck to Brandt, New York 1973, 473.
77 The future of Germany. General Robertson's Conclusions, 22 June 1950 (FO 371/85381).
78 The Times, May 8, 1945. Siehe auch *Rolf Uhlig*, Die Deutsch-Englische Gesellschaft 1949–1983, Göttingen 1986, 18 ff.

Anhang I: Voten und Schlußbilanz

DIETHER KOCH

Votum anläßlich des Referats von Victor Conzemius

Mir ist auf der Tagung deutlich geworden, daß die verschiedenen Begriffe von „Kirche" auf katholischer und evangelischer Seite schon für den Ansatz dessen, was man überhaupt für erforschungswürdig hält und erforscht, eine viel größere Bedeutung haben, als ich annahm. Bei mehreren katholischen Forschern habe ich immer herausgehört: Wenn der Leib Christi tatsächlich mit der Heiligen katholischen Kirche identisch ist, dann muß ich in erster Linie zu verstehen suchen. Das ist eine ganz andere Lage, als wenn ich als Protestant vielleicht von Luthers erster These ausgehe und sage, daß des Christen ganzes Leben Buße zu sein hat. Dann habe ich nicht diese Verteidigungshaltung gegenüber der Kirche, weil die Kirche als Ganze gar nicht unbedingt den Leib Christi repräsentiert. – Ich habe gerade die sehr unbeholfenen Memoiren des bayrischen Pastors Karl Steinbauer gelesen, deren Form sehr fragwürdig ist. Aber wenn es irgend etwas gibt, worin Kirche zum Ausdruck kommt, kirchliche Zeitgeschichte, dann ist es darin. Ich kann mir nicht denken, daß eine mehrbändige Publikation von Papieren von Bischof Meiser – ausgerechnet Bischof Meiser – zum Verständnis der Kirche Jesu Christi und ihrer Geschichte mehr beitragen kann. – Diese Ansicht ist aber natürlich mit dem katholischen Verständnis von kirchlicher Zeitgeschichte nicht zu vereinbaren – und auch im evangelischen Bereich umstritten.

Clemens Vollnhals

Das Reichskonkordat im Alliierten Kontrollrat. Votum anläßlich des Referats von Adolf M. Birke

Die Frage nach der Fortgeltung der Konkordate stand seit Herbst 1946 auf der Tagesordnung verschiedener Gremien des Alliierten Kontrollrats: Das preußische Konkordat (1929) infolge eines Vorstoßes des Erzbischöflichen Ordinariats in Berlin auf Fortzahlung der Staatsleistungen an die Kirche, das Reichskonkordat wegen seiner bedeutenden Implikationen für das konfessionelle Schulwesen. Während das preußische Konkordat 1947 einstimmig für null und nichtig erklärt wurde, da der preußische Staat aufgelöst worden sei, blieb das Reichskonkordat heftig umstritten. Seit Herbst 1947 drängte die sowjetische Delegation in verschiedenen Ausschüssen auf eine formelle Annullierung, da es die katholische Kirche den Interessen des NS-Regimes unterworfen habe und von den Kriegsverbrechern Hitler, Neurath und Frick unterzeichnet sei. Die amerikanische Delegation verfocht den Standpunkt, daß die Entscheidung einer künftigen deutschen Regierung zu überlassen sei, und betrachtete das Reichskonkordat als derzeit suspendiert. Letztendlich setzte sich die westliche Position durch, da der Kontrollrat in seiner Proklamation Nr. 2 vom September 1945 das Reichskonkordat weder für ungültig erklärt noch bestätigt hatte und sich andererseits die Besatzungsmächte auf keine gemeinsame Entscheidung einigen konnten. Aufgrund der wechselseitigen Blockade der gegensätzlichen Standpunkte stellte die Suspendierung, wie sie das State Departement seit Mai 1945 wünschte, auch ohne förmlichen Beschluß des Kontrollrats de facto die einzige Möglichkeit dar. Die Anwendung oder Negierung der Konkordatsbestimmungen blieb damit in das Ermessen der jeweiligen Besatzungsmacht gestellt. Auch die Westmächte, die den kirchlichen Interessen aufgeschlossener gegenüberstanden, erhoben die Schulbestimmungen des Reichskonkordats nicht zur verbindlichen Richtschnur ihres Handelns. Ihre Politik, im Kontrollrat die Frage der Fortgeltung des Reichskonkordats offen zu halten, ermöglichte es allerdings der katholischen Kirche, ihren politischen Einfluß zur Festschreibung der Länderkonkordate in den Landesverfassungen geltend zu machen. Die Verankerung des Reichskonkordats im Grundgesetz scheiterte jedoch an der laizistischen Mehrheit im Parlamentarischen Rat und führte 1955 zum sog. Konkordatsprozeß. Das Bundesverfassungsgericht bestätigte 1957 in einem salomonischen Urteil die Fortgeltung des Konkordats, stellte aber andererseits fest, daß die Länder infolge ihrer Kulturhoheit nicht zur Einhaltung der Schulbestimmungen verpflichtet seien. – Vgl. dazu Clemens Vollnhals, Das Reichskonkordat von 1933 als Konfliktfall im Alliierten Kontrollrat: VfZ 35 (1987) 677–705.

DIETHER KOCH

Votum anläßlich der Diskussion zum Vortrag von Gerhard Besier

Ich bin ziemlich erschrocken über den Tenor, mit dem in dieser Diskussion von der Entnazifizierung gesprochen wird: mit welcher Leichtigkeit davon die Rede ist, daß die Entnazifizierung eigentlich für die Betroffenen glimpflich verlaufen ist. Man muß doch auch im Auge behalten, was die betroffenen Pastoren vor und nach 1945 gepredigt haben, und diejenigen sehen, die diese Pastoren ertragen mußten. Ich sage nichts zu solchen, die sich geändert haben; vor solchen Lehrern hatten wir ja auch in Schule und Universität Achtung. Aber wer auch dann noch fragwürdige Inhalte vertrat und fragwürdige Methoden anwandte? Herr Besier hat darauf hingewiesen, daß der Wille zur Entnazifizierung dagewesen sei, wie man aus der Statistik ersehe. Die Statistik ist aber aus dem Jahre 1948, und man hat die Behandlung der schwereren Fälle hinausgeschoben. Die Frage ist, was nach 1948 daraus geworden ist. Ich weiß aus Bremen, daß von etwa 60 Pfarrern rund ein Drittel von der Entnazifizierung betroffen wurde und zuletzt bis auf einen Bischof und einige altershalber Pensionierte alle wieder in Amt und Würden kamen. Wenn man aber daran denkt, was diese Männer vorher gepredigt haben! Ich meine, man kann nicht zugleich Männer wie Barth und Bonhoeffer schätzen und sich darüber freuen, daß die Entnazifizierung letztlich so wenige Pastoren betroffen hat.

ERNST WALTER ZEEDEN

Diskussionsbeitrag zum Vortrag von Kurt Nowak über Gerhard Ritter

Als ehemaliger Schüler von Gerhard Ritter, der auf sein Votum hin von der Philosophischen Fakultät der Universität Freiburg i. Br. 1939 promoviert wurde und sich 1947 in derselben Fakultät ebenfalls auf Ritters Initiative hin habilitiert hat, habe ich zu Beginn der Aussprache in freier Rede eine Charakteristik von Ritters Persönlichkeit zu geben versucht. Am gleichen Tag noch legte mir Andreas Lindt, zugleich auch, wie er sagte, im Namen von zahlreichen Tagungsteilnehmern nahe, meine Ausführungen in den vorgesehenen Bericht über die Tagung miteinzubringen. Da ich nach einigen Stichworten frei gesprochen hatte, werde ich nicht wörtlich wiedergeben können, was ich gesagt habe; die folgenden Ausführungen geben den Beitrag also nicht wortwörtlich, aber, wie ich hoffe, dem Sinn und Inhalt nach in etwa wieder.

Als Student (1937–39), als Hilfsassistent und Lehrbeauftragter und als Habilitand (1939–47), mit Unterbrechung durch den Krieg (1940–42), und schließlich als Dozent und Professor (1947–1957) habe ich zwei Jahrzehnte in Freiburg in Ritters Nähe und in ständigem Austausch mit ihm gelebt. Die Intensität des Umgangs mit ihm schwankte, der persönliche, wissenschaftliche und geistige Kontakt wurde aber nie unterbrochen und setzte sich auch nach meinem Weggang (von Freiburg nach Tübingen) bis zu Ritters Tode (1967) fort; ja, ich glaube sagen zu dürfen, daß er sich im letzten Lebensjahrzehnt Ritters vertieft hat.

Ritter war von enormer Arbeitskraft – das gestanden ihm auch ausnahmslos diejenigen zu, die ihm – aus welchen Gründen auch immer – kühl, distanziert, kritisch oder auch abweisend gegenüberstanden. Er erledigte Tag für Tag ein gewaltiges Pensum: Vorlesungen, Seminare, Fakultätsaufgaben, Gutachten (und was sonst noch alles zum Bereich der Lehre und der Selbstverwaltung im Universitätsbereich gehört) gehörten ebenso dazu wie ein reiches wissenschaftliches Forschungsprogramm, verbunden mit Vorträgen, mit kontinuierlicher Tätigkeit, z.T. in leitender Stellung, in wissenschaftlichen Gremien (Kommissionen, Ausschüssen, Historikerverband auf nationaler und internationaler Ebene) und mit einer unglaublich weitverzweigten Korrespondenz. Sein Pflichtgefühl duldete nicht, daß irgendetwas liegenblieb – und so konnte man sicher sein, daß eine Anfrage oder ein in welcher Sache auch immer gestelltes Ansinnen an ihn in der Regel binnen dreier Tage beantwortet wurde. Dazu kam noch eine vielgestaltige Tätigkeit in Diensten der evangelischen Kirche, sowohl der badischen Landeskirche als auch (wie wir im Vortrag von Herrn Nowak hörten) im Dienste der EKD und gegebenenfalls der Ökumene. So nahm er u.a. 1948 an der großen ökumenischen Welttagung in Amsterdam teil. Ich lasse es bei diesen Beispielen und füge nur noch hinzu, daß Ritter auch, teils über den Historikerverband, teils auf anderen Wegen, wissenschaftspolitisch rege Aktivitäten entfaltete. Ob er immer dabei eine glückliche Hand hatte, lasse ich dahingestellt. Jedenfalls fand er nicht immer nur Gegenliebe.

Wenn sein Verhältnis zu manchen seiner Kollegen aus der Historikerschaft, zu manchen führenden Persönlichkeiten in der evangelischen Kirche nicht ganz unverkrampft und spannungsfrei, sondern in leichterem oder auch strengerem Grade schwierig war, so lag das nicht zuletzt daran, daß Gerhard Ritter eine starke und vehemente Persönlichkeit war – er war impulsiv, plakative Worte zur Charakteristik nicht scheuend, im ersten Ansatz von der Richtigkeit seiner Ideen und sonstigen Vorhaben überzeugt – aber auf der anderen Seite war er dennoch besonnen und mit ausgeprägtem Sinn für Rechtlichkeit. Wer ihm nur schwachen Widerstand entgegensetzte, den überrollte er mit seinem Temperament. Leistete ihm aber jemand couragiert und mit kräftigen Argumenten Widerstand, dann hielt er inne, horchte auf und ließ nicht nur mit sich reden, sondern war gegebenenfalls auch bereit, umzustecken und seine ursprüngliche Ansicht zu korrigieren.

Ritter konnte sich sehr léger und ungezwungen geben; das lag ihm. Er war kontaktstark, launig, aber doch sehr ernst und tief. Es gab, wie einer seiner fast gleichaltrigen Kollegen, der ihn sehr gut kannte (Hans Herzfeld), im privaten Gespräch einmal überaus treffend sagte „Ritters bekannte Schwächen" – und es kursierten mehr Geschichten und Anekdoten darüber, als man erzählen kann. Wenn Ritter im Gespräch oder im Kolleg auf eines seiner Bücher oder auf eine Vorlesung Bezug nahm, so sagte er (fast) nie: „mein Buch", sondern in der Regel: „mein großes Buch"; und entsprechend hieß es nie „meine Vorlesung", sondern fast immer „meine große Vorlesung". In dieser Richtung konnte er gar nicht genug tun, um sich anzupreisen. Mit anderen Worten: Er war eitel und selbstgefällig und konnte manchmal auch recht taktlos sein. Aber diese seine Eitelkeit war rührend naiv, sie saß an der Oberfläche; mit Wilhelm Busch zu sprechen: sie war Weste und nicht Herz. Denn in der Tiefe seines Wesens war Ritter ein gewissensbestimmter Mensch, war mutig, hatte Zivilcourage, stand hin, wenn es darauf ankam; und im Gegensatz zu dem soeben Gesagten habe ich erlebt, daß er, war man in einen etwas mehr innerlichen Bereich gedrungen, auch überaus taktvoll und feinfühlend sein konnte.

In der Tiefe seines Wesens und seines Bewußtseins war Ritter ein Christ und ein Deutscher. Beides aber war in ihm gefärbt, geprägt oder irgendwie mitbedingt durch die Geschichtslage, in der seine Generation aufgewachsen war: durch den staatstreuen nationalliberalen patriotischen Protestantismus des Bismarckreichs. Dazu kam als persönliche Mitgift die Abstammung aus einem evangelischen Pfarrhaus in Nordhessen (Bad Sooden-Allendorf an der Werra). Das Norddeutsch-Preußisch-Protestantische lag ihm im Blut, das Bismarckreich war für ihn eine Selbstverständlichkeit und so etwas wie eine politische Heimat. Sein mehrfach aufgelegtes Lutherbuch scheint mir bis zu einem gewissen Grade durch diese Welt, aus der er stammte, mitbedingt – wenn auch nicht total bedingt, denn es floß da auch noch anderes mit ein. Und das war, mit einem Schlagwort, das Erlebnis des Ersten Weltkriegs. Als ich im Winter 1939/40 als sein Privatassistent mit ihm zusammen im Archiv der Heidelberger Universität an Vorarbeiten für den (nie geschriebenen) zweiten Band seiner Heidelberger Universitätsgeschichte saß, hatte ich nach getaner Arbeit mehrfach recht eindrucksvolle Gespräche mit ihm unter vier Augen im Café. Ich möchte da zwei Äußerungen festhalten, die streiflichtartig etwas von ihm sichtbar werden lassen. Einmal sagte er mir, er sei aufgewachsen im liberalen Protestantismus der Vorkriegszeit – der christliche Glaube in seinem Ernst, in seiner Tiefe und Dringlichkeit sei ihm erst aufgegangen in den Grenzsituationen, die er im Ersten Weltkrieg erlebt habe. Das andere Wort: Die Lehre von der Erbsünde enthalte eine tiefe Wahrheit – gerade und auch im Blick auf den Gang der Geschichte. Und noch ein drittes Streiflicht: Der Barock war ihm, Ritter, so wie er gebaut war, wesensfremd; und auch der Katholizismus lag ihm von Hause aus fern. Ritter begann aber unter dem Eindruck des nationalsozialistischen Regimes und seiner Kirchenfeindschaft sukzessiv ein positives Verhältnis zu dem ihm ab ovo recht fremden Katholizismus zu bekommen; seit Ende der Dreißiger Jahre – also doch schon lange vor 1945 – lernte er die katholische Kirche langsam etwas mehr zu respektieren unter dem Eindruck ihrer Gläubigkeit und ihrer Bewahrungskraft; z. B. unter dem Eindruck, daß diese Kirche im Gegensatz zum herrschenden Regime konsequent festhielt an den christlichen Grundwerten. Noch vor Kriegsausbruch entwickelte er in seinen Vorlesungen über das 19. Jahrhundert ein ganz erstaunliches Verständnis für das Erste Vatikanische Konzil; er interpretierte es als eine durch die Zeitumstände bedingte Sammlung der Katholiken um ihren Mittelpunkt in Rom, um sich gegen die kirchen- und christentumsfeindlichen Strömungen des 19. Jahrhunderts zu wehren und abzustützen.

In den Jahren zwischen 1945 und 1950 sagte mir einmal Erik Wolf, der hochangesehene Freiburger Strafrechtler, Kirchenrechtler und Rechtsphilosoph, ein persönlicher Freund von Karl Barth und während der nationalsozialistischen Diktatur gleich Ritter ein Mitglied der Bekennenden Kirche: „Ritter hat größte Mühe, sich von dem tief, tief in ihm sitzenden Nationalismus zu lösen." Der Nationalismus, die von Herz und Geist getragene patriotische Bindung an das 1871 geeinte Deutschland, war wohl in der Tat ein existenzielles Problem für Ritter. Für uns Jüngere war Ritter auch nach

1945 die paradigmatische Gestalt eines vom politischen Nationalgefühl geprägten Mannes aus Wilhelminischer Zeit; eines Mannes, für den Protestantismus und Bismarckreich *partiell* deckungsgleich zu sein schienen. Bis zum Beginn der 50er Jahre dieses Jahrhunderts war für ihn das Kaiserreich die beste aller Welten (so als Selbstbekenntnis im Vorwort zum zweiten Band von „Staatskunst und Kriegshandwerk" und zugleich als dezidierte Abwendung von dieser bis dahin sein Leben tragenden Vorstellung, 1960). In seinem Lutherbuch figuriert *Luther* als die Inkarnation des Deutschen: „*Er* ist wir selber." Sein Lutherbild ist durchaus nicht frei von nationalen Farben. „Luther der Deutsche" betitelte er es in der zweiten Auflage 1938 und ließ anklingen, daß Luthers eigentlicher Nachfolger in Geist und Kraft Bismarck sei. Das heißt: Ritter hatte gewaltig viel aufzuarbeiten als Christenmensch und Kirchenmann seit 1945.

Aber er hat es getan, und dazu haben ihm seine Glaubensbindungen viel geholfen. Des Ambivalenten bleibt dennoch ein Rest – ich weiß nicht, ob er in seinen letzten Jahren die Synthese von politischem Staats- und Machtgedanken und Christentum, die er, wenn ich ihn recht verstanden habe, gelehrt und vorgetragen hat, weil er, wie mir scheint, an die Vereinbarkeit von Macht und christlicher Religion glaubte, aufgelöst oder stärker differenziert hat. Ritter war ein zuvörderst politischer Historiker und hat sich in dieser Eigenschaft als Erzieher der Nation gefühlt und aus diesem Impuls ist auch sein letztes großes Werk entstanden („Staatskunst und Kriegshandwerk"). Was ihn bewegte, war Europa und die deutsche Frage – sie bewegte ihn wohl mehr als „Europa oder die Christenheit". Hier gab es für ihn als Kirchenmann, jedenfalls bis in sein höheres Alter, eine Ambivalenz. Allerdings: Wie er ganz zuletzt darüber gedacht hat, entzieht sich meinem Wissen. Andererseits war Ritter ein Mann, der bis zuletzt zu lernen vermocht hat und sowohl in den Jahren der Diktatur wie nach dem Krieg innere Prozesse durchgemacht (und wohl auch durchlitten) hat, in denen er sich geistig und seelisch von liebgewordenen Vorstellungen zu lösen vermochte. Darin, wie in seiner Rechtlichkeit und Gewissensbestimmtheit wie auch in seiner Zivilcourage haftet ihm etwas bleibend Vorbildhaftes und Nachahmenswertes an.

Günther van Norden

Bilanz der Tagung

Es war eine Tagung der Diskrepanzen:

— Der tägliche Beginn mit einer Morgenandacht, vor allem diejenige Iserlohs zum Thema „Frieden", stand im Kontrast zur übrigen Tagung: Auseinandersetzung, Streit, bis hin zur unkollegialen Polemik. Hat das eine mit dem anderen nichts zu tun?

— Besonders beeindruckend war das Referat Levillains.* Auch die Theologen, die Kirchengeschichte betreiben, sollten die dort vorliegenden struktur- und sozialgeschichtlichen Ansätze zur Kenntnis nehmen. Vielleicht könnte so der unzutreffende

Gegensatz von sog. angeblicher Profangeschichte und Kirchengeschichte überwunden werden; dies scheint allerdings im Moment schwer möglich, da die Klerikalisierung der Kirchengeschichte fortschreitet.

— Es gab gravierende Unterschiede zwischen den katholischen und evangelischen Analysen: katholischerseits positive, z.T. euphemistisch-apologetische, evangelischerseits selbstkritische bis selbstzerfleischende. Für diese Diskrepanz ist vermutlich das unterschiedliche Kirchenverständnis grundlegend.

— Es gab scharfe Diskrepanzen innerhalb der evangelischen Kirchlichen Zeitgeschichte. Die Gegensätze wurden nicht ausdiskutiert; sie beruhen nicht auf unterschiedlichen methodologischen Prämissen, sondern auf unterschiedlichen – theologischen/ideologischen, vielleicht auch wissenschaftstheoretischen – Positionen, die nicht mehr revisionsfähig scheinen. Die zeitgeschichtliche Forschung, von Historikern betrieben, weist m.E. solche tiefgreifenden Diskrepanzen weniger auf (vgl. die Beiträge von Jochmann und Koselleck).

* Da das Referat von Philippe Levillain leider nicht zum Druck vorlag, kann an dieser Stelle nur auf die Tagungsberichte verwiesen werden (vgl. den Bericht von Jochen-Christoph Kaiser und das Verzeichnis weiterer Tagungsberichte am Schluß von Anhang I).

HEINZ HÜRTEN

Bilanz der Tagung

Die Bilanz unserer Tagung scheint mir positiv zu sein, wenn man ihren eigentlichen Zweck veranschlagt. Sinn unserer Begegnung war ja nicht Vermehrung und Vertiefung unserer kirchenhistorischen Kenntnisse, obwohl wir auch hier manchen Ertrag zu verzeichnen haben, sondern die Erkenntnis unserer wechselseitigen Positionen methodischer und inhaltlicher Art. Hier hat sich – nicht zuletzt hinsichtlich dessen, wie der wissenschaftstheoretische Ort der kirchlichen Zeitgeschichte zu bestimmen sei – größere Verschiedenheit, als mancher vielleicht zuvor angenommen hat, der nun enttäuscht ist, ja Gegensätzlichkeit ergeben. Aber gerade in dieser Ent-täuschung, der Zerstörung von Illusionen liegt der Gewinn: wir kennen einander besser, im Gemeinsamen wie im Trennenden, und erfahren dadurch einmal mehr und persönlicher als sonst die Perspektivität, die Gebundenheit unserer Anschauungen von der Geschichte an die uns vorgegebenen Positionen. Diese Verschiedenheiten heben Gemeinsamkeiten nicht auf. Sie sind auch nicht eine zwangsläufige Konsequenz unserer Zugehörigkeit zu verschiedenen Kirchen. Die Fronten, die sich zwischen den hier sichtbar gewordenen Auffassungen gebildet haben, sind ganz augenscheinlich nicht identisch mit den Grenzlinien zwischen den Konfessionen.

Die hier zutage getretene Unterschiedlichkeit in der Art unserer Zuwendung zur kirchlichen Zeitgeschichte könnte vielleicht dazu führen, tiefschürfende Klärungen methodischer oder gar theologischer Art als Voraussetzung weiterer historischer Diskussionen in unserem Kreise anzusehen. Wenigstens ist mir in den letzten Tagen

gelegentlich die bange Frage gekommen, ob wir evangelischen und katholischen Zeithistoriker vor einem spezifischen Methodenstreit, einer Art von zeithistorischem Werturteilsstreit stehen. Ich halte eine solche Zeit und Kräfte verschleißende Debatte allerdings nicht für erforderlich, wobei ich dahin gestellt sein lasse, ob sie uns überhaupt zur erstrebten Einmütigkeit zusammenführen könnte. Mir scheint vielmehr, daß wir die unter uns bestehende und gerade hier deutlich gewordene Meinungsvielfalt nicht zu scheuen brauchen und als Hindernis unserer Arbeit betrachten müssen, im Gegenteil: Methodenpluralismus, das haben wir in den zurückliegenden Jahren gelernt, kann der weiteren Entwicklung unserer Disziplin, unserer Erkenntnis von der Vergangenheit nur förderlich sein.
(Nachträgliche Rekonstruktion anhand knapper Notizen)

Jochen-Christoph Kaiser

Kirchliche Zeitgeschichte nach 1945.
Eine katholisch-protestantische Tagung in Bern
[Herder Korrespondenz, Nr. 12 (1985) 578–581]

Vom 25. bis 29. September fand auf Schloß Hünigen bei Bern eine Tagung besonderer Art statt. Eingeladen hatte der Anfang Oktober überraschend verstorbene Berner Ordinarius für Kirchengeschichte, Andreas Lindt, der in Verbindung mit Victor Conzemius (Luzern) und Martin Greschat (Gießen) diesen Kongreß veranstaltete. Seit jeher war es das Anliegen Lindts, der auch einige Jahre in Münster lehrte, katholische und evangelische (Kirchen-)Historiker zu ermutigen, sich den Herausforderungen der kirchlichen Zeitgeschichte gemeinsam – im ökumenischen Dialog – zu stellen.

Bei der Tagung in Bern handelte es sich nicht um eine jener vielen, den Rahmen des Üblichen kaum sprengenden Expertenkonferenzen für den Bereich kirchlicher Zeitgeschichte. Von ihnen hob sich die Tagung eindeutig durch die Tatsache ab, daß die beiden Koordinierungsgremien für die jüngste Kirchengeschichte – die katholische Kommission für Zeitgeschichte mit Sitz in Bonn und die evangelische Arbeitsgemeinschaft für kirchliche Zeitgeschichte in München – seit ihrer Gründung 1962 bzw. 1955 hier erstmals zusammenkamen, um – sozusagen auf neutralem Terrain – Grundfragen und Probleme der einschlägigen Forschung *gemeinsam* zu debattieren.

Beide Gruppierungen haben, getragen von der Deutschen Bischofskonferenz und der Evangelischen Kirche in Deutschland, in den vergangenen Jahren eine imponierende Anzahl von Quelleneditionen und Einzelstudien aus ihrem Bereich vorgelegt; sie sind jedoch auffallend unterschiedlich zusammengesetzt: Während in der Kommission die Mehrzahl der Mitglieder und Autoren als Hochschullehrer das Fach Allgemeingeschichte vertreten, wirken innerhalb der Arbeitsgemeinschaft und in ihrem Umfeld hauptsächlich Kirchenhistoriker, d. h. Theologen, mit. Dies war – wie sich zeigen sollte – für Fragestellung und methodischen Ansatz von nicht zu unterschätzender Bedeutung. Der hier vorgegebene Rahmen läßt es nicht zu, auf jedes Einzelreferat in gleicher Intensität einzugehen; ein alle Beiträge dokumentierender Berichtband soll erscheinen. Hier werden deshalb vor allem diejenigen Referate ausführlicher vorgestellt, an denen sich kontroverse, aber darin möglicherweise auch weiterführende Diskussionen entzündeten.

Einleitende Bemerkungen von *Urs Altermatt* (Fribourg) und *Andreas Lindt* verdeutlichten Entwicklungslinien des schweizerischen Katholizismus bzw. Protestantismus nach 1945. Wenngleich die Schweiz vom Weltkrieg verschont blieb, zeigten sich auch hier mit dem Epochenjahr 1945 bedeutsame Einschnitte. Die sich anschließenden Ausführungen von *Reinhard Koselleck* (Bielefeld) und *Philippe Levillain* (Lille/Rom) reflektierten das Selbstverständnis kirchlicher Zeitgeschichte als Teil der Gesamtgeschichte und im Kontext der französischen „Histoire religieuse". Letztere verbindet die von Frankreich ausgehende Mentalitätsgeschichte mit religionssoziologischen Fragestellungen und zieht mit ihrem in der Intention wertneutralen methodischen Zugriff weniger auf die Geschichte der Kirchen als auf die Fortwirkung religiöser Traditionszusammenhänge in einer weitgehend säkularisierten Gesellschaft.

Betroffenheit als konstitutives Element

Die Beiträge von *Martin Greschat* (Gießen) und *Konrad Repgen* (Bonn) über die Erfahrung des Dritten Reiches und das Selbstverständnis von Protestanten und Katholiken nach 1945 führten mitten in die zentralen methodischen und inhaltlichen Probleme kirchlicher Nachkriegsgeschichte hinein. Die hohe Wertbezogenheit des Themas wurde dabei immer wieder deutlich. Greschats Ausgangspunkt war die bis heute anhaltende *Betroffenheit* angesichts der Geschehnisse zwischen 1933 und 1945, die nach der klassischen Definition von *Hans Rothfels* gerade der deutschen Zeitgeschichte als konstitutives Element eignet, die aber zusätzlich im Bereich der Christentumsgeschichte durch den ethischen Anspruch religiöser Existenz noch verstärkt wird.

Die evangelischen Landeskirchen der ersten Stunde sahen die Erfahrungen der NS-Herrschaft nahezu ausschließlich unter kirchenpolitischen Gesichtspunkten. Die Gleichschaltung des Protestantismus 1933/34 und die bis 1945 andauernden Einschnürungsversuche des Regimes waren letztlich mißlungen: Die Kirche hatte sich in ihrem *Kern* gegen ihre Gegner von außen, Staat, Partei und Deutsche Christen behauptet. Sie verstand sich als geschlossene moralische Autorität gegenüber der Gesellschaft; ihr geistiger Führungsanspruch forderte nicht allein Respekt, sondern verlangte auch Gehorsam. Daraus resultierte ein neues starkes Selbstbewußtsein, das den Neubeginn nach dem Krieg entscheidend mitbestimmte. Das Dritte Reich erschien aus dieser Perspektive als Höhepunkt der „Entgottung der Welt", als Folge des „großen Abfalls", also des Säkularismus, gegen den es im letzten nur ein Heilmittel gab: die Rückkehr zu Gott. Doch das Säkularismustheorem – so Greschats These – analysierte und interpretierte nichts, es sammelte nur „Belege und Argumente für die Stabilisierung einer selbst- und sendungsbewußten Kirche". Das Schlüsselwort *Rechristianisierung* umriß die Hoffnungen dieser Jahre, blieb aber den Herausforderungen einer modernen, *pluralistisch* strukturierten Industriegesellschaft die Antwort schuldig; auch versagte dieses Konzept dort, wo die Frage nach nationalprotestantischen Traditionen im Vorfeld der Ermöglichung des Nationalsozialismus gestellt wurde. Als ständiger Störfaktor der neu gefundenen protestantisch-kirchlichen Identität erwies sich allein die *Schuldfrage*, die auf Drängen der Ökumene vor genau 40 Jahren zur Stuttgarter (Schuld-)Erklärung führte. Freilich implizierten die berühmten Komparative („... wir klagen uns an, daß wir nicht mutiger bekannt, nicht treuer gebetet, nicht fröhlicher geglaubt und nicht brennender geliebt haben."), daß man eben *doch*, wenn auch nicht *genug* widerstanden hatte.

Damit – so Greschat – war die Brisanz des Bekenntnisses im Sinne denkbarer radikaler Folgerungen wieder zurückgenommen: „Eine derart entschärfte Schuldfrage ließ sich mühelos in das kirchliche Konzept der Nachkriegszeit integrieren." Andere Akzente setzte hingegen das sog. Darmstädter Wort des Reichsbruderrats der EKD von 1947, das auf das dichotomische Geschichtsbild einer Scheidung von Gut und Böse und – anders als die Landeskirchen 1945 – auf jeden besonderen Autoritätsanspruch gegenüber der Gesellschaft verzichtete. Solidarität, Humanisierung und Demokratisierung sowie die Wendung gegen den heraufziehenden Kalten Krieg bestimmten den Tenor dieser Entschließung einer Minderheit, die Greschat abschließend als wünschenswertes alternatives Programm zur faktischen kirchenpolitischen Entwicklung nach 1945 wertete.

Katholisch-evangelische Unterschiede

Greschats kritische Thesen trafen besonders unter den protestantischen Teilnehmern auf Widerspruch, die sich vornehmlich an seinem *Kirchenbegriff* und an seiner Herausarbeitung der Schwachstellen der Stuttgarter (Schuld-)Erklärung gegenüber dem Darmstädter Wort stießen. Der Vorwurf zielte auf den alten Streit um Volks- und Freiwilligkeitskirche und auf die Frage, ob in realhistorischer Hinsicht letztere – methodisch gesehen – überhaupt Gegenstand wissenschaftlicher Betrachtung sein könne, weil sie sich nicht durchgesetzt habe. Da sich seit damals auch die verfaßten Landeskirchen in erstaunlicher Weise verändert hätten, könne man nicht ohne weiteres eine ihnen entgegengesetzte Position beziehen – die spätere Entwicklung rechtfertige im nachherein viele der damals getroffenen Entscheidungen.

Wie ganz anders sich die Zeit nach 1945 für den deutschen Episkopat darstellte, wurde aus dem weniger theologisch reflektierenden, mehr von Einzelbeobachtungen ausgehenden Beitrag *Konrad Repgens* deutlich. Die katholische Kirche hatte im Vergleich zum Protestantismus einen Kirchenkampf ganz anderer Art überstanden, da Bekenntnis und Organisation von innerkirchlichen Gruppen nicht in Frage gestellt und die Bedrängnisse durch den Nationalsozialismus allein als weltanschaulich-geistige Auseinandersetzung interpretiert werden konnten. Auch für die Bischöfe war das Dritte Reich Folge und Kulminationspunkt der Entchristlichung der Welt, gegen die sich jedoch der Großteil der Katholiken als resistent erwiesen hatte. Nach dem Zusammenbruch hielt sich trotz mancher Warnungen aus Rom, das die Lage nüchterner beurteilte, für ein Jahrfünft die Hoffnung, wenn man nun „auf breiter Front" dafür kämpfe, werde Deutschland wieder christlich.

Die vorübergehende Attraktivität der Kirche, bei der viele nach der großen Desillusionierung wieder Sinngebung und Geborgenheit suchten, war nach Repgen nicht mit dem Anspruch verknüpft, auf Dauer auch *politische* Autorität für sich zu reklamieren. Lediglich in der Phase bis zur Konstituierung neuer Staatlichkeit in der Bundesrepublik verstand sich die Kirche als Sprachrohr und Anwalt der Bevölkerung gegenüber den Besatzungsmächten. Die Abneigung gegen die von den Alliierten durchgeführte und nicht den Deutschen selbst überlassene Entnazifizierung bildete hier einen wichtigen Konfliktherd. Auseinandersetzungen um die *Schulfrage*, der aus dem Bewußtsein des hohen Stellenwertes der Schule für die religiöse Sozialisation des Menschen im Vorfeld der Verabschiedung des Grundgesetzes große Bedeutung eingeräumt wurde, hinderten die Bischöfe nicht daran, die Verfassung dennoch anzuerkennen. Eine innerkatholische *Schulddiskussion* wie im Protestantismus hat es nicht gegeben. Die in der Weihnachtsbotschaft des Papstes von 1944 verworfene Kollektivschuldthese erleichterte nach Kriegsende den Umgang innerhalb der Weltkirche mit den Deutschen, deren Widerstand gegen das Regime allgemein respektiert wurde. Die Bischofskonferenz sah so – abgesehen von den Passagen in ihrem Hirtenwort vom 23. August 1945 – keinen Anlaß, ein Schuldbekenntnis ähnlich der Stuttgarter Erklärung für die katholische Kirche zu formulieren.

Mangelnde Selbstreinigung

In ihren Anschlußreferaten zu dem von Greschat und Repgen gegebenen Überblick arbeiteten *Werner Jochmann* (Hamburg), *Gerhard Besier* (Loccum), *Kurt Meier* (Leipzig) und *Adolf M. Birke* (Bayreuth/London) stärker Details der Beziehungen von Staat und Kirche nach 1945 heraus. *Birke* betonte die Forderungen der sonst in politischen Tagesfragen mehr als allgemein angenommen Abstinenz übenden Bischöfe nach einer verfassungsrechtlichen Regelung des Verhältnisses von Staat und Kirche, der Garantierung der Konfessionsschulen im Grundgesetz und schließlich die Anerkennung des Reichskonkordats durch die Verfassung. Während man sich in der Konkordatsfrage auf die Formel stillschweigender Fortgeltung einigte, erhielt die Konfessionsschule keinen Verfassungsrang – was eine Anerkennung des Grundgesetzes nicht verhinderte, aber eine tiefgreifende Verstimmung der Bischöfe und ihre Akzentuierung des bloß provisorischen Charakters des Verfassungswerks zur Folge hatte.

Werner Jochmann verwies auf die gesellschaftspolitischen Umorientierungsversuche der deutschen Protestanten nach 1945 und auch auf die enggezogenen Grenzen, an die sie dabei stießen, nicht zuletzt, weil die „Personaldecke" der Bekennenden Kirche nicht ausreichte, um die neu zu vergebenden Positionen insgesamt mit eigenen Leuten zu besetzen. Belastete Pfarrer und Juristen in den Kirchenleitungen blieben darum vielfach im Amt. Dadurch wurde zwar die Effektivität der Verwaltung gestärkt, aber es wurde damit auch eine kirchenamtliche Kontinuität festgeschrieben, mit der man eigentlich hatte brechen wollen. Da auch die Synoden ein stärkeres konservatives Beharrungsvermögen zeigten als vorhersehbar, fanden die notwendigen Reflexionsprozesse zur Bewältigung der Erfahrungen des Dritten Reiches meistens nicht statt, so daß von einer geistigen Erneuerung des evangelischen Kirchentums nach 1945 kaum gesprochen werden kann. In politischen Verlautbarungen der verfaßten Kirchen wurde häufiger auf die Leiden der Deutschen durch Flucht und Vertreibung hingewiesen als auf das Schicksal der Juden und anderer Verfolgter in den zwölf Jahren nationalsozialistischer Herrschaft. Positive Ansätze, die sich aus der Offenheit zurückkehrender Emigranten ergaben, wurden durch eine solche einseitige wie intransigente Haltung oft wieder verschüttet.

Die mangelnde Selbstreinigung der Landeskirchen stellte auch *Besier* heraus, der die Rahmenbedingungen des innerkirchlichen Entnazifizierungsprozesses in Niedersachsen umriß. Das Empfinden einer aufgezwungenen Entnazifizierung führte dazu, daß man die Aufforderung zur Selbstreinigung nicht als Chance wahrnahm und das Verfahren deshalb weitgehend ablehnte. Einen anderen Weg beschritten nach *Kurt Meier* die Sowjets in ihrer Zone: Hier dominierte durch „Zerstörung der sozialökonomischen Basis des Faschismus" die „strukturelle Entnazifizierung", die an die Stelle „einer massenhaften individuellen Sühne" der Betroffenen trat. Die Entlassung aller früheren NSDAP-Mitglieder aus dem öffentlichen Dienst im Herbst 1945 erstreckte sich nicht auf die Kirchen, die – obschon Körperschaften des öffentlichen Rechts, die das entsprechende Gesetz an sich einschloß – in unabhängigen Spruchkammern die personale Neuordnung in eigener Regie durchführen sollten. Diese Regelung kam sowohl dem seit der Kirchenkampfära emporgehaltenen „Leitbild bekenntniskirchlicher Volkskirchenautonomie" entgegen, wie es auch der Politik der SMAD gegenüber den Religionsgemeinschaften entsprach, welche ihren Dienst in dem Zeitraum bis zur Etablierung deutscher staatlicher Organe nahezu ungehindert wieder aufnehmen konnten.

Für den Bereich der späteren DDR stellte Meier die besondere Bedeutung eines Mindestmaßes an „legaler Rechtskontinuität" heraus, die in den ohne Ausnahme ‚zerstörten' Landeskirchen Mitteldeutschlands angesichts ihrer ungewissen Zukunft unter sowjetischer Verwaltung einen höheren Rang einnahm als im Westen und Süden des untergegangenen Reiches.

Warnung vor diffusen Schuldbekenntnissen

Kurt Nowak, wie Meier Hochschullehrer an der Sektion Theologie der Karl-Marx-Universität Leipzig, lenkte in seinem Referat noch einmal auf die geistigen Voraussetzungen des innerprotestantischen Neubeginns in den Westzonen zurück. Am Beispiel eines prominenten evangelischen Laien, des Freiburger Historikers *Gerhard Ritter*, machte Nowak die Ambivalenzen deutlich, von denen das Verhalten des Protestantismus in dieser geschichtlichen Phase gekennzeichnet war. Niemand schien besser geeignet als der badische BK-Synodale und Mitautor der Denkschrift „Politische Gemeinschaftsordnung" des Freiburger Kreises von 1942/43, nach Kriegsende das *politische* Selbstverständnis des Protestantismus neu zu formulieren. Als Verfasser wichtiger Resolutionen – von der Treysaer Kirchenführerversammlung im Juli 1945 bis zur Amsterdamer Weltkirchenkonferenz 1948 – und als kirchenpolitischer Berater der EKD bis 1949 wirkte er entscheidend an der Bildung der heute noch bestehenden Kammer für öffentliche Verantwortung mit. Einige bestimmende Elemente seiner mehrdeutigen politischen Weltsicht, wie sie Nowak vortrug, seien hier genannt: Ambivalent an dieser Konzeption blieb die Verbindung gesellschaftlicher Neuordnungsvorstellungen mit weiterbestehenden nationalprotestantischen Traditionslinien, ferner der Wille zur Versöhnung – Ritter befürwortete ohne Einschränkung die Stuttgarter Erklärung! – bei gleichzeitiger Bejahung totalitarismustheoretischer

Modelle gen Osten und schließlich das Bekenntnis zur Einheit der Nation ohne Verzicht auf die von Adenauer vorgezeichnete Westintegration.

Gegen Ende der Tagung trug *Victor Conzemius* einen kritischen forschungsgeschichtlichen Überblick vor, der manches von dem bis dahin Gesagten zu relativieren vermochte. Er warnte vor den „Klippen konfessioneller Selbstrechtfertigung", aber auch vor „diffusen und allzu eilfertig ausgesprochenen Schuldbekenntnissen", für die besonders Theologen anfällig seien. An der großen Kirchenkampfstudie des im Frühjahr verstorbenen *Klaus Scholder* bemängelte Conzemius unter anderem die Darstellung der katholischen Kirche, die durch Konzentration des Blickwinkels auf die Führungsebene eine „klerikale Reduktion" der reichen Vielfalt katholischer Lebenswirklichkeit erfahren habe. Scholder bringe zudem die Fakten mit einer eindimensional anmutenden Schlüssigkeit, die keine Alternativen der Entwicklung mehr offenhalte. Andererseits beklagte Conzemius die „Ignoranz" der Allgemeinhistoriker gegenüber kirchlich-theologischen Fragen und appellierte an die Teilnehmer, die „Apartheid" zwischen Kirchen- und Profanhistorikern zu überwinden.

Die anschließende Diskussion nahm gerade diesen letzten Gedanken auf. Während die versammelten (katholischen) Allgemeinhistoriker für eine politische Geschichte der Kirchenkampfzeit statt einer sozialen Theologiegeschichte, wie sie offenbar den Protestanten vorschwebe (Repgen), und für eine Ausklammerung der Schuldfrage plädierten, weil dadurch intersubjektiv gültige Aussagen wissenschaftlich-historischer Art mit Werturteilen verwechselt würden (*Hans Günther Hockerts*/Frankfurt a. M.), beharrte ein Teil der evangelischen Theologen darauf, nicht allein deskriptiv vorzugehen, sondern auch danach zu fragen, was vom Neuen Testament und von der Nachfolge Jesu her geboten sei (*Günter Brakelmann*/Bochum), wobei die Beurteilungskriterien freilich offengelegt werden müßten.

Ein Lexikon für kirchliche Zeitgeschichte

Ungeachtet des die Grenzen einer evangelisch-katholischen Kooperation auf dem Sektor kirchlicher Zeitgeschichte aufzeigenden Methodenstreits, wurde von den Teilnehmern als nützlich empfunden, diesen Konfliktpunkt – wenn auch nur am Rande des Kongresses – überhaupt angesprochen zu haben. *Heinz Hürten* (Eichstätt) meinte dazu, auch der Verlust einer Illusion sei schon ein Gewinn. Nach dieser Tagung wüßten die Partner besser als zuvor, woran sie seien und würden eine künftige Zusammenarbeit nicht gerade dort beginnen, wo die Auffassungen am weitesten auseinanderklafften. So dürften *gemeinsame Projekte* über Schuld- und Widerstandsfragen wohl noch länger auf sich warten lassen; dem von der Arbeitsgemeinschaft ins Gespräch gebrachten Plan eines interkonfessionellen biographischen Lexikons zur kirchlichen Zeitgeschichte räumte man dagegen größere Chancen ein. Alles in allem scheint diese Tagung als ein interessantes Experiment gelungen zu sein. Protestantische und katholische Fachvertreter setzten sich erstmals zusammen und diskutierten ihre Fragen nahezu ohne Tabus. Man kann nach dieser Tagung davon ausgehen, daß es nicht dabei bleibt, sondern daß sich die Begegnungen fortsetzen. Ob daraus einmal eine ständige Einrichtung wird, muß abgewartet werden. *Andreas Lindt* jedenfalls gebührt Dank dafür, diese ökumenische „Initialzündung", die angesichts der bestürzenden Nachricht von seinem plötzlichen Tode wie ein Vermächtnis anmutet, zusammen mit seinen Mitveranstaltern ins Werk gesetzt zu haben.

Verzeichnis weiterer Tagungsberichte

Katholische und evangelische Zeithistoriker. Erste gemeinsame Tagung: Ökumenische Informationen (ÖKI), Fribourg, Nr. 32/26. September 1985, 7–9.

Kirchliche Zeitgeschichte. Eine Tagung in Hünigen: Neue Zürcher Zeitung, Nr. 232/ 7. Oktober 1985, 19 f. [Victor Conzemius].

Kirchliche Zeitgeschichte nach 1945. Eine Arbeitstagung katholischer und evangelischer Zeithistoriker im Schloß Hünigen: Der Bund, Bern, Nr. 235/8. Oktober 1985, 31 [Hermann Kocher].

Arbeitstagung katholischer und evangelischer Zeithistoriker: Schweizerischer Evangelischer Pressedienst, Nr. 41/17. Oktober 1985, 4–6 [Hermann Kocher].

Gestufter Neubeginn. Schuldbewältigung: Eine ökumenische Historikertagung offenbart Methodenunterschiede: Deutsches Allgemeines Sonntagsblatt, Nr. 43/ 27. Oktober 1985, 17 [Jochen-Christoph Kaiser].

Vom Ertrag des Kirchenkampfes. Evangelische und katholische Forscher berieten erstmals gemeinsam: Lutherische Monatshefte, 24. Jg., Nr. 11/November 1985, 522 [Sigrid Reihs-Kirsch].

Kirchen vor der Geschichte: Evangelische Kommentare, 18. Jg., Nr. 12/1985, 676 [Armin Boyens].

Kirchliche Zeitgeschichte: Stimmen der Zeit, Band 204, Heft 1/Januar 1986, 65–67 [Victor Conzemius].

Die Zeit nach 1945 als Thema kirchlicher Zeitgeschichte. Arbeitstagung in Schloß Hünigen bei Bern: Evangelische Arbeitsgemeinschaft für Zeitgeschichte, Mitteilungen, Folge 6, Januar 1986, 3–6 [Gertraud Grünzinger-Siebert].

Anhang II: Bibliographie Andreas Lindt

zusammengestellt von Hermann Kocher

Für alle Mithilfe beim Erstellen der Bibliographie danke ich Frau Ruth Lindt-Koechlin, Ittigen, und Frau Julia Thoma-Haid, Hilfsassistentin, Rüschegg-Gambach.

Abkürzungen laut Abkürzungsverzeichnis der Theologischen Realenzyklopädie, zusammengestellt von Siegfried Schwertner, Berlin 1976.

1941

Discussion centrale à Berne [Semesterbericht Zofinger-Sektion Bern]: Feuille centrale de Zofingue, Vaud, 81 (1941) 434–441.

1942

„Anpassung" und Neutralitätspolitik: Zentralblatt des Schweizerischen Zofingervereins, Basel, 82 (1942) 282–289.

Zofingia und Flüchtlingsfrage: Zentralblatt des Schweizerischen Zofingervereins, Basel, 82 (1942) 659–663.

Gedanken zu den Romanen Ernst Wiecherts: Zentralblatt des Schweizerischen Zofingervereins, Basel, 82 (1942) 721–724.

[Rez.] Wilhelm Roepke, Die Gesellschaftskrisis der Gegenwart: Zentralblatt des Schweizerischen Zofingervereins, Basel, 82 (1942) 555–558.

1943

Zofingue et le problème des réfugiés (Antwort an J.-F. Paschoud): Feuille centrale de Zofingue, Genève, 83 (1943) 136f.

1944

Intellektualismus, Wissenschaft und Glaube: Zentralblatt des Schweizerischen Zofingervereins, Zürich, 84 (1944) 535–538.

1945

Bern: Feuille centrale de Zofingue [Numéro spécial du 125ème anniversaire], Neuchâtel, 85 (1945) 471–473.

Das Kriegsende und wir Schweizer: Zofingia. Zentralblatt des Schweizerischen Zofingervereins, Bern, 86 (1945) 16–21.

Carl Spitteler und unsere Zeit: Zofingia. Zentralblatt des Schweizerischen Zofingervereins, Bern, 86 (1945) 127–132.

1946

Die Schweiz 1933–1945: Zofingia. Zentralblatt des Schweizerischen Zofingervereins [Sondernummer: Ein schweizerisches Wort an die Jugend Deutschlands und Österreichs], Bern, 86 (1946) 244–257.

Vom Wesen des Staates und vom Wesen der Macht: Zofingia. Zentralblatt des Schweizerischen Zofingervereins, Bern, 86 (1946) 554–558.

1948

[Rez.] Emil Bächler, Friedrich von Tschudi: KBRS 104 (1948) 269f.

[Rez.] Richard Feller, Berns Verfassungskämpfe 1846: KBRS 104 (1948) 287.

1956

Leonhard Ragaz. Zum zehnten Jahrestag seines Todes: Ref. 5 (1956) 27–35.

[Rez.] Ferdinand Strobel, Die Jesuiten und die Schweiz im 19. Jahrhundert. Ein Beitrag zur Entstehungsgeschichte des schweizerischen Bundesstaates: KBRS 112 (1956) 300f.

[Rez.] Walther von Loewenich, Der moderne Katholizismus: KBRS 112 (1956) 332.

[Rez.] Karl Bednarik, Der junge Arbeiter von heute – ein neuer Typ: KBRS 112 (1956) 364.

[Rez.] Karl Marx. Auswahl und Einleitung von Franz Borkenau: KBRS 112 (1956) 364f.

1957

Leonhard Ragaz. Eine Studie zur Geschichte und Theologie des religiösen Sozialismus, Zollikon – Zürich 1957.

[Rez.] Johann Hinrich Wichern, Ausgewählte Schriften, Band 1, hg. von Karl Janssen: KBRS 113 (1957) 236f.

[Rez.] Iring Fetscher (Hg.), Marxismus-Studien. Zweite Folge: KBRS 113 (1957) 350.

[Rez.] Markus Kutter, Celio Secondo Curione. Sein Leben und sein Werk: ThZ 13 (1957) 150–152.

1958

[Rez.] Erich Gruner/Eduard Sieber, Weltgeschichte des 20. Jahrhunderts: KBRS 114 (1958) 110.

[Rez.] Mary Alice Gallin, Ethical and Religious Factors in the German Resistance to Hitler: ThZ 14 (1958) 65–68.

[Rez.] Reinhold Niebuhr, Christlicher Realismus und politische Probleme: ThZ 14 (1958) 387f.

[Rez.] Wilhelm Schneemelcher (Hg.), Festschrift für Günther Dehn zum 75. Geburtstag am 18. April 1957: ThZ 14 (1958) 464f.

1959

[Rez.] Eberhard Bethge (Hg.), Dietrich Bonhoeffer, Gesammelte Schriften: ThZ 15 (1959) 74f.; ebd. 389f.; ThZ 17 (1961) 156f.; ThZ 19 (1963) 70f.

[Rez.] Gustave Lagny, Le réveil de 1830 à Paris et les origines des Diaconesses de Reuilly: ThZ 15 (1959) 145.

[Rez.] Elisabeth Moltmann-Wendel, Theologie und Kirche bei Hermann Friedrich Kohlbrügge: ThZ 15 (1959) 145f.

[Rez.] Rudolf Smend, Wilhelm Martin Leberecht de Wettes Arbeit am Alten und Neuen Testament. – Paul Handschin, Wilhelm Martin Leberecht de Wette als Prediger und Schriftsteller: ThZ 15 (1959) 224–226.

[Rez.] Wolf-Dieter Marsch, Christlicher Glaube und demokratisches Ethos, dargestellt am Lebenswerk Abraham Lincolns: ThZ 15 (1959) 312f.

[Rez.] Kurt Hutten, Seher – Grübler – Enthusiasten, 5. Auflage: ThZ 15 (1959) 388f.

1960

Der Sportler als Beispiel [zu 1.Kor. 9,24–27]: KBRS 116 (1960) 305f.

[Rez.] Einar Molland, Christendom. The Christian Churches throughout the

World, their Doctrines, Constitutional Forms, and Ways of Worship: ThZ 16 (1960) 230.

[Rez.] John David Hughey, Die Baptisten: ThZ 16 (1960) 429f.

1961

Soziale Frage im weltweiten Horizont: Mitteilungen der Sozialen Studienkommission des Schweizerischen Reformierten Pfarrvereins, Nr. 133, Thun, Mai 1961, 34.

Ihr seid das Licht der Welt! [Betrachtung zu Mt 5,14 zum Eidgenössischen Dank-, Bet- und Bußtag]: Leben und Glauben, Laupen – Bern, 36. Jg., Nr. 37, 16. September 1961, 1.

[Rez.] Die industrielle Gesellschaft und die drei Welten. Das Seminar von Rheinfelden. – Salvador de Madariaga, Der Westen. Heer ohne Banner. – Peter Dürrenmatt, Europa will leben. – Die Koexistenz in schweizerischer Sicht (Jahrbuch der Neuen Helvetischen Gesellschaft 1961): Mitteilungen der Sozialen Studienkommission des Schweizerischen Reformierten Pfarrvereins, Nr. 134, Thun, August 1961, 37f.

[Rez.] Peter Meinhold, Römer 13. Obrigkeit, Widerstand, Revolution, Krieg. – Friedrich Karrenberg/Wolfgang Schweitzer (Hg.), Spannungsfelder der evangelischen Soziallehre: Mitteilungen der Sozialen Studienkommission des Schweizerischen Reformierten Pfarrvereins, Nr. 135, Thun, November 1961, 41.

[Rez.] Gerhart Wagner, Die Forschung zwischen Wissen und Gewissen. Von der Verantwortung der Naturwissenschaft im Atomzeitalter: Ebd. 42.

[Rez.] George Tyrrell, Das Christentum am Scheideweg: ThZ 17 (1961) 73.

[Rez.] Karl Kupisch, Quellen zur Geschichte des deutschen Protestantismus 1871 bis 1945: ThZ 17 (1961) 149f.

[Rez.] Ronald E. Osborn, Der Geist des amerikanischen Christentums: ThZ 17 (1961) 376f.

[Rez.] Oskar Moppert, 50 Jahre selbständige reformierte Basler Kirche. Beiträge zur Geschichte eines städtischen Kirchenwesens: ThZ 17 (1961) 377.

[Rez.] Eberhard Stammler, Protestanten ohne Kirche: ThZ 17 (1961) 455.

[Rez.] Karl Thieme, Biblische Religion heute: ThZ 17 (1961) 455f.

1962

[Rez.] Joseph Novak, Uns gehört die Zukunft, Genossen. – Alphons Matt, Menschen im Programm. – Fedor Stepun, Der Bolschewismus und die christliche Existenz. – Georg Paloczi-Horvath, Chruschtschow. – Klaus Mehnert, Der Sowjetmensch: Mitteilungen der Sozialen Studienkommission des Schweizerischen Reformierten Pfarrvereins, Nr. 137, Thun, Februar 1962, 48f.

[Rez.] Max Geiger, Mittragen. Eine Besinnung zur kirchlich-politischen Stellungnahme. – Arthur Rich/Arthur Döbeli, Integration Europas im Horizont der Kirche: Mitteilungen der Sozialen Studienkommission des Schweizerischen Reformierten Pfarrvereins, Nr. 138, Thun, Juni 1962, 53.

[Rez.] Gottfried W. Locher, Der Eigentumsbegriff als Problem evangelischer Theologie. – Arthur Rich, Glaube in politischer Entscheidung: Ebd. 54.

[Rez.] Die Bewährung der Demokratie im 20. Jahrhundert. Das Seminar von Berlin: Ebd. 54.

[Rez.] Otto B. Roegele, Was erwarten wir vom Konzil? – Albert Brandenburg, Evangelische Christenheit in Deutschland am Vorabend des 2. vatikanischen Konzils in katholischer Sicht: ThZ 18 (1962) 75 f.

1963

Protestanten – Katholiken – Kulturkampf. Studien zur Kirchen- und Geistesgeschichte des neunzehnten Jahrhunderts, Zürich 1963.

Reichsglaube und Endzeithoffnung in der Geschichte des Abendlandes: Weg und Ziel. Mitteilungen aus dem Freien Gymnasium Bern, Bern, 1963, Nr. 1, 10–26.

[Rez.] Richard F. Behrendt, Dynamische Gesellschaft. – Dietrich von Oppen, Das personale Zeitalter. – Kurt Marti/Kurt Lüthi/Kurt von Fischer, Moderne Literatur, Malerei und Musik: Mitteilungen der Sozialen Studienkommission des Schweizerischen Reformierten Pfarrvereins, Nr. 143, Thun, Oktober 1963, 73 f.

[Rez.] Pacem in terris. Die Friedens-Enzyklika Johannes' XXIII. – Kirche, Krieg und Frieden. Eine kirchliche Stellungnahme zur Atomwaffenfrage, hg. von der Generalsynode der Niederländischen Reformierten Kirche: Mitteilungen der Sozialen Studienkommission des Schweizerischen Reformierten Pfarrvereins, Nr. 144, Thun, Dezember 1963, 77 f.

[Rez.] A. Th. van Leeuwen, Hendrik Kraemer. Pionier der Ökumene. – Hendrik Kraemer, Weshalb gerade das Christentum?: ThZ 19 (1963) 300 f.

1964

Kirchlicher und politischer Widerstand im Dritten Reich: Ref. 13 (1964) 443–456.

[Rez.] Ecclesia semper reformanda – hüben und drüben. Gedanken zu Hans Küngs Buch „Strukturen der Kirche": Ref. 13 (1964) 27–31.

1965

Dietrich Bonhoeffer und der deutsche Kirchenkampf: Evangelisches Gemeindeblatt für die Diaspora der Zentralschweiz und des Kantons Tessin, 52. Jg., Nr. 4,

April 1965, 2 und Nr. 5, Mai 1965, 1 f.

Wollen wir Schweizer bleiben? Zum 1. August 1965: Leben und Glauben, Laupen-Bern, 40. Jg., Nr. 31, 31. Juli 1965, 4.

[Rez.] Max Imboden, Helvetisches Malaise. – Joachim Beckmann/Gerhard Weisser (Hg.), Christliche Gemeinde und Gesellschaftswandel: Mitteilungen der Sozialen Studienkommission des Schweizerischen Reformierten Pfarrvereins, Nr. 148, Thun, Februar 1965, 1.

1966

Vom Beitrag der Kirchen zur politischen Bildung: Der Bürger und seine Verantwortung, Jahrbuch der Neuen Helvetischen Gesellschaft, Bern, 37 (1966) 100–107.

Aus dem Leben von Kirche und Theologie [Ein Jahr nach Konzilsende; Rom und die Mischehenfrage; Die Kirchen müssen miteinander reden!; Gemeinsam unterwegs; Prof. Alfred de Quervain siebzigjährig]: Ref. 15 (1966) 726–729.

[Rez.] Christian Maurer, Wahrheit und Wahrhaftigkeit. Ein Grundproblem kritischer Theologie. – Theophil Müller, Gottesbild und Gottesbeziehung im Neuen Testament. – Arthur Rich, Die Weltlichkeit des Glaubens. – Christine Ragaz/Markus Mattmüller/Arthur Rich (Hg.), Leonhard Ragaz in seinen Briefen, 1. Band: Ref. 15 (1966) 639–641.

[Rez.] Gustav Adolf Benrath, Reformierte Kirchengeschichtsschreibung an der Universität Heidelberg im 16. und 17. Jahrhundert: ThLZ 91 (1966) 438 f.

[Rez.] Karl Kupisch, Studenten entdecken die Bibel. Die Geschichte der Deutschen Christlichen Studenten-Vereinigung (DCSV): ThZ 22 (1966) 375–377.

1967

Dietrich Bonhoeffer und der Weg vom christlichen Glauben zum politischen Handeln: Ref. 16 (1967) 251–257.

Der schweizerische Protestantismus in der Sicht schweizerischer Katholiken. Einleitende Gedanken zur Umfrage der „Reformatio": Ref. 16 (1967) 379–384.

[Rez.] Urs Küry, Die altkatholische Kirche. Ihre Geschichte, ihre Lehre, ihr Anliegen: ThZ 23 (1967) 450 f.

1968

Leonhard Ragaz. Zu seinem 100. Geburtstag am 28. Juli 1968: Kirchenbote für die evangelisch-reformierten Kirchen Basel-Stadt, Glarus, Schaffhausen und der Diaspora der Zentralschweiz und im Kanton Solothurn, Schaffhausen, Nr. 7/8, 1968. 5.

Religiöser Sozialismus bei Leonhard Ragaz. Zum hundertsten Geburtstag am 28. Juli 1968: ZdZ 22 (1968) 259–265.

Gedanken zum Konzilsdekret über die Priestererziehung: Rudolf Bohren/Max Geiger (Hg.), Wort und Gemeinde. Festschrift für Eduard Thurneysen zum 80. Geburtstag, Zürich 1968, 437–450.

Uppsala 1968. Impressionen von der vierten Vollversammlung des Weltrats der Kirchen, 4.–20. Juli 1968: Ref. 17 (1968) 451–467.

Reformierte Kirche in der ökumenischen Herausforderung: Von Uppsala nach? Arbeitsmappe, hg. von einer Arbeitsgruppe der Ökumenischen Kommission des Schweizerischen Evangelischen Kirchenbundes, Thema I/2, Basel, o. J.

Berichterstattung über die vierte Vollversammlung des Weltrats der Kirchen (4.–20. Juli 1968 in Uppsala) in den „Basler Nachrichten", Basel, 124 (1968): Nr. 268, 29./30. Juni 1968, 2; Nr. 279, 6./7. Juli 1968, 2; Nr. 284, 10. Juli 1968, 1; Nr. 289, 12. Juli 1968, 1; Nr. 290, 13./14. Juli 1968, 2; Nr. 294, 16. Juli 1968, 1; Nr. 300, 19. Juli 1968, 1; Nr. 301, 20./21. Juli 1968, 24; Nr. 306, 24. Juli 1968, 2.

1969

George Bell – Alphons Koechlin. Briefwechsel 1933–1954, herausgegeben, eingeleitet und kommentiert von Andreas Lindt. Mit einem Vorwort von W. A. Visser't Hooft, Zürich 1969.

C. F. Spittler und W. M. L. de Wette. Zur Begegnung von Erweckungsfrömmigkeit und Universitätstheologie im Basel des 19. Jahrhunderts: Max Geiger (Hg.), Gottesreich und Menschenreich. Festschrift für Ernst Staehelin zum 80. Geburtstag, Basel – Stuttgart 1969, 363–384.

Zofingerideale, christliches Bewußtsein und reformierte Theologie 1819–1918: Der Schweizerische Zofingerverein 1819–1969. Eine Darstellung herausgegeben vom Schweizerischen Zofingerverein und vom Schweizerischen Altzofingerverein, Bern 1969, 194–212.

Jesuiten- und Klosterverbot in der Bundesverfassung. Die konfessionellen Ausnahmeartikel: Orientierungsblätter zu schweizerischen Zeitfragen, Bern, 2 (1969) Nr. 5, 17–20.

Jesuiten- und Klosterverbot in der Bundesverfassung – einst und jetzt: Ref. 18 (1969) 281–290.

Unsere Schweiz und die Dritte Welt. Ein Vorschlag zum 1. August: Basler Nachrichten, Basel, 125 (1969) Nr. 285, 12./13. Juli 1969, 6.

[Rez.] Erich Gruner, Die Parteien in der Schweiz: Ref. 18 (1969) 594–598.

[Rez.] Jean-Paul Tardent, Niklaus Manuel als Staatsmann: Basler Nachrichten, Basel, 125 (1969) Nr. 30, 21. Januar 1969, 6.

[Rez.] Paul Huber, Athos. Leben, Glaube, Kunst: Basler Nachrichten, Basel, 125 (1969) Nr. 528, 17. Dezember 1969, 14.

1970

Karl Barth (1886–1968): Basler Stadtbuch 1970, Basel, 142–148.

Der Kulturkampf im Berner Jura: Berner Zeitschrift für Geschichte und Heimatkunde, Bern, 32 (1970) 1–12.

Reformiertes Verständnis katholischer Einheit [Referat am XX. Internationalen Altkatholiken-Kongreß in Bonn vom 3. bis 6. September 1970]: IKZ 60 (1970) 372–385.

Die Bedeutung des Zweiten Vatikanischen Konzils für die anderen christlichen Kirchen: Konzil. Kommentare zum Schweizerischen Schulwandbilderwerk, 35. Bildfolge, Bild 145, Zürich 1970, 45–50.

Die Anfänge des Schweizerischen Evangelischen Kirchenbundes: Schweizerischer evangelischer Pressedienst (EPD), Zürich, Nr. 24, 10. Juni 1970, Blatt I–II. Erschienen auch in: Kirchenblatt für die reformierten Kirchgemeinden von Appenzell AR, 57 (1970) Nr. 6, 5 f.

Aus dem Leben von Theologie und Kirche: Ref. 19 (1970) 135–138 [Josef Hromádka – achtzig Jahre tschechischer Geschichte; Hromádka und die Ökumene; Hromádka als Christ und Theologe]; ebd. 207–212 [Der Papst und die Holländer; Wer hat recht – Charles Davis oder Hans Küng?; Der „Säemann" und seine Gegner]; ebd. 296 f. [Die Schweizer Kirchen und die „Fremdarbeiter"-Frage]; ebd. 364–366 [Vor der Gründung einer „bibeltreuen Fakultät" in Basel]; ebd. 479–483 [Öffnen sich neue Wege in der Mischehenfrage?]; ebd. 543–548 [Augenschein in der DDR; Im Zeichen Lenins; DDR nach zwanzig Jahren; Freiheit des Christenmenschen in marxistischer Umwelt; Kirche in der DDR]; ebd. 610–613 [Vor hundert Jahren: Vatikanum I; Die Hypothek des Dogmas von 1870; Hans Küng: „Unfehlbar"?]; ebd. 704–708 [Konfessionen unter sich; Die Lutheraner in Evian; Die Reformierten in Nairobi; Die Altkatholiken in Bonn]; ebd. 796–799 [Ein Schritt voran in der Mischehenfrage!; Wirbel um Ökumene, afrikanische Revolutionäre und „unser Geld"].

Pionier der Christlichkeit in einer säkularisierten Welt. Zum Hinschied des großen Prager Theologen Josef Hromádka: Basler Nachrichten, Basel, 126 (1970) Nr. 2, 3./4. Januar 1970, 2.

[Rez.] Felix Lehner, Freiheit in Wirtschaft, Staat und Religion. Die Philosophie der Gesellschaft von Charles Secrétan (1815–1895): ThZ 26 (1970) 57 f.

[Rez.] Sergio Bologna, La chiesa confessante sotto il nazismo 1933–1936: ZKG 81 (1970) 141 f.

1971

Zur heutigen Situation der Römisch-katholischen Kirche: Weg und Ziel. Mitteilungen aus dem Freien Gymnasium Bern, Bern, 1971, Nr. 2, 22–33.

Karl Barth 1886–1968: Zofingia. Zentralblatt des Schweizerischen Zofingervereins, St. Gallen, 111 (1971) 207–210.

Nachwort zu: Leonhard Ragaz, Die Gleichnisse Jesu. Seine soziale Botschaft, Hamburg 1971 (Taschenbuchausgabe der 1. Auflage Bern 1944), ebd. 207–212.

Aus dem Leben von Theologie und Kirche: Ref. 20 (1971) 62–64 [Interkommunion?; Die Berner Konferenz „Schweiz und Dritte Welt"]; ebd. 125–128 [Zum Tod von Marc Boegner; „Enthusiastisches Christentum"]; ebd. 262–265 [Kirchenreform; Der „Strukturbericht" der Berner Kirche; „Kirche 1985"]; ebd. 335–338 [Reform des Theologiestudiums]; ebd. 425–428 [Politische Gottesdienste; Prophetische Zeitdeutung?; Eggimanns „Arbeiter-Bibelkreis"]; ebd. 503–505 [Arbeitsgemeinschaft christlicher Kirchen in der Schweiz; Karl Barths Nachlaß]; ebd. 572–575 [Synode – konfessionell oder ökumenisch?; Das „Jugendkonzil" von Taizé].

[Rez.] Jørgen Glenthøj (Hg.), Dokumente zur Bonhoeffer-Forschung 1928–1945: ThZ 27 (1971) 67f.

1972

Kontinuität und Diskontinuität in der Sicht evangelischer Kirchengeschichte: ThZ 28 (1972) 413–426. Erschienen ebenfalls in: Hans Trümpy (Hg.), Kontinuität – Diskontinuität in den Geisteswissenschaften, Darmstadt 1973, 133–149.

1973

Friedrich Naumann und Max Weber. Theologie und Soziologie im wilhelminischen Deutschland: TEH Nr. 174, München 1973.

Deutsche Theologie und deutsche Demokratie. Ernst Troeltsch, Emanuel Hirsch und die Anfänge der Weimarer Republik: Ulrich Neuenschwander und Rudolf Dellsperger (Hg.), Humanität und Glaube. Gedenkschrift für Kurt Guggisberg, Bern 1973, 217–232.

[Rez.] Jan Milič Lochman, Das radikale Erbe. Versuche theologischer Orientierung in Ost und West: Ref. 22 (1973) 246.

[Rez.] Paul Schweizer, Freisinnig – Positiv – Religiössozial. – Urs Peter Forster, Kirchen auf dem Weg zur Kirche. – Marcus Urs Kaiser, Deutscher Kirchenkampf und Schweizer Öffentlichkeit in den Jahren 1933 und 1934: Ref. 22 (1973) 374–376.

[Rez.] Willem A. Visser't Hooft, Die Welt war meine Gemeinde. – Lukas Vischer, Ökumenische Skizzen: Ref. 22 (1973) 647f.

[Rez.] Wolfgang Deresch (Hg.), Der Glaube der religiösen Sozialisten: ThRv 69 (1973) 50.

[Rez.] Hans Ulrich Jäger, Ethik und Eschatologie bei Leonhard Ragaz: ThRv 69 (1973) 51.

[Rez.] Thomas Ulrich, Ontologie, Theologie und gesellschaftliche Praxis. Studien zum religiösen Sozialismus Paul Tillichs und Carl Mennickes: ThZ 29 (1973) 373f.

[Rez.] Friedrich-Wilhelm Marquardt, Theologie und Sozialismus. Das Beispiel Karl Barths: WPKG 62 (1973) 282–284.

1974

Pietismus und Ökumene: Kurt Aland (Hg.), Pietismus und moderne Welt, AGP 12, Witten 1974, 138–160.

Die Fakultätsgründung von 1874 im Kontext geschichtlicher Erwartungen und Perspektiven: Hundert Jahre Christkatholisch-theologische Fakultät der Universität Bern: Beiheft zur IKZ 24 (1974), Heft 4, 2–12.

[Rez.] Armin Boyens, Kirchenkampf und Ökumene 1939–1945. Darstellung und Dokumentation: ÖR 23 (1974) 564f.

[Rez.] Urs Altermatt, Der Weg der Schweizer Katholiken ins Ghetto: Ref. 23 (1974) 362–367.

[Rez.] Fritz Leist, Der Gefangene des Vatikans. Strukturen päpstlicher Herrschaft: ThZ 30 (1974) 120f.

1975

Karl Barth und der Sozialismus: Ref. 24 (1975) 394–404.

[Rez.] Urs Altermatt, Der Weg der Schweizer Katholiken ins Ghetto: ThRv 71 (1975) 295f.

[Rez.] Günter Brakelmann, Protestantische Kriegstheologie im 1. Weltkrieg: WPKG 64 (1975) 268f.

1976

Papsttum und Ökumene: Ref. 25 (1976) 365–373.

Was geht uns Ecône an?: Ref. 25 (1976) 575–578.

Vor siebzig Jahren – die religiös-soziale Bewegung: Saemann, Bern, 92 (Mai 1976) 1.

[Rez.] Johann Finsterhölzl, Die Kirche in der Theologie Ignaz von Döllingers bis zum ersten Vatikanum, aus dem Nachlaß hg. von Johannes Brosseder: ThZ 32 (1976) 117f.

1977

Haller und das Christentum des 18. Jahrhunderts: Albrecht von Haller 1708–1777. Zehn Vorträge, gehalten am Berner Haller-Symposium vom 6. bis 8. Oktober 1977, erschienen im Band 1977 der Verhandlungen der Schweizerischen Naturforschenden Gesellschaft (SNG), Wissenschaftlicher Teil, Basel 1977, 129–142.

Die Darstellung der Geschichte der Religion und der Kirchen im industriellen Zeitalter in den Lehrbüchern der Geschichte der Schweiz: Religion und Kirchen im industriellen Zeitalter, hg. vom Georg-Eckert-Institut für internationale Schulbuchforschung, Braunschweig 1977, 205–218. Erschienen auch in: Zeitgeschichte, Wien, 4 (1977) 131–145.

Zum Verhältnis der Konfessionen in der Schweiz im 18. Jahrhundert: Georg Schwaiger (Hg.), Zwischen Polemik und Irenik. Untersuchungen zum Verhältnis der Konfessionen im späten 18. und frühen 19. Jahrhundert, Göttingen 1977, 58–67.

Priesterweihe für Frauen? – Rom sagt Nein: Ref. 26 (1977) 315–318.

[Rez.] Klaus J. Bade, Friedrich Fabri und der Imperialismus in der Bismarckzeit. Revolution – Depression – Expansion: ThZ 33 (1977) 116.

[Rez.] Iso Baumer, Pèlerinages jurassiens: Der Bund, Bern, 128 (1977) Nr. 260, 5. November 1977, Rubrik „Der kleine Bund", 1.

1978

Bern 1528–Bern 1978: Wofür stehen wir ein? [Ansprachen bei den Feiern zum Berner Reformations-Gedenkjahr 1978], Schriftenreihe des Synodalrates der Evangelisch-reformierten Landeskirche des Kantons Bern, Nr. 9, Bern 1978, 9–15.

Das Reformationsjubiläum 1817 und das Ende des „Tauwetters" zwischen Protestanten und Katholiken im frühen 19. Jahrhundert: Bernd Jaspert/Rudolf Mohr (Hg.), Traditio – Krisis – Renovatio aus theologischer Sicht. Festschrift für Winfried Zeller zum 65. Geburtstag, Marburg 1976, 347–356.

Gedanken zur Wirkungsgeschichte des Pietismus im neuzeitlichen Christentum: EvTh 38 (1978) 198–213.

Hüter des reformatorischen Erbes? Konservative Tendenzen im Protestantismus – Parallelen zu Ecône: Ref. 27 (1978) 80–85.

Ein Pontifikat ging zu Ende. Gedanken zum Tod Pauls VI.: Ref. 27 (1978) 544–546.

Wer trägt die Fackel? Was tun wohl die Theologen?: Uni Press Nr. 17, hg. von der Pressestelle der Universität Bern, Bern 1978, 8.

Zum 90. Geburtstag von Prof. O. E. Strasser: Der Bund, Bern, 129 (1978) Nr. 175, 29. Juli 1978, 15.

Zum Gedenken an Prof. Max Geiger: Neue Zürcher Zeitung, Zürich, 199 (1978) Nr. 287, 9./10. Dezember 1978, 36.

[Rez.] Willi Oelmüller (Hg.), Wozu noch Geschichte?: Ref. 27 (1978) 58f.

[Rez.] Klaus Scholder, Die Kirchen und das Dritte Reich, Band 1: ThZ 34 (1978) 245–247.

1979

Kirchen- und Theologiegeschichte in Quellen. Ein Arbeitsbuch, hg. von Heiko A. Oberman, Adolf Martin Ritter und Hans-Walter Krumwiede, Bde. IV/1 und IV/2 (Neuzeit), ausgewählt, übersetzt und kommentiert von Hans-Walter Krumwiede, Martin Greschat, Manfred Jacobs und Andreas Lindt, Neukirchen-Vluyn 1979 (^{2}1985) und 1980.

Alphons Koechlin: Der Reformation verpflichtet, hg. vom Kirchenrat der Evangelisch-reformierten Kirche Basel-Stadt, Basel 1979, 183–186.

Wilhelm Martin Leberecht De Wette: Der Reformation verpflichtet, hg. vom Kirchenrat der Evangelisch-reformierten Kirche Basel-Stadt, Basel 1979, 79–84.

Das Konzil wirkt weiter: SKZ 147 (1979) 350–353.

[Rez.] Alfred Stoecklin, Schweizer Katholizismus. Eine Geschichte der Jahre 1925–1975 zwischen Ghetto und konziliarer Öffnung: ÖR 28 (1979) 216.

[Rez.] Martin Greschat (Hg.), Zur neueren Pietismusforschung: Pietismus und Neuzeit (JGP), Bd. 4 – 1977/78, Göttingen 1979, 333–335.

[Rez.] August B. Hasler, Pius IX. (1846–1878), Päpstliche Unfehlbarkeit und 1. Vatikanisches Konzil. – Nikodim, Metropolit von Leningrad und Nowgorod, Johannes XXIII., ein unbequemer Optimist, hg. von Robert Hotz: Ref. 28 (1979) 115–118.

[Rez.] Karl Rennstich, Mission und wirtschaftliche Entwicklung. Biblische Theologie des Kulturwandels und christliche Ethik: Ref. 28 (1979) 587.

[Rez.] Papsttum als ökumenische Frage, hg. von der Arbeitsgemeinschaft ökumenischer Universitätsinstitute: Ref. 28 (1979) 659 f.

1980

Kirche in der Diaspora – Kirche als Diaspora: Johannes Brantschen und Pietro Selvatico (Hg.), Unterwegs zur Einheit. Festschrift für Heinrich Stirnimann, Freiburg i. Üe. – Freiburg i. Br. – Wien 1980, 685–693.

Reformation und Ökumene: 450 Jahre Berner Reformation. Beiträge zur Geschichte der Berner Reformation und zu Niklaus Manuel, Archiv des Historischen Vereins des Kantons Bern, 64./65. Band, 1980/81, Bern 1980, 270–284.

200 Jahre Christentumsgesellschaft in Basel: Basler Stadtbuch 1980, Basel, 133–146.

Frömmigkeitstypen im Pietismus: EvErz 32 (1980) 429–437.

Lessing, die Juden und die Christen: Ref. 29 (1980) 364–378.

Kirche und Staat in der Schweiz – gestern, heute, morgen: Saemann, Bern, 96 (Februar 1980) 2.

Bern. Universität: TRE V, 638–642.

Ernst Staehelin zum Gedenken: KBRS 136 (1980) 358.

Zum Tod von Ernst Staehelin: Zwingliana, Zürich, Bd. XV (1980) 299–302.

[Rez.] Schjørring Jens Holger, Theologische Gewissensethik und politische Wirklichkeit: ThRv 76 (1980) 128.

1981

Das Zeitalter des Totalitarismus. Politische Heilslehren und ökumenischer Aufbruch, Reihe „Christentum und Gesellschaft", hg. von Henneke Gülzow und Hartmut Lehmann, Band 13, Stuttgart 1981.

Zum 70. Geburtstag von Prof. G.W. Locher: Der Bund, Bern, 132 (1981) Nr. 97, 28. April 1981, 24.

[Rez.] P.N. Holtrop, Tussen Pietisme en Réveil. Het „Deutsche Christentumsgesellschaft" in Nederland, 1784–1833: Pietismus und Neuzeit (JGP), Bd. 6 – 1980, Göttingen 1981, 239f.

[Rez.] Eberhard Busch, Karl Barth und die Pietisten. Die Pietismuskritik des jungen Karl Barth und ihre Erwiderung: Pietismus und Neuzeit (JGP), Bd. 6 – 1980, Göttingen 1981, 240–242.

[Rez.] Jakob Baumgartner (Hg.), Wiederentdeckung der Volksreligiosität: Ref. 30 (1981) 586f.

[Rez.] Reijo E. Heinonen, Anpassung und Identität. Theologie und Kirchenpolitik der Bremer Deutschen Christen 1933–1945: ThRv 77 (1981) 394f.

[Rez.] Ernst Christian Helmreich, The German Churches under Hitler: ZKG 92 (1981) 412f.

1982

Christian Friedrich Spittler und Basel: Pietismus und Neuzeit (JGP), Band 7 – 1981, Göttingen 1982, 115–127.

Der vom 1. Vatikanum geprägte Katholizismus in der Sicht evangelischer Theologen: Theologische Berichte 11 (Kirchengeschichtsschreibung als theologische Aufgabe), Zürich – Einsiedeln – Köln 1982, 71–92.

Die „Evangelische Gesellschaft" in der bernischen Gesellschaft und Geschichte des 19. Jahrhunderts: Nicolai Bernard/Quirinus Reichen (Hg.), Gesellschaft und Gesellschaften. Festschrift für Ulrich Im Hof zum 65. Geburtstag, Bern 1982, 409–419.

Kutter Hermann: NDB 13 (1982) 350f.

[Rez.] Kurt Nowak, Evangelische Kirche und Weimarer Republik: ThZ 38 (1982) 122f.

1983

Hermann Kutter in seinen Briefen 1883–1931, hg. von Max Geiger (†) und Andreas Lindt unter Mitarbeit von Uli Hasler und Frieder Furler, München 1983.

Christlicher Glaube und Demokratie: Probleme der Demokratie. Kulturhistorische Vorlesungen an der Uni Bern 1980/81, Bern 1983, 49–62.

Koechlin Alphons: Ökumene-Lexikon, hg. von Hanfried Krüger, Werner Löser und Walter Müller-Römheld, Frankfurt a. M. 1983, 674 f.

[Rez.] Walther Günther und Gerhard Schäfer (Hg.), Johann Christoph Blumhardt. Leuchtende Liebe zu den Menschen. Beiträge zu Leben und Werk: Pietismus und Neuzeit (JGP), Bd. 8 – 1982, Göttingen 1983, 267 f.

[Rez.] Wolfram von Moritz, Wilhelm Weitling. Religiöse Problematik und literarische Form: Zwingliana, Zürich, Bd. XVI (1983) 74 f.

1984

Die europäischen Kirchen im Zweiten Weltkrieg: Kirche zwischen Krieg und Frieden. 1870–1914–1939, Protokoll Nr. 208 der Tagung vom 25.–27. März 1983 an der Evangelischen Akademie Hofgeismar, Hofgeismar 1984, 36–51.

Der Ökumenische Rat in Genf während des 2. Weltkrieges: Miscellanea historiae ecclesiasticae IX, Congrès de Varsovie 1978, BRHE 70, Ossolineum 1984, 506–518.

Karl Bernhard Hundeshagen und Bern. Ein deutscher Theologe in der Frühzeit der Berner Universität: Hochschulgeschichte Berns 1528–1984. Zur 150-Jahr-Feier der Universität Bern 1984, Bern 1984, 171–186.

500 Jahre Zwingli – 50 Jahre Barmen. Vom Sinn kirchengeschichtlicher Jubiläen: Das Blaue Kreuz, Bern, 88 (1984) Nr. 11, 6.

Barmen – nach fünfzig Jahren: KBRS 140 (1984) 187–190.

Kreuz und Hakenkreuz. Zum 50. Jahrestag der „Theologischen Erklärung" von Barmen: Neue Wege. Beiträge zu Christentum und Sozialismus, Zürich, 78 (1984) 141–146.

Barmen als ökumenisches Ereignis: ÖR 33 (1984) 465–475.

Gedanken zu Papsttum und Ökumene: Praxis. Katechetisches Arbeitsblatt, Einsiedeln, 15 (1984) Nr. 2, 16.

Zum 50. Jahrestag der Bekenntnissynode von Barmen 1934. Bekennende Kirche im Dritten Reich / Ein Mahnruf – damals und heute: Der Bund, Bern, 135 (1984) Nr. 122, 25. Mai 1984, 2 und Nr. 123, 26. Mai 1984, 2.

[Rez.] Klaus Pönnighaus, Kirchliche Vereine zwischen Rationalismus und Erweckung. Ihr Wirken und ihre Bedeutung vornehmlich am Beispiel des Fürstentums Lippe dargestellt: Pietismus und Neuzeit (JGP), Bd. 9 – 1983, Göttingen 1984, 264–266.

[Rez.] Hans-Joachim Sonne, Die politische Theologie der Deutschen Christen: ThZ 40 (1984) 325 f.

[Rez.] Jochen-Christoph Kaiser, Arbeiterbewegung und organisierte Religionskritik: ThZ 40 (1984) 336.

[Rez.] Rudolf Dellsperger/Markus Nägeli/Hansueli Ramser, Auf dein Wort. Beiträge zur Geschichte und Theologie der Evangelischen Gesellschaft des Kantons Bern im 19. Jahrhundert: ZKG 95 (1984) 128 f.

1985

Peter Blickle/Andreas Lindt/Alfred Schindler (Hg.), Zwingli und Europa. Referate und Protokoll des Internationalen Kongresses aus Anlaß des 500. Geburtstages von Huldrych Zwingli vom 26. bis 30. März 1984, Zürich 1985.

Status confessionis. Fragen werden zu Bekenntnisfragen. Gutachten verfaßt im Auftrag des Synodalrates: Schriftenreihe des Synodalrates des Evangelisch-reformierten Synodalverbandes Bern-Jura, Heft 12, Bern 1985 [auch französisch erschienen unter dem Titel: Status confessionis. Des questions qui deviennent des questions de foi].

Johannes XXIII.: Martin Greschat (Hg.), Gestalten der Kirchengeschichte, Band 12 (Das Papsttum II), Stuttgart 1985, 297–311.

Hermann Kutter: Martin Greschat (Hg.), Gestalten der Kirchengeschichte, Band 10,1 (Die neueste Zeit III), Stuttgart 1985, 127–138.

Nach vierzig Jahren... Reflexionen eines Altzofingers: Zofingia. Zentralblatt des Schweizerischen Zofingervereins, Lausanne, 125 (1985) 301 f.

Ausländische Bundesstipendiaten in Bern. Eine Orientierung: Uni Press Nr. 45, hg. von der Pressestelle der Universität Bern, Bern 1985, 15 f.

[Rez.] Diether Koch (Hg.), Karl Barth. Offene Briefe 1945–1968: Ref. 34 (1985) 69–71.

[Rez.] Kurt Meier, Der evangelische Kirchenkampf, Bände 1–3: ThLZ 110 (1985) 463–466.

[Rez.] Enno Konukiewitz, Hans Asmussen. Ein lutherischer Theologe im Kirchenkampf: ThZ 41 (1985) 450 f.

[Rez.] Martin Schmidt, Der Pietismus als theologische Erscheinung: ZKG 96 (1985) 106 f.

[Rez.] Peter Stadler, Der Kulturkampf in der Schweiz: ZKG 96 (1985) 125.

1986 (posthum)

Die Erweckungsbewegung – Ferment der Spaltung oder Weg zur Glaubenseinheit? Vorläufige Überlegungen: Ulrich Gäbler/Peter Schram (Hg.), Erweckung am Beginn des 19. Jahrhunderts. Referate einer Tagung an der Freien Universität Amsterdam 26.–29. März 1985, Amsterdam 1986, 33–43.

Kirchenkampf und Widerstand als Thema der Kirchlichen Zeitgeschichte: Gerhard Besier/Gerhard Ringshausen (Hg.), Bekenntnis, Widerstand und Martyrium. Von Barmen 1934 bis Plötzensee 1944, Göttingen 1986, 75–89.

Die schweizerischen Reformierten und Deutschland im Konfessionellen Zeitalter: Ulrich Im Hof/Suzanne Stehelin (Hg.), Das Reich und die Eidgenossenschaft 1580–1650. Kulturelle Wechselwirkungen im konfessionellen Zeitalter, 7. Kolloquium der Schweizerischen Geisteswissenschaftlichen Gesellschaft 1982, Freiburg i. Üe. 1986, 101–115.

1988 (posthum)

Der schweizerische Protestantismus – Entwicklungslinien nach 1945: Victor Conzemius/Martin Greschat/Hermann Kocher (Hg.), Die Zeit nach 1945 als Thema kirchlicher Zeitgeschichte. Referate der internationalen Tagung in Hünigen/Bern (Schweiz) 1985, Göttingen 1988, 61–71.

Redaktions- und Mitherausgeberarbeiten von Periodika und Reihen:

1961 bis 1965 Redaktor der „Mitteilungen der Sozialen Studienkommission des Schweizerischen Reformierten Pfarrvereins".

1964 bis 1971 Mitglied der beauftragten Schriftleitung von „Reformatio. Evangelische Zeitschrift für Kultur und Politik" (1975 bis 1983 als ständiger redaktioneller Mitarbeiter).

1974 bis 1985 Mitherausgeber von „Pietismus und Neuzeit. Ein Jahrbuch zur Geschichte des neueren Protestantismus": Bände 1 bis 3 zusammen mit Klaus Deppermann, Bände 4 bis 11 zusammen mit Martin Brecht, Friedrich de Boor, Klaus Deppermann, Hartmut Lehmann und Johannes Wallmann.

Ab 1975 (Band 23) Mitherausgeber der „Basler und Berner Studien zur historischen und systematischen Theologie", zusammen mit Max Geiger, ab Band 48 zusammen mit Alfred Schindler, Martin Anton Schmidt und Lukas Vischer.

1982 bis 1985 zusammen mit Victor Conzemius Herausgeber der Reihe „Gelebtes Christentum", Wittig-Verlag (Hamburg) und Imba-Verlag (Freiburg i. Üe.).

Anhang III: Verzeichnis der Teilnehmerinnen und Teilnehmer der Tagung

ALBRECHT Dieter, Prof. Dr., Adalbert-Stifter-Str. 16, D – 8400 Regensburg
ALTERMATT Urs, Prof. Dr., Chemin Bonlieu 8, CH – 1700 Fribourg
BAIER Helmut, Dr., Archivdirektor, Landeskirchliches Archiv, Veilhofstr. 28, D – 8500 Nürnberg 20
BECKMANN Joachim (†), Präses Prof. D. Dr., Erikaweg 1 a, D – 5657 Haan
BESIER Gerhard, Prof. Dr. Dr., Kirchliche Hochschule, Abt. für Neuere und Neueste Kirchengeschichte, Leuchtenburgstr. 39/41, D – 1000 Berlin 37
BETHGE Eberhard, Prof. Dr., Flachsgraben 9, D – 5307 Wachtberg-Villiprott
BETHGE Renate, Flachsgraben 9, D – 5307 Wachtberg-Villiprott
BIRKE Adolf M., Prof. Dr., Deutsches Historisches Institut, 17 Bloomsbury Square, GB – London WC1A 2 LP
BOBERACH Heinz, Dr., Archivdirektor, Erfurter Str. 34, D – 5400 Koblenz
BOYENS Armin, Militärdek. Dr., Auf dem Äckerchen 74, D – 5307 Wachtberg-Villiprott
BRAKELMANN Günter, Prof. Dr., Ruhr-Universität, Abt. für Evangelische Theologie, Universitätsstr. 150, D – 4630 Bochum-Querenburg
BRAUN Hannelore, M. A., Evangelische Arbeitsgemeinschaft für kirchliche Zeitgeschichte, Schellingstr. 3, D – 8000 München 40
CONZEMIUS Victor, Prof. Dr., Schädrütihalde 12, CH – 6006 Luzern
FRANK Verena, cand. theol., Hombergstr. 13, CH – 3612 Steffisburg (Tagungssekretariat)
GRESCHAT Martin, Prof. Dr., Fachbereich Religionswissenschaften der Justus-Liebig-Universität, Karl-Glöckner-Str. 21, Haus H, D – 6300 Gießen
GRÜNZINGER-SIEBERT Gertraud, M. A., Evangelische Arbeitsgemeinschaft für kirchliche Zeitgeschichte, Schellingstr. 3, D – 8000 München 40
HAUSCHILD Wolf-Dieter, Prof. Dr., Wolferdingheide 1, D – 4400 Münster
VON HEHL Ulrich, PD Dr., Kommission für Zeitgeschichte, Königstr. 28, D – 5300 Bonn 1
HOCKERTS Hans G., Prof. Dr., Institut für Neuere Geschichte, Trautenwolfstr. 3, D – 8000 München 40
HÜRTEN Heinz, Prof. Dr., Katholische Universität Eichstätt, Ostenstr. 26–28, D – 8078 Eichstätt
ISERLOH Erwin, Domkapitular Prof. Dr. Dr. h. c., Domplatz 29, D – 4400 Münster
JACOBS Manfred, Prof. Dr., An der Vogelrute 49, D – 4400 Münster-Wolbeck
JOCHMANN Werner, Prof. Dr., Rutschbahn 21, D – 2000 Hamburg 13
KAISER Jochen-Christoph, PD Dr., Spiekerhof 62, D – 4408 Dülmen/Westf.
KOCH Diether, Dr., Lüderitzstr. 21, D – 2800 Bremen 1

KOCHER Hermann, wiss. Ass. VDM, Wiederbergstr. 4, CH – 3552 Bärau
KOSELLECK Reinhart, Prof. Dr., Universität Bielefeld, Fakultät für Geschichtswissenschaft und Philosophie, Postfach 8640, D – 4800 Bielefeld
KRETSCHMAR Georg, Prof. Dr., Pommernstr. 32, D – 8012 Ottobrunn
KRÜGER Hanfried, Oberkirchenrat i. R. Prof. D. Dr., Georg-Treser-Str. 32, D – 6000 Frankfurt/Main 70
LEVILLAIN Philippe, Prof. Dr., 80, rue taitbout, F – 75009 Paris
LINDT Andreas (†), Prof. Dr., Burgerstr. 16, CH – 3063 Ittigen
LUDWIG Hartmut, Dr., Waldstr. 66, DDR – 1254 Schöneiche
MATTMÜLLER Markus, Prof. Dr., Peter-Rot-Str. 49, CH – 4058 Basel
MEIER Kurt, Prof. Dr., Sektion Theologie der Karl-Marx-Universität, Emil-Fuchs-Str. 1, DDR – 7010 Leipzig
NICOLAISEN Carsten, Akad. Oberrat Dr., Evangelische Arbeitsgemeinschaft für kirchliche Zeitgeschichte, Schellingstr. 3, D – 8000 München 40
VAN NORDEN Günther, Prof. Dr., Mühle 122, D – 5600 Wuppertal 21
NOWAK Kurt, Dozent Dr. Dr., Sektion Theologie der Karl-Marx-Universität, Emil-Fuchs-Str. 1, DDR – 7010 Leipzig
OHLEMACHER Jörg, Dr., Kehrstr. 35, D – 3400 Göttingen
REIHS-KIRSCH Sigrid, wiss. Ass., Hustadtring 145, D – 4630 Bochum 1
RENDTORFF Trutz, Prof. Dr., Linastr. 3, 8000 München 71
REPGEN Konrad, Prof. Dr., Saalestr. 6, D – 5300 Bonn 1
ROEGELE Otto B., Prof. Dr., Hasselheider Weg 35, D – 5060 Bensberg-Herkenrath
ROHKRÄMER Martin, Pfr. Dr., Fängerweg 6, D – 4330 Mülheim/Ruhr
SEIDEL Jürgen, Pfr. Dr., Eichenstr. 37, CH – 8200 Schaffhausen
SONNTAG Franz Peter (†), Prof. Dr., Peterssteinweg 17, DDR – 7010 Leipzig
THIERFELDER Jörg, Prof. Dr., Im Greut 29, D – 7306 Denkendorf
URNER Klaus, Dr., Archiv für Zeitgeschichte an der ETH, Rämistr. 101, CH – 8092 Zürich
VOLLNHALS Clemens, Dr., Eintrachtstr. 11, D – 8000 München 90
WILKENS Erwin, Vizepräsident i. R. D., Fichtenweg 2, D – 3003 Ronnenberg 2
ZEEDEN Ernst Walter, Universität Tübingen, Historisches Seminar, Wilhelmstr. 36, D – 7400 Tübingen

Personenregister

Erstellt von Hermann Kocher

Für das Register nicht berücksichtigt wurden die Anhänge II und III des Bandes. Weitestgehend unberücksichtigt blieb auch das Vorwort. Namen von Autorinnen und Autoren, die in den Anmerkungen genannt sind, wurden nur dann ins Register aufgenommen, wenn Teile des entsprechenden Werkes referiert oder zitiert werden, beziehungsweise wenn eine Bewertung der betreffenden Arbeit vorgenommen worden ist. Bei der Nennung von Korrespondenzen in den Anmerkungen sind jeweils Absender und Adressat im Register verzeichnet.

Adenauer, Konrad 42, 139, 154, 157–160, 164, 178, 189f., 193, 297
Adolph, Walter 169
Alexander, Harold 260
Alsted, Johann Heinrich 17
Altermatt, Urs 121, 293
Amalek 145
Amery, Carl 42, 162
Arendt, Hannah 28
Aron, Raymond 19, 28
Asmussen, Hans 107, 125f., 196, 210–212, 239–244, 252–254, 259
Augustinus, Aurelius 18

Bainton, Ronald 237
Barth, Karl 38, 45, 49, 61, 63f., 66–70, 102, 105, 107f., 199, 210f., 244f., 282, 287, 289
Bauer, Bruno 26
Baumgärtel, Friedrich 48
Beckmann, Joachim 47
Bell, George Kennedy Allen 262f., 271f., 282
Bendiscioli, Mario 35f.
Benn, Ernst-Victor 246, 255
Berlichingen, Götz von 23
Bersarin, Nikolai E. 221
Berthold, Werner 235
Bertram, Adolf 42, 131, 133f., 146, 149, 158, 166, 174
Besier, Gerhard 287, 295f.
Beste, Niklot 227, 233f.
Bethge, Eberhard 49
Birke, Adolf M. 286, 295
Birken, Sigismund von 20

Birley, Robert 270, 280
Bismarck, Otto von 137, 275, 289f.
Bleibtreu (Ministerialdirektor) 242
Blumenfeld, Erik 211
Bodelschwingh, Friedrich von 263, 274, 276
Böckenförde, Ernst Wolfgang 40
Böckle, Franz 171
Böhler, Wilhelm 172, 189f., 193
Böhm, Hans 216
Boeters, Ernst 216
Bonhoeffer, Dietrich 28, 45, 49, 123, 206, 211, 214, 229, 239, 287
Bonifatius, Winfried 133
Bornewasser, Franz Rudolf 165, 175
Bouley, Jean 172
Boyens, Armin 239, 260, 298
Bracher, Karl Dietrich 40
Brakelmann, Günter 297
Brauer, Max 202, 210
Braune, Paul 274
Breitbach, Hans 173
Breschnjew, Leonid 29
Brock, Clutton 271
Bruder, Otto 68
Brunner, Emil 61, 63f., 66, 253
Brunotte, Heinz 47, 125, 253, 255f.
Buber, Martin 198
Bücken, Erwin 178
Bultmann, Rudolf 107
Burckhardt, Jacob 27
Busch, Wilhelm (Dichter) 289
Busch, Wilhelm (Pfarrer) 276
Bußmann, Walter 50

Cäsar, Gajus Julius 20
Campe, Joachim Heinrich 23, 29
Camus, Albert 43
Cauwelaert, Frans van 178
Churchill, Winston 21, 130, 248
Clay, Lucius D. 120
Collins, John 249
Commynes 20
Conzemius, Victor 285, 292, 297f.
Corsten, Wilhelm 39, 166
Cotter, Arthur 271
Cripps, Stafford 249
Curtius, Ludwig 130, 164
Custodis, Bernhard 157, 159, 178

David, Emmerich 168, 172
Delp, Alfred 42
Dempf, Alois 53
Denzler, Georg 178
Deuerlein, Ernst 40
Dibelius, Otto 103, 122, 198, 200f., 203, 216f., 222, 246, 249, 255, 274
Diem, Hermann 66, 229
Dietze, Constantin von 241
Dirks, Walter 154, 173, 175f.
Döpfner, Julius 151
Droysen, Johann Gustav 26f.
Druit, Geoffrey Poulter 260
Dschingis Chan 154f.
Dubček, Alexander 29
Dubrowski, D. G. 231
Duby, Georges 122
Dulles, Allen 280
Duncan-Jones, Arthur Stuart 36

Egenter, Richard 170
Eisenhower, Dwight D. 99
Ellul, Jacques 245
Ernst, Fritz 18
Ernst, Viktor von 37, 73, 93
Etter, Philipp 82, 89, 96

Falconi, Carlo 43
Faulhaber, Michael von 42, 44, 131, 136, 148, 166–168
Feldmann, Markus 67
Fichter, Tilman 177f.
Fischer, Karl 218
Fisher, Geoffrey Francis 260–263, 270f., 282
Flury, Christoph 93
Forster, Karl 44
Foschepoth, Josef 125, 257
Frey, Arthur 37, 64, 66, 81f., 89, 91, 95

Frick, Wilhelm 286
Fricke (Hannover) 242
Friedeburg, Hans-Georg von 99
Friedländer, Saul 43
Friedrich der Große 21, 28
Friedrichs, Rudolf 232
Frießner (Generaloberst) 256
Frings, Josef 131, 141, 143, 145–148, 153, 165, 172f., 177, 189f., 193
Frühauf, Hermann 173
Fürstenau, Justus 259

Galen, Clemens August von 146, 153, 179, 262
Galli, Mario von 38
Geis, Robert Raphael 210
Georg VI. (König) 130
Gerstenmaier, Eugen 66, 274
Goebbels, Joseph 168
Görres, Ida Friederike 42, 154, 176
Goethe, Johann Wolfgang von 18, 23, 28
Gollwitzer, Helmut 107
Goodall, Norman 61
Gotto, Klaus 183
Greschat, Martin 57, 129, 292–295
Grimm, Jacob und Wilhelm 24, 162
Grimm, Robert 77, 94
Grob, Rudolf 37
Gröber, Conrad 144, 148, 159, 164, 167f., 184
Grosche, Robert 141
Gross, Erwin 210
Grosser, Alfred 21
Grüber, Heinrich 222, 234
Grünzinger-Siebert, Gertraud 298
Guardini, Romano 49
Guarducci, Margherita 130, 164
Guisan, Henri 65
Gurian, Waldemar 36f., 137f.
Gwynne, John Neville Wake 267, 283

Hácha, Emil 29
Hadrian VI. (Papst) 152
Hagemann, Eberhard 283
Hahn, Hugo 218, 222
Hammelsbeck, Oskar 242, 245, 255
Hanssler, Bernhard 191
Happich, Friedrich 283
Harcourt, Robert d' 36, 38, 53
Harder, Günter 222
Harling, Otto von 207
Hartenstein, Karl 280
Heath, Donald 260, 282

Heckel, Theodor 258
Hegel, Georg Wilhelm Friedrich 24, 139
Hehl, Ulrich von 35, 39, 41, 57
Heidegger, Martin 19
Heine, Heinrich 26
Heinemann, Gustav W. 251
Hekataios von Milet 21
Held, Heinrich 214, 274
Helm, Walter 230, 232
Hengstenberg, Hans-Eduard 155, 170
Herman, Stewart Winfield 260f., 280–283
Hermelink, Heinrich 47
Herntrich, Volkmar 274, 276
Herodot 20f., 23
Hertzsch, Erich 217
Herzfeld, Hans 288
Heuss, Theodor 162, 189, 193
Hilpert, Werner 173
Hitler, Adolf 29, 36, 41, 47f., 53, 62, 65, 70, 123, 134, 136–138, 142–144, 172, 180, 195, 197, 200–202, 204–206, 213, 220, 237, 243, 248, 271, 273–276, 279, 286
Hlond, Augustyn 170
Hoberg, Hermann 130, 164
Hochhuth, Rolf 29, 35, 41, 44, 162
Hockerts, Hans Günther 297
Höpker-Aschoff, Hermann 193
Hoffmann, Konrad 54
Hofmann (Konsistorialpräsident) 242
Holenstein, Thomas 79, 95
Holl, Karl 237
Holzt (Oberregierungsrat) 179
Hornig, Ernst 219
Hürten, Heinz 36, 297
Humboldt, Wilhelm von 27

Iserloh, Erwin 290
Iwand, Hans-Joachim 66, 243

Jacob, Günter 242
Jacobi, Gerhard 216
Jacobshagen, Hans 230
Jaeger, Lorenz 148
Jamin, Mathilde 179
Jaspers, Karl 171, 176
Jedin, Hubert 129f., 135, 164
Jermolajew (Oberleutnant) 233
Jessop, T. E. 279
Jochmann, Werner 291, 295
Jodl, Alfred 99
Johannes XXIII. (Papst) 42, 183
Jünger, Ernst 29
Jürgensen, Kurt 257

Kaas, Ludwig 40, 50
Kaiser, Jakob 247
Kaiser, Jochen-Christoph 291, 298
Kant, Immanuel 24
Kappe, Hedwig 256
Karrer, Otto 64
Keitel, Wilhelm 99
Keller, Adolf 68, 124
Keller, Albert 57
Keynes, John Maynard 28
Kirnberger, Ferdinand 177
Klein, Gotthard 162
Klinkhammer, Carl 155–157
Kloppenburg, Heinz 214, 283
Klotsche, Johannes 214
Knab, Otto M. 36f.
Knappstein, Karl Heinz 173
Koch, Karl 103
Koch, Werner 194
Kocher, Hermann 298
Koechlin, Alphons 37, 68
König, Franz 171
Kogon, Eugen 147, 154, 173, 175f.
Kolbe, Maximilian 28
Kolesnitschenko, I. S. 222, 227, 231
Kopp, Eugen 85, 96
Koselleck, Reinhart 291, 293
Kotschetow, Alexej 222
Kotte, Erich 218, 230, 232
Kraiker, Gerhard 177f.
Krause, Gerhard 45
Kretschmar, Georg 47
Krüger, Hugo 242
Krüger, Wolfgang 179, 257
Künneth, Walter 126, 242, 246, 255
Kunst, Hermann 245
Kutter, Hermann 64

Lampe, W. 253
Lange, Irmgard 257
Lapp, Theodore E. 283
Lapunoff (Oberstleutnant) 221
Lau, Franz 218, 222f., 230–232
Leiber, Robert 36, 40, 167, 173f.
Leimgruber, Oskar 78
Lenz, Hans-Friedrich 209
Levillain, Philippe 13, 290f., 293
Lewy, Günther 43f., 162
Lilje, Hanns 239, 263, 268f., 274, 284
Lill, Rudolf 35
Lindt, Andreas 11–13, 35, 71, 287, 292f., 297
Lingham, John 284
Livius, Titus 28

Luca, Giuseppe de 130
Ludwig, Hartmut 13
Luhmann, Niklas 19
Lukacs, Georg 172
Luther, Martin 26, 237f., 285, 290

Machiavelli, Niccolo 28
Mährlen, J. 25
Marahrens, August 103, 230, 258, 263–265, 267, 275, 280, 283
Mariaux, Walter 36
Marshall, George Catlett 101
Martini, Winfried 254
Marx, Karl 21, 26
Matthias (Kaiser) 20
Mauriac, François 43
Meier, Kurt 35, 48, 295f.
Meinzolt, Hans 242
Meiser, Hans 47, 103, 122, 211, 274, 285
Menge-Glückert (Staatssekretär) 232
Mensing, Hans Peter 178
Merzyn, A. 253, 255
Metzger, Ludwig 242
Michaelis, Gottfried 263
Michaelis, Walter 283
Michelet, Jules 26
Micklem, Nathaniel 36
Mitzenheim, Moritz 217, 222–224, 226f., 231–234
Moderegger, Richard 211
Montgomery, Bernard Law 262f., 272, 282
Morsey, Rudolf 40, 189
Motta, Giuseppe 82, 89, 96
Mühlen, Heinrich von zur 256
Müller, Hans 41
Müller, Ludolf 215
Müller, Ludwig 258, 274
Muench, Aloisius J. 187
Münster, Clemens 173
Murphy, Robert 260, 281f.

Napoleon I. (Kaiser) 29, 237
Naumann, Johann Wilhelm 154f.
Neuhäusler, Johannes 38, 136, 167
Neumark, Fritz 210
Neurath, Konstantin von 286
Niebuhr, Barthold Georg 27
Niemöller, Martin 47f., 66, 115, 117f., 196f., 209
Niemöller, Wilhelm 47f., 175
Niklaus von Flüh 64
Nobs, Ernst 87, 96
Noormann, Harry 253

Nowak, Kurt 287f., 296
Nuschke, Otto 234

Oepke, Albrecht 218
Oldham, Joseph H. 252
Oprecht, Hans 75, 94
Orsenigo, Cesare 187
Ortega y Gasset, José 200
Osborne d'Arcy, Godolphin Francis 135
Osterloh, Edo 256

Pacelli, Eugenio: vgl. Pius XII.
Papen, Franz von 175, 183
Pechmann, Wilhelm von 211
Perthes, Friedrich Christoph 26
Pfliegler, Michael 171
Phieler, Gerhard 218
Pilet-Golaz, Marcel 78, 95
Pius XI. (Papst) 134, 137
Pius XII. (Papst) 41, 43, 64, 131–136, 142–144, 146, 153, 155f., 165, 167, 172, 177, 182f., 186f., 295
Planck, Gottlieb Jakob 23
Plutarch 28
Polybios 20
Prater, Georg 232
Preysing, Konrad von 131, 140, 148, 150, 153, 161f., 165, 169, 173f.
Pribilla, Max 42, 157, 159f., 178f., 183f.

Quintin, Jean 174

Ragaz, Leonhard 64f., 80f., 95
Ranke, Hans-Jürg 242, 254–256
Ranke, Leopold von 26
Reichardt, Rolf 253, 255
Reihs-Kirsch, Sigrid 298
Remer, Otto Ernst 250
Repgen, Konrad 44, 50, 293–295, 297
Retz (Kardinal) 20
Reuter, Ernst 199
Riddy, Donald 271
Rieger, Julius 262, 282
Ritter, Gerhard 200, 202, 209f., 235–256, 283, 287–290, 296
Robertson, Brian Hubert 284
Rönck, Hugo 217
Roessler, Rudolf 53
Roncalli, Angelo Giuseppe: vgl. Johannes XXIII.
Rosenberg, Alfred 36, 273
Rosenberg, Martin 73, 81, 84f., 93
Rothenpieler, Friedrich Wilhelm 173

Rothfels, Hans 293
Ruh, Ulrich 176

Salomon, Otto 68
Saul 145
Schaeffler, Michael 53
Scharf, Kurt 230
Scharnagl, Karl 169
Scheel, Otto 237
Schelling, Friedrich Wilhelm Joseph 24
Schenck, Ernst von 70
Scheven, Karl von 216
Schewick, Burkhard van 190
Schmid-Ammann, Paul 80–83, 88f., 91, 95
Schmidt, Jürgen 35
Schmidt, Kurt Dietrich 47
Schmidt, Otto 139
Schmitt, Karl 172
Schneider, Hermann 255
Schneider, Reinhold 42, 54
Schöllgen, Werner 171f.
Scholder, Klaus 49–51, 297
Scholz, Heinrich 171
Schürch, Gerhart 70
Schulte, Karl Joseph 155, 168
Schultz, Walther 218
Schumann, Heinrich 218, 221
Schumpeter, Joseph Alois 28
Schuster, Alfredo Ildefonso 168
Schutz, Roger 68
Schwabe, Klaus 253, 255
Schwaiger, Georg 55
Schwalbach, Johann 172
Schwan, Christian Friedrich 22
Schwarz, Walter 209–211
Sebastian, Ludwig 165
Sedgwick, Russell Luke 182, 262
Seibel, Wolfgang 178
Sellin, Volker 122
Shukow, Georgi Konstantinowitsch 99
Smend, Rudolf 253
Söhlmann, Fritz 239
Spitta, Theodor 212
Spotts, Frederic 120
Stählin, Wilhelm 109, 208, 211
Stalmann, Karl 265f., 283
Stark, Karl 38
Stein, Lorenz von 26
Steinbauer, Karl 285
Steininger, Rolf 257
Steltzer, Theodor 239, 241f., 254
Stempel, Hans 242
Stieler, Caspar 22

Stoecker, Adolf 125
Stohr, Albert 140, 144, 169, 172f.
Stoltenhoff, Ernst 209
Strahlheim, Karl 25
Strobel, Ferdinand 38
Stülpnagel, Edwin von 156
Stumpff, Hans-Jürgen 99
Süsterhenn, Adolf 169, 184
Sybel, Heinrich von 26

Tacitus 20–22, 29
Temple, William 261, 282
Templer, Gerald Walter Robert 261
Theek, Bruno 231
Thielicke, Helmut 211, 251f., 256
Thieme, Karl 36, 53
Thiers, Adolphe 26
Thies, Jochen 258
Thom, Karl 215
Thomas von Aquin 145
Thukydides 20f., 23, 29
Thurneysen, Eduard 64
Tillmanns, Robert 242, 256
Tindal, William 260, 262f., 271–279, 283
Troutbek, John 280
Truman, Harry Spencer 101, 130
Tügel, Franz 195
Tulpanow, Sergej 222, 233

Velden, Johannes Joseph van der 143
Vico, Giovanni Battista 21
Visser't Hooft, Willem A. 230, 258, 260, 282
Vogel, Heinrich 66, 247
Volk, Ludwig 43f., 52, 158, 187, 173

Wäger, Franz 74, 84, 93
Watt, Donald 260
Weber, Helmut 207
Wegner, Bernd 179
Weiss, Franz-Rudolph von 164
Weizsäcker, Richard von 164
Weltsch, Robert 198
Wendel, Josef 165, 173
Werfel, Franz 206
Werner, Martin 63
Wesley, John 275
Weymar, Ernst 159
Wick, Karl 85, 96
Wiese, Herbert 269
Wieser, Gottlob 64, 66
Wiest, Karl Heinz 35
Wilhelm II. (Kaiser) 26, 290
Wilson, Iain 260

Wintermann, Rudolf 211
Wittram, Reinhard 19
Wolf, Erik 54, 241, 289
Wolf, Ernst 47, 66, 245, 255
Wüstenberg, Bruno 167
Wurm, Theophil 47, 66, 103, 107, 111 f., 123, 179, 205, 208−211, 214, 229 f., 239 f., 253−255, 262 f., 271 f., 274 f., 277, 281

Zabkar, Joseph 167
Zahn, Gordon 41
Zeiger, Ivo 140 f., 164, 169, 181, 185, 187 f.
Ziegner, Oskar 218
Zimmermann, Walter 225, 233
Zinn, Georg August 166
Zmarzlik, Hans-Günter 243
Zust, Franz 73, 79, 93

Arbeiten zur kirchlichen Zeitgeschichte
Reihe B: Darstellungen

Hrsg. im Auftrag der Ev. Arbeitsgemeinschaft für kirchliche Zeitgeschichte von Georg Kretschmar und Klaus Scholder. Bei Subskription auf das Gesamtwerk 15% Ermäßigung.

3 **Heinz Brunotte · Bekenntnis und Kirchenverfassung**
Aufsätze zur kirchlichen Zeitgeschichte. 1977. X, 261 Seiten, geb.

4 **Johanna Vogel · Kirche und Wiederbewaffnung**
Die Haltung der Evangelischen Kirche in Deutschland in den Auseinandersetzungen um die Wiederbewaffnung der Bundesrepublik 1949–1956. 1978. 304 Seiten, geb.

5 **Reijo E. Heinonen · Anpassung und Identität**
Theologie und Kirchenpolitik der Bremer Deutschen Christen 1933–1945. 1978. 302 Seiten, geb.

6 **Martin Norberto Dreher · Kirche und Deutschtum**
in der Entwicklung der Evangelischen Kirche Lutherischen Bekenntnisses in Brasilien. 1978. 259 Seiten, 4 Abb., 1 Faltkarte, geb.

7 **Jens Holger Schjørring**
Theologische Gewissensethik und politische Wirklichkeit
Das Beispiel Eduard Geismars und Emanuel Hirschs. 1979. 354 Seiten, geb.

8 **Kirchen in der Nachkriegszeit**
Vier zeitgeschichtliche Beiträge von Armin Boyens, Martin Greschat, Rudolf von Thadden, Paolo Pombeni. 1979. 167 Seiten, geb.

9 **Annemarie Smith-von Osten · Von Treysa 1945 bis Eisenach 1948**
Zur Geschichte der Grundordnung der Evangelischen Kirche in Deutschland. 1981. 400 Seiten, kart.

10 **Joachim Beckmann · Hoffnung für die Kirche in dieser Zeit**
Beiträge zur kirchlichen Zeitgeschichte 1946–1974. 1981. XII, 420 Seiten, kart.

11 **Hartmut Rudolph**
Evangelische Kirche und Vertriebene 1945 bis 1972
Bd. 1: Kirchen ohne Land. Die Aufnahme von Pfarrern und Gemeindegliedern aus dem Osten im westlichen Nachkriegsdeutschland: Nothilfe – Seelsorge – kirchliche Eingliederung. Mit einem Geleitwort von Eduard Lohse. 1984. XXIII, 627 Seiten mit 5 Karten, geb.

12 Bd. 2: Kirche in der neuen Heimat. Vertriebenenseelsorge – politische Diakonie – das Erbe der Ostkirchen. 1985. XIV, 387 Seiten, geb.

13 **Carsten Nicolaisen (Hg.)**
Nordische und deutsche Kirchen im 20. Jahrhundert
Referate auf der Internationalen Arbeitstagung in Sandbjerg/Dänemark 1981. 1982. 361 Seiten, kart.

Vandenhoeck & Ruprecht · Göttingen und Zürich

Arbeiten zur kirchlichen Zeitgeschichte

Reihe A: Quellen

2 Theologie und Kirche im Wirken Hans von Sodens

Briefe und Dokumente aus der Zeit des Kirchenkampfes 1933–1945. Hrsg. v. Erich Dinkler und Erika Dinkler-von Schubert. Bearb. v. Michael Wolter. 2. durchgesehene Auflage 1986. 403 Seiten, 1 Porträt, kartoniert

Diese Quellensammlung dokumentiert Hans von Sodens führende Rolle als Begründer und Leiter der Bekennenden Kirche in Kurhessen-Waldeck sowie als Mitglied des Reichsbruderrates und ist ein wichtiger Beitrag zu der Frage nach der Haltung der wissenschaftlichen Theologie unter dem Nationalsozialismus.

Reihe B: Darstellungen

12 Hartmut Rudolph
Evangelische Kirche und Vertriebene 1945 bis 1972

Band I: **Kirchen ohne Land**

Die Aufnahme von Pfarrern und Gemeindegliedern aus dem Osten im westlichen Nachkriegsdeutschland: Nothilfe – Seelsorge – kirchliche Eingliederung. Mit einem Geleitwort von Eduard Lohse. 1984. XXIII, 627 Seiten, 5 Karten, gebunden

Band II: **Kirche in der neuen Heimat**

Vertriebenenseelsorge – politische Diakonie – das Erbe der „Ostkirchen". 1985. XIV, 387 Seiten, gebunden

Dem Autor gelingt in seiner Darstellung eine überzeugende kritische Zusammenschau der materiellen und geistigen Hilfe der Kirche.

14 Johannes Michael Wischnath
Kirche in Aktion

Das Evangelische Hilfswerk 1945–1957 und sein Verhältnis zu Kirche und Innerer Mission. 1986. XVI, 491 Seiten, gebunden

Im Spannungsfeld zwischen kirchlicher Bürokratie und traditioneller Liebestätigkeit der Inneren Mission versuchte das Hilfswerk nach 1945 einen Neuansatz: Die »Kirche in Aktion« sollte selbst die Verantwortung für die Diakonie übernehmen. Der Autor schildert anschaulich aufgrund weitgehend unveröffentlichter Quellen den mühsamen Prozeß der Annäherung von Hilfswerk und Innerer Mission bis zu ihrem Zusammenschluß im Diakonischen Werk 1957.

Vandenhoeck & Ruprecht · Göttingen